लोकरंग-2

(लोक संस्कृतियों के निरूपण का विनम्र प्रयास)

लोकरंग-2

संपादक

सुभाष चंद्र कुशवाहा

लोकरंग सांस्कृतिक समिति

www.lokrang.in

Email : lokrang.ss@gmail.com

ISBN	:	978-81-908672-3-8
मूल्य	:	सजिल्द रु. 400/-, पेपरबैक रु. 200/-
©	:	संपादक
आवरण	:	सुरेश कुमार श्रीवास्तव
रेखांकन	:	अर्जुन
पहला संस्करण	:	2011
प्रकाशक	:	सहयात्रा प्रकाशन प्रा.लि., सी-52/ जेड-3, दिलशाद गार्डन, दिल्ली-95
मुद्रक	:	स्वास्तिक ऑफसेट, नवीन शाहदरा, दिल्ली-110032

Lokrang-2 Edited by Subhash Chandra Kushwaha

समर्पण

उन तमाम दिवंगत लोक कलाकारों को
जिन्होंने अपनी कला के द्वारा माटी की
संस्कृति को जीवंतता प्रदान की।

अनुक्रम

सम्पादकीय

लोकसंस्कृति के सामाजिक पक्ष को दलितों ने उकेरा है

सुभाष चन्द्र कुशवाहा

लोकसंस्कृतियां, जिनमें लोकगीतों की व्याप्ति सबसे अधिक है, के अधिकांश रचइता दलित रहे हैं। वे सदियों तक अनपढ़ रहे। हमारी वर्णवादी व्यवस्था ने उन्हें पढ़ने का अधिकार नहीं दिया था। इसलिए वे लिखित रूप में समाज को कुछ नहीं दे पाये। 84 सिद्ध कवियों ने जो मुख्यतः दलित ही रहे, सदियों पूर्व अपनी रचनाएं वाचिक परंपरा में हम तक पहुंचाई। लिखित रूप में समाज को कुछ देने का अधिकार खास वर्गों तक सीमित था। उन्हें ही विद्वान कहलाने का अधिकार भी था। इन विद्वानों ने लोकगीतों की रचना या लोकनृत्यों के संवर्द्धन में कोई योगदान नहीं दिया। लोकगीतों के रचनाकार वे 'गंवार' थे जिन्होंने जीवन संघर्षों को भोगा था, अपार कष्टों को सहा था और भोगे हुए यथार्थ की ऊर्जा से लोकगीतों की रचना की थी। इसलिए हम कह सकते हैं कि लोकगीतों में बहुसंख्यक समाज का वास्तविक यथार्थ है और तमाम लिखित आदि ग्रंथों में कपोल कल्पित वृतांत। और इनमें कहीं कुछ यथार्थ है भी तो वह मुट्ठी भर खास तबके का हितपोषक है।

गंवारों को गुमनाम रखने, उन्हें महत्वहीन बनाने के उपक्रम में ही लोकगीत रचइताओं के नाम गुमनाम रह

गये। लोकगीतकार गुमनाम इसलिए भी रहे क्योंकि समाज ने उन्हें बेहतर नाम नहीं दिया था। कुकुर, नेऊर, सियार, रेंगन, बुद्धन भला अपना नाम देकर कौन सा सम्मान प्राप्त कर लेते?

दलित चाकर थे और खास पेशे से जुड़ जाने के कारण एक खास जाति के कहे जाने लगे थे। तेली, कहार, धोबी, अहीर, हजाम, बढ़ई और कोइरी की जाति तथा कार्य अलग-अलग विभाजित होने, श्रम की विविधता और भिन्नता के कारण उन्होंने अपने लिए कुछ विशिष्ट और भिन्न लोकसंस्कृतियों का सृजन भी किया। ज्यादा श्रमप्रधान कार्य करने वाली जातियों के ही जातीय नृत्य विकसित हुए जो थके हारे समाज को अवसर या विश्राम के क्षणों में मनोरंजन कर तरोताजा कर देते थे। हिन्दुओं की 17-18 दलित जातियों के जातीय गीत और नृत्य देखने-सुनने को मिलते हैं। पंवारा गाने वाली पंवरिया और नाथ संप्रदाय से जुड़े जोगी मूलतः दलित रहे होंगे जो बाद में धर्म परिवर्तन के बाद मुसलिम बने। वे आज भी मुसलमानों के अनुसूचित जाति की श्रेणी में माने जाते हैं।

उच्च वर्ग के लोग श्रम से विरत थे इसलिए उनके जातीय नृत्य देखने को नहीं मिलते जबकि हुड़का, पखावज, पंवरिया, अहिरऊ, कछवाऊ नृत्य आज भी देखने को मिल जाते हैं। अन्य श्रमशील जातियों के गाये गीत भले ही लुप्त होते जा रहे हैं फिर भी बहुत दिनों तक वे हमारे बीच रहे हैं जैसे कि तेलियों, गोंड़ों, भरों, पासियों, कोरियों, वेश्याओं, कहारों, सियारमरवा, गड़ेरिया, दुसाधों, कुम्हारों आदि के गीत। लोकगीतों के क्षेत्र में भी उच्च वर्ण के पास उनके वर्ग विशेष के गीतों का अभाव रहा है।

भोजपुरी, मगधी और मिथिला भाषा क्षेत्र में 'दीना-भद्री' की लोकगाथा मुसहरों के बीच, 'सूरमा सलहेस' और 'रेशमा-चुहड़मल' की लोकगाथा दुसाध जातियों के बीच, सदियों से प्रचलन में रही है। छत्तीसगढ़ की 'कंवलाः लक्ष्मण जती गाथा' भी अछूत देवार जाति की रचना है। बंगाल के वैष्णवी जिसमें मोची और चमार जाति के लोग हैं, ने जातिदंश को बाउल गान के माध्यम के व्यक्त किया है। दलित जातियों ने तमाम लोकगाथाओं के माध्यम से अपने नायकों के संघर्ष और उत्कर्ष की चर्चा तो की ही है, सनातन धर्म में मंदिर प्रवेश से विरत किये जाने के कारण अपने महापुरूषों के मंदिर स्थापित कर ब्राह्मणवाद का निषेध किया है। यहां जाति-बंधन एवं स्त्री-बंधन से मुक्ति का संघर्ष भी दिखाई देता है।

अब प्रश्न उठता है कि जब अधिकांश लोकगीतों की रचना दलितों ने ही की है तो फिर उनकी जीवनचर्या, दुख-तकलीफों, जातिदंश की पीड़ा या श्रम विशेष में व्याप्त शोषण, कष्ट, उत्पीड़न की अभिव्यक्ति उनके लोकगीतों या लोकसंस्कृतियों

में बहुतायत में होनी चाहिए थी, पर ऐसा है नहीं। हमारे पास जो लोकगीत संग्रहित हैं या बचे रह गये हैं उनमें ज्यादातर धार्मिक और संस्कार गीत हैं। दलितों के जातीय गीतों में भी धार्मिक गीतों का ही बाहुल्य दिखाई देता है। यह सही है कि धर्म ने समाज को जितना प्रभावित किया है उतना अन्य किसी संस्कृति ने नहीं। इसलिए धार्मिक और संस्कार गीतों के महत्व या समाज की संस्कृति को समझने में इनके योगदान को न तो खारिज किया जा सकता है न कमतर माना जा सकता है। परन्तु हमें यह सोचने को तो बाध्य करता ही है कि जीविका के लिए पहली आवश्यकता जब श्रम था फिर लोकगीत में उसकी अभिव्यक्ति बहुतायत में क्यों नहीं है? क्या संस्कार और धार्मिक गीतों की आड़ में जीवन संघर्षों को अभिव्यक्ति देने वाले गीतों को पीछे ढकेल दिया गया?

जाहिर है दलित गीत.ां में जब दुख, तकलीफ या जातिदंश का वर्णन होता तो सवर्ण समाज निशाने पर होता। ऐसे में सवर्ण समाज जिसके पास लोकगीतों के संग्रह, उनको जीवित बनाये रखने के तंत्र मौजूद थे वे भला अपनी आलोचना या बुराई के औजारों को क्यों बचाये रखते? शायद इसलिए लोकगीतों में दलित प्रतिरोधी तेवर सीमित दिखाई देते हैं।

दूसरी ओर अस्पृश्यता, जुल्म और गैरमानवीय व्यवहार झेलने वाले दलितों के लिए जरूरी था कि वे अपने लिए किसी सुरक्षित ठिकाने की तलाश करते। इसी प्रयोजन में उन्होंने सदियों पहले हिन्दूधर्म की जातिवादी प्रवृत्ति को नापसंद कर बौद्ध, सिद्ध या नाथ परंपरा से खुद को जोड़ने का प्रयास किया। उनके इन मनोभावों को देखते हुए हिन्दूधर्मावलम्बियों ने हमले किए। जातिवादी मानसिकता का विरोध करने वाले धर्मों को यहां टिकने न दिया गया और वर्णवादी संस्कृति के एकाधिकार को स्थापित करने के लिए दलित समाज को धर्मभीरू बनाया गया। दलितों के अलग-अलग कुल देवी-देवताओं की परिकल्पना की गई। उनकी पूजा पद्धतियों, रहन-सहन, तीज-त्योहार मनाने के तौर-तरीकों को अलग पहचान देकर प्रतिरोधी शक्ति को न्यून किया गया। उन्हें संस्कार के अनेक विधानों में उलझाकर श्रम का अर्क निचोड़ने वाले सवर्ण समाज ने उनकी हर संस्कृति का दैवीकरण कर दिया। वे इहलोक और परलोक की भूलभुलैया में फंस कर रह गये। उनकी संस्कृतियां अनेकों फंतासियों में उलझ कर तेजहीन हो गईं। वे कहीं जादू-टोना, कहीं भूत-प्रेत तो कहीं मनगढ़ंत लोकगाथाओं और अपने देवी-देवताओं की स्तुति गान में लग गये। ऐसे समय में ही समाज के कुलीन तबके ने उनके तमाम श्रम प्रधान महत्वपूर्ण लोकगीतों को नष्ट होने दिया या किया और धार्मिक तथा कम महत्व के या जिनसे उन्हें कुछ खास परेशानी नहीं होनी थी या जिनसे वे मात्र मनोरंजन कर सकते थे या समाज की सजगता को कुंद कर सकते थे, परंपरा में

बने रहने दिया।

एक ओर तो सुविधाभोगी समाज ने दलितों की उपेक्षा की तो दूसरी ओर अपनी सेवा के लिए उन्हें ही इस्तेमाल किया। सदियों से बच्चे की पैदाइश अस्पृश्य करार दी गई चमाइनों के हाथों होता रहा। तब न आधुनिक अस्पताल थे न नर्सें। चमाइनें ही कुशल नर्सें थीं। क्या राजा, क्या प्रजा, बच्चा जनाने का कार्य वे ही करतीं। वे तमाम सुख-सुविधाओं से वंचित थीं इसलिए अवसर हाथ लगते ही चाकरी के बदले अपनी लालसा या पीड़ा की अजीबोगरीब अभिव्यक्ति करती दिखतीं। यह उनके अंतरमन की कुंठा या प्रतिशोध की एक झलक थी। चमाइनों द्वारा बच्चा जनाने के कार्य को दर्शाने वाले तमाम लोकगीत मौजूद हैं। कुछ गीतों में चमाइन बुलावा आने पर जहां रानी के कंजूस होने या अपशब्द बोलने की शिकायत करती है, वहीं कई बार चलने के लिए रानी की पालकी की मांग कर बैठती है।

भुइंया हम नाहिं जायब, पांव भींगि जाई नू हो,
आरे, ले आव ऽ रानी सुगपाल, ओहि चढ़ि जाइब हो।[1]

जाहु राजा घरे आपन, हम नाहिं जाइबि हो
ए राजा, तोर धनि हाथवा के सांकरि, मुंहवा के फूहरि बोलहूं ना जानेलि हो
....
हथिया चढ़त मोरा डर लागे, घोड़वा पर ना चढ़ेब हो
ए राजा, भेजि देहु रानि सुखपाल, ओहि रे चढ़ि जाइबि हो।[2]

यानी ऐसे समय में चमाइन राजमहल चलने के लिए रानी की पालकी(सुगपाल/सुखपाल) की ही मांग कर बैठती है। वह जानती है कि कम से कम आज तो उसकी लालसा पूरी ही होगी।

तमाम प्रतिकूल परिस्थितियों के बावजूद ज्योंही दलितों को कुछ पढ़ने-लिखने का अवसर मिला, उन्होंने अपने प्रतिरोधी तेवर को मूर्त रूप दिया। संत साहित्य में अनेक कवियों ने छुआछूत, पाखंड और कर्मकांडों का विरोध कर निर्गुण विचारधारा को स्थापित किया। लोकसंस्कृति की विस्तृत परंपरा में सैकड़ों महत्वपूर्ण गीतों/काव्यों की रचना हुई। सिद्ध साहित्य और संत साहित्य का उल्लेख पहले ही किया जा चुका है। हमारे बीच कुछ महत्वपूर्ण लोकगीत सुरक्षित रह गये हैं जो यह सिद्ध करने के लिए काफी हैं कि 'गंवारों' की रचनाएं तत्कालीन विद्वानों की रचनाओं से कहीं अधिक महत्व की हैं।

सन् 1856 में देश में भीषण अकाल पड़ा था। राजस्थान के मारवाड़ क्षेत्र के दलितों को शायद सबसे अधिक कष्ट उठाना पड़ा था। उन्होंने अपने कष्ट को

लोकगीत में इस प्रकार व्यक्त किया—

छपनिया काल रे छपनिया काल
फेर मत आइयो म्हारी मारवाड़ में।
आइयो जमाइड़ो धड़कियां जीव
कां ते लाऊं शक्कर, भात, घीव, जमाइड़ो?
फेर मत आइयो म्हारी मारवाड़ में।
छपनिया काल रे छपनिया काल
फेर मत आइयो म्हारी मारवाड़ में।[3]

स्त्री कहती है कि उसकी देवरानी के स्तनों का दूध भी सूख गया है, नहीं तो शायद इसी दूध की चार बूंदें जमाइड़ों के मुंह में टपका दी जातीं। बस्तर की पहाड़ियों में गाया जाने वाला माड़िया लोकगीतों में संघर्षशील जीवन के कठोर सत्य को कितना समीप से देखा और व्यक्त किया गया है, एक उदाहरण से समझा जा सकता है—

माव देसेन दुक्काड़, दादा ले देसु दुक्काड़ अत्ता, दादा ले,
देसेन कोंदा डलता, दादा ले देसु दुक्काड़ अत्ता, दादा ले!
अच्चाम नांगेलिन बाड़की तुम देसु दुक्काड़ अत्ता, दादा ले
दुक्काड़ देसेन बाड़वत्ते देसु दुक्काड़ अत्ता, दादा ले,
निम्मा बत्तीन ममों डोलूमून तोन देसु दुक्काड़ अत्ता, दादा ले!
गंगा ना पेपी जप के डोलती देसु दुक्काड़ अत्ता, दादा ले,
जनदे ना पेड़ी जट के डोलती देसु दुक्काड़ अत्ता, दादा ले!

अर्थात्—हमारे देश में दुर्भिक्ष है, ओ भई, देश भर में दुर्भिक्ष पड़ गया, ओ भाई! देश में बैल मर गए, ओ भाई,! देश भर में दुर्भिक्ष पड़ गया, ओ भाई! खाली हलों का क्या करेंगे? देश भर में दुर्भिक्ष पड़ गया, ओ भाई! रे दुष्काल! तू देश में क्यों आया? देश भर में दुर्भिक्ष पड़ गया, ओ भाई! तू आया तो हम मर रहे हैं। देश भर में दुर्भिक्ष पड़ गया,ओ भाई! गंगा का दादा झट मर गया, देश भर में दुर्भिक्ष पड़ गया, ओ भाई! जनदे की दादी शीघ्र मर गई, देश भर में दुर्भिक्ष पड़ गया, ओ भाई![4]

दलितों द्वारा रचित कुछ लोकगीत, उनके लिए भी जिज्ञासा के विषय हैं जिन्होंने कभी 'गंवारों' की संस्कृति समझ, अनदेखा कर दिया था। शायद इसलिए कि दलितों की संस्कृति में समाज का यथार्थ और अक्स दोनों दिखाई देता है। समाज के संपन्न तबके की संस्कृति गैर सामाजिक, और आत्म केन्द्रित रही। उसकी आत्मा स्वान्तःसुखाय और अभिजात्यवर्गीय रही जबकि दलितों की लोकसंस्कृति श्रम, संघर्ष और सत्ता की अमानवीयता के विरूद्ध रही। सवर्ण समाज जहां एक ओर लोकसंस्कृतियों के बहाने अपनी कुलीनता का लबादा और सख्त करने की

कोशिश करता गया वहीं दलितों ने लोकसंस्कृतियों के माध्यम से अपने ऊपर लादे गए तमाम वर्जनाओं यथा छुआछूत, धार्मिक निषेधों और ऊंच-नीच की दीवारों पर दस्तक दिया और उनको हिलाने के खतरे उठाये। हीरा डोम (जन्म-काल 1885 या 1886 ई. के आसपास) की एक मात्र प्राप्त कविता अपने तेवर और तंज के लिए मील का पत्थर बनी हुई है। यहाँ हीरा डोम की ऐतिहासिक कविता का मूल पाठ दिया जा रहा है जो 'सरस्वती' में 1914 में छपी थी और शायद इसी कारण कवि का नाम और यह कविता जिंदा बच गई। हमने डॉ0राजेन्द्र प्रसाद सिंह की किताब 'आधुनिक भोजपुरी के दलित कवि और काव्य' से इसे टिप्पणी सहित साभार लिया है–

हमनी के राति दिन दुखवा भोगत बानी
हमनी के सहेबे से मिनती सुनाइबि
हमनी के दुख भगवनवो न देखता जे
हमनी के कब ले कलेसवा उठाइबि
पदरी सहेब के कचहरी में जाइबि जा
बेधरम होके रंगरेज बनि जाइबि
हाय राम! धरम न छोड़त बनता बा जे
बेधरम होक कइसे मुँहवा देखाइबि।। 1।।
खंभवा के फारि पहलाद के बँचवले जे
ग्राह के मुँहे से गजराज के बँचवले
धोती जुरजोधना के भइया छोरत रहे
परगट होके तहाँ कपड़ा बढ़वले
मरले रवनवा के पलले भभिखना के
कानी अँगुरी पे धके पथरा उठवले
कहवाँ सुतल बाटे सुनत न बाटे अब
डोम जानि हमनी के छुए से डेरइले।। 2।।
हमनी के राति दिन मेहनत करीले जा
दुइगो रूपयवा दरमहा में पाइबि
ठकुरे जे सुख से त घर में सुतल बानी
हमनी के जोति-जोति खेतिया कमाइबि
हकिमे के लसकरि उतरल बानी जे
त अइओं बेगरिया में पकरल जाइबि
मुँह बान्हि ऐसन नोकरिया करत बानी
ई कुलि खबरि सरकार के सुनाइबि।। 3।।

बभने के लेखे हम भिखिया न माँगब जा
ठकुरे के लेखे नहिं लउरी चलाइबि
सहुआ के लेखे नहिं डांड़ी हम मारब जा
अहिरा के लेखे नहिं गइया चोराइबि
भँटऊ के लेखे न कबित हम जोरब जा
पगड़ी न बान्हि के कचहरी में जाइबि
अपना पसीनवा के पइसा कमाइबि जा
घर भर मिलि-जुली बाँटी-चोटि खाड़बि।। 4।।
हड़वा मसुइया के देहियाँ ह हमनी के
ओकरे के देहिया बभनओ के बानी
ओकरा के घरे-घरे पुजवा होखत बा जे
सारे इलकवा भइलें जजमानी
हमनी के इनरा के निगिचे न जाइले जा
पाँके में से भरि-भरि पिअतानी पानी
पनही से पिटि-पिटि हाथ गोड़ तुड़ि देलें
हमनी के एतनी काही के हलकानी? 5।।

{हीरा डोम की यह कविता हिंदू समाज में व्याप्त जाति-प्रथा पर सीधे चोट करती है। समाज का एक तबका आराम से बैठकर खा रहा है और दूसरा तबका काफी श्रम करने के बावजूद भी दाने-दाने के लिए मोहताज है। कवि हीरा डोम ने अपने अछूत जीवन की संपूर्ण वेदना को इस कविता के माध्यम से अभिव्यक्त किया है। वह यह विनती अपने साहब को सुनाता है। कहता है कि हमलोग रात-दिन कष्ट भोग रहे हैं पर हमलोगों का दुख ईश्वर भी नहीं देख रहा है। तब आखिर हमलोग कब तक यह कष्ट भोगते रहेंगे। मेरा मन तो यह कहता है कि पादरी साहब की कचहरी में उपस्थित होकर अपना धर्म-परिवर्तन कर लें। परंतु दूसरा मन धर्म-परिवर्तन से रोकता है कि आखिर तुम ऐसा करके और बेधर्म होकर समाज के समक्ष कैसे मुँह दिखलाओगे? दूसरे छंद में कवि पौराणिक प्रसंग को याद करता है और कहता है कि तुमने कभी खंभे को फाड़कर भक्त प्रहलाद की जान बचाई है और कभी ग्राह के मुँह से गजराज की रक्षा की है। इतना ही नहीं, तुमने तो चीरहरण के वक्त दुर्योधन के खिलाफ द्रौपदी की रक्षा भी की है। तुम्हारे रक्षात्मक कार्यों की एक लंबी सूची है। तुमने रावण को मारकर विभीषण का पालन किया है। कृष्णावतार में तुमने अपनी कानी अँगुली पर गोवर्द्धन पर्वत को उठाया है। पर मेरी विपत्ति के समय तुम कहाँ सो गए हो कि सुनते ही नहीं। क्या तुम मुझे डोम समझकर छूने से डर रहे हो? तीसरे छंद में कवि ने अपने कठोर श्रम का

वर्णन किया है जिसके बदले में दो रूपया प्रतिमाह वेतन मिलता है। ठाकुर सुख से अपने घर में सोए रहते हैं और हम लोग खेत जोत-जोतकर कमाते हैं। हाकिम की जब फौज आती है, तब वह भी बेगारी करवाती है। हम तो एक सफाईकर्मी हैं जो मुँह बाँधकर अपनी सेवा देते हैं। (इससे सिद्ध होता है कि हीरा डोम सफाईकर्मी ही थे।) मुझे ये सभी खबरें सरकार को सुनानी है। हम तो ब्राह्मणों की भाँति भीख भी नहीं मांग सकते हैं। हम तो क्षत्रियों की भाँति लाठी भी नहीं चला सकते हैं। हम तो साहुओं की तरह डंडी भी नहीं मार सकते हैं। हम तो अहीरों जैसा गाय भी नहीं चुरा सकते हैं। हम तो भाँटो की तरह मनगढ़ंत प्रशस्तिमूलक कविताएँ भी नहीं रच सकते हैं। हम तो पगड़ी बाँधे कचहरी में भी नहीं जा सकते हैं। ये सभी कर्म हम लोगों की आत्मा के खिलाफ हैं और समाज इसकी छूट भी हमें नहीं देता है। हम लोग तो सिर्फ पसीना बहाकर कमानेवाले जीव हैं। उस पसीने की कमाई को हम लोग आपस में बाँटकर खाते हैं। अंतिम छंद में हीरा डोम ने जातिगत आधार पर ऊँच-नीच की बात को तार्किक ढंग से खारिज करते हुए कहा हैं कि शूद्र और ब्राह्मण दोनों का शरीर एक जैसे हाड़-मांस से बना हुआ है। पर ब्राह्मणों की पूजा क्यों घर-घर में की जाती है? यहाँ तक कि उसकी यजमानी पूरे इलाके में चलती है। दूसरी तरफ उसी हाड़-मांस से बने हुए डोमों को क्यों नहीं कुएँ के पास पानी भरने के लिए जाने दिया जाता है? हम लोग तो कीचड़ से पानी निकालकर पीने के लिए विवश हैं। इतना ही नहीं, यदि हम लोगों से किसी सवर्ण की चीजें नापाक हो जाती हैं तो हमें जूतों से पीटा जाता है। आखिर क्यों हम लोगों को इतना परेशान किया जाता है?}[5]

मुसहर कवि बिहारी राम (गाँव-एकवारी, थाना-सहार, जिला- भोजपुर, बिहार) सामंती जुल्म के खिलाफ लिखने का साहस करते हुए कहते हैं कि—

कइसे सुधरी, कइसे सुधरी
जिनकर बिगड़ल बा चलनिया
कइसे सुधरी, कइसे सुधरी
रात-दिन बेगार करावे, मारे-पीटे और डेरावे
हमनी के इज्जत पर हरदम ऊ रखेला आँख
देखली धनिकन के शैतनिया
कइसे सुधरी, कइसे सुधरी
जिनकर बिगड़ल बा चलनिया। [6]

डॉ0 राजेन्द्र प्रसाद सिंह ने अपनी पुस्तक-आधुनिक भोजपुरी के दलित कवि और काव्य में लिखा है—'हीरा डोम की कविता एक सधे हुए कवि की रचना है।

यह कविता वर्णिक है। इसका छंद मनहरण घनाक्षरी है जिसमें 16 या 15 वर्ण पर यति होती है और जिसका अंतिम वर्ण गुरु होता है। निश्चित रूप से 'अछूत की शिकायत' अपने संरचना-शिल्प के कारण याद की जाएगी। परंतु इससे यह भी निष्कर्ष निकलता है कि यह हीरा डोम की पहली रचना नहीं रही होगी। भाव, संरचना-शिल्प और प्रतिपाद्य की दृष्टि से यह कविता अत्यंत बेजोड़ है। इसीलिए यह कहा जा सकता है कि यह कविता किसी सधे हाथों की रचना है और हाथ तो तभी सधते हैं, जब कोई रचनाकार इसका पूर्वाभ्यास करता है। कहना न होगा कि 'अछूत की शिकायत' के पहले और बाद में भी हीरा डोम ने अपनी कई रचनाएँ प्रस्तुत की होंगी। परंतु समय के साथ-साथ उनकी सभी रचनाएँ इतिहास के नीचे दफन हो गईं। यदि 'अछूत की शिकायत' भी 'सरस्वती' जैसी तथाकथित प्रतिष्ठित पत्रिका में नहीं प्रकाशित होती तो यह भी इतिहास के नीचे दफन हो जाती।' मैंने भी 'लोकरंग-1' में इस आशंका को उठाया था कि हीरा डोम की कविता के तेवर देखते हुए लगता है कि उनकी तमाम कविताओं को समाज के कुलीन तबके द्वारा नष्ट कर दिया गया होगा।

डॉ0 राजेन्द्र प्रसाद सिंह आगे लिखते हैं—'इतना ही नहीं, यह भी सत्य है कि हीरा डोम की तरह और भी कई प्रतिभाशाली कवि उस वक्त मौजूद थे। परंतु वे हिंदी साहित्य के इतिहास की मुख्य धारा में नहीं आ सके। ऐसा हीरा डोम के पहले भी हुआ, बाद में भी हुआ और आज भी हो रहा है। डॉ. जयप्रकाश कर्दम ने लिखा है कि हाल के वर्षों में इस दिशा में नई खोजों से कुछ नए तथ्य सामने आए हैं। भारतेंदु हरिश्चंद्र के समकालीन 'मार्कण्डे' दलित कवि थे। वे 'चिरंजीत' नाम से लिखते थे। वे गाजीपुर के रहने वाले मोची थे। उसी काल में इलाहाबाद निवासी 'परसन' नामक दलित कवि भी कविताएँ लिखते थे। हीरा डोम के ही समकालीन दूसरे महत्वपूर्ण कवि स्वामी अछूतानंद हरिहर हैं। अछूतानंद की पहली पुस्तक 'हरिहर भजनमाला' 1917 ई. में आगरा से प्रकाशित हुई थी। कहने का तात्पर्य यह है कि हीरा डोम का रचना-संसार और भी व्यापक रहा होगा और यह भी कि और भी कवि उनके समय में मौजूद रहे होंगे जो दलित वर्ग से आते होंगे। पर सभी काल-कवलित हो गए। जरूरत इस बात की है कि उन कवियों की हम तलाश करें जो अपनी प्रतिभा के रहते हुए भी काल के गर्त में समा गए हैं।' दरअसल इतिहास ने सदा कमजोरों की आवाज दबाई है और लोकसंस्कृतियों के क्षेत्र में भी वही हुआ है।

समाज के कुलीन तबके ने लोकसंस्कृतियों के संवर्द्धन में नकारात्मक भूमिका निभाई है। गीतों में अश्लीलता को बढ़ाने में उसी का हाथ और दिमाग रहा है। कुछ लोग मेरी बात से असहमत होते हुए यह कह सकते हैं कि अनेकों

राजे-रजवाड़ों के काल में या जमींदारों के संरक्षण में नौटंकियों का विकास हुआ। बात सामान्य तौर पर सही भी दिखती है। पर जरा सोचिये कि इन नौटंकियों में अधिकांशतः दलितों ने ही क्यों भाग लिया? तमाम नाच यथा हुड़का, पखावज, फरी, जांघिया, राई, लोरिकायन, पंवरिया, ये सब जाति विशेष के नाच थे और इनमें मात्र दलितों की ही भागीदारी थी। कुलीन तबका इनको नचा कर अपना मनोरंजन करता था और बदले में अपनी कुलीनता की धाक जमाने के लिए अभद्र टिप्पणियों से इन्हें नीच और अपने को कुलीन दर्शाता था। सारी लोक गायकी और नृत्य दलितों के ही नाम क्यों है? कहीं-कहीं उच्च जातियों की नौटंकियों में भागीदारी है भी तो ज्यादातर रामलीलाओं या धार्मिक नृत्यों में। वे वहीं अपने को सहज महसूस करते थे। जबकि वे सदियों पुरानी सिद्ध, नाथ या कबीर पंथ परंपरा से अलग रहे। वहां दलितों ने ही अपनी उपस्थिति दर्ज कराई। यहां तक कि वर्णवादियों ने इन परंपराओं पर प्रहार कर उनके विकास की राह में रोड़े अटकाये और सदियों तक दबाये रखा। जब कुलीन तबके को लगा कि अब उसके सामने मनोरंजन के अन्य दूसरे साधन आ चुके हैं और श्रम के लिए सिर्फ दलितों पर निर्भर रहने की जरूरत नहीं है तब उन्होंने लोकसंस्कृतियों की उपेक्षा कर अश्लील संस्कृतियों को बढ़ाने में रुचि दिखाई।

समाज के समर्थ तबकों ने अपनी बुद्धि के एकाधिकार के चलते जहां एक ओर दलितों के खेतिहर तबकों को जिन्हें आज पिछड़ा वर्ग में गिना जाता है, के माध्यम से अति शूद्रों को अपमानित करने, उन्हें नीचा दिखाने के लिए कुछ गीतों या कहावतों की रचना की और उन्हें प्रचारित कर दलितों के सांस्कृतिक अभिव्यक्ति को हतोत्साहित करने की कोशिश की। बचपन में मैंने भी तमाम ऐसे गीतों को सुना है जो सीधे-सीधे समाज के दलित तबके का अपमान करती हैं—'डोम, चमार सदा होशियार, जहां लूट पड़े तहां टूट पड़े, जहां मार पड़े वहां भाग पड़े।' ऐसी शरारतपूर्ण पंक्तियां लिखने वाला इतना तो स्वयं व्यक्त कर देता है कि समाज का दलित तबका इतना कमजोर था कि उच्च जातियों के जुल्मों के आगे भाग खड़े होने के अलावा उसके पास दूसरा चारा न था। वह दाने-दाने को मोहताज था। भूखा था और क्षुधापूर्ति के लिए कभी-कभी व्यग्र दिखता था जिसे संपन्न तबका 'लूट पड़े तो टूट पड़े' व्यक्त करता है। इस भूख को मिटाने के लिए जहां दलित तबका जीवन-मरण में श्राद्ध खाने के लिए अपने-अपने क्षेत्रों का निर्धारण करता तो उस पर अभिजात्य वर्गीय नजरिया देखिये—'राजा के पते ना, डोम गांव बांट लेहलस' या 'मरला पाछे, डोम भईलन राजा।'

मैंने 'लोकरंग-1' के संपादकीय में घाघ की कहावतों में भी इस प्रकार की

जातिसूचक पक्तियों का उल्लेख किया था। 'गगरी अनाज भइल, जोलहन के राज भइल' पक्तियां लिखने वाले गरीब जुलाहे की गरीबी का मजाक उड़ाते दिखते हैं तो 'दुसाध जात खाए नीचे, ताके ऊंचे' कह कर दलित समाज की महत्वकांक्षा को कुंद करने की कोशिश की जाती रही है। 'कोइरी के लड़िका नान्हें हीन, हाथ में खुर्पी मोथा बीन' या 'नोनिया बीन, करम के हीन' कह कर एक तबके के सुविधाभोगियों ने आगे बढ़ने की संभावना को नकारा है तो 'नाऊ, धोबी, दरजी, तीनों जात अलगरजी' और 'कलवारे की बिटिया भूखन छपिटात रहे, तबो लोग कहे कि पियले बिया।' कह कर गरीब जातियों को अपमानित किया गया है।

समाज का कुलीन तबका जहां पौराणिक कथाओं, उपकथाओं और उनसे जुड़े अनेक मिथकों की रचना कर भाववादी संस्कृति का ताना-बाना बुन रहा था वहीं दलितों ने पौराणिक कथाओं का जनसामान्यीकरण करते हुए तमाम लोकगाथाओं की रचना की। लोरिकायन, आल्हा-उदल, रानी सारंगा, भर्तृहरी, सोरठी-बृजभार, राजा घुघुलिया, रइया रणपाल, कलार सुंदरी आदि लोकगाथाओं की रचनायें हमारे पास हैं। कई दलित समाजों ने अपने कुल देवताओं के संबंध में लोकगाथाओं की रचना की। अपने धर्म विधानों का प्रतिपादन किया। परन्तु खेद का विषय है कि अपने दलित नायक/नायिकाओं के बेजोड़ चरित्र निर्माण करने की चाहत में दलित रचनाकारों ने लोक गाथाओं का ऐसा मिथकीय स्वरूप निर्धारित किया कि अंततः वे भी आध्यात्मिक शक्तियों से लैश हो हमारे सामने आये और मानव से परम मानव की ओर अग्रसर हो दलितवर्गीय प्रतिरोधी संस्कृति से दूर हो गये।

इस प्रकार हम कह सकते हैं कि लोकसंस्कृतियां दलितों की थाती हैं। वे अनपढ़ और कमजोर समाज की अभिव्यक्ति हैं। उनका संरक्षण, सर्वहारा संस्कृति का संरक्षण है। भले ही ऐसी संस्कृति में अनेक मिथ्या, कपोलकल्पित और अंधविश्वासी तत्व भी हैं फिर भी वहाँ बहुत कुछ है जिसे लिखित इतिहास ने तोप-ढांप रखा है।

लोकरंग-2 में हमने प्रयास किया है कि विभिन्न अंचलों की तमाम लोकगाथाओं का विवेचन प्रस्तुत किया जाए। हमने कुछ आदिम जातियों यथा संथाली, डोगरा, थारू और बोक्साओं की संस्कृतियों को भी इस पुस्तक में समेटने का प्रयास किया है। मिथ का समाजशास्त्र, ख्याल लावनी, भिखारी ठाकुर का तमाशा और लोक साहित्य में दलित संस्कृति पर आलेख तो हैं ही, कुछ गुमनाम लोकगीतकारों पर भी महत्वपूर्ण जानकारी उपलब्ध कराई गई है। लोक कथा, लोक गीत, लोक नृत्य के कुछ अनछुए पृष्ठों पर नजर डाली गई है। परिशिष्ट के अंतरगत लोकसंस्कृतियों से संबंधित कई सूक्ष्म परन्तु महत्वपूर्ण जानकरियां उपलब्ध कराई गई हैं। लोकरंग सांस्कृतिक समिति ने अपने सदस्यों और दूसरे

माध्यमों से कुछ पचरा, झारी, संझा, पराती, तेली गीत और जंतसर गीतों का संग्रह किया है जो परिशिष्ट के अंतरगत दिए गए हैं।

पूर्वांचल के हिन्दी पट्टी में एक अनोखी संस्कृति विराजमान रही है जो सदियों से धर्म आधारित विभाजन से परे हिन्दू-मुसलिम विभाजन को नकारर्ता रही है। पमरिया(पंवरिया) और जोगी परंपरायें ऐसी ही संस्कृति के अभिन्न हिस्से हैं जहां दलित हिन्दू, मुसलमान बनने के बाद भी अपनी पूर्व परंपरा से मुक्त नहीं हो पाया है और एकाकार संस्कृति को जिंदा रखे हुए है। यहां हमने पमरिया नाच पर महत्वपूर्ण आलेख प्रकाशित किया है। मैं इस पुस्तक के सभी रचनाकारों का आभारी हूं जिन्होंने हमारे अनुरोध पर महत्वपूर्ण सामग्रियों को उपलब्ध कराया है। कथादेश के संपादक हरिनारायण जी ने अपनी पत्रिका के काम के अतिरिक्त इस पुस्तक के प्रकाशन में जो समय दिया है उसको मैं नजरअंदाज नहीं कर सकता। आशा कुशवाहा ने हमेशा की तरह संग्रह को उपयोगी बनाने में अपना योगदान दिया ही है। उम्मीद करता हूं कि यह पुस्तक पाठकों और शोधार्थियों के लिए उपयोगी होगी।

अप्रैल 2011

●

'सृजन'
बी 4/140 विशालखंड, गोमतीनगर,
लखनऊ 226010
lokrang.ss@gmail.com

संदर्भ :

1. सोहर संख्या 49, भोजपुरी संस्कार गीत, बिहार राष्ट्रभाषा परिषद, पटना।
2. सोहर संख्या 51, भोजपुरी संस्कार गीत, बिहार राष्ट्रभाषा परिषद, पटना।
3. प्रतिनिधि रचनाएं (खंड-1)—देवेन्द्र सत्यार्थी पृष्ठ 287।
4. प्रतिनिधि रचनाएं (खंड-1)—देवेन्द्र सत्यार्थी पृष्ठ 291।
5. आधुनिक भोजपुरी के दलित कवि और काव्य—डॉ0 राजेन्द्र प्रसाद सिंह
6. आधुनिक भोजपुरी के दलित कवि और काव्य—डॉ0 राजेन्द्र प्रसाद सिंह

लोक साहित्य में दलित संस्कृति

जयप्रकाश कर्दम

शिष्ट साहित्य की तरह लोक साहित्य भी समाज का आईना होता है। लोक समाज की भाषा, धर्म, संस्कृति, इतिहास, राजनीति, अर्थव्यवस्था और राग-रंग सब कुछ लोक साहित्य में समाहित होता है। लोक समाज के लोग अशिक्षित या थोड़े-बहुत साक्षर और श्रमजीवी होते हैं। पहले लोक केवल गाँवों तक सीमित था किन्तु अब रोजगार की तलाश में गाँवों से भारी संख्या में शहरों की ओर पलायन से लोक का विस्तार शहरों तक हो गया है। लोक के विस्तार के साथ-साथ लोक साहित्य ने भी विस्तार पाया है। इसलिए लोक साहित्य के विषयों और विमर्शों में भी अब व्यापक बदलाव होता जा रहा है। लोक समाज धीरे-धीरे साक्षर और शिक्षित हो रहा है। शिक्षा के प्रसार से उसकी चेतना विकसित हो रही है और चेतना के इस बदलाव के चलते सम-सामयिक समस्याएँ, प्रश्न और परिस्थितियाँ लोक साहित्य का विषय बनती जा रही हैं। शिष्ट समाज के जीवन से अलग लोक साहित्य में ऐसे अनेक सूत्र या संकेत मिलते हैं जिनमें दलित संस्कृति के चिन्ह दिखायी देते हैं।

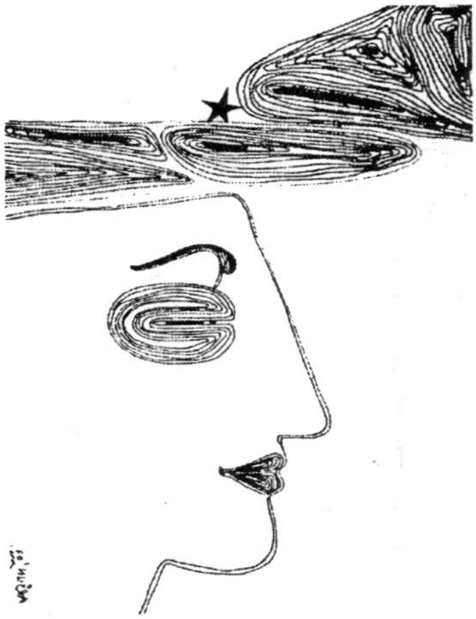

कई लोक कथाओं में दाने का उल्लेख मिलता है जो बहुत ताकतवर होता है। दाना प्रायः गाँव या शहर से बाहर जंगल में किसी गुफा या मढ़ी में रहता है। उदाहरण के लिए

कीचक दाना जरद मढ़ी में रहता है। इन लोक कथाओं से यह भी पता चलता है कि राजा या राजसत्ता के साथ दाने का संघर्ष रहता है। यह दाना शब्द दानव का अपभ्रंश लगता है, जो राक्षस, असुर और दैत्य का पर्यायवाची या समानार्थी है। दानव शब्द को भले ही देव का विपरीत या विलोमार्थी कहा जाए किन्तु यथार्थ में यह देव का प्रतिरोधी शब्द है। शूद्र, चांडाल, अछूत सब इसके अंतर्गत आते हैं। लोक कथाओं में दाना या दानव का उल्लेख इस बात की ओर संकेत करता है कि भारतीय समाज में दो संस्कृतियाँ साथ-साथ चलती रही हैं, देव संस्कृति और दानव संस्कृति। देव संस्कृति ब्राह्मणवादी संस्कृति है, जिसमें ब्राह्मण को देवता या देव, उनकी भाषा (संस्कृत) को देवभाषा और उनके द्वारा रचित ग्रंथों को शास्त्र माना गया है। वही इस धरती का असली स्वामी और शासक है। देवभाषा में लिखे होने के कारण ही सारे शास्त्र पवित्र हैं और उन पर प्रश्न करना निषिद्ध है, निषिद्ध नहीं तो धृष्टता अवश्य है। देववाद के इस सिद्धांत के आधार पर ही वेदों को स्वतः प्रमाण माना गया है, क्योंकि वे अपौरूषेय हैं (देवता द्वारा लिखे गये हैं, पुरुष द्वारा नहीं)। देव जो कुछ भी लिख दें वह स्वतः प्रमाण, जो कुछ भी कह दें वह आप्त वचन, वे जो कुछ भी करें वही श्रेष्ठ, पुण्य और अनुकरणीय है। दानवों ने सदैव इसका प्रतिकार किया है। इसलिए यह कहना सर्वथा उपयुक्त होगा कि दानव संस्कृति ब्राह्मणवाद के समानांतर चलने वाली और उसके प्रतिकार की संस्कृति है, जो न ब्राह्मण के देवत्व या श्रेष्ठत्व को मानती है, न उनकी भाषा को, न शास्त्रों को। इस संस्कृति ने वर्चस्ववादी संस्कृति को कभी स्वीकार नहीं किया है, और सदैव वर्चस्ववाद को चुनौती दी है जबकि ब्राह्मणी संस्कृति ने सदैव इस संस्कृति को कुचला है या कुचलने की कोशिश की है। लोक कथाओं का दाना इसी दानव संस्कृति का प्रतीक है जो ब्राह्मणवादी संस्कृति के प्रतिरोध में खड़ा है। दाने का प्रतिरोध दमित, उपेक्षित व्यक्ति का अपनी अस्मिता, अस्तित्व और मानवीय गरिमा की प्राप्ति के लिए संघर्ष है।

शिव और पार्वती को छोड़कर दलितों के देवता भी अलग हैं। उन्होंने ब्राह्मणी या हिन्दू देवी-देवताओं के बरक्स अपने देवी-देवता खड़े किए हैं। शिव चूँकि अन्य देवताओं की तरह महलों में रहने वाले, वस्त्र, आभूषण पहनने वाले और अस्त्र धारण करने वाले नहीं हैं, अपितु पर्वत पर रहने वाले, अर्द्ध-नग्न रहने वाले और हाथों में डमरू धारण करने वाले हैं। इसके अलावा शिव और पार्वती निर्धनों, अपाहिजों की सहायता करते हैं। शायद इसीलिए दलितों को वे निकट लगे हैं। हिन्दू समाज सरस्वती की पूजा करता है। वह ज्ञान की देवी है। दलितों को ज्ञान से वंचित रखा गया। वे ज्ञान से दूर हैं इसलिए ज्ञान की देवी से भी दूर हैं। सरस्वती को दलित समाज में कोई खास महत्व नहीं है। लक्ष्मी वैभव या ऐश्वर्य की देवी है। वह धन की वर्षा करती है। हजारों साल से इस देवी की कोई कृपा दलितों पर नहीं रही है। इसलिए लक्ष्मी दलितों की देवी नहीं है। हिन्दुओं की तीसरी बड़ी देवी दुर्गा है, जो शक्ति की प्रतीक है। यह असुरों (अर्थात दलितों) का नाश करने वाली

है, इसलिए दलितों से इसका कोई सम्बन्ध नहीं बनता है। दलित समाज की देवियाँ हैं ज्वालादेवी, कालकादेवी, शीतलादेवी, सीकरीदेवी, ललिता या लालतादेवी, भुमिया, महममाई, माता, चावण्ड या चामुण्डा और बैमाता। ये सब अलग-अलग शक्तियाँ रखती हैं। दलित इन देवियों की ही पूजा करते हैं। ज्वालादेवी का स्थान कांगड़ा (हिमांचल प्रदेश) के अंतर्गत नगरकोट में है। बहुत से दलित नगरकोट ज्वालादेवी की जात लगाने जाते हैं। लालतादेवी पचौटेवाली देवी के नाम से ज्यादा जानी जाती है। इसे बच्चों पर कृपा करने वाली माना जाता है। इसी तरह गुड़गाँव वाली देवी है। महममाई खेतों को वर्षा का जल दिलाने वाली देवी है। इसे इन्द्र का स्थानापन्न कहा जा सकता है। चामुण्डा माता गाँवों की रक्षक के रूप में पूज्य है। दलित समाज के बहुत से लोग अपने बच्चों के अच्छे स्वास्थ्य और दीर्घ आयु की कामना से बच्चों की पचौटा, गुड़गाँव और नगरकोट में जात लगाने जाते हैं। दलितों में सवर्ण हिन्दुओं की तरह पुरी, रामेश्वरम, द्वारका और बद्रीनाथ इन चार धामों की यात्रा करने की परम्परा नहीं है। दलितों में पचौटा, गुड़गाँव और नगरकोट जात लगाने के लिए जाना वैसा ही महत्वपूर्ण माना जाता है जैसा सवर्ण हिन्दुओं के द्वारा चार धाम और अमरनाथ की यात्रा अथवा वैष्णों देवी के दर्शन के लिए जाना।

जहाँ तक देवताओं का सम्बन्ध है, जाहरपीर या गुरु गुग्गा दलित समाज का सबसे बड़ा देवता है। जाहर के विषय में कई प्रकार की कथाएँ प्रचलित हैं। जाहर की पूजा की जाती है और जाहर का जागरण किया जाता है। यह जागरण उसी प्रकार किया जाता है जैसा सवर्ण समाज में भगवती का जागरण किया जाता है। जाहर-जागरण के गीत देवी-जागरण के गीतों जैसे हैं। जाहर का सम्बन्ध बौद्धधर्म के साथ भी जुड़ता है। जाहर के पूर्वजन्म की कथाओं में उनको पेड़, पक्षी आदि बताया गया है। जातक कथा में भगवान गौतम बुद्ध के पूर्वजन्मों की जो कथाएँ दी गयीं उनमें उनको भी इसी रूप में दर्शाया गया है। गौतम बुद्ध का जन्म लुम्बिनी में वन में हुआ था, जाहर का जन्म भी जंगल में हुआ। जाहर का नाग के साथ भी सम्बन्ध है। जन्म से पूर्व गौतम बुद्ध की माँ को स्वप्न में सर्प दिखायी दिया था, जाहर की माँ के गर्भ से जाहर के साथ एक सर्प के जन्म की कथा मिलती है। डॉ. सत्येन्द्र ने अपनी पुस्तक (जाहरपीर : गुरु गुग्गा, पृष्ठ 13) में भगवान बुद्ध और जाहरपीर के बीच कुछ और समानताओं का उल्लेख किया है, जो इस प्रकार है—

1. नागों ने भगवान बुद्ध के लिए एक पुल तैयार किया था। ऐसा ही पुल साँपों ने एक झील के ऊपर गुग्गा जी और उनकी बारात के लिए तैयार किया था।

2. भगवान बुद्ध का घोड़ा उसी दिन उत्पन्न हुआ जिस दिन भगवान बुद्ध पैदा हुए थे। इसी प्रकार गुग्गा और उनके घोड़े नाला या जवड़िया का जन्म भी साथ-साथ हुआ था।

जाहर को साँपों का देवता भी माना जाता है। डॉ. एल. बी. राम अनंत के शब्दों में, जाहर शब्द का सम्बन्ध झाड़ से भी संभव है। जाहर को बागड़ का वीर कहा जाता है, अतः

माना जा सकता है कि जाहर में कई अर्थ संभावित हैं, जिनमें वह अर्थ भी होगा जो साँपों से सम्बन्ध रखता है। सर्प के साथ जहर भी जुड़ा है और इसका उच्चारण जाहर भी हो सकता है, और सांकेतिक होगा जहर से युक्त सर्प। (लोकसाहित्य का अध्ययन, पृष्ठ-96)।

गुरु गोरखनाथ का जाहर पर प्रभाव दिखाई देता है। जाहरवीर के गुरु गोरखनाथ हैं। कहा जाता है कि गुरु गोरखनाथ और उनके चौदह सौ चेले जाहर की अरजन और सरजन से युद्ध के समय सहायता करते हैं। (डॉ. देवी सिंह, मेरठ जनपद की परिगणित जातियों के लोक साहित्य का अध्ययन, पृष्ठ 234)। डॉ. सत्येन्द्र भी मानते हैं कि जाहरपीर का सम्बन्ध नाथ संप्रदाय से है। आज तक नाथ लोग ही इन्हें अपनाए हुए हैं। प्रत्येक कथा में गुरु गोरखनाथ अवश्य आते हैं। इससे इसका सम्बन्ध गोरखपंथी नाथ संप्रदाय से होना चाहिए। (जाहरपीर : गुरु गुग्गा, पृष्ठ-7)। यह बताने की आवश्यकता नहीं है कि नाथ-मत यथार्थ में बौद्ध परम्परा है, जो बौद्धों से शुरू होकर नाथों से होती हुई संतों तक आती है, जो प्रायः दलित रहे हैं। नाथों का हठयोग और संतों का सहजयोग बौद्ध धर्म के बज्रयान से अलग और कुछ नहीं है। बौद्ध, नाथ और संतों का धर्म और दर्शन, ब्राह्मण धर्म, शास्त्र और संस्कृति के असमानता और अमानवीयता पर आधारित मूल्यों का विरोधी है। वर्ण-व्यवस्था और जातिवाद सहित ब्राह्मणवादी धर्म और संस्कृति का विरोध शूद्र, अछूत, और चाण्डाल अर्थात दलितों ने किया है, जिनमें नाग भी शामिल हैं। पातालपुरी (पृथ्वी के नीचे) के राजा बासक (नागों के राजा) से सम्बन्धित अनेक कथाएँ प्रचलित हैं।

जाहर की कथा, राम की कथा के विकल्प के रूप में विकसित दिखायी पड़ती है। इसका आधार राम और जाहर के बीच कई समानताओं का होना है। राम ने चौदह वर्ष वनवास में व्यतीत किए थे तो जाहरवीर ने भी 12 वर्ष वनवास में व्यतीत किए थे। रामकथा का प्रमुख विषय राम-रावण युद्ध है तो जाहर की कथा में जाहर और अरजन-सरजन के बीच युद्ध प्रमुख है।

दलित संस्कृति का एक अन्य महत्वपूर्ण उदाहरण आल्हा की कथा है। शिष्ट (ब्राह्मणवादी) समाज में महाभारत की कथा लोकप्रिय है। लेकिन दलित समाज में महाभारत की कथा उतनी लोकप्रिय नहीं है। उसके बरक्स लोक साहित्य में जो गाथाएँ प्रचलित हैं उनमें आल्हा सर्वाधिक लोकप्रिय है। आल्हा एक वीरगाथा है जिसमें आल्हा, ऊदल, मलखान आदि वीरों की बहादुरी का वर्णन है। ये महोबा के निवासी बताए गये हैं जो अपने चाचा राजा परमाल के यहाँ रहते थे। परमाल की ओर से कई युद्ध इन्होंने लड़े हैं। ये बनाफल जाति के हैं। हालाँकि ये अपने आप को क्षत्रिय कहते या मानते हैं किन्तु प्रतिपक्षियों द्वारा इनको ओछी जात बनाफल राय कहकर संबोधित किया गया है। बहुत से दलित अपने नाम के आगे चौहान, तोमर जैसे क्षत्रियों में प्रचलित उपनाम लगाते हैं। यह एक ओर उनकी दलितपन से मुक्ति की चाह को दर्शाता है तो दूसरी ओर अपनी क्षमता, योग्यता का अहसास कराते हुए समाज को यह सन्देश देने की

कोशिश कि हम किसी से कम नहीं हैं। ऐसा प्रतीत होता है कि बहादुर होने के कारण आल्हा के ये वीर बनाफल स्वयं को क्षत्रिय मानते थे और क्षत्रिय के रूप में अपनी पहचान स्थापित करने के लिए क्षत्रियों में ही अपने वैवाहिक सम्बन्ध जोड़ना चाहते थे। किन्तु ओछी यानी निम्न जातीय होने के कारण क्षत्रिय इनके साथ वैवाहिक सम्बन्ध नहीं बनाते थे इसलिए अपने क्षत्रियत्व को मनवाने के लिए क्षत्रिय राजाओं को युद्ध में पराजित कर उनकी कन्याओं के साथ विवाह करते थे। आल्हा वीरगाथा के सभी खंड किसी न किसी के सगाई, ब्याह या गौना पर आधारित हैं। आल्हा की कथा को देखते हुए यह जातिवाद के विरुद्ध दलितों का खुला एवं सशस्त्र विद्रोह प्रतीत होता है। यह देश के स्वाधीनता आन्दोलन की तरह दलितों का मानवीय समानता का एक सशस्त्र आन्दोलन था।

आल्हा को दलित संस्कृति से जोड़ने वाली दूसरी महत्वपूर्ण बात है कि उनके गुरु अमरा हैं, जो एक सिद्ध हैं। समय-समय पर वह इनका मार्गदर्शन करते हैं। इसके अलावा, नागों के साथ भी इनका सम्बन्ध है। आल्हा की एक कथा में युद्ध का चित्रण करते हुए कहा गया है– *'भाला चल रहा नागदमन का जो पसली में जाए समाय।'* यहाँ नागदमन का अर्थ नागों का दमन नहीं हो सकता क्योंकि आल्हा अपने भाइयों सहित जिन राजाओं के विरुद्ध युद्ध कर रहे हैं वे क्षत्रिय हैं, नाग नहीं हैं। नागदमन, दमन नाम का भाला बनाने वाला कोई नाग (दलित) ही हो सकता है। बहुत से दलितों के नाम नाग पर मिलते हैं, यथा—नाग, नागदेव, नागराज, नागदंश, नागमणि आदि। इस लोकगाथा का अंत भी महाभारत की तरह ही होता है। जिस प्रकार महाभारत युद्ध विजय के द्वारा अपनी शक्ति का डंका बजवाने के बावजूद अंत में सभी पांडव और कृष्ण भील जनजाति द्वारा पराजित और मारे जाते हैं, उसी प्रकार आल्हा और उनके भाई भी, जो बड़े-बड़े युद्ध जीतकर वीरता का पर्याय बन चुके हैं, एक छोटे से युद्ध में मारे जाते हैं।

दलितों ने समय-समय पर वर्ण-व्यवस्था को सशक्त चुनौती दी है तथा उसको तोड़ने की पुरजोर कोशिश की है। इतिहास के विभिन्न कालों में अनेक शूद्र राजाओं का होना इसका सबसे बड़ा उदाहरण है। आल्हा और जाहर की कथाएँ भी इसको पुष्ट करती हैं। ये गाथाएँ एक और तथ्य की ओर ध्यान आकृष्ट करती हैं कि जिन शूद्र राजाओं ने ब्राह्मणों को अपना गुरु माना उनको क्षत्रिय मान लिया गया किन्तु जिन्होंने ब्राह्मणों को अपना गुरु नहीं माना उनको क्षत्रिय नहीं माना गया। आल्हा और जाहर के गुरु ब्राह्मण न होकर सिद्ध-नाथ हैं, जो ब्राह्मणवाद के विरोधी हैं। इसीलिए आल्हा और जाहर को क्षत्रिय नहीं माना जाता, शूद्र ही माना जाता है।

वर्ण-व्यवस्था और जातिभेद के विरोध में लोक साहित्य में कई रचनाएँ मिलती हैं। इस सम्बन्ध में एक गीत को देखा जा सकता है, जिसमें कहा गया है कि वर्ण-व्यवस्था ईश्वर द्वारा बनायी गयी नहीं है, यह मनुष्यों द्वारा बनायी गयी है। और यह कर्म पर

नहीं जन्म पर आधारित है। यदि ऐसा नहीं होता तो भक्त रैदास चमार न होकर ब्राह्मण होते। यथा :

ऊँच नीच नहीं इसवर के, तम आपी आप पुकारो।
चार बदन तै माने हैं सबने, मुझकू एक सोच अपार।
गीला करो तो चुपका हो रह, मुझसे नहीं कर तकरार।
कहना मेरा बुरा लगेगा, लाठी गोली चले पजार।
रबीदास ता संगत रब के, कैसे माना गया चमार।

(डॉ. देवीसिंह, पृष्ठ-476)

इन सब लोक-गाथाओं/कथाओं से यह स्पष्ट होता है कि दलित समाज ने ब्राह्मणवादी संस्कृति और उसके मूल्यों को कभी स्वीकार नहीं किया है। इतना ही नहीं अपनी अलग पहचान प्रदर्शित करने के लिए उन्होंने ब्राह्मणी संस्कृति के समांतर अपनी अलग संस्कृति विकसित की है। अपना धर्म, अपनी भाषा, अपने देवी-देवता, अपने मन्दिर, देवस्थान। दलित संस्कृति वास्तव में कर्मकांड के विरुद्ध ज्ञान, शास्त्र के विरुद्ध श्रम और जड़ता के विरुद्ध प्रगतिशीलता की संस्कृति है।

लोक-साहित्य लोक-समाज के मनोरंजन का साधन मात्र नहीं है। यह लोक जीवन की समग्र झांकी है, जिसमें लोक जीवन के दुख-दर्द, हास-परिहास, आशा-आकांक्षा, संवेदना, अभाव, संघर्ष शामिल हैं। दलित समाज अभावग्रस्त समाज है, जिसके पास आजीविका के साधन नहीं हैं। बहुत से लोग नंगे-अधनंगे और खाली पेट रहते हैं। यही कारण है कि प्रायः चटनी के साथ या रूखी-सूखी रोटी खाकर अपना पेट भरने वाले दलित समाज से सम्बन्धित लोकगीतों में वस्त्र, आभूषण से लेकर मिठाई, मेवे, फल और सब्जियों तक का उल्लेख बहुत कम मिलता है। मिठाइयों में लड्डू और जलेबी तथा फलों में बेर और आम का नाम आया है। आर्थिक अभाव के कारण बेर भी दलितों के लिए दुर्लभ रहा है। बेर खरीदने के लिए पैसे नहीं हैं। संपत्ति के नाम पर उनके पास केवल कटिया, बछिया ही होती है। इसलिए एक गीत की निम्न पंक्तियों में बेर मँगवाने के लिए कटिया, बछिया बेचने की बात करती है :

कहियो री या ससुर भले से हमकू बेर मँगावै असल।
कटिया बेचै, बछिया बेचै, भैंस बेचै, मंगावै बेर असल।

बहुत से लोकगीतों में गोला या नारियल के उपयोग का उल्लेख भी मिलता है, जो प्रायः धार्मिक अनुष्ठानों के संदर्भ में आया है। सब्जियों में बैंगन, साग जैसी सस्ती सब्जियों का ही उल्लेख मिलता है। दलित समाज के जीवन में सब्जियाँ नहीं रही हैं। पेड़ों में जामुन, बरगद, पीपल, बेर, कदम और नीम का उल्लेख मिलता है। श्री नानकचन्द बाल्मीकि, हापुड़ (गाजियाबाद) निवासी की एक ज्ञान-पकड़ रचना दृष्टव्य है :

चार पेड़ हैं उस परबत पै और लिखा सिबजी का नाम।

जामन, बरगद और कदम हैं, गियानी और समझ लें आप।

यहाँ लोक कवि ने जिन पेड़ों का जिक्र किया है, वे फलदार, छायादार और औषधीय गुण युक्त होने के अलावा सांस्कृतिक महत्व भी रखते हैं। ये पेड़ हमें इतिहास के उस काल की याद दिलाते हैं जब बौद्ध सम्राट अशोक ने अपने जन-कल्याणकारी कार्यों के तहत अपने राज्य भर में सर्वत्र सड़कें बनवायी थीं तथा उन सड़कों के किनारे ऐसे वृक्ष लगवाये थे जो फलदार, छायादार और औषधीय गुणों से युक्त थे। जामुन और आम छायादार और फलदार पेड़ हैं तो बरगद और कदम छायादार होने के साथ-साथ सांस्कृतिक महत्व रखते हैं। पीपल बोधि वृक्ष है। भगवान बुद्ध के अलावा उनके पूर्ववर्ती सत्ताईस बुद्धों में से जिन छह बुद्धों शिखी, विपश्यी, कोनागमन (कनकमुनि), क्रुक्कुच्छन्द, महाकाश्यप की ऐतिहासिकता का पता चलता है उन सब ने पीपल वृक्ष के नीचे बुद्धत्व प्राप्त किया था। किन्तु बरगद भी पीपल की तरह छायादार वृक्ष है और बहुत संभव है कि किसी बुद्ध को बरगद के नीचे बुद्धत्व प्राप्त हुआ हो। बुद्ध-कथा में न्यग्रोध वृक्ष का जिक्र आता है। भगवान गौतम बुद्ध पीपल वृक्ष के नीचे बुद्धत्व प्राप्त करने से पहले इस वृक्ष के नीचे भी बैठे थे। विनय पिटक (अनुवादक : राहुल सांस्कृत्यायन, पृ. 72-73) में महावग्ग के अंतर्गत अजपाल कथा में बरगद वृक्ष का उल्लेख हुआ है, जो इस प्रकार है :

सप्ताह बीतने पर भगवान उस समाधि से उठकर, बोधिवृक्ष के नीचे से वहाँ गये, जहाँ अजपाल नामक बरगद का वृक्ष था, वहाँ पहुँचकर अजपाल बरगद वृक्ष के नीचे सप्ताह भर मोक्ष का आनन्द लेते हुए, एक आसन पर बैठे रहे। अजपाल नामक इस बरगद वृक्ष के नीचे गौतम द्वारा दो बार सप्ताह भर विहार करने का उल्लेख विनय पिटक में मिलता है। भगवान बुद्ध और उनका धर्म (लेखक : डॉ. भीमराव रामजी आम्बेडकर, पृ.-37) के अनुसार, गौतम को न्यग्रोध वृक्ष के नीचे बैठा देख पुण्णा (सुजाता) ने सोचा, आज वृक्ष देवता ही साकार हो गये हैं। यह न्यग्रोध और कोई नहीं बरगद का पेड़ है। इस वृक्ष के नीचे बैठकर ही तपस्वी गौतम ने सुजाता की खीर खायी थी, जो उनकी बोधि का आधार बनी। बरगद का पेड़ वहीं से दलित संस्कृति में आया प्रतीत होता है।

लोकगीतों में नीम के पेड़ का उल्लेख सबसे ज्यादा मिलता है। एक लोकगीत में नीम के पेड़ का उल्लेख इस प्रकार मिलता है, यथा :

मेरे राजा ने बाग लगाय दिया रे, मेरे छोटे देवर ने नीमड़ी लगाई रे।
राजा के बागों में नाय जाऊँ रे।
छोटे देवर की नीमड़ी में सोय जाऊँ रे।

इसी तरह सावन के गीतों में 'कच्चे नीम की निंबोली, सावन जल्दी आइयो रे', अत्यंत लोकप्रिय है तो प्रतीक और मुहावरों के रूप में भी नीम का पर्याप्त उल्लेख मिलता है। उदाहरण के लिए निम्न पंक्तियों को देखा जा सकता हैं :

जब ये जाना सुकाबीर ने, नीम निंबौली एक बचै ना।
जादू में पुरकार वीर था, रानी दुमैती को लेकै भागा।

इससे पता चलता है कि अन्य पेड़ों की अपेक्षा दलितों को नीम का पेड़ अधिक प्रिय है। नीम, पीपल, कदम आदि वृक्ष की दलितों द्वारा पूजा की जाती है। दलितों के अधिकांश गोत्र भी पेड़ों के नाम पर मिलते हैं। जैसे—पीपल, पिपलायन, पिपलानी, पिपलिया, निम, निम्र, निमेश, नैमिशराय, निम्बल, कदम, कर्दम, कर्दम्ब, बेरवाल आदि।

लोक साहित्य संत परम्परा से भी जुड़ा है। रैदास और कबीर पर कई गीत और कथाएँ हैं। कुछ लोकगीतों में सदना कसाई, नामदेव छींपी, सैन नाई का जिक्र मिलता है। ये सब दलित जातियों में पैदा हुए संत हैं। यहाँ उदाहरण के लिए एक गीत की दो पंक्तियाँ दी जा रही हैं जिनमें कबीर और शून्य का महिमा गान है। यथा :

अपने गुरु की रज में रह के सैनों में बतलाता है
कह कबीर सुनो भई साधौ, सुन्न में ध्यान लगाता है।

लोक-समाज में राजा-रानी और परियों की कथाएँ बहुत प्रचलित हैं। ये कथाएँ दलित समाज में भी उतनी ही लोकप्रिय हैं। इसका कारण अपने लिए राजा-रानी जैसे वैभव और ऐश्वर्यशाली जीवन की कामना प्रतीत होता है। परि-कथाएँ चमत्कारिकता के साथ-साथ इस कारण भी दलित समाज में लोकप्रिय हो सकती हैं कि जिस दुनिया में दलित रहते हैं वह अभाव, कष्ट और यंत्रणाओं की दुनिया है। वहाँ अपमान और उत्पीड़न के अलावा उनके लिए और कुछ नहीं है। जबकि परियों की दुनिया इन सब से अलग एक दूसरी दुनिया है जहाँ सुख और शांति है। दूसरे, परियाँ कष्ट और आपदा में फँसे व्यक्ति की सहायता करती हैं। परिकथा का यह सुख दलितों के जीने की प्रेरणा का आधार हो सकता है।

राजा-रानी की कथाएँ सामंतवाद की कथाएँ हैं, इनमें प्रायः राजसी वैभव और सम्पन्नता प्रमुख है। किन्तु कुछ लोककथाओं में कष्ट और संघर्ष का वर्णन भी मिलता है। शासित वर्ग सदैव शासक वर्ग का अनुकरण और महिमा गान करता है। ऐसा करके एक ओर वह शासक वर्ग के कोप-भाजन से बचता है और दूसरी ओर उसके निकट पहुँचता है। ब्राह्मणवादी वर्ग ने यही किया है। वह सदैव शासकों के निकट रहा है। अथवा कहिए कि शासक वर्ग के साथ मिलकर लाभ उठाता रहा है। लोक समाज में भी राजा-रानी की कहानियों की बहुलता का आधार यही प्रेरणा हो सकती है। दलित समाज के जीवन में अभाव, कष्ट और संघर्ष है, इसलिए उनके द्वारा रचित लोक साहित्य में भी इसकी अभिव्यक्ति सहज स्वाभाविक है। राजा-रानी की कहानियों में वर्णित कष्ट, अभाव और संघर्ष का आधार यही हो सकता है। इन कथाओं का एक महत्वपूर्ण पक्ष यह है कि बहुत से राजा सुव्यवस्थित शासन के तहत जो नियम बनाते हैं, उनका पालन भी करते हैं। अर्थात वे मूल्यों में विश्वास करते हैं तथा नैतिकता का पालन करते हैं।

मूल्य और नैतिकता का इन कथाओं में समावेश भी दलितों द्वारा किया गया प्रतीत होता है।

दलितों के प्रति सवर्ण समाज का एक दृष्टिकोण रहा है कि वे असभ्य, गंवार अज्ञानी और नीच होते हैं। उनकी सोच भी उतनी ही घटिया होती है। उनसे अच्छे आचरण और व्यवहार की उम्मीद नहीं की जाती। सवर्णों के लोक साहित्य में दलितों का ऐसा ही चित्रण प्रायः मिलता है। 'तुखम तासीर' और 'सोहबत का असर' नामक लोककथा समाज की इसी सच्चाई को अभिव्यक्त करती हैं। दुहाई गाँव (जिला-गाजियाबाद, उ.प्र.) के श्री डी.एन.त्यागी द्वारा सुनाई गयी इस लोककथा में बताया गया है कि चमार (दलित) को चाहे जितनी भी धन-दौलत मिल जाए, चाहे वह राजा बन जाए, वह कभी अपना नीचता का चरित्र नहीं छोड़ता है। यही उसका तुखम है। दूसरे शब्दों में कहें तो सवर्णों की सोहबत में रहकर कोई दलित व्यक्ति अच्छा इंसान बन सकता है किन्तु उसकी जाति नहीं बदलती है।

इसके अलावा अन्य कई रूपों में भी लोक साहित्य में जातीयता दिखायी देती है। जाति की जड़ें समाज में इतनी गहरे तक जमी हैं कि समाज में व्यक्ति की पहचान उसकी जाति के साथ होती है। इसीलिए लोक साहित्य में भी पात्रों के नाम के साथ उनकी जातियाँ जुड़ी हैं। जैसे—ब्राह्मण, बनिया, चमार, तेली, धोबी, नाई, सुनार, जाट, जुलाहा, चाण्डाल आदि। चमार, धोबी आदि पेशों से जुड़ी जातियों का उल्लेख भी उनके पेशों के साथ हुआ है। एक लोकगीत की कुछ पंक्तियाँ उदाहरण के लिए दृष्टव्य हैं, यथा :

थे बाल्मीक चिंडाल भील अन्याई, तेरा जप कै उल्टा नाम गति उन पाई।
नामदेव छेपी की छान छवाई, ना जानूँ कद होगी मेरी सुनवाई।
सेन भगत नाई हुए धन्न है उनों का भी तैने दरस दिखाई।

इसी तरह कबीर को जाति का जुलाहा और नाम का कबीरदास कहा गया है।

डॉ. आम्बेडकर के संघर्षपूर्ण प्रयासों से दलित समाज में आयी सामाजिक-राजनीतिक चेतना की अभिव्यक्ति भी इधर पिछले कुछ दशकों से लोक साहित्य में दिखाई देने लगी है। दलित समाज डॉ. आम्बेडकर को अपना मुक्तिदाता या मसीहा मानता है। दलित समाज में प्रचलित लोक साहित्य में अब डॉ. आम्बेडकर नायक के रूप में स्थापित होने लगे हैं। डॉ. आम्बेडकर ने बहुत ऊँची शिक्षा प्राप्त की थी तथा देश-विदेश के विश्वविद्यालयों से जितनी डिग्रियाँ उन्होंने प्राप्त की थीं, उतनी डिग्रियाँ शायद ही किसी अन्य व्यक्ति ने प्राप्त की हों। शिक्षा के कारण ही वह देश और दुनिया में अपनी एक सम्मानजनक जगह बना सके थे। दलित समाज इस तथ्य से अच्छी तरह अवगत है। इसी का प्रभाव है कि आज 'नालन्दा पढ़कै आयो री अम्बेडकरवादी बरना' जैसे गीत लोक समाज में सुनाई पड़ते हैं।

कृषि आधारित अर्थ-व्यवस्था वाले समाज में दलितों की निर्धनता का कारण उनके पास कृषि-योग्य भूमि का न होना है। दलित प्रायः भूमिहीन कृषक मजदूर रहे हैं, जिन्हें हाली या हल-जोता भी कहा जाता है। कृषि मजदूरों के जीवन में सदैव अभाव रहता है, जबकि शिक्षित व्यक्ति के जीवन में अभाव से मुक्त होने के अवसर हैं। शिक्षा के इस महत्व को दलित समाज में बहुत गहराई के साथ समझा जा रहा है। इसी का परिणाम है कि आज युवतियाँ शिक्षित व्यक्ति के साथ विवाह करने को प्राथमिकता देती हैं। शिक्षा के महत्व को रेखांकित करता एक लोक-गीत देखा जा सकता है, जिसमें एक दलित युवती अपनी माँ से यही अनुरोध कर रही है कि उसकी सगाई किसी हल-जोता के साथ नहीं अपितु किसी पढ़ने वाले के साथ की जाए। यथा :

अरी हल जोता के मत करियो मेरी सगाई, मेरी मैया।
अरी मेरी पढ़ने वाले के करियो सगाई, मेरी मैया।

इस तरह के गीत जहाँ दलितों में शिक्षा के महत्व तथा ज्ञान और उसके प्रति बढ़ती जागरूकता को प्रतिबिम्बित करते हैं वहीं दलितों को शिक्षित होने के लिए प्रेरित भी करते हैं।

ब्राह्मणी (हिन्दू) धर्म और संस्कृति से दलितों का अलगाव दिन-प्रतिदिन बढ़ता जा रहा है तथा वे बौद्ध धर्म की ओर आकृष्ट हो रहे हैं। डॉ. आम्बेडकर की प्रेरणा और प्रयासों से दलित समाज में धार्मिक चेतना का अभ्युदय हुआ है। जहाँ तक भी डॉ. आम्बेडकर के विचार समाज में पहुँच रहे हैं दलित लोग बौद्ध धर्म में दीक्षित हो रहे हैं। दलितों में आ रही इस धार्मिक चेतना का प्रभाव आधुनिक लोकगीतों में भी दिखायी देता है। यहाँ उदाहरण के लिए एक गीत का उल्लेख किया जा रहा है, जिसमें एक स्त्री अपने पति से बौद्ध धर्म ग्रहण करने के लिए झगड़ा कर रही है। यथा :

पहले बौद्ध धर्म अपनाय, रहूँगी बालम जब घर में।

लोकसाहित्य की परम्परा वाचिक परम्परा रही है क्योंकि लोक समाज प्रायः अक्षर ज्ञान से शून्य रहा है। लोक रचनाकार 'मसि कागद छुयो नहीं कलम गहि नहीं हाथ' की परम्परा के हैं। किन्तु समाज में शिक्षा के विकास के परिणाम-स्वरूप अब लोक रचनाकार अपनी अभिव्यक्ति कागज पर करने लगे हैं। आल्हा, ढोला से लेकर लोक समाज में खेले जाने वाले कई स्वांग-तमाशे और रागनियाँ आज लिखित रूप में मिलती हैं। वर्ण-व्यवस्था पर तीखा सवाल करता यह गीत लोक साहित्य की रचना है किन्तु यह ब्रह्मानन्द भजनमाला में लिखित रूप में मौजूद है जिसके लेखक अजुद्धानाथ दंडी बताए जाते हैं :

प्रभूजी तुमने वर्ण बना दिए चार।
गोरे ब्राह्मण, लाल क्षत्रिय, पीले वैश्य और काले शूद्र बनाये क्यों ना।

इसी तरह *'निस दिन मनु-स्मृति हमको जला रही है। आगे ना बढ़ने देती हमको दबा रही है।'* लोक समाज में गाया जाने वाला यह गीत भी लिखित रूप में मौजूद है।

अन्य लोक रचनाकारों की बहुत-सी रचनाएँ लिखित रूप में मिलती हैं। लिखित-अलिखित लोक साहित्य की समस्त रचनाएँ इस ओर संकेत करती हैं कि दलित समाज सदैव से अन्याय, असमानता और अमानवीयता पर आधारित ब्राह्मणवादी धर्म, संस्कृति और साहित्य का प्रत्येक स्तर पर किसी न किसी रूप में विरोध तथा अपने मानवीय अधिकारों की प्राप्ति के लिए संघर्ष करता रहा है। प्रतिरोध के इस स्वर ने एक प्रतिरोधी संस्कृति को जन्म दिया है। प्रतिरोध की इस दलित संस्कृति की गूँज लोक साहित्य में सर्वत्र सुनाई देती है।

●

बी-634, डी.डी.ए. फ्लैट्स,
ईस्ट ऑफ लोनी रोड, दिल्ली-110093

भोजपुरी लोकगीतों का काव्यात्मक वैशिष्ट्य

डॉ. सूर्यकान्त त्रिपाठी

हिन्दी क्षेत्र की लोकभाषाओं में गीत की दृष्टि से सबसे समृद्ध भोजपुरी की वाचिक परम्परा है। लोकगीतों की परम्परा मुख्यतः मौखिक ही है। गाँवों में हजारों गीत मात्र कंठगत ही हैं। ये प्रत्येक अवसर, प्रत्येक विषय और हर एक भावों के गीत हैं। प्रो. किट्टीज का कथन है, 'शिक्षा इस मौखिक साहित्य की शत्रु है। सभ्यता उसे गति से नष्ट करती है। कोई भी व्यक्ति अथवा जाति ज्यों ही पढ़ना-लिखना जान लेती है त्यों ही वे अपने परम्परागत निधि को हेय समझने लगती है।'

भोजपुरी लोकगीतों की वाचिकता की बात करते हुए डॉ. विद्यानिवास मिश्र ने 'वाचिक कविता : भोजपुरी' की भूमिका में इसी बात की पुष्टि की है—'यों तो भारतीय संस्कृति मात्र वाचिक परम्परा की परिणति है, पर भारतीय काव्य किसी न किसी रूप में वाचिक संस्कार से अभी तक सुवासित है। कविता की वाचिकता किसी न किसी रूप में अभी भी है, जो लोक में आदर पाती है। यह अवश्य है कि वाचिकता का जो सम्बन्ध अनुष्ठान की पवित्रता से था वह काफी कुछ कम हो गया है। लोकगीतों को लोग अब अनुष्ठान के साथ सुनने के बजाय या तो कैसेट पर सुनना चाहते हैं या उसकी सामाजिक शव परीक्षा करना चाहते हैं। रस लेकर उन

गीतों को तभी सुना जा सकता है जब उन्हें उचित संदर्भ में रखकर देखें।

भोजपुरी लोकगीतों की भाषा शिष्ट और साहित्यिक भाषा न होकर साधारण जन की भाषा है और उसकी वर्ण्य-वस्तु भोजपुरी लोकजीवन में गृहीत भावों और प्रभावों तक ही सीमित है और उसकी रचना में व्यक्ति का नहीं बल्कि समूचे समाज का समवेत योगदान है। यही कारण है कि भोजपुरी लोकगीतों पर व्यक्ति की छाप न होकर समग्र व्यक्ति-लोक की छाप है। ये गीत निर्वैयक्तिक हैं। ये समूह द्वारा रचे जाते हैं, इसी कारण उनमें व्यक्तित्व का अभाव तथा समूह अथवा जाति-विशेषताओं के लक्षण उपलब्ध होते हैं।

काव्य-शिल्प के स्तर पर भोजपुरी लोकगीतों की पहली विशेषता है—पुनरावृत्ति और प्रश्नोत्तर क्रम। ये पुनरावृत्ति कई स्तर पर प्राप्त होते हैं। उदाहरण के तौर पर (क) एक शब्द या शब्द समूहों की पुनरावृत्ति, (ख) सामान्य वस्तुओं के साथ कुछ विशेष जोड़ों के वस्तुओं की पुनरावृत्ति तथा (ग) सामाजिक व आध्यात्मिक कारणों से होने वाली पुनरावृत्ति।

(क) शब्द या शब्द समूहों की पुनरावृत्ति :

लोकगीतों में एक पात्र दूसरे पात्र से पूछे गये प्रयुक्त शब्दों को और उसके विशेषणों को ज्यों का त्यों ही उत्तर में अनुवाद कर देते हैं। ये शब्द, या तो लोक परम्परा गृहीत मांगलिक विशेषणवाची होते हैं या केन्द्रभूत अर्थ के व्यंजक होते हैं। उस प्रश्न में प्रयुक्त शब्दों को और उसके विशेषणों को ठीक वैसे का वैसे ही उत्तर में अनुवाद इसलिए करते हैं कि अर्थ की प्रतीति में कोई व्यवधान न हो, जैसे—

के मोरे आगे पीछे बैठी तऽ के लट खोली हो।
के मोरी जागइ रयनियाँ तऽ नरवा कटावइ हो।
बनवा से निकसेली तपसिनियाँ सितहिं समुझावेली हो।
सीता हम तोरे आगे पीछे बइठब हम लट खोलबि हो।
हम तोरी जगबइ रयनियाँ तऽ नरवा कटाइबी हो।

इस प्रकार की पुनरावृत्ति भोजपुरी लोकगीतों के प्रश्नोत्तर क्रम में अधिकांश प्राप्त होती है। अतः सर्वप्रथम हम प्रश्नोत्तर पर चर्चा कर लेना ही अधिक समीचीन समझते हैं, जबकि पुनरावृत्तियों की शेष स्थितियों पर प्रश्नोत्तर के बाद। भोजपुरी लोकगीतों की बनावट-बुनावट पूरी तरह संवाद-योजना (कथोपकथन) पर आधारित है। कथोपकथन की कई स्थितियाँ पायी जाती हैं। इनमें प्रश्नोत्तर का काफी महत्वपूर्ण स्थान है। लोकगीतों का हर कथन परस्पर दो पात्रों की अपेक्षा रखता है। एक प्रश्न करता है और दूसरा उसका उत्तर देता है। इस प्रकार गीत क्रमागत आगे बढ़ता रहता है। भोजपुरी लोकगीतों में प्रश्नोत्तर कई रूपों में पाये जाते हैं, उदाहरण के तौर पर—(1) प्रश्नोत्तर पर आधारित पूरा गीत (2) विस्तृत प्रश्न से आरम्भ और अतिसंक्षिप्त उत्तर से गीत का अंत (3) कथात्मक प्रसंगों में भी प्रश्नोत्तर की प्राप्ति (4) व्यक्ति का जीव-जन्तुओं से प्रश्नोत्तर (5) पशु-पक्षियों का

परस्पर प्रश्नोत्तर (6) अलौकिक एवं अदृश्य पात्रों से प्रश्नोत्तर (7) आत्म प्रश्नोत्तर (8) अनुरोधात्मक प्रश्नोत्तर (9) संकेत के माध्यम से परोक्ष प्रश्नोत्तर (10) आदेशपरक प्रश्नोत्तर (11) सादृश्यपरक प्रश्नोत्तर (12) प्रश्न व उत्तर दोनों का एक ही स्वर।

इन प्रश्नोत्तरों की प्रमुख तीन विशेषताएँ हैं–

1. प्रश्न की भाषा में उत्तर का दिया जाना : इसके अन्तर्गत प्रश्न की भाषा में मात्र एकाध शब्दों का हेर-फेर होता है अन्यथा उत्तर की भाषा समूची प्रश्न की भाषा ही होती है, यथा–

'केथुक कोर कगदवा केथुक मसिहनियउँ हो।
हे लच्छन! केके हम बोलबै कयथवा चिठिया लिखि भेजबि हो।
आँचर फारि कोर कगदवा काजर मसिहनियउँ हो।
हे भउजी! हमहीं के बोलहुँ कयथवा चिठिया लिखि भेजउ हो।'

2. प्रश्न की समाप्ति के साथ ही उत्तर का प्रारंभ हो जाना : इस विशेषता के अन्तर्गत प्रश्न समाप्त हुआ नहीं कि उत्तर बिना किसी विलम्ब के तुरंत ही प्रारंभ हो जाता है।

उदाहरण के लिए वन में निर्वासित सीता बनदेवी से प्रश्न करती है–

'के मोरा आगे पीछे बइठी, तऽ के होइ धगरिन हो।
वनसपती के दीहें सोने के हँसुअवा, केइए नार काटे न हो।'

और तत्क्षण उसी लहजे में वनदेवी का उत्तर प्राप्त होता है–

'हम तोरा आगे पीछे बइठबि हम होइबो धगरिन हो।
मोरी सीता, हम देबो सोने के हँसुअवा तऽ हमहि नार छिलबि हो।'

इस प्रकार लोकगीतों के प्रश्नोत्तर में माले के मनके का-सा संगुफन होता है।

3. प्रश्न और उत्तर का निर्वाह सम्बन्धों के अनुसार ठीक एक-सा होना : भोजपुरी लोकगीतों के प्रश्नोत्तर की इस तीसरी विशेषता में प्रश्नों का निर्वाह समबन्धों के अनुसार विभिन्न तरीकों से होता है और उत्तरों का निर्वाह भी ठीक उन्हीं सम्बन्धों के अनुरूप विभिन्न रूपों में किया जाता है, यथा–सास के प्रश्नों में भौतिकता झलकती है, ससुर और जेठ के प्रश्न आधिभौतिक होते हैं तथा देवर और ननद के प्रश्न हास-परिहास से ओतप्रोत होते हैं किन्तु देवर और ननद के परिहास में किंचित अन्तर होता है। देवर का परिहास मर्यादित और संयमित होता है जबकि ननद का परिहास अमर्यादित और असंयमित होता है। अधोलिखित सोहर में सम्बन्धों के अनुरूप प्रश्नोत्तर के निर्वाह का क्रम भलीभाँति देखा जा सकता है–

'मचियहिं बइठलि सासू तऽ बहुआ से अरज करइ हो।
बहुआ कवन-कवन फल खइलू होरिला बड़ा सुन्नर हो।। 1।।
अमवा तऽ खइलिउँ घवदवन इमली झोंपसवन हो।

सासू छोलि-छोलि खइलिंउ नवरंगिया होरिला बड़ा सुन्नर हो।। 2।।
दुअरें से अइलैं ससुर जी झपटि के ओबरिया गइलैं हो।
बहुआ कवन-कवन तीरथ कइलू होरिला बड़ा सुन्नर हो।। 3।।
गया तऽ कइलिउँ गजाधर प्रयाग बेनी माधव हो।
ससुरू कासी में दिहली गउवादान होरिला बड़ा सुन्नर हो।। 4।।
भसुरू बढ़इता घरे अइलैं ओनहुँ अस पूछइँ हो।
बहुआ कवन बरत अस कइलू होरिला बड़ा सुन्नर हो।। 5।।
कातिक मास नहइलिउँ अगिनि नाहीं तपलिउँ हो।
भसरू नित उठि सुरजू मनवलिउँ होरिला बड़ा सुन्नर हो ।। 6।।
गेनवाँ खेलत लहुरा देवर झपटि के ओबरियाँ अइलैं हो।
भउजी कवने वखत सेजिया डसलिउँ होरिला बड़ा सुन्नर हो।। 7।।
साँझ पहर सेजिया डसलिउँ। आधिय रात सुतलिउँ हो।
देवरू भोर भइल भिनुसार तऽ सेजिया उड़सलिउँ हो।। 8।।
गुड्डी खेलत मोरी ननदी ओनहुँ हँसि पूछँइ हो।
भउजी कवने चेलिकवा मोहइलू होरिला बड़ा सुन्नर हो।। 9।।
सूतल रहलीं झरोखवाँ नजरिया पड़ि गइलीयं हो।
ननदो नीले घोड़े आवै ननदोइया होरिला बड़ा सुन्नर हो।। 10।।

(ख) सामान्य वस्तुओं के साथ कुछ विशेष वस्तुओं के जोड़ों की पुनरावृत्ति

अर्थ की स्पष्टता और लोकसाहित्य की परम्परा के स्मृति रूप, सामान्य वस्तुओं के साथ किंचित विशेष वस्तुओं के जोड़ों की पुनरावृत्ति भोजपुरी लोकगीतों में देखने को मिलती है, जैसे—चौकी हो तो चन्दन की ही, थाली, घड़िला (घड़ा), गेडुआ, खड़ाऊँ, सूप, हँसुआ हो तो सोने का ही, झंझड़-झाड़ी अथवा गेडुए में गंगा जल ही हो, अटारी हो तो ऊँची हो, घोड़ा हो तो नीले रंग का ही, सेज की बात उठे तो उस पर फूल छितराए जाएँ या बेले की कलियों से ही उसे सजाया जाय, सास या बड़ों के बैठने के लिए मचिया अवश्य हो, पान का बीड़ा बने तो पाँच पत्तियों का ही साथ ही उसमें लौंग-इलायची पड़े और उसे लौंग से ज़रूर खीला जाय, गाय के गोबर से ही आँगन लीपा जाय, चौक पूरने का काम गजमोतियों (गजमुक्ता) से ही हो और माँग में भरी जाएँ, हिलोरी जाएँ और भीख में दी जाएँ तो मोतियाँ ही। ऐसे जोड़ों की पुनरावृत्ति अर्थ की स्पष्टता तथा लोक-साहित्य की परम्परा की स्मृति के लिए हुई हैं। लोकसाहित्य में कवि समय की तरह ही अभिप्राय समझा जाता है। इस प्रकार की पुनरावृत्तियाँ तत्कालीन समाज का भी यथार्थ चित्र प्रस्तुत करती हैं।

(ग) सामाजिक और आध्यात्मिक कारणों से होने वाली पुनरावृत्ति :

सामाजिक और आध्यात्मिक कारणों से होने वाली पुनरावृत्ति के अन्तर्गत उदाहरण के लिए सात भाईयों के बीच में एक बहन का होना, प्रियतम के विदेश जाने पर बारह वर्ष

तक एकतान प्रतीक्षा करना, ननद-भौजाई और सास-बहू के बीच विरसता की कल्पना, भाई-बहन के निश्छल स्नेह की रचना, पुत्र का पुत्री से अधिक महत्व होना—ये भोजपुरी लोकगीत के ऐसे अभिमत तथ्य हैं जिन्हें सामाजिक अवस्था की परिणति कहा जा सकता है। आध्यात्मिक दृष्टि से तीन की संख्या का महत्व, अधर्म के ऊपर धर्म की विजय, अपने खुशी में जड़-चेतन सबको साझीदार बनाने का उत्साह और अपने दुख में प्रकृति को सहानुभूतिमय देखने की शक्ति जैसे अभिप्राय भी भोजपुरी लोकगीत में गृहीत हुए हैं।

भोजपुरी लोकगीतों का दूसरा काव्यात्मक वैशिष्ट्य है—अनपेक्षित कथांश का परिहार तथा मात्र मर्मभूत कथांश का मर्मविन्यास। लोकमानस के दायरे को सही-सही पहचानते हुए इन लोकगीतों में उन अंशों को छोड़ दिया जाता है जो अंश स्वयमेव गम्य होते हैं और जिनको बीच में जोड़ देने से कथा के रस में व्यवधान उपस्थित हो जाने की सम्भावना होती है, उदाहरण स्वरूप भोजपुरी के इस प्रसिद्ध सोहर का अवलोकन किया जा सकता है—

छापक पेड़ छिउलिया त पतवन घन बन हो।
ताहि तर ठाढ़ हरिनिया त मन अति अनमन हो।।
चरतहिं चरत हरिनवाँ त हरिनी से पूछेले हो।
हरिनी की तोर चरहा झुरान कि पानी बिनु मुरझेलु हो।।
नाहीं मोर चरहा झुरान न पानी बिनु मुरझीलें हो।
हरिना आजु राजा के छठिहार तोहें मारि डरिहें हो।।
मचियहीं बइठली कोसिला रानी हरिनी अरज करे हो।
रानी! मसुआ त सीझेंला रसोइया खलरिया हमें दिहितू नू हो।।
पेड़वा से टाँगबि खलरिया त मनवाँ समुझाइबि हो।
रानी हिरि-फिरि देखबि खलरिया जनुक हरिना जिअतहि हो।।
जाहू हरिनी घर अपना खलरिया ना देइबि हो।
हरिनी खलरी के खंजड़ी मढ़ाइबि राम मोरा खेलिहें नू हो।।
जब-जब बाजेला खँजड़िया सबद सुनि अहँकेलि हो।
हरिनी ठाढ़ि ढेकुलिया के नीचे हरिन के बिसूरेली हो।।

इस सोहर में एक वातावरण का चित्र है। इसमें हरिनी से हिरना एक प्रश्न पूछता है, बस इतना ही पर्याप्त है, आगे यह कहने की आवश्यकता नहीं कि हरिनी उत्तर दे रही है। हरिनी के उत्तर से यह बात समझ में आ जाती है कि हरिना राम की छठी के दिन मार डाला गया, लेकिन गीत के इस कथाक्रम में हरिना का मारा जाना कहीं भी नहीं कहा गया है। इसके बाद हरिनी और रानी कौशल्या का वार्तालाप है। यहाँ कौशल्या के उत्तर से यह बात स्पष्ट हो जाती है कि हरिनी को उदास लौटना पड़ा। हरिनी के उदास लौटने की बात कहने की जरूरत नहीं है, किन्तु इस चित्र का जो सबसे मर्मस्पर्शी रूप हरिनी के सामने

हरिना के चमड़े से बनी खजरी की ध्वनि सुनकर उसको याद करना है वह एकदम अंत में रखा गया है।

भोजपुरी लोकगीतों में जहाँ एक ओर साभिप्राय बात दुहराई जाती है वहाँ अभिप्राय से पृथक बात पूरी तरह छोड़कर कथानक आगे बढ़ जाता है। इन लोकगीतों का रचयिता ऐसे परिहार्य अंगों के लोभ में नहीं उलझता। उसके लिए वातावरण का चित्र मात्र प्रतीक है। संक्षिप्तता का यह वैशिष्ट्य तो कहीं-कहीं इस स्तर तक पहुँच गया है कि कुछ कहने की भी जरूरत नहीं होती और सारी की सारी बातें अपने आप ही गम्य हो जाती हैं। जैसे—

'रानी! छोड़ि देहु जिअरा विरोग, अजोधिया बसावहु हो।
सीता! तोरे बिनु जग अंधियार, तऽ जीवना अकारथ हो।।
सीता अखियाँ में भरली विरोग तऽ एकटक देखलीं हो।
सीता धरती में गइलीं समाई कुछु नाहीं बोलेली हो।।'

राम ने सीता से अयोध्या लौट आने को कहा। उस समय सीता की आँखों में हृदय की वेदना उमड़ आयी। सीता राम को एकटक देखते-देखते पृथ्वी में समा गयीं। सीता ने मुख से कुछ भी नहीं कहा। इस एकटक देखने और कुछ न बोलने या कहने में ही सीता ने सब कुछ कह डाला, यह बात किसी से छिपी नहीं रह जाती।

भोजपुरी लोकगीतों में संक्षेपीकरण का यह रूप मंगल गायन के रूप में अत्यंत सूक्ष्मता से व्यक्त होता है—कभी-कभी मंगल की बात लय की लहक में ही आकर रह जाती है। अधिकांश भोजपुरी के लोकगीतों विशेषकर सोहरों की अंतिम पंक्ति में आते-आते दुख लगता है उमड़-घुमड़ कर छा गया है और इतने में ही लय ऐसे मोड़ खाती है कि सारी उमड़न-घुमड़न तितर-बितर हो जाती है। इन गीतों में संक्षिप्तता की स्थिति मात्र संरचना के स्तर पर ही देखी जा सकती है। उसका गीत के बाह्य कलेवर से सम्बन्ध है। गीत के निहितार्थ, गीत के भावपक्ष अथवा अन्तर्जगत से उसका कोई जुड़ाव नहीं। यही कारण है कि भोजपुरी लोकगीतों में प्रयुक्त संक्षेपीकरण गीत के भावों को समझने में थोड़ा भी अवरोध नहीं उपस्थित करते।

भोजपुरी लोकगीतों का तीसरा काव्यात्मक वैशिष्ट्य है ऐसा सादृश्य विधान जो लोक कल्पना की परिधि में आता हो अर्थात जो लोकोत्तर न हो। यह वैशिष्ट्य अकेला ही ऐसा है जो लोकसाहित्य को व्यक्ति साहित्य से अलग कर देता है। व्यक्ति साहित्य के बिम्ब शुद्ध रूप में लौकिक नहीं हो पाते उनमें व्यक्ति वैलक्षण्य आ ही जाता है और इसलिए उनके बिम्ब को समझने के लिए उनके अनुभव के उस क्षण को समझना आवश्यक हो जाता है जिसमें यह बिम्ब गृहीत हुआ था। भोजपुरी लोकगीतों में जो बिम्ब ग्रहण किये गये हैं वे जातीय जीवन के साथ इतने घनिष्ठ रूप से परिचित हैं कि अनुभूति के एक क्षण का महत्व नहीं रहता। उदाहरण के लिए—चंदन की किवाड़ी, सोने के गेडुए में गंगाजल पानी या सोने की थाली में जेवना परोसना ऐसे बिम्ब हैं जो एक विशिष्ट जाति की कल्पना में

मंगल का पूर्ण बोध करा देने में समर्थ हैं या फिर यह बिम्ब देखा जा सकता है–

'कवनी उमिरिया सासु निबिया लगवलें,
कवनी उमिरिया गइले बिदेसवा हो राम।। 1।।
खेलत कुदत बहुअरि निबिया लगवलें,
रेखिया भिनत गइलें बिदेसवा हो राम।। 2।।
फरि गइली निबिया लहसी गइली डरिया,
तबहूँ न अइले मोर बिदेसिया हो राम।। 3।।'

इस गीत में यह दिखाया गया है कि नीम का पेड़ प्रिय ने किशोरवय में लगाया था और रेख भींगते ही बिदेश चले गये। नीम फलने लगी उसकी डाली फलों से झूलने लगी लेकिन प्रियतम नहीं आये। इस चित्र के माध्यम से केवल समय का ज्ञान कराना ही अभीष्ट नहीं है वरन् प्रकृति के क्षेत्र में जो कार्य हुआ और मानवीय प्रेम-व्यवहार में जो प्रेम का वृक्ष लगाकर भी उसकी सफलता में विलम्ब बना रहा, इन दोनों स्रोतों में यह विषमता ही अधिक सार्थक रूप में व्यंग्य है। कहीं-कहीं इन गीतों में बिम्ब विधान अति संक्षिप्त होने के कारण बहुत सूक्ष्म है, यथा–

'गहरी नदिया ए हरी जी
अगम बहे राम पनिया।
पियवा जे चलले मोरंग देसवा,
बिहरेला करेजवा।'

इस गीत में अथाह पानी तथा हृदय के अगम्य दुख दोनों एकाकार कर दिये गये हैं लेकिन ऐसा लगता है जैसे सादृश्य की ओर गीत का कोई संकेत ही न था या फिर यह उदाहरण–

'राम कै भीजैं मुकुटवा
लखन सिर पटुकवा हो राम
मोरी सीता के भीजै सेन्हुरवा
लवटि घर आवहिं हो राम।।'

प्रस्तुत गीत में मुकुट के द्वारा राज, दुपट्टे के द्वारा बाहुबल और सिन्दूर के द्वारा सौभाग्य बल का चित्रण अति सूक्ष्मता से कराया गया है।

भोजपुरी लोकगीतों में कुछ ऐसे बिम्ब मिलते हैं जो देखने में लोकोत्तर प्रतीत होते हैं, जैसे–पान की तरह पतली और सुपारी की तरह दुरूहरी बहू का सौन्दर्य। शिष्ट साहित्य की मर्यादा के अनुसार इन्हें अलोकसामान्य ही कहा जायेगा लेकिन यदि ध्यान से देखा जाय तो प्रतीत होगा कि मांगलिकता का जो साहचर्य लोकजीवन में है उसी को लेकर यह बिम्ब विधान प्रस्तुत किया गया है।

भोजपुरी लोकगीतों में विभिन्न प्रकार के प्रतीकों का भी सफल प्रयोग हुआ है। इसके

माध्यम से वातावरण के संयोजन में सहायता मिली है और ये अनुभूतियों की गइराई, भावों की तीव्रता तथा विषय की अभिव्यक्ति को सांकेतिक रूप प्रदान करने में पर्याप्त सहायक सिद्ध हुए हैं। जैसे—

'नीर चुवै बाबा नीर चुवे नीर चुवे आधी रात।
माता पिता कइसइ नींद परत है जाही घर कन्या कुँआरी।'

इस गीत की पंक्तियों में नीर के माध्यम से वर्षा में टपकती हुई झोपड़ी का चित्र उकेरने का प्रयास किया गया है। जिस प्रकार वर्षा ऐसी झोपड़ी मे खंडित हो जाया करती है और समस्त शीतलता तथा वातावरण की सरसता का आकर्षण होते हुए भी उसका आनंद नहीं लिया जा सकता है वैसे ही जिसके घर में सयानी कन्या अविवाहित है उसके लिए घर का सारा सुख-चैन तुच्छ हो जाता है और पारिवारिक जीवन नीरस हो जाता है।

सादृश्य के स्तर पर देखें तो भोजपुरी लोकगीतों में अलंकारों का प्रयोग अति न्यून हुआ है। भावों की स्पष्टता के लिए जहाँ-तहाँ उपमा, रूपक, उत्प्रेक्षा, श्लेष, अन्योक्ति अपने आप ही आ गये हैं जो इतने सहज एवं स्वाभाविक हैं कि प्रभाव तो उत्पन्न करते हैं परन्तु आसानी से पहचाने नहीं जा सकते। इन्हें अलंकार शास्त्र के साँचे में भरना बेइमानी प्रतीत होता है। जैसे—

'ननदी बेकहल बाय कहनवाँ न माने
सुतेले अँगनवा में रोज।
सोना अस जोबना माटी में मिलवलस
भोर लय कुअरवा के ओस।।'

रूप और ढुलनशीलता के कारण शिष्ट साहित्य में ओस आँसू का उपमान है। ओस के दूसरे गुणों की तरफ कवियों की दृष्टि गयी ही नहीं यदि गयी भी होती तो यहाँ कुवार के ओस के स्थान पर कोमल पत्तियों को मिट्टी में मिलाने वाली पूस मास की ओस का जिक्र होता, किन्तु यह धर्म-सादृश्य अभिव्यक्ति के लिए मंहगा पड़ता है, क्योंकि कुवार की ओस में भीगने से जड़इया बुखार की कल्पना नहीं होती। यह दुखदायकत्व की एकता के कारण जो निगीर्ण है साध्यवसना गौड़ी उपादान लक्षणा को भावक के सामने सहज ही ला देती है।

भोजपुरी लोकगीतों में उपमा अलंकार का ही प्रयोग अधिक प्राप्त होता है। इनमें प्रयुक्त उपमा की विशेषता यह है कि इनमें अद्‌भुत सादगी, नूतनता और मौलिकता है जिसे शिष्ट साहित्य की कृत्रिमता का स्पर्श भी नहीं हो पाया है। प्रायः शिष्ट साहित्य की उपमाएँ परम्परामुक्त होने के कारण घिसी-पिटी और उबाऊ लगती हैं। जबकि इन गीतों की उपमाएँ ताजी और जीवंत हैं। उदाहरणार्थ—

'एक ही बँसवा के दुइ रे करैली
एक बसुरी दुई बाँस रे।

एक ही मइया के दुइ रे लइकवा
एक पूत दुई धीय रे।।'

यह भी एक लम्बे गीत की पहली कड़ी है तथा इसमें केवल एक ही सादृश्य बिम्ब है कि जैसे एक बाँस के दो करैले फूटते हैं एक करैले से बाँसुरी बनती है और दूसरे से लाठी, वैसे ही एक माँ की दो संतानें होती हैं। एक लड़की बनकर दूसरे के घर की शोभा बनकर चली जाती है, दूसरा लड़का बनकर अपने घर का रक्षक होकर रह जाता है। बाँसुरी और लाठी से लड़की और लड़के का जो सादृश्य है वह साहित्यिक कवि समय के परे है क्योंकि यह बाह्य सौन्दर्य में सादृश्य नहीं है। यह भीतरी विशेषता को लोक कल्पनागृहीत आकार देने का प्रयत्न करता है।

भोजपुरी लोकगीतों में प्रयुक्त उपमा परिधि को लांघने का कभी भी प्रयास नहीं करते। ये इतने सहज हैं, लोकजीवन के परिचित तत्वों से गृहीत हैं कि उनके लिए शिष्ट साहित्य के उपमान दुर्बोध ही नहीं बल्कि फीके भी हैं, उदाहरण के लिए—

'हुरवा की नइयाँ तोर जुरवा पतरकी
टेकुआ की नइयाँ तोर माँग।
लेडुआ की नइयाँ तोर छाती के जोबनवाँ
केरवा अइसन तोर जाँघ।'

अलंकार शास्त्र की कठिन काल्पनिक उड़ान के लिए इन गीतों में कहीं कोई स्थान नहीं है। मालोपमा को उबा देने वाला विस्तार भी नहीं दिखता, उत्प्रेक्षा के यत्र-तत्र प्रयोग मिलते हैं जो वस्तु स्थिति को यथार्थ सौन्दर्य बोध करा देने में पूर्ण समर्थ हैं। श्लेष के उदाहरण भी कहीं-कहीं मिल जाते हैं पर नाम मात्र के ही। अतिशयोक्ति और रूपक के भी कहीं-कहीं दर्शन हो जाते हैं किन्तु सांगरूपक भोजपुरी लोकगीतों में मिलता ही नहीं। समग्र रूप से विषयवस्तु की ही प्रधानता होती है, अलंकार सहज भाव से कहीं आ गये तो आ गये अन्यथा इनका कोई महत्व नहीं। यथा—

'मन मोरा अदहन तन मोरा चाउर
नयन मूँग कै दाल
अपने बलम के जेवँना जेवइँबइ
बिन लकड़ी बिन आग...'

इस गीत में आत्मसमर्पण की अभिव्यक्ति के अन्तर्गत रूपक तथा विनोक्ति की संश्लिष्टि अपने आप आ गयी है। शिष्ट साहित्य के कवि निश्चय ही यहाँ सांगरूपक को उपस्थित कर देते लेकिन उपभोग की तुष्टि नहीं ला पाते।

निषेध या नकार भोजपुरी लोकगीतों के काव्य-शिल्प की चौथी विशेषता है। इसकी दो स्थितियाँ पायी जाती हैं। पहली स्थिति में बात पूरी कह दी जाती है कि ऐसा हो गया परन्तु, तुरन्त ही उस बात का निषेध किया जाता है अर्थात वह पूर्णरूपेण नकार दी जाती

है कि नहीं-नहीं ऐसा नहीं हुआ, जैसे पहले कही गयी बात अवचेतन में भूल से कह दी गयी हो। इसके बाद आगे आने वाली मूल बात का जिक्र किया जाता है कि वह तो इससे पहले ही घट चुकी है। उदाहरण के लिए पुत्र जन्मोत्सव के अवसर पर गाये जाने वाले इस सोहर को देखा जा सकता है–

'होत भोर पौह फटलीं फटहिं नाहीं पवलियँ हो।
अँगने में होरिला जनमलैं उठन लागल सोहर हो।।'

इन पंक्तियों में कहा गया है–भोर होते ही पौ फूटी (भोर का उजाला हुआ) पर इसका तत्क्षण ही निषेध कर दिया जाता है यानी इस बात को पूरी तरह नकार दिया जाता है कि पौ फटने नहीं पायी अर्थात पौ फटने से पूर्व ही आँगन में पुत्र पैदा हुआ। ऐसा लगता है जैसे 'होत भोर पौह फटलीं' की बात अवचेतन में कह दी गयी हो इसलिए उसका तत्क्षण निषेध 'फटहि नाहीं पवलियँ' से किया गया है कि नहीं पौ नहीं फूटने पायी थी, भोर का उजास पूरी तरह नहीं हो पाया था तभी आँगन में पुत्र उत्पन्न हुआ और सखियाँ सोहर गाने लगीं। मंगल-प्राप्ति की यह उत्कंठा भोजपुरी लोकगीतों में एक विशेष प्रयोग के साथ त्वरा का सूचक है और मनोविज्ञान की दृष्टि से उत्सुकता और कौतूहल के आधिक्य का द्योतक भी है।

परस्पर वार्तालाप के क्रम में भी निषेध की स्थिति प्राप्त होती है, यथा–

'बोलिया एक धन बोलिउ बोलहि नाहीं जानिउ हो।
धन हो तोहूँ हऊ जनमैं के बाँझिन बउर कइसे देखबिउ हो।
अतना बचन धन सुनली सुनहिं नाहीं पवलियँ हो।
ए हो चलि भइलीं सुरजू मनावै पुरुख मेहना मारल हो।'

उपरोक्त सोहर में 'अतना बचन धन सुनली सुनहिं नाहीं पवलियँ हो' के अन्तर्गत पहले यह स्वीकार किया गया है कि इतनी बात पत्नी ने सुना किन्तु तुरंत ही इसका निषेध कर दिया गया है कि सुना नहीं उसने (सुनने से) पूर्व ही सूर्याराधन को प्रस्थान कर दिया। पति द्वारा दिये गये ताने के प्रभाव की प्रखरता को दर्शाने के लिए ही यहाँ निषेध का प्रयोग किया गया है।

इसी संदर्भ में एक दूसरा उदाहरण भी निम्नवत् देखने योग्य है–

'घर में से निसरैं सितल देइ तऽ कगवा उचारइ हो,
रामा बाबा घरे बाजैले बधइया सबद हमरे आवई हो।
कगवा तऽ उड़हीं न पवलैं बाबा के नउवा आइ गइलैं हो,
रामा घर-घर लोचना भेजावैं तऽ सीता के बिदइया मांगै हो।'

'कगवा तऽ उड़हीं न पवलैं बाबा के नउवा आइ गइलैं' (कौवा उड़ने भी नहीं पाया कि पिता का नाई बुलावा लेकर आ गया) यहाँ भी निषेध के माध्यम से आगमन की शीघ्रता द्योतित की गयी है।

इस निषेध प्रयोग का एक दूसरा रूप भी भोजपुरी लोकगीतों में प्राप्त होता है जिसका उद्देश्य किसी बात पर बल देना या निश्चय ही दृढ़ता होता है, जैसे–

'नाहीं हम जाइब ए ब्रह्मा हम नाहीं जाइब हो।

ब्रह्मा ओबरी बइठल माई रोइ हैं बहुत दुख होइ हैं कलपनवा हमके पड़िहे हो।'

उपरोक्त गीत की पंक्ति में बालक ब्रह्मा से नहीं जाने की बात कहता है और पुनः उसी निषेध की आवृत्ति करता है कि उसे बिल्कुल नहीं जाना है। प्रथम बार का निषेध जैसे हल्का है, उसे वजन प्रदान करने के लिए दुबारा निषेध का प्रयोग किया गया है। निषेध की आवृति के पूर्व सर्वनाम के आगे निषेध शब्द का प्रयोग और पीछे सर्वनाम के बाद निषेध-शब्द का संयोजन निश्चय ही बल देने या निश्चयात्मकता के निमित्त ही किया गया है।

काव्य-शिल्प के अतिरिक्त भी कुछ बातें ध्यान देने योग्य हैं, वह यह कि इन गीतों के रचनाकार ने अपने को लोक मंगल में विसर्जित कर दिया है। उसे अपनी पूर्व-पीढ़ी का गहरा ज्ञान है, यही कारण है कि वाचिक परम्परा से अविच्छिन्न रूप से आये हुए संस्कार गीत, ऋतु-गीत, भारतीय मंगल-विधान के दूसरे उपादनों से गहनता से जुड़े हुए हैं, साथ ही इनकी विश्व-दृष्टि, वैदिक-दृष्टि, पौराणिक-दृष्टि और कला-दृष्टि से मेल बनाये हुए हैं। यही कारण है कि वाचिक कविता का यह जीवन्त रूप भारतीय संस्कृति की निरन्तरता को सर्वाधिक प्रमाणिक रूप में प्रस्तुत करता है। इस वाचिक काव्य-परम्परा का सबसे बड़ा वैशिष्ट्य है सबको जोड़ना, सबको समेटना, सबके मंगल की कामना करना, सबकी इच्छा को पूर्ण करना और पूर्णता में ही जीवन की सार्थकता प्राप्त करना।

●

प्रवक्ता, उच्च शिक्षा और शोध संस्थान
दक्षिण भारत हिन्दी प्रचार सभा, एरणाकुलम (केरल)

ख़्याल लावनी का अद्‌भुत संसार : जौनपुर के संदर्भ में

अजय कुमार

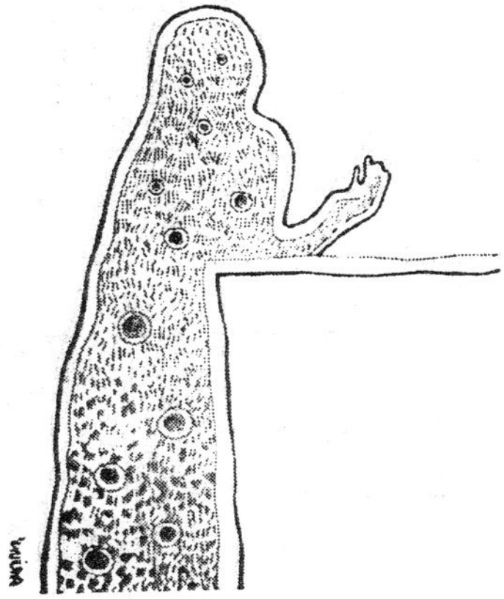

मेरा आसी का घराना है....

ख़्याल-लावनी का नाम मैंने सबसे पहले अपने मरहूम दोस्त राधेश्याम से पचास के दस्से में सुना था जब वह मेरे पिता द्वारा स्थापित 'समय' साप्ताहिक में इसके एक दंगल की सूचना छपने के लिए देने आया था। उन्हीं दिनों मैंने बी.ए. की पढ़ाई के दौरान 'भारत दुर्दशा' पढ़ते हुए लावनी नाम सुना था। लेकिन तब यह महज एक कविता रूप था। इसके बाकायदा दंगल होते हैं, जिन्हें हजारों का मजमा सुनने के लिए आ जुटता है, यह मैंने राधेश्याम से ही जाना था। उस वक्त, ऐसे दंगलों में जाने का मन करता, पर बाप के सख्त अनुशासन के कारण रात नौ बजे के बाद दरबा छोड़ना मुमकिन नहीं था। लिहाजा बचपन की और इच्छाओं की तरह ख़्याल-लावनी सुनने की इच्छा भी कहीं दबकर रह गयी थी। सत्तर के दस्से में जब सूचना विभाग उ.प्र. के कुछ लोग फिरोज़ाबाद में लावनी मेला आयोजन की तैयारी के सिलसिले में जौनपुर आये तो एक सदस्य ने बातचीत के दौरान मुझसे कहा कि, 'जौनपुर में ख़्याल-लावनी की समृद्ध परम्परा थी, पर लगता है अब कोई गानेवाला नहीं रहा।' तो मैंने उन्हें राधेश्याम के दो-एक मित्रों का नाम-पता बता दिया और इस तरह चारेक

लोग उस मेले में शामिल हुए। बाद में स्वारथ भैया मेले की स्मारिका भी दे गये, पर ख़्याल-लावनी की उस टीम से मेरा अपरिचय बना रहा।

एक मर्दानी गायकी विधा थी। गायक अपनी बुलंद आवाज में गाते तो रात के सन्नाटे में कई मील तक उनकी आवाज बिना माइक के साफ सुनाई पड़ती थी। ख़्याल-लावनी की एक टीम जसम जौनपुर के साथ हुई तो मैंने नौजवान गायकों से इस विधा को सीखने को कहा। पर रिहर्सल में दिक्कत थी कि उन लोगों की आवाज इतनी तेज और भारी थी कि वे कितना भी धीमें पिच पर गाते और नौजवान कितने ही ऊँचे पिच पर गाते, दोनों में कोई तालमेल न बैठता।

जन संस्कृति मंच जौनपुर इकाई की स्थापना के बाद मेरे साहित्यिक-सांस्कृतिक क्रियाकलापों को, जो स्कूल के दिनों से चल रहे थे, एक निश्चित दिशा मिली। पोस्टरों के माध्यम से कविता को जनता तक ले जाने की दो-एक कोशिशों के बाद गीतों को जनता तक ले जाने के लिए एक गायन टीम की भी जरूरत शिद्दत से महसूस हुई। कवियों-शायरों के बीच से गायन टीम विकसित कर पाने की कोशिशों से हारकर यह इरादा मुल्तवी करने जा रहा था कि किसी खुदाई खिदमतगार की तरह एक दिन स्वारथ भैया मिले और ख़्याल-लावनी की बात छिड़ गयी। मैंने गायन टीम न बन पाने का अपना रोना रोया और उन्होंने लोक गायन की इस जबरदस्त परम्परा की अकाल मौत का मरसिया पढ़ा। तय हुआ कि वे टीम के बिखरे रुक्नों को अगले इतवार के दिन मिश्री लाल के घर इकट्ठा करेंगे। मैंने भी सोचा चलो बड़ी पुरानी हसरत पूरी हुई, सो पहुँच गया।

अलैक सलैक और चाय-पान-बीड़ी के बाद ओम ने चंग कसा और मिश्री लाल ने यह कताबंद शेर पढ़ा–

जिसकी लौ हर पतंगे का घर फूंक दे
ऐसी शम्मा का ज्वाला नहीं चाहिए
जिस दिये में जले तेल खैरात का
हम को ऐसा उजाला नहीं चाहिए
ऐसी दौलत की कोई जरूरत नहीं
ज़िन्दगी में रख दे जो जहर घोलकर
जिसमें शामिल हो ख़ून मज़दूर का
हम को ऐसा नेवाला नहीं चाहिए

तुरन्त ओम प्रकाश ने ख़्याल का मिसरा उठा लिया, *''कहैं भीम ललकार फैसला करूँ आज मैं रणभूमी में''* दोहरी बुलंद आवाज में स्वारथ भैया, मिश्रीलाल, फ़ारुक़ और सेचू ने मिसरा दोहराया, *''कहैं भीम ललकार.....''* लगा चतुरंगणी सेना सजाकर रेशम किमखाब में सजे मध्य बिहार के ज़मींदार शहनशीनों पर बैठे मूँछ टेर रहे हैं और भोजपुर का भूखा नंगा दलित किसान भीमाकार रूप धर गरज रहा है–

गटक रहे क्यों मेरा हिस्सा हुई है नीयत खाम तेरी
घर में कुल नाशक तू निकला करेंगे नींद हराम तेरी
चित पे हरकत नाच रही है पापी दुष्ट तमाम तेरी
छोड़ दिया है सभा बीच हूँ फ़िकर में सुब्होशाम तेरी
जीवित नहीं छोड़ूंगा तुमको यह काज करूँ रणभूमी में

ज़रा देर में समा बँध गया। क्या खूब गायकी है। जादू-सर चढ़कर बोलने लगा और मुझे लगा शास्त्रीय संगीत की पाबंदी और लोकगीत की उन्मुक्तता मिलकर एक हो बैठे हैं। ध्रुपद के आलाप का नाद गाम्भीर्य और कौल के तान की उद्दामता एकमेक हो गयी है। तमाम विधाओं में पढ़ी-सुनी और देखी भीम की यह ललकार इस गीत के माध्यम से जो आयाम ग्रहण कर रही है वह इन पाँच-छह गायकों का कोई निजी कौशल मात्र नहीं है। इसके पीछे सैकड़ों साल की परम्परा है, इसका भी तुरन्त अहसास हुआ।

मैं फ़रमाइश का तकल्लुफ बरतता इससे पहले ही स्वारथ भैया ने ओम से कहा—''मजहबी एकता वाला गाओ''। उसने मंजूरी में गरदन हिलाई और तुरन्त सुलगाई बीड़ी के ताबड़तोड़ सुट्टे मारता हुआ बोला, ''शेर बोलो''। भैया ने शफ़ीक़ जौनपुरी साहब के ये शेर पढ़े—

है शाने को ख़मदार गेसू से मतलब
न मुसलमाँ से मतलब न हिन्दू से मतलब
ख़यालात अच्छे तो बोली भी अच्छी
न हिन्दी से मतलब न उर्दू से मतलब

शेर पढ़कर उन्होंने मिश्री लाल की ओर देखा। मिश्री लाल ने इत्मिनान से पी जा रही बीड़ी की ओर देखा और उसे उतने ही इत्मिनान से फ़ारुक़ की ओर बढ़ा दिया और शुरू हो गये—

जिसको सरनामा कहें वो नाम है अल्लाह का
इसलिए रहता है हरदम विर्द बिसमिल्लाह का
बाद हम्दे किब्रिया नाते रेसालत चाहिए
तज़करा करता हूँ हरदम मैं रसूलिल्लाह का

ड्योढ़ीदारों ने खत्म होते हुए स्वर के साथ अपना डूबता हुआ स्वर मिला दिया--अल्लाह का....। लगा शाम ढल रही है और कोई मुअज्जिम मगरिब की अजान के वक़्त दिल की गहराइयों में डूबकर अल्लाह का सुमिरन कर रहा है, बन्दों को नमाज का न्योता देने के साथ-साथ। समाधि तोड़ी ओमप्रकाश की आवाज ने, ''तो सुनिये रामचन्द्र जी और इमाम साहब की एकता का गीत'' और शुरू हो गया चंग पर ताल ठोकते हुए—

इधर राम के चित में चिन्ता देखो पिता वचन की है
उधर जो वादा किया था शह ने फ़िकर उसी बचपन की है

ड्योढ़ीदार मिसरे का आखिरी टुकड़ा ले उड़े–"फ़िकर उसी बचपन की है।" ड्योढ़ी–यानी डेढ़ गुनी। पर ये ड्योढ़ीदार तो दो गुनी और तीन गुनी पर थे। ओम प्रकाश ने भी सीने भर आवाज में बढ़-बढ़कर एक के बाद एक बंद पढ़े। एक शेर तो मुझे चुभ गया जैसे–

इधर रामजी बन-बन फिरते नहीं आश्रम पाया है
उधर धूप में आले नबी हैं नहीं नाम को साया है

गीत ख़तम होने के बाद बीड़ी के लेन-देन के दौरान मैंने पूछा–"लिखा किसका है?" पता चला ये तकाबुल बोले जाते हैं। यह तकाबुल बेटऊ नाऊ का लिखा है। बहुत अरसे से गाया जाता रहा है। कृष्ण जी और मुहम्मद साहब पर खंजर खलीफा का लिखा गाया जाता है पर हजरत अली और हनुमान जी की एकता वाला तकाबुल लिखा नहीं गया और अब किसी को याद नहीं है। ऐसे ही कितने और गीतों को याद किया गया जो कभी खूब गाये जाते थे पर अब नहीं मिलते।

कृष्ण जी और पैगम्बर साहब की एकता पर आधारित तकाबुल मिश्री लाल ने अपनी बही (बड़े-बड़े मोटे रजिस्टर जिनमें बड़े-बडे हरुफों में गीत लिखे हैं) देखकर सुनाया, पर इससे पहले वहाँ मौजूद हर किसी ने खूब और विविध रंगों के गीत इस कदर सुनाये कि मैं अघा गया। यह कृष्ण जी और पैगम्बर साहब वाला तकाबुल फिर कई बार और जसम के आयोजनों में सुना पर सिर्फ शुरुआती दो मिसरे ही जेहन में रह गये हैं–

पैदा हुए तैबा में अहमद, मथुरा जनमे कृष्ण हरी
इधर देवकी खुशी भई है, इधर धूम तैबा नगरी

फिरोजाबाद वाली स्मारिका में पढ़ा था कि लावनी-गायकों के दो फाड़ हैं। एक तुर्रा कहलाता है दूसरा कलंगी। कहते हैं एक राजा के दरबार में इसके दो दलों ने अपना-अपना प्रदर्शन किया। दोनों का गायन इतना अच्छा था कि राजा यह तय न कर सका कि इनाम का हकदार कौन है। उसने एक को अपनी पगड़ी से निकालकर एक कलंगी और दूसरे को तुर्रा दे दिया।

तुर्रा और कलंगी भी अलग-अलग घराने हैं। तुर्रा और कलंगी की कथा कहानी भी हो सकती है। मैंने तुर्रा और कलंगी को अलंकरण चिन्हों से ज्यादा कुछ संजीदगी से नहीं लिया। हाँ घरानों की बात ने जरूर ध्यान खींचा। शास्त्रीय संगीत में भी घराने होते हैं। वहाँ वे ज्यादातर स्थान से सम्बद्ध हैं। यहाँ क्या है? एक बीड़ी दौर में सीधा सवाल दागा–"आप लोगों का कौन-सा घराना है?" इसके पहले कि कोई कुछ बोलता ओमप्रकाश ने आसन बदलते हुए, बीड़ी दाँतों में दबाए हुए, चंग पर टंकारा दिया और भेद भरी नज़रों से अपने साथियों को देखा। फौजी कवायद की चुस्ती और फुर्ती से एक सेकेंड में सब के आसन बदल गये। ओमप्रकाश ने और वैसे ही दूसरे बीड़ीबाजों ने ताबड़तोड़ दो तीन-कश लिए और झूम झूमकर गाने लगे–

मेरा आसी का घराना है
जानता जिसे ज़माना है
मेरा उस्ताद पुराना है
सिपाह में दौलतखाना है

आसी ग़ाज़ीपुरी, आसी सिकन्दरपुरी, यहाँ तक कि आसी जौनपुरी तक के नाम से जिन्हें एक फ़ारसी और उर्दू के उस्ताद शायर के रूप में श्री रामनरेश त्रिपाठी की कविता कौमुदी पढ़ने के ज़माने से जानता हूँ। उनके दो शेर तो पढ़ने और दो-चार बार सुनने के बाद याद का सरमाया बन गये हैं–

हवा के रुख पर ज़रा आ के बैठ जा ऐ कैस
नसीमे सुब्ह ने छेड़ा है जुल्फ़े लैला को

और

सुबह तक तूने न छोड़ी वह भी ऐ बादे सबा
यादगारे रौनके महफ़िल थी परवाने की ख़ाक

हज़रत आसी जौनपुर के ही एक बुजुर्ग के शिष्य और उनके गद्दी नशीन भी थे। यह तथ्य निसार ने बताया था अभी कुछ ही दिन पहले। उसने यह भी बताया था कि बहुत से ऐसे शेर जो उसने लोगों की ज़ुबान से सुने थे, कभी अज्ञात शायर के शेर के बतौर, संग्रह देखने पर पता चला कि हज़रत आसी के हैं। "हज़रत आसी रहमतुल्लाह अलैह" उसने कहा था ऐसी संजीदगी से कि संतों-सूफ़ियों का एक युग मुझमें होकर गुजर गया था उस क्षण। आज लगा यह सूफ़ियों की मस्ती ही है जिसका रंग गायन टीम पर तारी है।

घराने के बानी हज़रत आसी की बावत मेरी जिरह और खोजबीन से न कुछ निकलना था न कुछ निकला। यहाँ भी सनातन हिन्दू नज़रिये के मुताबिक सब कुछ कालातीत है। घराना अनन्त काल से है तो हज़रत आसी भी अनन्त काल से हैं। मेरा भोला मन जैसा इस अनन्त के पचड़े से भागता है वैसा ही तारीखों के जंजाल से घबड़ाता है। मैं यह मान लेता हूँ और ऐलान भी करता हूँ कि यह घराना हज़रत आसी गाज़ीपुरी (हिजरी 1250-1335) का कायम किया हुआ है। साम्राज्यवादियों की तरह 'एका' के पैरोकार भी हर मुहिम पर हर हरबे-हथियार से लड़ रहे थे अपनी जंग। सूफी बुजुर्गों के आस्ताने तो और पहले ही से मिली-जुली संस्कृति के मरकज रहे हैं।

जौनपुर में ही यह गीत लिखा जा सकता था–मैंने सोचा। जौनपुर के शर्की वंश का संस्थापक सुलतान इब्राहिम शाह शर्की (सन् 1401-1440) ने हर बिरादरी और हर कौम के लोगों को इकट्ठा करके मिली-जुली आबादी वाला शहर बसाया था। बकौल राहुल सांकृत्यायन वह हिन्दू-मुस्लिम एकता का संस्थापक था, न कि अकबर। महाकवि विद्यापति ने 'कीर्तिलता' के जौनपुर नगर वर्णन में इसे 'हिन्दू तुरुक के मिलल बास' कहकर याद किया है। इब्राहिम शाह ने दिल्ली के कट्टरपंथी इस्लाम की जगह उदार इस्लामी विचारधारा

को अपना वैचारिक हथियार बनाया था। सूफ़ियों के चारों सम्प्रदाय की शाखें उस वक्त यहाँ थीं, जिनमें से दो का तो जन्म भी यहीं हुआ था।

कबीर और तमाम प्रेममार्गी सूफी कवि इब्राहिम शाह के राज में ही बसे थे। मुल्ला दाऊद, कुतबन, मंझन, जायसी यहीं पले बढ़े और परवान चढ़े। इन्हीं सूफी खानकाहों और मदरसों की खाक छानकर शेरशाह ने पहली बार देश में धर्मनिरपेक्ष शासन की नींव डाली थी, जिसे अकबर ने अपनाया और बढ़ाया। आखिरी शर्की सुल्तान हुसैन शाह (1458-1505) आखिरी लड़ाई में दिल्ली सम्राट सिकन्दर लोदी से हार गया लेकिन अपने एक हिन्दू राजा को उसे सौंपने को तैयार नहीं हुआ जो इसी शर्त पर लड़ाई बंद करने और दिल्ली लौट जाने के लिए तैयार था। हिन्दू राजाओं ने भी जौनपुर दोबारा जीतने में हुसेन शाह का साथ उसकी मौत के दिन तक दिया। हम जौनपुरियों को फ़ख़्र है कि शिराजे हिन्द की इस सरजमीं पर हिन्दू-मुस्लिम फसाद न आजादी के पहले न इसके बाद ही कभी हुआ।

बहरक़ैफ बात घराने की हो रही थी। हर घराने की तरह आसी घराने के भी अपने कायदे कानून हैं। नये सदस्यों की भर्ती की सूचना घराने के हर सदस्य को दी जानी ज़रूरी है। खलीफा बाकायदा चुना जाता है और रस्म पगड़ी भी समारोह पूर्वक सम्पन्न होती है। घराने के हिन्दू-मुसलमान सदस्य आपस में घरु व्यवहार रखते हैं और यहाँ तक कि चौका चूल्हा भी नहीं बराते। आज तो यह छुआछूत फिर भी कम है पर घराने में यह उस वक्त से प्रचलित था जब इसका जबरदस्त बोलबाला था। यानी इस मामले में 'मेरा घराना' अगुआ रहा है।

उर्दू का ज्ञान ज़रूरी है। उस्ताद कसरत से मेहनत कर के नये गायकों को ज़बान और बयान की तालीम देते हैं। दंगलों में भी एक हिन्दी फिर एक उर्दू कलाम गाने का नियम है। न पालन करने वाली पार्टी दंगल से ख़ारिज कर दी जाती है। कुछ बातें और बहुत दिलचस्प हैं। बजा चुकने के बाद चंग हमेशा इस तरह ज़मीन पर रखा जाता है कि चमड़ा मढ़ा हिस्सा ऊपर रहे। उल्टा रखने पर चंग को मिठाई से भरने का जुर्माना किया जाता है। अब यह सख्ती तो नहीं रह गयी है लेकिन ऐसा करने वाले को इस नियम की याद तो दिला ही दी जाती है। मंच पर गलती कर जाने वाले को वाहवाही दी जाती है। यानी वाह वाह करके टोका जाता है।

मेरे पहले प्रस्ताव पर ख़्याल-लावनी की यह टीम (आसी घराने के अवशेष) जसम से जुड़ गयी। अब वे नज़ीर अकबराबादी, फ़ैज़, गोरख पांडे, अदम गोंडवी, महेश्वर, होश जौनपुरी, ओमप्रकाश मिश्र के गीतों के साथ अपने घराने की परम्परागत चीजें गाते हैं। सिपाह मुहल्ले में एक नुक्कड़ नाटक के बाद जब हम लोग गाते बजाते दुकान-दुकान चन्दा इकट्ठा कर रहे थे, ओमप्रकाश ने फैज साहब का तराना जमता न देखकर दो-एक शेर पढ़ने के बाद एक मेराज गाना शुरू कर दिया। गीत की नगमगी ने मुझे झंकृत कर दिया। और मैं चन्दे की चादर एक साथी को थमाकर गायन टीम के करीब चला आया। वह झूम-झूमकर

गा रहा था और गा-गाकर झूम रहा था–

जब चले मेरे महबूब सम्हल कर खूब
खुदा के प्यारे आमिना के राज दुलारे

देखते-देखते सिपाह की आधी दुनिया छज्जों, खिड़कियों और दरवाज़ों पर आ गयी। कुछ तो पर्दे की मर्यादा तोड़कर दरवाज़े के बाहर भी आ खड़ी हुईं। सिपाह निहाल हो गया। इसी तरह जसम की पान दरीबा गोष्ठी में जब अब्दुल सत्तार ने कृष्ण के तमाम नामों का स्मरण करता 'ककहरा' पढ़ना शुरू किया तो बाबरी मस्जिद प्रसंग पर मेरे तल्ख़ जुमलों से उस संघी मुहल्ले में जो अनचाहा तनाव अनायास बन गया था, पिघलकर बहने लगा। मैं उसकी सफेद शरई दाढ़ी का हिलना देखता रह गया जो तमाम श्रोताओं के साथ मेरे भी अन्तरतम को चँवर-सा बुहार रही थी।

जिस सांस्कृतिक जागरण की बात जसम के सम्मेलनों में सुनता रहा हूँ, और पिछले दिनों यहाँ दुहराता रहा हूँ जब तब, अतीत के ये अवशेष उसकी पहली किरण हैं मेरे शहर में। जितना इस्लामी धार्मिक साहित्य, उर्दू ही नहीं पूरबी बोली में भी, आज भी बचा हुआ है, सच्ची धार्मिक एकता का प्रतीक है। एक ठाकुर सा लिखा मेराज तो इतना लोकप्रिय है कि वयोवृद्ध उर्दू शायर अब्दुल बारी सबरहदी को आज भी पूरा का पूरा याद है। दंगर अहिर ने जसम की एक गायन गोष्ठी में उर्दू में किसी का लिखा एक बिरहा सुनाया। हज़रत इस्माइल की कथा पर लिखे इस बिरहा में अल्लाह के हिन्दी पर्यायवाची धूम से इस्तेमाल हुए हैं। हरि नाम बार-बार आता है। कबीर के राम की तरह।

चन्द नमूने देखिये–

हर्षित होइ नबी जी से जिबरील सुबैन सुनायेन हैं
हे महराज चला मेराज तो हैं हरी बुलायेन हैं

(मुबारक खाँ)

पलक भांजत नबी गइलेन पलट अइलेन खन भर माँ
कहाँ ई ताकते परवाज हौ राकेट के पावर माँ

(बेकल जौनपुरी)

मैं जाऊँ बलि-बलि तोहार परभू जगत के अइसन सजउले बाटा
गगन और पिरथवी तमाम सब कुछ छवै दिना में बनउले बाटा

(सईद खाँ)

सब कहै राम भजन हम करीं सैंयाँ-सैंयाँ
सब के भगवान अहेन हमरे गोसइयाँ सैंया
जौन सुख तोहका मिला ओका कोऊ का जाने
राम के ठइयाँ गये पहिने पनहिया सैंया

(अज्ञात)

यहाँ सिर्फ पारंपरिक गीतों को औपचारिक ढंग से गा देने का ही मामला नहीं है। यह सब कुछ कहीं अन्दर तक है। पिछले किसी साल मुहर्रम पर ख़याल-लावनी की यह टीम नये गीतों की मश्की कर चुकने के बाद अपने परम्परागत गीत गा रही थी कि मैंने दस बजता देख और गीत ख़तम होता देख झोला उठा लिया तो भैया बड़ी आजिजी से बोले, ''बैठिये थोड़ी देर और! मोहर्रम बीता जा रहा है कुछ हुआ नहीं अभी।'' फिर एक क्या दो हुए। एक वाकया और दूसरा फ़लसफ-ए-शहादत, वाक़ये के दार्शनिक आध्यात्मिक अर्थ को व्यक्त करता हुआ–

घर से बुला के मलऊनों ने बेसबब ले लिया दीं के सुलतान की आबरू
पा के तन्हा लईनों ने लूट लिया फातिमा के दिलोजान की आबरू

और

सैराब लहू के प्यासों को जो सफ़दरे दरिया दिल कर दे
औलाद की उसको क़ौमे सक़ी अफ़सोस जो धोखा मिलकर दे

इस लोक गायकी के ये सूत्र बहुत कोमल तंतुओं से बने हैं जिन्होंने परस्पर विरोधी दिखने वाले और उससे बढ़कर ऐसा प्रचारित किये जा रहे दो धर्मों को जोड़ रखा है। औसत आदमी की तरह खयाल-लावनी गायकों के अन्दर दो धर्मों और हिन्द-ईरानी संस्कृतियों ने मिलकर एक ऐसा ताना-बाना रचा है कि यह अनोखा सतरंगी पट बना है। इसे उधेड़ने में लगे 'राष्ट्रवादियों' को अहसास भी नहीं है कि इन्हें अलग कर देने पर जो बचा रहेगा वह चाहे जो कुछ हो कपड़ा तो नहीं ही होगा। पर कितने रह गये हैं जिन्हें 'जेई राम शेई रहीम का ज्ञान है। विवेकानंद के नाम के सहारे लाल किले पर कमंद फेंकने में लगे लोग पता नहीं यह जानते नहीं हैं या जानकर अनजान बने हैं कि विश्वधर्म पर अपने विचार रखते हुए उन्होंने कहा था कि अगर कभी ऐसा धर्म बना तो उसका फार्म इस्लाम होगा और कन्टेंट वेदांत। नयी पीढ़ी को धर्म से क्या लेना देना? सन्तों-सूफ़ियों का सपना बिखरा पड़ा है मेरे आगे, पर आसी घराना जौनपुर-जसम की गायन टीम का नेतृत्व करते हुए लहक-लहककर गा रहा है–

सृष्टि बीज का नाश न हो हर मौसम की तैयारी है
कल का गीत लिये ओठों पर आज लड़ाई जारी है

या

धरती माँ धरती माँ धरती माँ
तेरे बेटों ने उठा ली है मशाल
कारवाँ चलता रहेगा....

सात सौ साल पहले जौनपुर की सरज़मीं ने एक तजुर्बा किया था। आज दूसरा करेगी, कल तीसरा। इब्राहिम शाह का फिर-फिर नये रूप में जन्म होता ही रहेगा। एक और प्रयोग किया था हुसैन शाह के दौर में सैयद मुहम्मद जौनपुरी ने और कहा था 'मैं ईश्वर का भेजा

हुआ मेहदी हूँ और पृथ्वी पर न्याय और बराबरी की स्थापना के लिए आया हूँ।' उनके बनाये दायरे (कम्यून) उनके साथ--उनके बाद खत्म नहीं हो गये हैं। बराबरी की यह लड़ाई जारी है—जारी रहेगी।

अस्सी एक बरस पहले इस शहर से निकलने वाले उर्दू अखबार 'जादू' के सरनामे पर हज़रत आसी का यह शेर छपा करता था। मैं साभार उसे इस मजमून के खातमें पर चस्पा कर दे रहा हूँ—

मेरे मतेब से जो अखबार का परचा निकलता है
निगाहें नाज़ की मानिन्द जादू बन के चलता है

मेले और दंगल :

जौनपुर में खयाल-लावनी के मेलों में सबसे मशहूर मेला पुराने डाकख़ाने के पीछे स्थित शाह मदार की मज़ार पर लगता था। यह मेला बहुत बड़ा होता था और कई दिन चलता था। इसमें कई टीमें शामिल होती थीं। दंगल ज़िले में कई जगहों पर होते थे जिनमें नौ पेडवाँ में अनन्त चतुर्दशी पर होने वाला दंगल बहुत मशहूर था। इसको सुनने के लिए जिले भर से लोग आते थे। शहर से भी भारी संख्या में श्रोता इक्कों पर चढ़-चढ़कर पहुँचते थे। शहर में भी जगह-जगह दंगल होते थे। धीरे-धीरे ये कम होते गये। सिर्फ सिपाह और पान दरीबा के दंगल काफी दिनों तक चलते रहे।

दंगल के लिए तरह दी जाती। टीमें उस तरह पर गीत तैयार कर के लाते और पढ़ते। मुकाबिले में यह ध्यान रखा जाता था कि एक टीम जिस मजमून और जिस बहर में ख़्याल पेश कर रही है दूसरी भी उसी विषय और उसी बहर में जवाब दे। ऐसा न करने पर वह टीम हार गयी मान ली जाती थी। टीमें सिर्फ अपने घरानों की चीजें ही पेश कर सकती थीं। किसी दूसरे घराने की चीजें पेश करना वर्जित था। गायन टीम के साथ ख़लीफा और दूसरे कवि मौजूद रहते थे जो तुरंत लिखकर गायकों को गाने के लिए रचनाएँ दे देते। अक्सर तो यह काम साथ-साथ चलता रहता था। पहले मिसरा और सानी लिखकर दे दिया जाता और जब तक वे इसे गाते, अगले मिसरे लिख-लिखकर बढ़ाये जाते रहते।

दंगल में सवाल जवाब भी खूब होते। टेढ़े-टेढ़े सवाल पूछकर एक टीम दूसरे की परीक्षा लेती। जवाब न देने वाली टीम हारी हुई मान ली जाती। एक बार एक टीम ने ऐसा ही टेढ़ा सवाल आसी घराने के सामने रख दिया—"कौन सी हड्डी खंभा बन कर काबे की दीवार में है।" लगा घराने की इज्जत गयी। उस्ताद लोगों के चेहरे पर हवाई उड़ रही थी। एक-दूसरे का मुँह देख रहे थे कि मोहम्मद खाँ नाबीना ने मिसरा बोलकर लिखवा दिया— *"बयाँ जो तू करता है शायर गलती तेरे अशआर में है/ दिल है काबा रीढ़ की हड्डी काबे की दीवार में है।"*

जौनपुर के कुछ प्रसिद्ध घराने और अखाड़े :

यहाँ के घरानों में बच्चा सिंह का अखाड़ा, नजफ शाह का अखाड़ा, आसी घराने का अखाड़ा बहुत प्रसिद्ध हुए। इसके अलावा कुण्डा, सेहरा और कड़ेबाज भी प्रतिष्ठित अखाड़े थे। आसी घराने के उस्तादों में मुबारक ख़ाँ का नाम बहुत सम्मान के साथ लिया जाता है। वे और उनके भाई मुअज्जम ख़ाँ, केराकत तहसील में रहते थे। फजलुल रहमान 'दानिश' बारी गाँव नेवादा के रहने वाले थे और स्थानीय शिया कॉलेज में स्पीनिंग वीविंग के टीचर थे। तत्कालीन शिक्षा मंत्री श्री हरगोविन्द सिंह ने उनका काम देखकर उन्हें सरकारी नौकरी में ले लिया था।

शाह नजफ अखाड़े के रहमत ख़लीफा और अशरफ खलीफा मछली शहर तहसील में रहते थे और अपने कलाम के लिए आज भी सम्मान से याद किये जाते हैं।

बनारस में आसी घराने के बरकत ख़लीफा, हाजी नजर, खुदाबख्श, मसी उल्लम, फ़ारुक, लालतू ख़लीफा और मुंशी शंकर बहुत मशहूर हुए। अपने घराने की जौनपुर शाखा से उनके जीवन्त सम्बन्ध थे। वे लोग यहाँ आते रहते थे और जौनपुर के गायक उनकी चीजें सम्मान पूर्वक गाते थे। हींगू लाल बनारस के रहने वाले थे लेकिन उनका बेटा जौनपुर में पुलिस आफिस में नियुक्त था इसलिए जौनपुर बहुत आते थे। उन्हें उर्दू बहरों में हिन्दी रचनाओं का श्रेय है। हिन्दी में लिखने वालों में बनारस के ही भैरोनाथ गौतम भी थे। जौनपुर में बाद के ख़लीफ़ाओं में मोहम्मद ख़ाँ (सिपाह), बेटऊ, बेकल, और खंजर ख़लीफा ने अच्छी रचनाएँ की और नाम कमाया।

जौनपुर में आसी घराने के गायकों में घूरे लाल, हनीफ, रघुनाथ, सत्तार, मिश्री लाल, रामस्वारथ मौर्य और ओम प्रकाश शर्मा ने प्रसिद्धि पायी है।

क़ैद :

खयाल लेखन और गायन में क़ैद का महत्वपूर्ण स्थान है। दंगलों में क़ैद की रचनाओं का जवाब विरोधी टीम को कैद की रचना से ही देना पड़ता था। ऐसा न होने पर उसे हारा हुआ माना जाता था। क़ैद कई तरह की होती थी। मसलन बेनुकत–यानी ऐसा कलाम जिसमें नुक्ता न हो। इसके लिए रचना में उन उर्दू हरुफों का बहिष्कार किया जाता था जिनमें नुक्ते लगते हैं जैसे–जीम, चे, ख़े, ज़े वगैरह। बैरीडीह के दंगल में आसी घराने के अखाड़े ने एक कलाम गाया जिसका पहला मिसरा इस तरह था– *"अलम हमारा हो दूर उस दम कि वो अरस्तू हो दवा हो"* इक्कीसों मिसरे में किसी में कोई नुक्ता न था। विरोधी टीम ने जवाब में जो गाया उसमें यह क़ैद न होने के कारण उसे हारा हुआ मान लिया गया।

ककहरा :

इसमें वर्णक्रम से पहली पंक्ति क, दूसरी ख, तीसरी ग, चौथी घ और बाकी इसी

तरह च, छ, ज, झ, ट, ठ, ड, ढ आदि से शुरू होती हैं। हींगूलाल का लिखा यह ककहरा खयाल गायकों का बहुत प्रिय रहा है। इसकी पहली पंक्ति इस प्रकार है– *"करो नेह कमला पति से कान्हा कृष्ण मुरारी से।"* अब्दुल सत्तार इसे बहुत तन्मय होकर गाते थे। मन्ना लाल का लिखा यह ककहरा ओमप्रकाश का प्रिय गायन हुआ करता था–

करु विनय काली-बलशाली–अरी दामन असुरारी से।
खप्परवाली खड़ज भुजाली वो रणक्षेत्र जुझारी से।
गनेश गौरा गंगाधर कार्तिकेय वो मन्स दुलारी से।
घमंड नाचत नरेश नरसिंह विष्णु जी भुजचारी से।
चतुरानन चितचोर चीरहर चन्द्रमुखे चितहारी से।
छत्रपती सूर्यकुल उजागर प्यार धनुधारी से।
झारखण्ड महोदय शशीधर शंभूनाथ त्रिपुरारी से।
टेर सुनत धावनहारी मुरलीधर मदन मुरारी से।
ठाकुर जी सृष्टि कर्ता से सुरेश शैलबिहारी से।
डल्ले नाथ डरहीन दिगम्बर डिहबाबा पुरदारी से।
ढकवइया भरदुअल का अंडा गज रक्षक गिरधारी से। आदि

एक क़ैद ऐसी भी देखने में आयी है जिसमें बीच में लाइन खींचकर यदि तो त्रिभुज बना दिये जायें तो एक त्रिभुज में (ऊपर वाले) नुक्ता और दूसरे (नीचे वाले) में नुक्ता नहीं था।

अधर :

अधर में उन वर्णों का प्रयोग नहीं किया जाता है जिनके उच्चारण में होंठ मिलते हैं। इसके गायन के समय गायक होठों के बीच खड़ी सुई रख लेते थे। अधर के साथ आठ ककहरा और रे (र) के आठ अंग का प्रयोग हींगूलाल के निम्नलिखित खयाल में दर्शनीय है–

कर तेरे करतार की ताकत करता करता कार रकार।
खन खराते खतरा खाता राख खरारी खरा निखार।
गर गैरत गति रंगै गारगै तरंग तारा गिरैगी गार।
घरघर घेर घार रति घाति घेर घार घत करै चिघार।
चरचरते चीर चार चरा चर चातर रस्ता चारै चार।
छा छा छाँह छीरते छरकत, छितराता छारीरि छारां रिछार। आदि

इनके अलावा क़ैद के दो और रूप सुनने में आते हैं। एक रसना गहन है जिसमें जीभ का इस्तेमाल करने वाले वर्ण नहीं प्रयोग किये जाते। इसको गाते समय गायक जीभ को संडसी से पकड़ रखते थे। दूसरा खयाल बेनजीर जिसमें एक मिसरे में एक शब्द के

छै छै पर्यायवाची एक साथ इस्तेमाल किये जाते थे। तमाम अलग-अलग शब्द एक ही अर्थ देकर शब्दों की ऐसी छटा प्रदर्शित करते थे कि सुनने वाले पर कैफियत सी तारी हो जाती थी। मुबारक खाँ साहब का एक खयाल बेनजीर बहुत लोकप्रिय हुआ था जिसे तमाम अच्छे गायकों ने बार बार गाया था।

खोदा ने तुमको अता किया है वो मरतबा दायमी बका का।
जलाल का जाह का शरफ का वल्ज का औज का बला का।
खमीरनूरे सफीद-ए-सफीद-ए-सुब्ह बरमला का।
फरोग का नूर का तजल्ली का दौ का लमा का सफा का।
अलहक तू मुस्तहक है हर रंग की सेना का।
तहकीं का आफरीं का वेहक का हुब्बवदा का।
तू सद्रे शहनशीं हरबज्मे खुद नुमा का।
मजलिस का अंजुमन का दरबार का सभा का।
कसम खुदा की सरापा तेरा नमूना है कुदरते खुदा का।।

क़ैद की तुलना किसी हद तक कविता में प्रयुक्त अलंकारों से की जा सकती है। बेशक क़ैद का प्रयोग करके खयाल के समर्थ उस्तादों ने खयाल को सुन्दर बनाया, लेकिन जैसे हिन्दी के बाद के रीति कवियों ने अलंकार बहुलता से रस की स्वाभाविक निष्पत्ति में बाधा डाली और अपनी कविता को बेजान कर दिया, वैसे ही कैद ने भी खयाल के स्वाभाविक विकास को कहीं न कहीं अवरुद्ध ही किया। ऐसे बहुत से उदाहरण देखने में आते हैं जिनमें क़ैद की क़ैद में पड़कर कविता का दम घुटता नजर आता है। मुझे लगता है उन तमाम दूसरे कारणों के साथ जिन्होंने दूसरी लोकविधाओं को हाशिये पर कर दिया, क़ैद ने भी खयाल को मंच से हटाने में अपनी भूमिका निभाई है।

वक़्त की आइनेदारी :

ख़याल में सिर्फ ख़्यालों की उड़ान नहीं है, जमीनी हकीकत भी खूब दिखाई देती है। अपने वक्त और तत्कालीन वातावरण के अतुल्य ज्यादातर ख़याल धार्मिक ढंग के हैं, लेकिन सिर्फ वही सब कुछ नहीं है। स्वतंत्रता संग्राम भी ख़यालों में खूब व्यक्त हुआ है। एक ख़याल की ये पंक्तियाँ गौरतलब हैं–

आज मेरे जाँबाज वतन का शुमार पागलपन में है।
तसलों में वो खाते हैं आज़ादी जिनके मन में है।।

इसी खयाल में आगे एक मिसरा यह भी आता है–

दफा चौवालिस तेरे सुखन में है।

मेरे पिता ने एक बार हिन्दी भवन जौनपुर के निर्माण के पीछे अपनी प्रेरणा का जिक्र करते हुए कहा था, ''जब हमलोग कभी कांग्रेस की मीटिंग करने को होते तो ब्रिटिश सरकार

दफा एक सौ चौवालिस लगाकर मीटिंग न होने देती। मजबूरन नेताओं की मीटिंग मुझे अपने घर के अहाते में करनी पड़ती थी। तभी से मेरे मन में था कि शहर में कोई ऐसा हॉल होना चाहिए जहाँ इस तरह की मीटिंग हो सके।'' जाहिर है दफ़ा एक सौ चौवालीस से वे और उनके साथी कार्यकर्ता ही आक्रांत नहीं थे, इस दर्द को हमारे ख़याल लिखने वाले भी उसी शिद्दत से अनुभव कर रहे थे।

साम्राज्यवादी शोषण को उस्ताद हनीफ़ ने इन शब्दों में व्यक्त किया था—

गोरी-गोरी-सुरतिया लूटत मोर कमाई रहले न।
लंदन के हरजाई रहले न, यारो बड़ा कसाई रहले न।

गोरों पर इस तरह भी हमला किया गया है—

भूँवर भूँवर बाल उनकर कुँदल जइसन गाल रहल।
लेडी एक एक ठो दे देहलेन जिनके पास कुछ माल रहल।

गोमती की बाढ़ जौनपुर निवासियों का स्थायी सरदर्द रहा है। सन् 1871 से सन् 1955 तक लगातार हर दूसरे तीसरे साल गोमती में बाढ़ आती रही और कुछ तो लोगों की याद का हिस्सा बन गयी हैं। 1871 की बड़ी बाढ़ का जिक्र एक झूमर में मिलता है—

काली घटा अँधेरी रात धूम मचाये है बरसात
सुना था बृज बरखे की बात वो पेशे नजर हो गयी है।

आगे कहा गया है—

जोगिया पुर की सड़क बह के नहर हो गयी है।

सन् पचपन की बाढ़ भी बड़ी बाढ़ थी। पानी शाही पुल के ऊपर से होकर बह रहा था। ख़्याल में बाढ़ की तारीखें, पानी का फुट में स्तर और पुरानी बाढ़ों से तुलना भी दृष्टव्य है—

अइसा खमसा देख असाढ़ आइल सावन रितु में बाढ़
दिनवा रतिया भइल पहाड़ ई समाँ न बिसरी
सरासर कहरे ख्वानी है सन पचपन की तु गियानी
सवा सैंतीस फीट पानी करे गंगा से हमसरी
जुलाई सोलह से बाईस घटी छत्तीस वो तैतालीस
हुई चौरानबे उन्नीस लेकिन है बीस इकहत्तर

इसी रचना में अपने पिता और उनके एक साथी कार्यकर्ता का ज़िक्र पाकर मुझे सुखद आश्चर्य हुआ—

''प्यारे शंकर बाबू रामेश्वर ने गल्ला बाँटा''

बाबू प्यारेशंकर मेहरोत्रा हमारे पड़ोसी और पिता के मित्र थे, बाबू रामेश्वर यानी रामेश्वर प्रसाद सिंह मेरे पिता थे।

जौनपुर के उस्तादों की निगाह सिर्फ जौनपुर तक ही सीमित नहीं थी। सन् 1945 का बंगाल का महाकाल भी उनकी दृष्टि सीमा में था। 'पेट बड़ा शैतान रे साथी।' नज़्म में

इस अकाल का हृदय विदारक वर्णन है। नज्म पढ़कर वामिक जौनपुरी साहब की अमर रचना 'भूका बंगाल' की याद आती है। उनके गीत की ये पंक्तियाँ याद कीजिए– *'मुट्ठीभर चावल से बढ़कर सस्ता है ये माल रे साथी, सस्ता है ये माल।'* और देखिये लोक गायक ने इसकी कैसी वजाहत की है–

होंठ बिकते हैं जहाँ गाल बिका करते हैं
जिनकी कीमत नहीं वो लाल बिका करते हैं

वामिक साहब की पंक्तियाँ याद आ जाती हैं– *'कोठरियों में गाँजे बैठे बनिये सारा नाज/ सुन्दर नारी भूक की मारी घर-घर बेचे लाज/ सदा सुहागन बधवा बाजे खोले सर के बाल रे साथी, खोले सर के बाल।'*

लोक गायक कहता है–

कोई दूध कुत्ते को अपने पिलाये।
कोई भूका बालक को अपने सुलाये।
कोई गा रहा है कोई रो रहा है।
जमाने के मालिक ये क्या हो रहा है।
निर्धन रोए खून के आँसू मज़ा करै धनवान रे साथी।

कड़खा :

अपनी विरोधी टीम पर गायक सिर्फ जवाब की मार से संतुष्ट नही रहते थे, सीधे नाम-ब-नाम हमला भी करने से बाज नहीं आते थे। कभी ये हमले व्यंग्य बाण तक ही सीमित रहते थे, कभी गाली गलौज का रूप भी धारण कर लेते थे। बेश्तर तो इसमें श्लेष आदि का इस्तेमाल कर के दूसरे घराने के उस्तादों पर व्यंग्य किये जाते थे पर कभी-कभी 'बुजरौ के' जैसी पक्की गालियों का भी इस्तेमाल किया जाता था।

मेराज जैसी धार्मिक रचनाओं में यह मौका नहीं छोड़ा जाता था। मन्ना लाल के मेराज में आखिरी बंद में यह कड़खा देखिये–

उम्मत के धनी क्या शान तेरी अल्लाहो ग़नी शाहे अरबी।
देखेन भालेन भाले न टहरेन सगरौं मन ही मन हर्षित होय नबी।
देखबौ कइलै सुनबो कइलै सुनतै तोहरो टेघरल चरबी।
नक्कारा तू तो मिला हमका ई कहलेन मन्ना लाल कबी।
जिन ओम से रार मचाया तू नही एक पे चार करकस जाई।।
कर साज सिंगार जो आ जइबा दुख दूर हमार समस जाई।।

मुनाज़रा :

मुनाज़रा यानी शास्त्रार्थ। खयाल रचनाकार सामाजिक परम्पराओं और धार्मिक

मान्यताओं के प्रति बहुत सजग थे। इनमें किसी तरह की चूक बर्दाश्त नहीं की जाती थी, हालाँकि लिखने वाले को सफाई का मौक़ा दिया जाता था। यह मुनाज़रा द्वारा किया जाता था।

ऐसे एक मुनाज़रे की याद प्रमुख ख़याल गायकों को अब भी है। आसी घराने के ख़लीफा मुबारक ख़ाँ साहब कादियानी (इस्लाम के अन्तर्गत एक सम्प्रदाय जो राम और कृष्ण की गिनती भी पैग़म्बरों में करते थे और अपने संप्रदाय के संस्थापक को भी पैग़म्बरे खुदा मानते थे। यह एक इस्लाम विरोधी विचार था जिसके कारण पाकिस्तान में, जहाँ इसके अनुयायी भारी संख्या में थे, इसे इस्लाम से ख़ारिज कर दिया गया और कादियानी काफिर करार दिये गये) थे। अपने एक ख़याल में किसी विरोधी टीम के खयाल का जवाब देते हुए मुबारक ख़ाँ ने एक मिसरा लिख दिया।– ''तकोगे तुम आसमान कब तक नुजूल ईसा कभी न होगा।'' यह विचार ईसाई और इस्लाम की भी सोच के विरुद्ध था जिसमें ईसा मसीह के पुनर्जन्म के सिद्धांत का प्रतिपादन किया गया है। हालाँकि मुबारक ख़ाँ साहब के कादियानी मत के अनुरूप था। बात बहुत आगे तक बढ़ गयी। कलकत्ता (अब कोलकाता) में मुनाज़रा हुआ। मुबारक ख़ाँ साहब पूरी तैयारी से अपनी बात साबित करने के लिए कलकत्ता गये। हालाँकि उनके शागिर्द जानते थे कि उनका मत एक सम्प्रदाय का मत है और किसी कीमत पर स्वीकार न होगा। मुनाज़रा में शामिल होने के लिए जाते वक्त उन्होंने मुबारक ख़ाँ साहब को कमरे में बंद कर दिया और बाहर से ताला जड़ दिया। मुनाज़रा शुरू हुआ तो शागिर्दों ने यह तर्क रखा कि सही मिसरा *''तकोगे तुम आसमान कब तक नुजूल ईसा अभी न होगा''* है लेकिन किताबत की ग़लती से अभी का कभी हो गया। अब शास्त्रार्थ के लिए क्या रह गया। शागिर्द अपनी जीत का डंका बजाते हुए जौनपुर लौट आये। पता नहीं आगे 'अभी' या 'कभी' पढ़ा गया। ज़ाहिर है मुबारक ख़ाँ साहब ने 'अभी' को 'कभी' स्वीकार न किया होगा।

वाद्ययंत्र :

खयाल गायन में सिर्फ एक वाद्ययंत्र चंग (डफ) का ही इस्तेमाल होता है। चंग बजाने वालों में मोलन चंग वाले का जादू श्रोताओं के सर चढ़कर बोलता था। विभाजन के बाद वे पाकिस्तान चले गये थे जहाँ वे हाथों-हाथ लिये गये। वे बनारस (अब वाराणसी) के रहने वाले थे और जौनपुर बराबर आते-जाते रहते थे। विभाजन के बाद वे एक बार जौनपुर आये थे जहाँ खयाल प्रेमियों ने उनका अपूर्व स्वागत किया था।

बाद में चंग के अलावा ढोलक, तबला, हारमोनियम और क्लारनेट का भी प्रयोग शुरू हुआ, लेकिन तब तक खयाल गायकी का सितारा डूब रहा था। अतएव ये वाद्ययंत्र कभी प्रचलन में नहीं आये। पछाँह में खयाल गायन में जितने गायक हिस्सा लेते थे सभी चंग रखते और बजाते थे। पूरब में सिर्फ प्रमुख गायक चंग बजाते थे। मुख्य रूप से यह कार्य चंग वादक का था।

तक़ाबुल :

इधर राम के चित्त में चिन्ता देखो पिता वचन की है।
उधर जो वादा किया था शह ने फ़िकर उसी बचपन की है।।

1

इधर राम जी चले अवध से बिकल भये सब नर-नारी।
उधर शाह कर्बला चले थी मदीने में आहो जारी।
इधर राम लछिमन के साथ में चली हैं सीता सुकुमारी।
उधर बीवियाँ शाह के संग कूफ़े की किया है तैय्यारी।
उधर शाह कर्बला चले तो इधर जवाई बन की है।।

2

इधर राम जी बन-बन फिरते नहीं आश्रम पाया है।
उधर घूप में आले नबी हैं नहीं नाम का साया है।
इधर राम जी पंचवटी में जाके आसन जमाया है।
उधर कर्बला में फ़ौज-ए-आदा हुसैन को ठहराया है।
इधर लाल दशरथ की कमाई उधर ख़ैबर शिकन की है।।

3

इधर राम लछिमन के साथ खर दूषण युद्ध अपार किया।
उधर जंग शाहे दीं से आकर फ़ौज़े कुफ़्फ़ार किया।
इधर राम लछिमन के साथ दसकंधर दगे की मार किया।
उधर कूफ़ियों ने धोके से शाह के ऊपर वार किया।
उधर बेरहमी ज़ालिम हठधर्मी इधर रावन की है।।

4

इधर सिया को हरा रवनवा लंका में संग्राम हुआ।
उधर बीवियों को क़ैद होकर जाना मुल्के शाम हुआ।
इधर लखन को लगी है शक्ती रामदल कोहराम हुआ।
उधर गसी में पड़े थे आबिद तर्क ऐश आराम हुआ।
इधर खड़ा गौसन का चेला गोल उधर दुश्मन की है।।

इधर जनसंस्कृति मंच है उठी लहर जन जन की है।*

(बेटऊ नाऊ)

* असम से जुड़ने के बाद का इज़ाफा

तक़ाबुल :

इधर राम के सेना दल में सैनिक पवन कुमार बढ़े।
उधर फ़ौज़ इस्लाम में आगे शाहे ज़ुल्फ़ेक़ार बढ़े।।

1

इधर वीर हनुमान ने युद्ध में कितने निशाचर को मारा।
इधर खुदा के शेर ने रण में 'मरहब' 'अन्तर' को मारा।
इधर कपी पाताल में जा अहिरावण बलधर को मारा।
उधर अली ने बीरुल अलम में जुनू के अफ़सर को मारा।
हनुमान जी लेकर गदा बढ़े और अली लिए तलवार बढ़े।।

2

इधर राम के भक्तों में हनुमान को सब निरछली कहें।
इधर नबी के अन्सारों में अली को हर एक वली कहें।
इधर हिन्दू संकट में संकट मोचन बजरंग बली कहें।
उधर मुलसमाँ मुश्किल कुशा को मुश्किल में मौला अली कहें।
इधर राम के दास बढ़े और उधर नबी के यार बढ़े।।

3

इधर मार कर कालनेमि को गिरि पर झंडा गाड़ा है।
उधर अली मुर्तजा ने मुँह अजदहे का जाकर फाड़ा है।
इधर संजीवन सहित पवन सुत धौलागिरी को उखाड़ा है।
उधर तोड़ के दर ख़ैबर का बेदीनों को पछाड़ा है।
इधर अली ख़ैबर को बढ़े हनुमान समुन्दर पार बढ़े।।

4

इधर तो बजरंग बली के ऊपर बस दया भगवान की है।
उधर तो हज़रत अली के ऊपर नेक नज़र रहमान की है।
इधर तो आशा जो कुछ है 'नाथे' को फकत हनुमान की है।
उधर मेरे साथी 'खंजर' को आशा बस सुबहान की है।
इधर नाथे का गाना बढ़ा और घर को उधर अगियार बढ़े।।

खड़ी रंगत का ख़्याल :

सुनने वाला ही नहीं है जब कोई आवाज़ का।
तोड़ दे फिर तार ऐसी ज़िन्दगी के साज़ का।

1

क्यों जुदा करता है परवाने को शमए ज़ार से

जान ही दे देगा टकरा कर दरो दीवार से।
जीते जी मुमकिन नहीं फिरना वफ़ाओं प्यार से।
ऐ शमारू अब तो तेरी बज़्मे पुर अनवार से।
मर के निकलेगा जनाजा ही तेरे जाँबाज़ का।।

2

ये बहारे नाज़ ये गुलशन की रंगी हर नफ़स।
मैं इधर सैयाद के बस में नहीं कुछ अपना बस।
पर नहीं लेकिन अभी परवाज की है कुछ हवस।
आजमाइश शर्त है तो खोल दे बाबे कफ़स।
देख फिर जौहर हमारी ताकते परवाज का।।

3

जितना दिल चाहे सितमगर ढा ले तू मुझ पर सितम।
ग़म जिसे कहता है तू वो ग़म नहीं तेरी कसम।
काश खंजर से मेरा तो सर ही कर देता कलम।
दिल पे ऐसा ज़ख़्म है जीते हैं न मरते हैं हम।
वार रे क्या तीर था तेरी निगाहे नाज़ का।।

4

है मुनासिब ग़र तुम्हारी बर्के शर का फैसला।
कर दे मेरे कस्रे दिल के बाबो-दर का फैसला।
फैसला क्या है फकत है एक नज़र का फैसला।
कर दे खंजर पर नजर या कर दे सर का फैसला।
फैसला है आज नाथे कुछ नये अन्दाज़ का।।

खड़ी रंगत का ख़्याल

(डबल काफिया स्त्रीलिंग व पुलिंग)

है मेरे साज़े हस्ती का हर तार नया झंकार नई।
सौदा कर लो उल्फ़त का बाजार नया रफ्तार नई।।

1

ये प्यार की दुनिया जिसमें न कोई राजा न ही सवाली है।
जिसका हर दिन है ईदनुमा जिसकी हर रात दिवाली है।
शादाब है आबे मोती से ये फुलवारी ही निराली है।
गुँचों में जवाहिर का जौहर फूलों में लाल की लाली है।

बुलबुल भी हुई मतवाली है गुलज़ार नया है बहार नई।

2

हर शै से निखार नुमायाँ है धड़कन है नई और दिल है नया।
बहती हैं निकल के तमन्नाएँ हसरत है नई हासिल है नया।
तूफ़ान का अब क्या ख़ौफ़ रहा कश्ती है नई साहिल है नया।
मक़तल में ज़रा आकर देखें तड़पन है नई बिस्मिल है नया।
मक़तूल नए क़ातिल है नया है वार नया तलवार नई।

3

आलमे उल्फ़त के लम्हे होते हैं यार ख़यानत के।
है रात अगर तन्हाई की तो दिन होते हैं फुरकत के।
रंजोग़म मौते अलम सब हैं रंगीन मज़ाक मोहब्बत के।
फ़रियाद ज़बाँ पर भी लाना है जुर्म बग़ैर इज़ाजत के।।
कानून नए सब उल्फ़त के घर बार नया सरकार नई।।

4

गुलशन पे ये मुर्गा ने चमन लिल्लाह करम अब फर्माओ।
मिलजुल के उठाओ लुत्फ़े चमन ये बहार को तुम मत ठुकराओ।
ऐ हासिदों क्यों रखते हो हसद बुग्ज़ो कीने बाज़ आओ।
'खंजर' को जलाना है तो तुम्हें तो कोई नई रंगत गाओ।
या सोजे सुखन का तुम लाओ अम्बार नया और नार नई।।

ख़्याल शिकस्ता नौ टुकड़ा

बहारे नौ में उलझ के कैसा तमाचा मारा समन के मुँह पर।
मिटे न जो उम्र भर दिया है वो दाग़ अहले चमन के मुँह पर।।

1

चमन से रुख़सत खिजाँ ने पाई तो मुस्कुराकर बहार आई।
वफा के बदले की बेवफ़ाई गुलों की ली छीन खुशनुमाई।
न है वो शौकत न वो बड़ाई न मोती पर आबे रहनुमाई।
न है जवाहिर में वो सफाई न लाल में टंगे पारसाई।
तो फिर न क्योंकर उड़े हवाई तमाम लाले यमन के मुँह पर।।

2

हमारा सैयाद भोला भाला है शक्ल भोली औ दिल है काला।
चमन का ऐसा किया दिवाला न रंग है वो न वो मसाला।
सुनो ये ज़ुल्मों सितम निराला कफस से बुलबुल को जब निकाला।

लगाया खामोशियों का ताला ये बुलबुले नग्मों जन के मुँह पर।।

3

गुरूर के फल में जो मज़ा है जिसे तो शद्दाद चख चुका है
निशाने सबक न रह गया है कि जिसे ज़माना ही जानता है।
हिरन को देखो जो तेज़पा है छलाँगें सहरा में भर रहा है।
इसे ये शायद नहीं पता है कि शग्ल ये चंद रोज का है।
है बात सच्ची तो ख़ौफ़ क्या है कहो तो कह दूँ हिरन के मुँह पर।।

4

मिटाना मुश्किल है हक़ की ताबिश किया करो तुम हज़ार काविश।
है रब की मुझ पर अगर नवाजिश तो मुझ में हरगिज न होगी लरज़िश।
बहुत किया तुम ने आज़माइश फ़ज़ूल है अब तुम्हारी साजिश।
मज़ामीं 'खंजर' के और बन्दिश बग़ौर फरमाएँ अहले दानिश।
है नाले मजमूँ की आज बारिश इन हासिदे बदसुखन के मुँह पर।।

फ़ना की राहों से रफ़्ता-रफ़्ता बका की मंज़िल पे जा रहा हूँ।
न कोई साथी न रहनुमा है कज़ा को रहबर बना रहा हूँ।।

1

जो ख़्वाबे हस्ती में ख़्वाब देखा गोया सनीमा जनाब देखा।
ये तिफ़्ली पीरी-शबाब देखा नया-नया इन्क़लाब देखा।
किसी को मस्ते शराब देखा किसी को ख़ाना ख़राब देखा।
जो हुस्न बे इंतखाब देखा उसे भी मिस्ले हुबाब देखा!
उसी को बस लाजवाब देखा हरेक ज़र्रे में पा रहा हूँ।।

2

फँसा जो दुनिया की चाह में है गोया वो गुमगस्त राह में है।
अदम की आवाज़गाह में है अज़ल की हरदम निगाह में है।
घिरा जो पर्दा निगाह में है हमेशा हाले तबाह में है।
गया जो उस बारगाह में है न फ़र्क मुफलिस औ शाह में है।।

3

ना मयकदा है न मय परस्ती न रह गयी जामे जम की मस्ती।
ना तो है मंहगी न तो है सस्ती न मालोधन है न है गिरहस्ती।
ना तो बुलंदी न तो है पस्ती क़ज़ा है अपनी कमर को कसती।
है यासो हसरत वहाँ बरसती लहद है दो पल को तरसती।
मिटा के आया हूँ अपनी हस्ती अदम की बस्ती बसा रहा हूँ।।

4

जो साँस चलती है हल्की-हल्की लगी है गोया घड़ी अजल की।
सुनाती घंटी इसे अमल की खबर ये देती है आजकल की।
यही अजल जिसकी आके छलकी उतर गयी मस्ती एक पल की।
बिसात क्या पृथ्वी और नल की सिकन्दर रुस्तम के ज़ोर बल की।
ये रंगत बेकल की है ग़ज़ल की जो अहले फ़न को सुना रहा हूँ।।

सेज चढ़त डर लागै सइयाँ घूंघट खोलै रे
रीत अनरीत कै रीत न जानूँ रही मैं बारी भोली रे।
सास ननदिया जनम क बैरन नित उठ मारैं बोली रे।
हाय दई मोसे सह नहि जातै लागै करेजे बोली रे।
पाप का पाहुर कोइसे लै के चढ़िऊँ पिया की डोली रे।
पिया की मरिया डरिया से जियरा चारों कोना टटोलै रे।

कौल करार पिया से कइके तब बाबा घरवाँ आइवँ रे।
मैं निरबुधिया रही न सुधिया नइहर खेल गवाँइवँ रे
चेत अचेत के कइके बतिया अंतकाल पछताइवँ रे।
अब दइया सब भै निरदइया जस कइलू तस पाइवँ रे।
का कहिबै जब सेज पे सइयाँ लगि हैं हँस-हँस बोलै रे।।

सत सुतरत कै सेज लगावै तिरिया उहै सयानी रे।
नेक धरम कै साथ न छोड़ै वहै तो चातुर ज्ञानी रे।
अंग बचाय रहै नइहर माँ तब हम जानी-मानी रे
लिपट-झिपट सइयाँ संग सोवै वही पिया की रानी रे।
शाह कहै वो नार नहीं जो इमरत में बिस घोलै रे।।

(नजफशाह)

(केवल तीन बंद उपलब्ध हैं। चौथा किसी को याद नहीं।)

●

हिन्दी भवन, जौनपुर (उ.प्र.)

भिखारी ठाकुर का तमाशा

चन्द्रशेखर

इस अध्याय में मुख्य रूप से भिखारी ठाकुर के तमाशा[1] का विश्लेषण किया जाएगा। इस विश्लेषण के स्रोत के बगैर लोकप्रिय संस्कृति की कुछ सैद्धांतिक धारणाओं का सहारा लिया जाएगा। लेकिन मुख्य रूप से इस अध्याय में सबसे नवीन उपलब्ध भिखारी ठाकुर के नाटकों से मदद ली जाएगी। बिदेसिया के विश्लेषण में यह सामग्री प्राथमिक स्रोत के रूप में होगी।

इस अध्याय में नाटकों के पाठ का विश्लेषण करते हुए उसे मंचन के ढांचे (इसके लिए मौखिक इतिहास पर भरोसा करना होगा) से जोड़कर देखा जाएगा। इन नाटकों का मंचन मैंने बचपन से देखा है और बुजुर्गों से उनके बारे में सुना भी है। नाटकों और उनके मंचन के ढांचे से सम्बन्धित संक्षिप्त उद्धरणों के बाद मैं उन अंतर्निहित अर्थों और मुहावरों पर नजर दूँगा, जो इन नाटकों के साथ गुंथे हुए समाज की (राजनीतिक) गतिशीलता को व्यक्त करते हैं। लेकिन प्राथमिक स्रोतों के सीमित होने और बिदेसिया के सम्बन्ध में कुछ खास द्वितीयक लेखन न होने के कारण मैं अपने सूत्रीकरणों के अंतिम अथवा सटीक होने का दावा नहीं कर सकता।

भिखारी ठाकुर के नाटकों का विश्लेषण

करते हुए शुरू में ही एक महत्वपूर्ण चीज का उल्लेख जरूरी है। बिदेसिया नाटकों के संग्रह का सम्पादन करते हुए सम्पादक मंडल के सदस्यों ने लिखा है कि विभिन्न नाटक मंडलियाँ भिखारी ठाकुर के जीवन काल में ही 'लोकरुचि' के अनुसार उनके नाटकों में छोटा-मोटा बदलाव करके उसका मंचन करती थीं।[2] इसके अलावा दो खंडों में उनके नाटकों का जो संग्रह छपा है वह मूल नाटकों का (व्याकरणिक रूप से) संशोधित संस्करण है। इसकी जरूरत इसलिए पड़ी क्योंकि भिखारी ठाकुर मौखिक परम्परा के व्यक्ति थे। इसके अलावा वे साक्षर भी नहीं थे इसलिए उन्होंने तो अपने नाटक 'लिखे' नहीं होंगे।

दो खंडों में उनके नाटक संग्रह के सम्पादक ने लिखा है कि ये नाटक भिखारी ठाकुर के वंशजों, श्री शीलानाथ ठाकुर और श्री गौरीशंकर ठाकुर के पास उपलब्ध समस्त सामग्री की छानबीन करने के बाद संग्रहित किए गये। उनके वंशज पुराने छपरा-सब-डिवीजन (अब सारण) के कुतुबपुर गाँव के निवासी हैं।

भिखारी ठाकुर के नाटकों के विभिन्न संस्करण मौजूद हैं और एक ही समय में उनका मंचन विभिन्न नाटक मंडलियों द्वारा अलग-अलग होता था, इस तथ्य से लोकप्रिय परम्परा की संवादधर्मिता का पता चलता है। इसके अलावा मौखिक परम्परा के बारे में कहा ही जाता है कि वह व्यक्ति से व्यक्ति और व्यक्ति से सामाजिक समूह/ समूहों तक जानकारी के संप्रेषण का माध्यम है। इसलिए इस संदर्भ में मंचन के दौरान नाटक के अर्थों के एकायामी संप्रेषण की गुंजाइश ही नहीं रह जाती। यह बात तब और स्पष्ट हो जाती है जब भिखारी ठाकुर के नाटक संग्रह[3] के पहले नाटक बिदेसिया की छानबीन शुरू करते हैं।

बिदेसिया :

यह नाटक संस्कृत में गुरु वंदना से शुरू होता है। हालाँकि इसमें संस्कृत भाषा का प्रयोग किया गया है, लेकिन संस्कृत परम्परा में गुरु वंदना का चलन कहीं नहीं देखने को मिलता। संस्कृत परम्परा की बजाय गुरु वंदना के चिन्ह हम भक्ति परम्परा और सूफी रहस्यवाद से उद्भूत भक्ति की धारणा में खोज सकते हैं। संस्कृतेतर परम्परा में गुरु के जरिए ही गृहस्थ अपने उपास्य तक पहुँच सकता है। इस परम्परा से पहले ईश्वर का ज्ञान केवल ज्ञानी और ध्यानी को ही हो सकता था। बिरहा की परम्परा की जड़ें भी सामान्य लोगों (निचली जातियों) की विश्वास पद्धति में निहित है जो हालाँकि उच्च संस्कृति से ग्रंथ के पाठ तो ग्रहण करती है लेकिन मौलिक रूप से भक्ति की परम्परा में अवस्थित है। भक्ति का एक और दिलचस्प तत्व रहस्यवाद है जो उपनिषदों से आया है। लेकिन भारत में इस्लाम के आने तथा सूफीवाद को भक्ति का ही एक रूप मान लेने के बाद 'मानव प्रेम' का तत्व लोकप्रिय सांस्कृतिक विधाओं में प्रविष्ट हो गया। यह तत्व

भी भिखारी ठाकुर के तमाम नाटकों में दिखाई पड़ता है। जिस नाटक बिदेसिया का हम विश्लेषण करने जा रहे हैं, उसमें भी इसकी मौजूदगी देखी जा सकती है।

संस्कृत श्लोक (गुरु भक्ति सम्बन्धी) के बाद बिदेसिया में राम की स्तुति में कही गई एक चौपाई है। इसके बाद कुछ प्रारंभिक वाक्य हैं, मसलन 'तमाशा शुरू होने जा रहा है...और कुछ ही शब्दों में मैंने पूरी किताब की बात कहने की कोशिश की है।'[4] इस चौपाई की परम्परा की जड़ें कालिदास में देखी जा सकती है। कालिदास के नाटकों में नट-नटी आकर नाटक के बारे में बताते थे। लेकिन भिखारी ठाकुर में यह काम सूत्रधार करता है। बिदेसिया में इस परिचय की प्रस्तुति पूर्ववर्ती परम्परा से दो मायनों में अलग है। पहला तो यह कि निचली जातियों में प्रयुक्त भक्ति के प्रतीक कृष्ण की बजाय भिखारी ठाकुर ने भक्ति का प्रतीक राम को बनाया है। नाटक रचना की परम्परा से बिदेसिया का दूसरा अंतर रूप के मामले में है, जहाँ नट-नटी की कालिदास की परम्परा के विपरीत एक ही प्रस्तोता का सहारा लिया गया है।[5]

निचले वर्गों की सांस्कृतिक विधा में कृष्ण के प्रतीक का प्रयोग करने का मतलब यह है कि इसमें अपने से श्रेष्ठ के साथ आवयविक एकता का भाव मजबूत होता है क्योंकि कृष्ण सखा के प्रतीक हैं।[6] इसके विपरीत राम भक्ति का अर्थ असमानता का सम्बन्ध है, क्योंकि राम प्रभु हैं और भक्त दास। बिदेसिया से पहले भोजुपरी क्षेत्र की लोक विधाओं में वेदना और तकलीफ को जाहिर करते हुए कृष्ण के प्रतीक का प्रयोग किया जाता था। इस बात का उल्लेख पहले ही अध्याय 1 के उप-शीर्षक 3 में धान रोपने वाली औरतों द्वारा गाए जाने वाले गीत के जरिए किया गया है। लोकप्रिय संस्कृति की परम्परा में कृष्ण भक्ति से राम की भक्ति की ओर यह झुकाव ध्यान देने योग्य है क्योंकि इसके जरिए हम अलग-अलग दुनिया में स्थित दो भिन्न किस्म के मजदूरों की सापेक्ष अस्थिरता को समझ सकते हैं। एक के जीवन में अपेक्षाकृत निश्चिंतता थी, उसे पारम्परिक सामाजिक ढांचे का बल प्राप्त था। इसी कारण वह ऐसी भक्ति से जुड़ा जिसमें उपास्य और उपासक के बीच आवयविक सम्बन्ध था। दूसरी ओर, प्रवास के राजनीतिक अर्थतंत्र से पैदा असुरक्षित सामाजिक माहौल था जिसमें भक्ति के विषय और विषयी के बीच का यह आवयविक सम्बन्ध सत्ता-सम्बन्ध में बदल गया। इसी के आधार पर हम सामाजिक सम्बन्धों की जड़पूजा को भी समझ सकते हैं, जहाँ प्रभु और सेवक के बीच का सम्बन्ध (औपनिवेशिक अर्थतंत्र के हस्तक्षेप के कारण) दबाववश एक नया रूप ले लेता है। 'इहलोक' में सत्ता सम्बन्धों के अमूर्तन के जरिए इस नुकसान की भरपाई की जाती है और इसके लिए 'परलोक' में सत्ता-सम्बन्ध की तलाश की जाती है। इस विश्लेषण के जरिये हम महज इस बात पर जोर देना चाहते हैं कि 'इहलोक' के सत्ता-सम्बन्धों को धुंधला बनाकर भोजपुरी भाषी क्षेत्र के निचले तबके के लोग एक सामाजिक विचार के रूप में जीवन की तार्किकता और राजनीति विकसित कर रहे हैं।

इसी तबके के लोगों के बीच बिदेसिया परम्परा फली-फूली और इन्हीं के बीच सामाजिक धारणा के बतौर उपर्युक्त राजनीति का जन्म हुआ।

बिदेसिया नाटक के परिचय की तीसरी विशेषता 'रूपक' का प्रयोग है। यह चीज भी सूफी परम्परा से आयी थी। रूपक का पाठ ही यह स्पष्ट कर देता है कि नाटक की कहानी से इसका कोई सम्बन्ध नहीं है। इसका यह भी मतलब है कि विभिन्न लोग/सामाजिक समूह अलग-अलग तरीके से इस नाटक को समझ सकते हैं। सूत्रधार कहता है कि "इस तमाशा में चार पात्र होंगे—बिदेसी, प्यारी सुंदरी, बटोही, रखेलिन या फिर बिदेसी ब्रह्म है, बटोही धर्म, रखेलिन माया और प्यारी सुंदरी जीव है।"[7]

फिर आगे बताया जाता है, "जैसे पति अपनी पत्नी को छोड़कर बिदेस चला जाता है, उसी तरह परमात्मा रखेलिन स्त्री के कारण आत्मा को छोड़ देता है। बटोही (धर्म) की मध्यस्थता से ही आत्मा फिर परमात्मा से मिल पाती है।"[8]

कसौटी को ही खारिज कर देने की यह प्रक्रिया उच्च संस्कृति से नाता तोड़ लेने के कारण महत्वपूर्ण है (उच्च संस्कृति की जड़ें अतीत के वर्णन में होती हैं) रामलीला की परम्परा ऐसी कलात्मक विधा है जिस पर कसौटी का दबाव बहुत अधिक है। इसका मतलब यह है कि वह ऐसी प्रक्रिया का शिकार है जो पाठ के विभिन्न भाष्यों की संभावना को नष्ट कर देती है, अर्थात वह सीधे-सपाट, एकायामी प्रेक्षण को बढ़ावा देती है।[9] रामायण जैसे महाकाव्यों की निर्मिति अनेकार्थकता की उपेक्षा पर ही खड़ी है। भोजपुरी भाषी क्षेत्र में बिदेसिया ने रामलीला की परम्परा को धुँधला बनाया है, यह तथ्य ही परम्परा और सामाजिक संघात से बने माहौल के साथ बिदेसिया की जटिल टकराहट को व्यक्त करता है। बिदेसिया नाटक को और गहराई से देखने पर वह अंतर्निहित राजनीति स्पष्ट रूप से उभरकर सामने आती है, और इस विधा विशेष में अभिव्यक्त हुई है।

खासकर बिदेसिया नाटक का विश्लेषण करने से और बातों का पता चलता है। अगर हम इसके रूपक-सह-परिचय और विषय-वस्तु की तुलना करें तो स्पष्ट हो जाता है कि व्यवहार में तमाम पवित्र कोटियों से नैतिक विचलन होना संभव है। आगे दिये गये विभिन्न उद्धरणों से यह बात और साफ हो जाती है। शुरू में ही इस बात का उल्लेख करना भी जरूरी है कि मैंने जिस तरह बिदेसिया को विश्लेषित किया है उससे उच्च संस्कृति और निम्न संस्कृति का परस्पर अंतः प्रवेश और संवादधर्मी लगाव सिद्ध होता है। इसका मतलब यह भी है कि सांस्कृतिक राजनीतिक विभिन्न प्रवृत्तियों को परिभाषित करते हुए विभिन्न कोटियों का 'समरूपीकरण' नहीं करती, जैसा कि राजनीति करती है। इसी के साथ यह बात भी कहना जरूरी है कि कोई भी संस्कृति किसी अन्य संस्कृति पर प्रभुत्व नहीं स्थापित करती। संस्कृतियों के बीच सम्बन्ध उलझे हुए और कभी-कभी असमान होते हैं। इसीलिए इस तरह के शोध में कुछेक सवालों का जवाब देने की

गुंजाइश बन जाती है—कि राजनीति के बतौर संस्कृति की ऐतिहासिक सीमाएँ क्या हैं, या मास कल्चर के वर्तमान युग में भी राजनीति के रूप में बतौर संस्कृति का क्या महत्व है। संस्कृतियों को अलग-अलग खांचों में बाँटने (हालाँकि लोकप्रिय और कुलीन जैसे शब्दों का प्रयोग उचित है) का अर्थ यह है कि हम संस्कृति को 'आर्थिक तत्व' से सीधे व्युत्पन्न मानते हैं। जैसे ही अतीत को नये खांचे में ढालकर सामाजिक आन्दोलनों एवं अन्य गतिविधियों का विश्लेषण किया जाता है, इस किस्म का परिमाणवाचक दृष्टिकोण भहरा कर गिर पड़ता है।

बिदेसिया नाटक प्यारी (पत्नी) और बिदेसी (पति) के बीच टकराव से शुरू होता है। उनकी अभी-अभी शादी हुई है, लेकिन पति पत्नी के साथ थोड़ा भी समय गुजारे बगैर कलकत्ता जाना चाहता है। पत्नी इस प्रस्ताव का विरोध करती है और रोती है। पति किसी तरह पत्नी को चकमा देकर चला जाता है।

पत्नी अकेली है और परेशान है। वह रात दिन रोती रहती है। इसी बीच पति (बिदेसी) कलकत्ता में एक दूसरी औरत के साथ रहना शुरू कर देता है (रूपक में उसका नाम रखेलिन है और नाटक में उसे 'रंडी'[10] कहा गया है।) अंत में सभी लोग—बिदेसी, प्यारी, रखेलिन (रूपक में इन्हें परमात्मा, आत्मा और माया कहा गया है)—एक साथ रहने लगते हैं। उन्हीं के साथ बिदेसी और रखेलिन का पुत्र भी रहता है जिसे प्यारी ने भी पुत्र के रूप में स्वीकार कर लिया है। नाटक एक आकस्मिक वाक्य के साथ खत्म होता है। अगर इस नाटक को एक अन्य कोण से देखा जाय तो इसमें कोई नाटक दिखाई ही नहीं पड़ता।

प्रवास के राजनीतिक अर्थतंत्र ने लोगों को खंडित जीवन जीने के लिए बाध्य कर दिया था। सामान्य स्थितियों में भी इसने एक तरह के सामाजिक अस्तित्ववाद के जन्म की पृष्ठभूमि तैयार की थी (जहाँ कोई भी 'एक' स्थिति 'एकमात्र' स्थिति नहीं लगती थी, इसके बजाय स्वयं को स्थित करने की समस्या लगातार बनी रहती थी)। इस तरह अंततः दोनों ही जगहों (गाँव और बिदेस) में बिदेसी के अस्तित्व को स्वीकार कर लिया जाता है। अब यह बात पुरानी मूल्य प्रणाली के आधारों से नाता तोड़ने वाली चीज है। पुरानी मूल्य प्रणाली में पारम्परिक रूप से मनुष्य की स्थिति को इस तरह से परिभाषित किया जाता है कि अस्तित्वगत दुविधा कभी समस्या के रूप में पैदा ही नहीं होती।

बटोही (धर्म) के संवाद से स्पष्ट है कि प्यारी (पत्नी) के साथ बिदेसी ने जो विश्वासघात किया है, उसका समाधान यही है कि वह रखेलिन और उसके बेटे को छोड़कर गाँव लौट जाय। गेय संवाद से उद्धृत है :

'तनी बोलऽ बिदेसी, तूं जइबऽ कि ना?
बहुत दिनन से कुमतिऽ कमइलऽ
सुमति के सुपथ चलइबऽ कि ना?

धरम का कुंड में नहइबऽ कि ना?'

बटोही रखेलिन के साथ रह जाने का प्रस्ताव भी करता है (उसे अपनी 'रखैल' बनाकर रखना चाहता है।) वह इन्कार कर देती है। इस दृश्य की भी परीक्षा करना जरूरी है। बटोही धर्म का प्रतिनिधि है और थोड़ी ही देर पहले (धर्म के नाम पर) बिदेसी से घर लौटने के लिए कह रहा था। अब वह स्वयं अधर्म का शिकार हो जाता है। यह बात नाटक (बिदेसिया) के संरचनात्मक रूपक के विरुद्ध है। इसका अर्थ यह है कि या तो रूपक में धर्म को यह दिखलाने के लिए रखा गया कि यह समाज में मूल्य के रूप में मौजूद है, अर्थात यहाँ धर्म का प्रयोग केवल धर्म के बतौर नहीं बल्कि 'धर्म का भाषा के बतौर' प्रयोग किया गया है; या फिर धर्म के अधर्म में बदल जाने का अर्थ यह है कि यह रोजमर्रे के जीवन में सहज रूप में नहीं है वरन् 'छद्‌म चेतना' है। रूपक के विपरीत रखेलिन स्त्री ही बटोही द्वारा दिए एक साथ रहने के प्रस्ताव को ठुकराती है। किसी प्रतीकात्मक धार्मिक नाटक (मसलन रामलीला) में अच्छे और बुरे के बीच विभाजन इतना स्पष्ट होता है कि चरित्रों के सहजात मूल्यों (जिनका वे प्रतीकात्मक प्रतिनिधित्व करते हैं) में ऐसे मनमाने बदलाव की इजाजत न तो नाटककार लेता है, न ही दर्शक उसे ऐसी इजाजत देते हैं। इसी अर्थ में बिदेसिया की परम्परा (बिदेसिया नाटक के आधार पर) निम्न वर्गों द्वारा उच्च संस्कृति का अंतरध्वंस है। इसमें ब्राह्मणवादी व्यवस्था द्वारा परिभाषित पारम्परिक अर्थों को उलट दिया जाता है। असल में निम्न वर्गों के मन में विचारों के स्तर पर तनाव बना रहता है क्योंकि "किसी भी अनुभव (किसी अपराध को क्षमा करने की क्रिया) का सामना करना हमेशा संभव इसलिए होता है क्योंकि कोई भी अनुभव हमेशा एक ही साथ दो स्तरों पर मौजूद रहता है—कथात्मक विमर्श के स्तर पर और घटना के स्तर पर। यह तय करना कभी संभव नहीं हो पाता कि इन दोनों संभावनाओं में से कौन-सी सही है। इसी अनिर्णय के कारण अत्यधिक कठोर से कठोर अपराध को भी क्षमा करना संभव हो जाता है क्योंकि कथा के स्तर पर यह अपराध और निरपराधिता की सीमाओं से मुक्त हो जाता है।"[12] लेकिन इसी के साथ यह भी याद रखना चाहिए कि उस तनाव के निर्माण के लिए 'चेतना' कोई अनिवार्य तत्व नहीं होती, जो तनाव अधीनस्थ समूहों के सांस्कृतिक व्यवहार में प्रतिबिंबित होता है। ये अधीनस्थ समूह अपने सांस्कृतिक व्यवहार के जरिए प्रभुत्वशाली सामाजिक संस्थाओं का इस तरह विरोध करते हैं कि प्रभुत्व स्थापित करने की रणनीतियों के स्पष्ट हो जाने का खतरा पैदा हो जाता है।[13]

मेरा तर्क यह है कि निम्नवर्गीय समूहों के इतिहास को उसी स्थिति में 'अचेतन' कहा जा सकता है जब देसी जनमानस को नवीन विचार प्रदान करने वाला कोई भी बाहरी हस्तक्षेप न हो। इस बात को एक किनारे कर दें तो भी एक बात उल्लेखनीय है। अगर आप प्रतिरोध के चिन्हों को अर्थविज्ञान में ढूँढने वाला राजनीतिक विमर्श विकसित करना

चाहते हैं, तो आपके लिए राजनीतिक अर्थतंत्र और आर्थिक जीवन के इतर प्रसंगों की एक साथ मौजूदगी को स्वीकार करना पड़ेगा। ऊपर वर्णित क्षेत्रों (आर्थिक का आर्थिकेतर) में से किसी एक में राजनीतिक घुसपैठ का अर्थ अनिवार्यतः यह नहीं होता कि दूसरे क्षेत्र पर भी उसका प्रभाव स्वतः पड़ जाएगा।

औरत कमतर अर्धांगिनी

निम्नवर्गों की प्रदूषित दृष्टि कोई क्रांतिकारी राजनीति तो नहीं विकसित कर सकती, लेकिन वह विद्रोही राजनीति का जरूर विकास करती है। इसे लोकप्रिय संस्कृति के किसानी माहौल के जरिये समझा जा सकता है। इसीलिए बहुत करके लोकप्रिय संस्कृति को आधिपत्य और प्रतिरोध की राजनीति कहा जा सकता है। बिदेसिया में स्त्रियों के चित्रण का विश्लेषण करने से यह बात और स्पष्ट हो जाती है।

बिदेसिया नाटक में पुरुष और स्त्री चरित्रों के बीच टकराव के चार मौके आते हैं। रूपक की दृष्टि से ये मौके हैं : बिदेसी (परमात्मा) और सुन्दरी (आत्मा) के बीच, दोस्त (पति का मित्र) और सुन्दरी के बीच, बटोही (धर्म) और उसे बाबा (बुजुर्ग) कहने वाली सुन्दरी के बीच तथा रखेलिन (माया) और बटोही के बीच।

अगर इन टकरावों को रूपक के जरिये देखा जाय तो निश्चय ही यह उन तमाम सामाजिक नियमों को ध्वस्त करने वाली बात है, जो पारम्परिक मूल्य प्रणाली का आधार स्तंभ हैं। लेकिन यदि इन टकरावों को रोजमर्रा की जिन्दगी के हिस्से के बतौर समझा जाय तो इनसे कुछ समस्याएँ पैदा होती हैं। बहरहाल, इन टकरावों की नाटकीय प्रस्तुति को आप चाहे पुरुष और स्त्री के बीच टकराव मानें या अलग-अलग मूल्यों के बीच, दोनों ही स्थितियों में 'कथात्मक विमर्श के रूप में और अनुभवलब्ध घटना के रूप में भी' इन टकरावों के जरिये मान्य परम्पराओं की अवज्ञा हुई है। अगर उन्हें एक अलग नजरिये से देखा जाए तो वे यथार्थ की अश्लील कल्पना भी प्रतीत होते हैं। इस शब्द का प्रयोग मैं जानबूझकर स्त्री-पुरुष के बीच यथेच्छ सम्बन्धों के लिए कर रहा हूँ, जो उन दिनों निचली जातियों के बीच प्रचलित थे और आज भी गाँवों और प्रवासियों के बीच भरपूर देखने को मिल जाते है।

जब बिदेसी प्यारी को छोड़कर पूरब चला जाता है तो प्यारी और दोस्त के बीच बातचीत का नमूना निम्नवत है :

दोस्त : गाय हव?
प्यारी : हँ, बिया।
दोस्त : गाय के अतना खियइह कि कबज जाय।
प्यारी : अच्छा।
दोस्त : खूब रबड़ी, मलाई आ अनारकली बिसकुट

चाभल करिहऽ।

प्यारी : का हमरा से मजाक करतानीं![14]

जब बटोही की प्रेरणा से बिदेसी कई साल बाद अपने (गाँव के) घर चला आता है तो बटोही और रखेलिन (नाटक में रंडी के बतौर प्रस्तुत) के बीच निम्नवत संवाद होता है :

बटोही : अइसन लंगा लूला से देह बचा के राखे के चाहीं। अच्छा, गइलन त हम बानी नूं?

बटोही : (नौकरी मिलने पर) खटाखट हफ्ता मिलते ही चूड़ीदार कुरता सिआई, सेनगुप्ता धोती लिआई। गोड़ के मोजो। भउजी के अइसनके ठाट रही। सामा किनाई पीअर दग-दग। कुरती लिआई करिया कुच-कुच। साड़ी किनाई लाल भभूका।[15]

तीसरी बातचीत प्यारी और दोस्त के बीच होती है जब प्यारी अपनी तकदीर पर रो रही है। (मंच पर बिदेसी का दोस्त देवर के रूप में आता है) :

देवर : भउजी काहे रोवत बाड़ू? चुप रहऽ। भइया गइलन त हम बानी नूं? हमरा से रुपइया, गहना, कपड़ा जे कुछ खोजऽ से हम देब।[16]

इसके बाद गीतात्मक संवादों की लम्बी लड़ी है जिसमें देवर प्यारी से प्रणय निवेदन करता है और प्यारी बार-बार चाहती है कि उसका पति लौट आए। अंततः देवर उसके साथ बलात्कार करना चाहता है :

देवर : अबहीं हमरा बस में आ जा।
तब देखऽ कइसन बा माजा।।

प्यारी : माजा राम भेजवलन पार।
सुनि लऽ देवर बात हमार।।

प्यारी : हे गंगाजी राखऽ लाज।
हमें बा अपना पीउ से काज।।[17]

सौभाग्यवश पड़ोसन आग माँगने आ जाती है और प्यारी अपनी इज्जत बचा पाती है।

उपर्युक्त बातचीत में कुछेक बातें उल्लेखनीय हैं। पहली बात तो यह कि जब कभी किसी महिला के साथ उसका पति न हो तो पुरुष हमेशा ही उस पर अधिकार जमाने की कोशिश करता है। दूसरी बात यह कि जो कुछ भी हो पत्नी हमेशा ही पति की याद के प्रति एकनिष्ठ बनी रहती है। प्यारी इसलिए एकनिष्ठ है क्योंकि बिदेसी के साथ उसका विवाह (विधिपूर्वक) हुआ है और रखेलिन इसलिए एकनिष्ठ है क्योंकि उसने बिदेसी के लिए नातेदारों और घर समेत सब कुछ छोड़ दिया है। अब उसके पास लौटकर जाने के लिए कोई जगह नहीं है।

इसे अगर रूपक के हिसाब से देखा जाए तो बटोही (धर्म) रखेलिन (माया) के साथ रहने का जो प्रस्ताव करता है, उस विचलन का अर्थ है कि धर्म भी देह के लोभ का संवरण नहीं कर पाता।

अगर हम इस तरह बिदेसिया नाटक की व्याख्या करते हैं तो कुछ बातें सामने आती हैं। पहली बात तो यह कि लोगों की सांसारिक अवस्थिति महत्वपूर्ण होती है और इसी कारण से विचलन अस्वाभाविक नहीं है। लेकिन रोजमर्रा के इस आचरण का विरोध, नाटक के अनुसार, लगातार समाजी[18] करता रहता है। इसके लिए जब कभी कोई स्त्री संकट में फंसती है तो दृश्यों में आकस्मिक परिवर्तन का सहारा भी लिया गया है। मसलन जब देवर प्यारी के साथ तकरीबन जबरदस्ती पर उतारू हो जाता है तभी पड़ोसन आग माँगने आ जाती है। इसी तरह जब बटोही रखेलिन के साथ रहने का प्रस्ताव करता है तो समाजी उसे झिड़क देता है। महाकाव्यात्मक या पौराणिक नाटकों में जब कोई पर-पुरुष जबरदस्ती करना चाहता है तो स्त्रियों का उद्धार देवता करते हैं (रामायण में राम या महाभारत में कृष्ण), इसके विपरीत बिदेसिया (लोकप्रिय संस्कृति के नाट्य) में नाटक का ढाँचा ही (नाटककार की सचेतन कोशिश से) वांछित सामाजिक मर्यादा को ढहने से बचाता है। लोकप्रिय संस्कृति और उच्च संस्कृति के नाटकों या महाकाव्यात्मक/ पौराणिक नाटकों के अंतरंग ढाँचे में यह अंतर ही अंशतः यथार्थ के साथ उनके बरताव में अंतर को स्पष्ट करता है।

इस विश्लेषण से एक अन्य बात भी सामने आती है। उच्च संस्कृति में स्त्रियों को धर्मपत्नी, रखैल या माँ दुर्गा के बतौर परिभाषित किया जाता है। इसके विपरीत लोकप्रिय संस्कृति में स्त्री पात्रों पर यह रूढ़िबद्ध छवि थोपी नहीं जाती। इसमें स्त्रियाँ उस समाज की तमाम अच्छाइयों-बुराइयों का शिकार होती हैं जिसका वे भी अंग हैं। इस तरह लोकप्रिय संस्कृति में आदर्श स्थिति का वर्णन उतना ही काम्य होता है जितना उस यथार्थ स्थिति का, जो लोगों के सामने आ जाती है। बिदेसिया परम्परा में उलटबांसी का इतना ज्यादा इस्तेमाल किये जाने का भी यही कारण है। इसमें एक ही वाक्य का एक अर्थ तो ठीक-ठाक होता है, लेकिन उसी के साथ दूसरा अर्थ मजाकिया और अधर्मी होता है।

पवित्र और अधर्मी :

बिदेसिया नाटक में पात्रों के आपसी टकराव का एक और क्षेत्र ऐसा ही है। यह साझा क्षेत्र सत्य/शुभ का है। विभिन्न पात्रों द्वारा अपने संवाद के जरिये इस क्षेत्र का विशेष ढंग से अधिग्रहण करने की कोशिश दिखाई पड़ती है। बिदेसिया नाटक में यह साझा क्षेत्र (अलग-अलग पात्रों मसलन बटोही और रखेलिन का) किसी व्यक्ति के किसी स्त्री के साथ वास्तविक सम्बंध और वांछित (आदर्श) सम्बंध के मिश्रण से बनता है। जब बटोही ने बिदेसी को रखेलिन के साथ पाया तो वह इस क्षेत्र को परम्परा के जरिये प्राप्त धार्मिक

शब्दावली में परिभाषित करता है। दूसरी ओर रखेलिन इस (सम्बंधों के) क्षेत्र को बिदेसी के साथ अपने सांसारिक बंधनों की बात कहकर परिभाषित करने की कोशिश करती है। नाटक से कुछ उद्धरण देकर मैं बटोही और रखेलिन, जो रूपक के अनुसार धर्म और माया हैं, के बीच इस टकराव को स्पष्ट करना चाहता हूँ। हालाँकि धर्म भी धर्मेतर आधारों (सांसारिक बंधनों) का सहारा लेता है, लेकिन कुल मिलाकर उसके तर्क कर्तव्य/धर्म के इर्द-गिर्द ही अवस्थित हैं।

निम्नलिखित उद्धरण से उपर्युक्त बात स्पष्ट हो जाती है :

बटोही (बिदेसी से) : सुनि लऽ बिदेसी बात, कइलऽ तूं बहुत घात
अबहूँ से चेतऽ दीन-दुनिया बिदेसिया।
तोर कुलवंती नारि, रोअतारी पूका फारि
काटि के तूँ डालि दिहलऽ कुआँ में बिदेसिया।[19]

बटोही (बिदेसी से) : उसे जुआरियों के साथ देखकर
सुनहु तात एक बात तुम, जुआसार को त्याग
कहना मानऽ नाहीं त, कुल में लागी दाग।[20]

छोड़ि द अधरम, मिजाज क के नरम तू
मनवां में करि लेहु सरम बिदेसिया।
धरम का नाव पर चढ़ि के मउज करऽ
हरऽ बिरहिनियाँ के दुख हो बिदेसिया।।[21]

जब बिदेसी बटोही को अपनी नयी पत्नी (नाटक में रंडी) से मिलाता है तो वह बिदेसी से कहती है :

रंडी : निस दिन प्रेम के प्यासी रहति हूँ,
ललचत आँख बिचारा।[22]

रंडी : तोहरे सुरतिया में नैना लागल पिया,
अंखिया के मोर तरसइहऽ मति हो
हमरा के पिया बिसरइहऽ मति हो[23]

रंडी : माता, पिता, भाई, भउजाई तोहरे कारन राजा।
गेह-नेह, सब सखी जाति-कुल, तजलीं सकल समाजा।[24]

बिदेसिया में अगर ऐसे संवादों को रचना का संदर्भ समझे बगैर पढ़ा जाय तो भ्रम पैदा हो सकता है। जब बिदेसिया नाटक अपने दर्शकों से अधर्मी लोक-संवादों के जरिये संसर्ग करता है, तो वह मात्र मनोरंजनपरक विधा ही नजर आ सकता है। इस तरह के 'अधर्मी' संसर्ग के अनेक प्रसंग हैं। उदाहरण के लिए हम 'गबड़घिचोर' नाटक का एक दृश्य ले सकते हैं, जहाँ दो लोग एक ही बच्चे पर अपना हक जता रहे हैं। एक तो वह आदमी

जिससे बच्चे की माँ की शादी हुई है, और दूसरा वह है जो पति के पैसा कमाने के लिए बिदेस चले जाने पर उसकी वर्षों की अनुपस्थिति के दौरान बच्चे की माँ का प्रेमी रहा था। गड़बड़ी (प्रेमी) बच्चे पर अपना हक साबित करने के लिए पंच से कहता है :

गड़बड़ी : हम रास्ता धइले जात रही, ओने से लरिकवा क मतरिया चल आवत रहे। हमरा से कुछ गलती हो गइल।

पंच : राह में गलती हो जाए से बेटो हो जाई? कवनो सबूत बा?[25]

और फिर रूपात्मक रूप से नाटक गबड़घिचोर (संतान) पर पति और प्रेमी दोनों के हक को उजागर करता है। अंततः जब पंच बच्चे को तीन बराबर हिस्सों में काटने का फैसला करते हैं तो माँ बच्चे में अपना हक त्याग देती है, जबकि दोनों पुरुष बच्चे को दो हिस्सों में काटने पर जोर देते हैं। अंततः बच्चा माँ को ही मिलता है क्योंकि वही उसके प्रति सचमुच चिंतित है।

अन्य कई नाटकों में स्त्रियों का चित्रण कथित तौर पर नकारात्मक है। लेकिन यह बात भी याद रखनी चाहिए कि स्त्री चरित्रों को उनकी यौन-स्वच्छंदता या पति के प्रति उनकी निष्ठा के जरिए अधिकार भी प्रदान किया गया है। विभिन्न नाटकों में अनेक स्त्री चरित्रों की यही केन्द्रीय छवि उभरती है। ये छवियाँ नकारात्मक हैं या सकारात्मक इसका निर्णय करने के लिए उस समाज पर भी ध्यान देना चाहिए जिसने न सिर्फ ऐसी छवियों को जन्म दिया बल्कि उन्हें समस्या के रूप में प्रस्तुत भी किया। तभी बिदेसिया को अपनी सम्पूर्णता में ऐसी विधा के रूप में खड़ा किया जा सकता है जो स्त्री-पुरुष पर विचार करते हुए कोई अंतिम निर्णय नहीं देती बल्कि विकल्पों का खुलापन स्वीकार करती है।

अब तक ऐसा कोई प्रमाण नहीं मिला है जिससे कहा जा सके कि बिदेसिया सिर्फ 'एक' ही अर्थ व्यक्त करता है। यह बात पहले ही कही जा चुकी है कि बिदेसिया का विश्लेषण अपने आप में जटिल प्रक्रिया है। इसी तरह सामाजिक व्यवस्था के साथ इसका बरताव भी जटिल है। कुछ नाटकों में प्रवासी जीवन प्रत्यक्ष विषय-वस्तु है तो कुछ अन्य नाटकों में यह समस्या अप्रत्यक्ष रूप से प्रस्तुत हुई है। बहरहाल, ज्यादातर नाटकों में जीवन की विसंगति या टूट, मसलन पारम्परिक पारिवारिक मर्यादा, पारम्परिक सम्बन्धों या परिवारिक इकाई की टूटन को चुनौती दी गयी है। लेकिन यह चुनौती न तो पारम्परिक है, न ही आधुनिक अर्थों में 'तर्क आधारित' है। बिदेसिया की विषय-वस्तु इसीलिए 'प्रतिरोध' का स्वर है क्योंकि विषयगत रूप से यह अतीत का अंधानुकरण नहीं है। बंधे-बंधाए राजनीतिक सूत्रों से अगर इसकी तुलना की जाए तो बिदेसिया में प्रस्तुत टकराव का समाधान 'पवित्र' नहीं भी प्रतीत हो सकता है। इसका कारण अंशतः यह है कि यह ऐसे समाज और वर्गों की रचना है जो आधुनिक नहीं है। लेकिन अगर बिदेसिया को उसके अपने माहौल (देशकाल) में रखकर देखा जाए तो उसमें प्रचलित आचार-व्यवहार

के विरोध का स्वर सुनाई पड़ता है।

बिदेसिया विधा ने समाज की मूल बेचैनी को प्रकट करने की हिम्मत दिखाई और कभी-कभी इसके प्रत्यक्ष समाधान भी सुझाए। यह बात ही इसकी राजनीतिक धार को प्रकट करने के लिए काफी है।

बुरे पात्र और सामाजिक परिवर्तन :

'बेटी बियोग' नामक नाटक में पिता अपनी बेटी को एक बूढ़े, अशक्त दूल्हे के हाथों में बेचकर उसकी शादी करता है। लड़की भागकर माँ के घर लौट आती है। पति उसे ले जाने के लिए आता है। अंततः उसे ससुराल जाना पड़ता है। यहाँ तक कि कथा में तो कोई समस्या नहीं दिखाई देती। लेकिन नाटक में विभिन्न पात्र इसका विरोध करते हैं। 'बेटी बियोग' नामक इस नाटक में अलग-अलग लोग अलग-अलग तरीके से अपना विरोध करते हैं।

मतारी (माँ) एक चौपाई में विरोध करती है :

बूढ़ बर से सादी कइलऽ,
गाँव-घर क चित से गइलऽ।

बेटी रोते हुए अपने पिता से कहती है :

के अइसन जादू कइल, पागल तोहार मति भइल,
नेटी काटि के बेटी भसवइलऽ हो बाबूजी। [27]

इस पर पंच भी कहते हैं : "अगर आप लोगों के पास बैलों की अच्छी जोड़ी या घोड़ों की अच्छी जोड़ी देखकर हमें खुशी होती है....तो लोगों की अच्छी जोड़ी क्यों नहीं हो सकती? अगर कोई बाप अपनी लड़की और दामाद की जोड़ी नहीं बिठा सकता तो हमें आज यह महसूस करना होगा कि हर चीज में जोड़ी बिठाने की हमारी अतीत की कोशिशें बेकार हुई हैं।"[28]

अंत में बेटी के जरिए नाटक आदर्श विवाह के बारे में अपनी अंतिम राय देता है। बेटी कहती है :

दुलहा-दुलहिन चाही जोग, जइसे लावेला सब लोग
तरकारी दाल में नून। [29]

किसानों के विभिन्न तबकों से बिदेसिया को जो समर्थन मिला उससे भी इस सांस्कृतिक रूप की राजनीति का पता चलता है। बिदेसिया के ज्यादातर अभिनेता सेवक जातियों के लोग ही हुआ करते हैं। भिखारी ठाकुर स्वयं नाई जाति के थे। दर्शक भी निचली जातियों के लोग ही हुआ करते थे। बहुत दिनों बाद जब बिदेसिया पूरी तरह स्थापित हो गया, तभी समाज के ऊपरी तबकों ने इसको छद्‌म के रूप में अपनाना शुरू किया।

संदर्भ और टिप्पणियाँ :

1. भिखारी ठाकुर अपने नाटकों को तमाशा कहते थे।
2. लोकरुचि की यह धारणा किसी विशेष सांस्कृतिक वातावरण में लोकप्रिय रुचियों का प्रतिनिधित्व करती है। उसके लिए लोकप्रिय संस्कृति की परिभाषागत सीमाओं में बंधे रहना अनिवार्य नहीं है।
3. आगे इस संदर्भ को भिखारी ठाकुर ग्रंथावली, भाग 1 और 2 के रूप में लिखा जाएगा।
4. 'एह किताब के सब बिस्तारी। थोड़ही में सब कहत भिखारी।'
5. एक पुरुष और एक स्त्री।
6. कृष्णभक्ति की विशेषता सखाभाव पर उसका जोर है।
7. भिखारी ठाकुर ग्रंथावली, भाग 1, जयदुर्गा प्रेस, पटना, 1979, पृष्ठ 10।
8. वही, पृष्ठ 10
9. एम. बाख्तीन, द डायालाजिकल इमेजिनेशन, युनिवर्सिटी ऑफ टेक्सास प्रेस, (ऑस्टिन), पेपरबैक, 1985, पृष्ठ 425
10. गोपाल उदय के 'विद्यासुंदर' जात्रा में 'मालिनी' के बारे में लिखते हुए सुमंत बनर्जी ने रंडी की छवि निम्नवत अंकित की है : "तत्कालीन दर्शकों को मालिनी की भाव-भंगिमाओं में उन दिनों के कलकत्ता के वेश्या-बाजार में ग्राहकों को रिझाने के लिए प्रयुक्त परिचित संबोधन तुरंत सुनाई पड़ जाते थे। इसके अलावा 'रंडी' शब्द के प्रयोग से 'दो मंतव्य' सामने आते थे। उस समय उस शब्द का प्रयोग विधवा और वेश्या दोनों के लिए किया जाता था।" 'सुमंत बनर्जी, द पार्लर एंड द स्ट्रीट्स', सीगल बुक्स, कलकत्ता, 1989, पृष्ठ 142।
11. भिखारी ठाकुर ग्रंथावली, भाग 1, जयदुर्गा प्रेस, पटना, 1979 पृष्ठ 50।
12. पी. द'मान, एलेगरीज ऑफ रीडिंग, येल युनिवर्सिटी प्रेस, 1979, पृष्ठ 293
13. डगलस हेंस और ज्ञान प्रकाश (संपा.) कांटेस्टिंग पावर, ओ.यू.पी., दिल्ली, 1991, पृष्ठ 3।
14. भिखारी ठाकुर ग्रंथावली, भाग 1, जयदुर्गा प्रेस, पटना, 1979, पृष्ठ 24।
15. वही पृष्ठ 52।
16. वही पृष्ठ 58।
17. वही पृष्ठ 59।
18. बिदेसिया नाटकों में समाजी संगीतकारों में से कोई एक हुआ करता था। प्रतीकात्मक रूप से वह समाज का प्रतिनिधि होता था।
19. भिखारी ठाकुर ग्रंथावली, भाग 1, जयदुर्गा प्रेस पटना, 1979, पृष्ठ 37.
20. वही, पृष्ठ 37।

21. वही, पृष्ठ 47।
22. वही, पृष्ठ 48।
23. वही, पृष्ठ 49।
24. वही, पृष्ठ 50।
25. भिखारी ठाकुर ग्रंथावली, भाग 2, जयदुर्गा प्रेस, पटना, 1979, पृष्ठ 82।
26. भिखारी ठाकुर ग्रंथावली, भाग 1, जयदुर्गा प्रेस, पटना, 1979, पृष्ठ 111।
27. वही, पृष्ठ 113।
28. वही, पृष्ठ 113।
29. वही, पृष्ठ 118।

लोक साहित्य और लोक दृष्टि

डॉ. चन्द्रदेव यादव

हम जिसे लोक कहते हैं वह कुछ सामान्य बातों को छोड़कर अपनी दूसरी प्रवृत्तियों के कारण एक-दूसरे से भिन्न होता है। यह भिन्नता रीति-रिवाज, आस्था-विश्वास, परम्परा आदि के कारण होती है। स्थानीय रंग और विचार भी लोक साहित्य और लोक दृष्टि को बदल देते हैं। लेकिन समग्रता में देखा जाए तो लोक की संरचना एक जैसी होती है। मूलगामी होते हुए भी लोक में प्रतिरोध की संस्कृति मौजूद होती है। इसी वजह से लोक में गतिशीलता बनी रहती है। रूढ़िवाद और धर्मभीरुता के बावजूद लोक सचेत रूप से आगे बढ़ता रहता है। लोक की मूल दृष्टि है प्रेम, भाईचारा, उदारता, सहिष्णुता, करुणा और सहानुभूति। लोक की व्यापकता के मुख्य आधार यही तत्व हैं। यही कारण है कि लोक और लोक साहित्य में मानवतावादी भावों और विचारों की प्रमुखता होती है। इसीलिए मनुष्यों ही नहीं, बल्कि पशु-पक्षियों के प्रति भी लोक साहित्य में प्रेम, करुणा और सहानुभूति के स्वर सुनाई पड़ते हैं। देवी गीत गाते समय स्त्रियाँ सिर्फ अपने लिए ही नहीं, अपितु सबके कल्याण के लिए कामना करती हैं। शीतला माँ मालिन से पानी पीकर तृप्त होती हैं। फिर वे आसन पर बैठकर मालिन के घर-परिवार और नगर का कुशल क्षेम पूछती हैं। वे मालिन को आशीर्वाद

देती हैं कि तुम्हारे बाल-बच्चे और मवेशी सुख-शांति से रहें–

जइसे क मालिन तू हमके जुड़ववलू
हो कि वइसे वइसे ना
तोहरी धियवा से पतोहिया मालिन जूड़े रहें ना
तोहरी गइया से भँइसिया मालिन जूड़े रहें ना

लेकिन समय के बदलाव के साथ-साथ लोक-समाज की बहुत-सी प्रवृत्तियाँ भी बदलती हैं और इस तरह लोक मनुष्यों का एक-जटिल समूह बनता जा रहा है। वैयक्तिकता और निजी स्वार्थ के कारण बहुत से मानवीय एवं सामाजिक मूल्य बदल गये हैं। भौतिक विकास ने मानवीय सम्बन्धों को गहराई से प्रभावित किया है। बाजारवाद ने आर्थिक विकास के रास्ते तो ज़रूर दिखाए हैं, लेकिन उसने लोक की सोच को एकांगी बना दिया है। लोक का 'सर्वे भवन्तु सुखिनः' वाला विचार आत्मकेन्द्रिता में बदलता जा रहा है। लोक तेजी से वैश्विक हो रहा है, किन्तु इसके साथ ही वह स्थानीयता से कटता जा रहा है। लोक की अमूल्य धरोहर लोक-साहित्य में भले ही बहुजन हिताय, बहुजन सुखाय की प्रधानता रही हो, लेकिन लोक-समाज में यह भाव नहीं दिखाई पड़ता। आज का लोक-समाज अपनी क्षुद्रताओं में अपनी महानता को तलाश कर रहा है।

स्पष्ट रूप से लोक दो हिस्सों में बँटा होता है–सामान्य लोक और भद्रलोक। सामान्य लोक अपने आचार-विचार और रहन-सहन में भद्रलोक से भिन्न और पिछड़ा होता है। इस पिछड़ेपन के कई कारण हैं, जिनमें शिक्षा, पूँजी और व्यवसाय मुख्य हैं। धर्म और परम्पराएँ भी पिछड़ेपन को बरकरार रखने में मददगार होते हैं। अंधविश्वास और रूढ़ियाँ तो सामान्य लोक के विकास में बाधक होते ही हैं। सामान्य लोक नये विचारों को लेकर अकसर द्वंद्वग्रस्त रहता है। इसके विपरीत भद्रलोक इन कमजोरियों से मुक्त होता है। आधुनिक लोक-समाज में परम्परा-मुक्ति कहीं न कहीं सांस्कृतिक विच्छिन्नता से भी जुड़ी हुई है। आधुनिक सामान्य लोक अपनी संस्कृति को अपनी सुविधा के हिसाब से मॉडीफाई करके बरत रहा है। दरअसल शिक्षा और नये विचार व्यक्ति को प्रगतिशील भी बनाते हैं और प्रतिगामी भी। वर्तमान समाज में नये सिरे से धार्मिक कट्टरता और सांप्रदायिकता के उभार ने सामाजिक सद्‌भाव को क्षीण किया है। भारत जैसे बहुधार्मिक और बहुभाषी देश में एक नये तरह के सांस्कृतिक राष्ट्रवाद की बात करने वाले शिक्षित लोग पहले से अशिक्षित और अल्पशिक्षित लोगों की तरह उदार नहीं हैं, जबकि सामान्य लोक अपने आप में उदार और सहिष्णु रहा है। समावेशीकरण इसीलिए यहाँ संभव हुआ। सामान्य लोक बुजुर्गों को पूज्य और श्रद्धेय मानता आया है, जबकि आज का महानगरीय भद्रलोक उन्हें भार समझने लगा है। उच्च शिक्षा और आर्थिक विकास ने भ्रदलोक को बहुत सारे पारम्परिक मूल्यों से अलग किया है। किसी से अलग होने का मतलब किसी से जुड़ना भी होता है। यह जो नये से जुड़ना है, वह कितना सार्थक और उपयुक्त है, इस को लेकर अलग-अलग विचार हो सकते

हैं, लेकिन दूसरे के विचार और संस्कृतियाँ हमें मानवीय भी बनाएँगी, इसमें संदेह है। स्टीफन हॉकिन्स के नये विचार कि ब्रह्मांड को ईश्वर ने नहीं बनाया है, कितने लोगों के गले उतरा है? कभी नीत्शे ने ईश्वर की मृत्यु की घोषणा की थी, लेकिन उससे क्या हुआ? दुनिया के कितने लोग नास्तिक हो गये? वैलेन्टाइन डे को कितने भारतीय परिवारों ने स्वीकृति दी है? कितने परिवार इतने आधुनिक और निर्द्वन्द्व हैं कि उनकी संतानें खुल्लम खुल्ला प्यार करें या बिना शादी के एक साथ पति-पत्नी की तरह रहें? यही कारण है कि पिछले कुछ वर्षों में प्यार करने वालों या अन्तर्जातीय विवाह करने वालों को मौत के घाट उतार दिया गया। वास्तव में हर समाज की अपनी अलग सोच होती है, अलग मूल्य होते हैं। इसकी बनावट भी उसी के अनुरूप होती है। पूरी दुनिया नंगे नाच में विश्वास नहीं करती। विकसित देशों से आने वाले विचार और संस्कृतियाँ हमारे लोक के लिए शत प्रतिशत अनुकरण की चीज नहीं हैं। उनका हमारे विचारों और मूल्यों से मेल खाना जरूरी नहीं है। क्योंकि कोई भी विचार या मूल्य देश-काल और किसी देश की सामाजिक-सांस्कृतिक परिस्थितियों की देन होते हैं। नितांत भौतिकवादी जीवन-संस्कृति व्यक्ति को कितना कुंठित, अवसादग्रस्त और आत्महंता बनाती है, यह किसी से छिपा नहीं है। भौतिकता के प्रति अतिशय रुझान ने वर्तमान समाज को एकांगी बना दिया है। यहाँ पर दुःख कातरता नहीं है। मनुष्य मशीन बनता जा रहा है, इसीलिए तेजी से मशीनी संस्कृति विकसित हो रही है—भावना और संवेदना से रहित एक नयी संस्कृति।

भारतीय समाज में सदियों से वर्ण और जाति-भेद की समस्या रही है। इससे अनेक तरह की विषमताएँ पैदा हुई हैं। इस विषमता ने स्तरीकरण की प्रक्रिया को जन्म दिया। इस प्रक्रिया में हर जाति-उपजाति का व्यक्ति अपने को किसी न किसी से श्रेष्ठ मानने या मनवाने की कोशिश करता रहा। सामाजिक स्तरोन्नयन और सामाजिक श्रेष्ठता के भाव ने एक ही जाति में दूरियाँ पैदा कीं। समग्रता में इससे जातीय एकता को भी नुकसान पहुँचा। जातीय जकड़न ने सबकी सीमाएँ निर्धारित कर दीं। इससे आन्तरिक तौर पर वैमनस्य भी बढ़ा। इसी वैमनस्य, उपेक्षा और तिरस्कार का परिणाम है जातियों को लेकर की गईं टिप्पणियाँ। वर्ण-संकर व्यक्ति चाहे वह उच्च वर्ण का हो या निम्न वर्ण का—खतरनाक होता है। संभव है, यह लोक का अनुभव रहा हो, इसे कुछ लोगों से जोड़कर देखना ठीक नहीं। रंग को शुद्धता और नैतिकता का मानदंड बनाकर काले ब्राह्मण और गोरे दलित के प्रति अविश्वास करना उचित नहीं है। क्या रंग विश्वास का निर्धारक तत्व है? कदापि नहीं। कहा गया—'भर (राजभर) से भोर पड़ूया मत भाई' यानी भर से सचेत रहना चाहिए। क्या वे इतने खतरनाक होते हैं? नाइयों के बारे में लोक ने गढ़ लिया—नाई के छत्तीस बुद्धि होती है। वे बहुत चालाक होते हैं—'चिरइन में कउवा और अदमिन में नउवा।' जीवन-जगत का गहरा अनुभव भी तिरस्कार और परिहास का कारण बन गया। बनियों को आम और नींबू के समकक्ष लाकर खड़ा कर दिया गया—'आमा, नीबू, बानिया, चाँपे से रह देयँ।'

लोक में प्रायः सभी जातियों को लेकर कटूक्तियाँ प्रचलित हैं। प्रायः सभी जातियों पर व्यंग्य करके उन्हें नीचा दिखाने की कोशिश की गयी है। इन कटूक्तियों के द्वारा जाति विशेष को अपमानित किया गया। इन टिप्पणियों में सामूहिक रूप से एक-एक जाति के चरित्र को धूमिल करने की कोशिश की गयी है। जाहिर सी बात है, ये कटु और अपमानजनक बातें एक दूसरे की प्रतिक्रियास्वरूप अस्तित्व में आई होंगी। एक कटूक्ति इस प्रकार है—तेली ने कहा—'जाट रे जाट, तेरे सिर पर खाट।' यह सुनकर जाट ने तपाक से कहा—'तेली रे तेली, तेरे सिर पर कोल्हू।' तेली ने कहा—'तुक नहीं मिला।' जाट बोला—'कोई बात नहीं, वजन तो ज्यादा है।' जाट को तुक मिलाना नहीं आता था, फिर भी उसने जवाब दिया। सोचा, तुक के झंझट में कौन पड़े, वजन से ही दबा देते हैं।

कहीं-कहीं तुक की बातें बेतुकी होती हैं और कहीं-कहीं बेतुकी बातों में बहुत बड़ा तुक यानी अर्थ छिपा होता है। जहाँ तुक की बात होती है वहीं रचना होती है। बेतुकी बातें प्रलाप या बकवास होती हैं। 'देवदारु' निबंध में आचार्य हजारीप्रसाद द्विवेदी ने तुक को सीधे साहित्य के प्रयोजन से जोड़ा है। निस्संदेह अर्थ सामाजिक होता है और जो सामाजिक होता है, वही ग्राह्य होता है। जाति विशेष पर की गयी तुकमय कटूक्तियाँ प्रायः अर्थहीन होती हैं। इसीलिए वे रचना नहीं होती हैं। तुक वाली रचनाएँ समाज सापेक्ष होती हैं। जिस रचना की कोई सामाजिक भूमिका नहीं होती है वह निरर्थक होती है। दूसरों को चिढ़ाने या ठेस पहुँचाने के लिए कही गयी उक्तियों में कोई तुक नहीं दिखाई देता। अहीरों को लेकर कही गयी कटूक्तियों में उनकी खिल्ली उड़ाई गयी है, जिनमें से एक तो सीधे-सीधे कविता की शैली में है—

जौं अहीर पिंगल पढ़े, होत तीन गुन हीन।
अठब, बैठब बोलिबो लीन्ह विधाता छीन।

अहीरों के बारे में प्रचलित कटूक्तियों पर ध्यान दें तो दो-तीन बातें स्पष्ट होती हैं—

1. अहीरों का साथ अच्छा नहीं होता। वे अच्छे दोस्त नहीं होते। कोई विकल्प न होने पर ही उन्हें दोस्त बनाना चाहिए।

2. अहीर शक्तिशाली होते हैं, किन्तु उनके पास बुद्धि नहीं होती है। इसीलिए वे अच्छे-बुरे की पहचान नहीं कर पाते हैं।

3. अहीर पिंगल (छंदशास्त्र) के बारे में कुछ नहीं जानते हैं। यानी उनमें कला के संस्कार नहीं होते हैं। अगर वे कला के बारे में जानना चाहें, छंदशास्त्र पढ़ना चाहें तो इससे लोकाचार पर प्रभाव पड़ता है।

लेकिन कितना अजीब है कि 'बिरहा' नामक मुक्तक और कथात्मक लोकगीत को रचने वाले और युगानुरूप उसका परिष्कार करने वाले अहीर कला-शून्य हैं। इसे यादवों का जातिगीत कहा जाता है। कथित रूप से उच्च जाति के लोग इसे असंस्कृत और भदेस लोकगीत मानते रहे हैं। वास्तविकता यह है कि सभी लोकगीत असंस्कृत होते हैं, क्योंकि

उनके सर्जक साधारण लोग होते हैं—कालिदास और तुलसीदास जैसे महान कवियों की तरह काव्य और कला मर्मज्ञ नहीं। साधारण लोकगीत रचयिताओं को रस, छंद, गुण, अलंकार आदि की बारीकियों का पता नहीं होता, फिर भी लोक के इन सर्जकों की रचनाओं में जो रस होता है वह कभी-कभी बड़े कवियों में भी नहीं होता है। मजेदार बात यह भी है कि बिरहा को गँवारों का गीत कहने वालों के अपने कोई जाति गीत नहीं है। उल्लेखनीय यह भी है कि बिरहा की लोकप्रियता को देखते हुए उच्च जाति के लोग भी बिरहा गाने लगे हैं।

मेरे एक शिक्षक थे। संस्कृत पढ़ाते थे। नाम था बैजनाथ यादव। कभी-कभी वे किस्से सुनाते थे। उनके किस्सों में कोई न कोई अहीर अवश्य होता था, जो बड़े-बड़े लोगों को अपनी ताकत से ही नहीं, बल्कि बुद्धि से भी धूल चटा देता था। संभव है बैजनाथ यादव के मन में अहीरों को लेकर की गई टिप्पणियाँ चुभती रही हों, इसीलिए वे जान-बूझकर ऐसे किस्से सुनाते थे। उनके किस्सों में बुद्धिहीन कहे जाने वाले अहीरों की बुद्धिमानी का अतिरंजित वर्णन भले रहा हो, लेकिन यह अस्वाभाविक नहीं है। अतिरंजना तो साहित्य में अलंकृति का काम करती है। आल्हा के रचयिता जगनिक ने महोबे के शूरवीरों का जिस तरह से वर्णन किया है, उससे आगे इन किस्सों की अतिरंजना कुछ भी नहीं है। जगनिक ने लिखा है—

बड़े-बड़े चमचा हैं महोबे के
जामे नौ मन दाल अमाय।
बड़े लड़ैया महोबे वाले
चमचा साठ-साठ लौं खायँ

यानी महोबे के योद्धा जमकर खाने वाले हैं। वे साठ-साठ चम्मच दाल खा जाते हैं। और एक चम्मच में दाल कितनी आती है? पूरे नौ मन। इस तरह का वर्णन केवल जगनिक के यहाँ ही नहीं मिलता, आदिकाल से लेकर रीतिकाल तक के काव्य साहित्य में अतिरंजना पूर्ण कथनों की भरमार है। अगर लोक साहित्य में अतिरंजनापूर्ण बातें हों तो आश्चर्य कैसा?

बहरहाल, बैजनाथ यादव द्वारा सुनाए गये किस्से जातिपरक टिप्पणियों की प्रतिक्रियास्वरूप रचे गये होंगे। इसीलिए उनमें अहीरों के प्रति विशेष आग्रह दिखाई देता है। वास्तव में प्रतिक्रिया में लिखा, गढ़ा या बनाया गया साहित्य गहरे क्षोभ और आक्रोश का परिणाम होता है। इसलिए उसमें तीक्ष्णता और व्यंग्य होता है। ऐसा साहित्य ज्यादा संवेदनात्मक और आलोचनात्मक होता है। विद्यावंतों और कलावंतों की धूर्तताओं और चालाकियों को उजागर करने में इन प्रतिक्रिया से उत्पन्न रचनाओं की महत्वपूर्ण भूमिका होती है। लेकिन सिर्फ विरोध के नाम पर गाली-गलौज भरा साहित्य श्रेष्ठ साहित्य का प्रतिमान नहीं हो सकता। इसके लिए उसमें जीवन की सच्चाइयों के साथ-साथ रचनात्मकता भी होनी चाहिए। किसी भी रचना की सबसे बड़ी ताकत होती है उसमें निहित मूल्य और दृष्टि। भावना, संवेदना,

जिज्ञासा, रोचकता अपनी जगह हैं। कोई रचना समाज को क्या देती है? महत्वपूर्ण यह है, न कि वह सिर्फ भावनात्मक आवेग में बहाकर पाठक को हँसाती-रुलाती और गुदगुदाती है।

जो रचना सामाजिक सरोकारों से जुड़ी होती है उसमें कुछ विशेष मानवीय एवं सामाजिक मूल्य होते हैं। उसके पीछे रचनाकार की एक विशेष दृष्टि होती है। यही दृष्टि प्रतिगामिता और प्रगतिगामिता के बीच स्पष्ट विभाजन करती है। शेर और बकरी वाली कथा में सामंतवाद विरोधी यही प्रगतिशीलता दिखाई देती है। 'छापक पेड़ छिउलिया' नामक सोहर गीत में भी सामंती मूल्यों पर तीखी प्रतिक्रिया की गई है। यहाँ यह खास तौर से उल्लेखनीय है कि शेर-बकरी वाली निमाड़ी लोककथा और लोक-प्रचलित हिरन-हिरनी वाले गीत के रचनाकारों ने मार्क्स, एंगेल्स या दूसरे विचारकों को पढ़कर अपनी रचनात्मक दृष्टि नहीं बनाई थी। उन्हें उनकी परिस्थितियों ने प्रगतिशील बनाया था जिससे वे सामाजिक विषमता के प्रति इतने संवेदनशील हुए कि उनकी रचनाओं में व्यंग्य और सामाजिक विवेचन प्रमुख हो गया। वास्तव में प्रगतिशीलता केवल परिनिष्ठित साहित्य में ही नहीं होती, बल्कि लोक साहित्य में भी पाई जाती है। साहित्य और शास्त्र में लक्ष्मण को भले ही आदर्श भाई और राम का अनुचर बताया गया हो, लेकिन लोक कवि की दृष्टि में तो वे निष्ठुर और निर्मोही देवर ही हैं जो गर्भवती सीता को जंगल में छोड़कर चुपके से अयोध्या लौट गये—

सिया बन छोड़ कहाँ गइला निरमोही
जौं रे प्यास लगी सीता के, लछिमन जल कहाँ होई?
जब रे लखन जल आनेइ गइलैं
बहलीं बयरिया, सिया गइलीं सोई।

लोककवि की दृष्टि में सभी बराबर हैं। अपराध राजा से हुआ हो या प्रजा से, लोक कवियों ने किसी को नहीं बख्शा है—सब की आलोचना की है। घर-परिवार में स्त्री की महत्वपूर्ण भूमिका रही है। लोक और लोक संस्कृति में खासतौर से गर्भवती स्त्री पर हुए अत्याचारों को कभी बर्दाश्त नहीं किया गया है। यह अलग बात है कि जरा-जरा सी बात पर, स्त्री की छोटी-मोटी गलती पर ससुराल वाले उसे सताते रहे हैं, परेशान करते रहे हैं और ताने मारते रहे हैं। यदि वह उनकी वंशबेल बढ़ाने में असफल रही तो उस पर दुखों का पहाड़ टूट पड़ा। सास-ससुर, ननद-जेठानी—सबने उसका जीना दूभर कर दिया। पति ने अपनी पत्नी को धमकी दी कि वह दूसरा ब्याह करेगा और उसे घर से निकाल देगा—

सासु मोरी कहेले बँझिनियाँ
ननद बृजवासिनि हो
जेकरी मैं बाटी बियहुती
ऊ घर से निकारेलँ हो।

लोक कवियों ने निर्दोष स्त्री पर हुए अत्याचार की निन्दा की है। गर्भवती स्त्री को लोक ने संरक्षण देने की बात की, त्यागने की नहीं। लोक ने सीता के निर्वासन को अनुचित ठहराया। लेकिन राम को भी यह अच्छा नहीं लगा। सीता जब धरती में समा गईं तो राम का दिल कचोटने लगा। उन्हें सीता की वह भोली-भाली सूरत याद आने लगी जिसे उन्होंने जनक वाटिका में देखा था—

पल भर ना बिसरै सीता तोहरी सुरतिया
याद आवै फुलवरिया क बतिया!

लोक कवि की दृष्टि में यहाँ पुरुष की गलतियों का विवेचन अभीष्ट नहीं, बल्कि मानवीय स्तर पर होने वाले पश्चाताप को दिखाना मुख्य ध्येय है।

वर्ण और जाति तथा धर्म और संप्रदाय के स्तर पर लोक चाहे जितना बँटा हो, मगर भावना, संवेदना और अनुभूति के स्तर पर वह एक है। यहाँ लौकिक और अलौकिक तथा राजा और सामान्य जन में कोई भेद नहीं रह जाता। इसी को साधारणीकरण कहा जाता है। साधारणीकरण इसी से संभव होता है। बिना सामान्यीकरण के साधारणीकरण हो ही नहीं सकता। राजा-रानी जब तक राजा-रानी होते हैं तब तक सामान्य पाठक उनके सुख-दुख से नहीं जुड़ पाता, लेकिन जैसे ही वे लोक की सामान्य मनोभूमि पर उतर आते हैं उनका सुख-दुख सबका सुख-दुख हो जाता है। इसीलिए अनेक लोककथाओं में राजा-रानी को गरीब बताया गया है। जैसे—एक राजा था। उसके सात बच्चे थे। राजा बहुत ही गरीब था। इतने सारे बच्चों के कारण वह कभी ठीक से भोजन नहीं कर पाता था। एक दिन राजा ने रानी के साथ मिलकर योजना बनाई कि जब सभी बच्चे सो जाएँगे तब हम दोनों चुपके से अच्छा पकवान बनाकर खा लेंगे। लेकिन उनकी योजना विफल हो गई। उनके बच्चों को उनकी योजना की भनक लग गई थी और सातों एक-एक बर्तन छिपाकर सो गए थे। रानी ने राजा से कहा—कड़ाही नहीं दिख रही है। तो एक बच्चे ने कहा, माँ मेरे पास है। फिर चौका-बेलन की जरूरत पड़ी तो दूसरे बच्चे ने कहा कि वह मेरे पास है। इस तरह एक-एक कर सभी बच्चे जाग गए। इसी तरह कई लोकगीतों में कौशल्या को सामान्य स्त्री की तरह चित्रित किया गया है। निःसंतान कौशल्या रात-दिन एक बच्चे के लिए तरसती रहती हैं। एक दिन वह अपनी दासी के बेटे को खिलाने लगीं। दासी ने उनसे अपना बेटा छीन लिया क्योंकि उसे डर था कि निःसंतान कौशल्या की छाया पड़ने से उसके बेटे का अमंगल हो जाएगा। इससे कौशल्या बहुत दुखी हुईं। उन्होंने दासी से उसका बेटा उधार माँगा। दासी ने कहा—इसे मैं कैसे दूँ? सोना-चाँदी उधार दिया जा सकता है, किन्तु बेटे को उधार नहीं दिया जाता। बेटे की अदला-बदली भी नहीं की जा सकती। इसीलिए मजबूर होकर कौशल्या ने काठ का एक लड़का बनवाया और उसे खेलाने लगीं—

मचियै बैठी कोसिल्या रानी चेरी से अरज करैं हो
चेरिया दे देतू आपन होरिलवा त जियरा जुड़ाइँत हो।

सोनवाँ त मिलेला उधार त तेल बेवहारे न हो
रानी होरिला त जान क अधार, होरिलवा कइसे देईं न हो।
मोर पिछवरवाँ बढ़इया त बढ़ई मोरे भइया न हो
बढ़ई गढ़ि देत काठे क होरिलवा त जियरा जुड़ाइँत हो।
कइ लेलीं तेलवा-फुलेलवा नयनवाँ भरि काजर हो
रानी निहुर-निहुर चुम्मा लेली होरिलवा नाहीं बिहँसइ हो।
काठे क होरिलवा त एक दाईं बिहँसै न रोवइ हो
मोरे होरिला छोड़ावा बझिनी क नाँव, बझिनी घरे सोहर हो।
अपने ओसरवाँ से केहु राम बोलिया त बोलय न हो
रानी एक ठे होरिलवा जे पवतू त सबही खियवतू न हो।

यहाँ कौशल्या रानी होते हुए भी दुखी हैं और दासी अभावग्रस्त होते हुए भी सुखी है। इस सोहर गीत में कौशल्या रानी के रूप में नहीं, बल्कि एक सामान्य स्त्री के रूप में चित्रित की गई हैं। इसीलिए निःसंतान कौशल्या का दुख निःसंतान सामान्य स्त्री के दुख में बदल गया है। इसी वजह से राजन्य वर्ग का दुख सामान्य लोक के दुख और उसकी संवेदना से जुड़ गया है। यह सहज मानवीय भाव है। इसी सहज मानवीय भाव की प्रस्तुति लोक साहित्य का उद्देश्य होता है। इसीलिए सहज और अनगढ़ भावाभिव्यक्ति पाठकों और श्रोताओं के दिल को गहराई से स्पर्श करती है।

जिसे हम लोक कहते हैं वह कोई जड़ और भाव-विचारहीन जन समुदाय नहीं है, बल्कि लोक आदिम परंपराओं से जुड़ा हुआ गतिशील मनुष्यों का एक समूह है। यहाँ वेद और शास्त्र को भी लोक से सामंजस्य बिठाना पड़ता है। तभी तो कहा गया है—यद्यपि शुद्धं लोक विरुद्धं नहि करणीयं नहि करणीयम्। अर्थात शुद्ध होते हुए भी (वेद-शास्त्रोक्य नियमों के अनुसार) जो बातें लोक-विरुद्ध हों उन्हें नहीं करना चाहिए। मध्यप्रदेश की 'पंडवानी' और मेवात के 'पंडून का कड़ा' में महाभारत के पात्र, घटनाएँ और स्थितियाँ वही नहीं रह गए हैं जो वास्तविक रूप में हैं। लोक की यह स्वाभाविक प्रवृत्ति होती है कि वह शास्त्रीय बातों को भी अपने अनुसार ढाल लेता है। और जो लोक में ढल जाता है वह लोक के अनुरूप होता है। बाह्य चीजें लोक में समादृत नहीं होती हैं। विवाह को ही ले लीजिए। मुख्य रूप से तीन तरह के विवाह की बात की गई है—वैदिक-विवाह, गंधर्व-विवाह और राक्षस-विवाह। लेकिन लोक ने वैदिक-विवाह को छोड़कर गंधर्व यानी प्रेम-विवाह और राक्षस-विवाह को स्वीकृति नहीं दी। इसलिए इक्कीसवीं सदी में भी लोग प्रेम-विवाह को अच्छा नहीं मानते और लोकाचार की अवहेलना करने वालों को सीधे-सीधे मौत के घाट उतार देते हैं। राक्षस-विवाह यानी किसी लड़की या स्त्री को जबर्दस्ती उठा लाना और उससे विवाह करना। इस विवाह को लोक में सर्वाधिक निकृष्ट माना गया है। जिन इलाकों में लड़कियों की संख्या कम होती है, वहाँ के लोग बाहर से लड़कियाँ खरीदकर विवाह कर लेते हैं। उन कुछ जगहों

पर इसे लोक-विरुद्ध नहीं माना जाता। इसी तरह कभी शास्त्र ने नियोग प्रथा को स्वीकृति दी थी, किन्तु सदियों से यह लोकबाह्य हो गई है। इस तरह लोक एक संश्लिष्ट इकाई है और उसमें रहने वाले सभी लोगों के लिए आचार-विचार और व्यवहार की जो शर्तें बनाई गई हैं—वही लोकधर्म है। इस लोक का विशिष्ट वर्ग अपने लिए कुछ अलग नियम बना लेता है और इस तरह वह सामान्य लोक-धर्म से कट जाता है। कहा भी गया है—समरथ को नहिं दोष गोसाईं। राजा तो सबसे ऊपर होता है। वह जो भी करता है उसे सही मान लिया जाता है—राजा करे सो न्याव, पाँसा पड़े सो दाँव। लेकिन आधुनिक लोक-समाज जब जनतांत्रिकता में विश्वास करने लगा है, इसलिए यह जरूरी नहीं कि राजा जो न्याय करेगा वह मान्य ही होगा।

कृत्रिमता कहीं भी मनुष्य को स्वाभाविक नहीं रहने देती। उदाहरण के तौर पर विधवा विवाह को ले सकते हैं। विधवा पुनर्विवाह की समस्या उच्च-जातियों में रही है। सामान्य लोक में होता यह था कि बड़े भाई की मृत्यु के बाद अकसर उस घर के लोग उसकी युवा विधवा को कहीं जाने नहीं देते थे और उसके छोटे भाई से शादी कर देते थे। देवर के शादीशुदा होने की स्थिति में कभी-कभी युवा विधवा उसी के साथ जीवन गुजारने का फैसला कर लेती थी। समाज और घर-परिवार के लोग उन्हें पति-पत्नी का दर्जा दे देते थे और उनसे उत्पन्न संतानें वैध मानी जाती थीं। इसके विपरीत उच्च जातियों में विधवाओं की स्थिति बहुत दयनीय होती थी। उससे तमाम तरह की समस्याएँ पैदा होती थीं। एक लोकगीत की कुछ पंक्तियाँ देखिए जिसमें एक युवा विधवा अपने पिता के सामने विलाप करती हुई अपना दुखड़ा सुना रही है—

बाबा सिर मोरा रोवेला सेन्हुर बिन
नयन काजर बिनु हो।
बाबा गोद मोरी रोवेले बालक बिन
सेजिया कन्हइया बिनु हो।

लोकरीति से बँधा हुआ पिता बेटी के करुण विलाप को सुनकर तिलमिला जाता है। वह कर भी क्या सकता है। स्वयं को सामाजिक नियमों को तोड़ने में असमर्थ जानकर वह बेटी को फुसलाता है—

बेटी लागे देहु हाजीपुर के हटिया
करम तोर बदलि देबै ना।

लेकिन बेटी जानती है कि यह संभव नहीं है। भला कर्म को कैसे बदला जा सकता है। वह पिता से कहती है—

बाबा कँसवा-पीतर सब बदली
करमवाँ कइसे बदली हो ना?

पिता भी जानता है कि कर्म को बदलना आसान नहीं है, इसलिए बेटी को आश्वासन

देता हुआ कहता है—

बेटी सिर तोर भरबै सेन्हुर लेइ
नयना काजर लेइ ना।
बेटी गोद तोर भरबै बालक लेइ
सेजिया कन्हइया लेइ ना।

बेटी जानती है कि यह सब दिलासा की बातें हैं। समाज में जब विधवा-विवाह निषिद्ध है तो पिता मेरे लिए कहाँ से दूसरा दूल्हा लाएँगे? लोक कवि इस बंधन को तोड़ता नहीं, बल्कि युवा विधवा की करुण स्थितियों और उसकी मानसिक पीड़ा का वर्णन करके सब कुछ कह देता है। प्रकारान्तर से वह युवा विधवा की प्राकृतिक भूख की ओर संकेत करता है, जिसे पिता समझ जाता है और उसे आश्वासन देता है कि वह उसकी दूसरी शादी कर देगा।

यह जिस समय का गीत है उस समय तो लड़कियाँ अपनी भावनाओं को पिता के सामने व्यक्त भी नहीं करती थीं। ऐसी बातें साहित्य में ही संभव हैं। लोक कवि ने युवा विधवा की प्राकृतिक भूख की ओर इशारा किया है, जो उसकी दूसरी शादी से मिट सकती है। वास्तव में रचनाकार बेजुबानों की जबान बन जाते हैं और जो लोग अपने भावों-विचारों को व्यक्त नहीं कर पाते, उसे वे अकुंठ भाव से उजागर कर देते हैं। यही है साहित्य और लोक संस्कृति की ताकत कि जो सामान्यतः नहीं कहा जाता उसे रचनाकार निर्द्वंद्व भाव से व्यक्त कर देता है।

लोक में प्रायः शिक्षा का अभाव रहा है। स्त्रियों को तो और भी पढ़ने के अवसर नहीं मिलते थे। शिक्षा के अभाव के कारण ही स्त्रियों में स्त्री-विरोधी मूल्यों के प्रति चेतना नहीं आ पाई। स्त्रियाँ लोकसमाज और घर-परिवार के अनुभवों से ही अपना काम चलाती रही हैं। एक तो कच्ची उम्र और दूसरे लोक-व्यवहार का पूरा ज्ञान नहीं। फिर बड़ी-बूढ़ी औरतों और अनुभवी सखियों द्वारा दी गई नसीहतों से ही ससुराल में काम चलाना है। सास-ससुर और देवर-ननद और जेठानी से मिलकर, सबको खुश करना है, तभी ससुराल में गुजारा संभव है। और सबसे बड़ी बात यह कि पति को अपने अनुकूल रखना है। मतिराम ने इसी प्रसंग को अपनी कविता में बहुत सुन्दर ढंग से व्यक्त किया है। माँ ने बेटी को पहले ही आवश्यक बातें बता दी हैं। अब बारी है सखियों की। गौने के दिन वे नायिका का श्रृंगार करने के लिए आती हैं। सबसे पहले वे बिछुआ पहनाते हुए कहती हैं—

प्रीतम स्रौन समीप सदा बजै, यों कहि के पहिले पहिरायौ।

वे उससे परिहास करती हैं। नायिका के मन में गुदगुदी होती है। उसके मन में पहली बार प्रेम का उदय हुआ—

यह सुनि ओछे उरोजनि पै अनुराग के अंकुर से उठि आयौ।

ससुराल जा रही लड़कियों को सभी माता-पिता और दूसरी अनुभवी स्त्रियाँ सास-ससुर

और देवर, ननद, जेठानी आदि से सामंजस्य बिठाने की बात कहते हैं। एक लड़की ससुराल जाते वक्त बहुत चिंतित है। उसकी चिन्ता का कारण यह है कि उसे कोई गुन-शऊर नहीं आता। वह माँ से कहती है--

ना मैं सिख्यों गुन अइगुनवाँ
ना सिख्यों राम रसोयँ।
सासु-ननद मिलि भइया गरिअइहैं
मोरे बूते सहा न जाय।

माँ ने बेटी को समझाया--

सिख लेबू बेटी गुन अइगुनवाँ
सिख लेबू राम रसोयँ।
सासु ननद जब भइया गरिअइहैं
ले लिहा अँचरा पसार।

लड़कियाँ इन्हीं नसीहतों को ध्यान में रखकर ससुराल में सबके साथ सामंजस्य स्थापित करती रही हैं। फिर भी ससुराल में उन्हें उपेक्षा ही मिलती रही है। एक लोककवि ने एक ऐसी ही स्त्री की दिनचर्या का वर्णन करते हुए कहा कि दिन-रात काम करते हुए स्त्री को ससुराल में कोई सुख नहीं। उसे भरपेट खाना भी नसीब नहीं होता था--

नौ मन कूटीं भइया नौ मन पीसीं
नौ मन सीझीं रसोइयाँ हो ना।
पछिली टिकरिया भइया हमरा भोजनवाँ
ओहू में कुकुरा-बिलरिया हो ना।

यह सुनकर भाई का हृदय कराह उठा। उसने सोचा कि क्या सोचकर हमने अपनी सुन्दर बहन को अच्छे घर में ब्याहा, लेकिन यहाँ तो वह दासी बन गई है। मेरी चाँद-सी सुन्दर बहन ससुराल में काम करते-करते कोयला जैसी काली हो गई है--

चन्दा सुरुज अइसन बहिनी संकल्प्यों
जरि जरि भई कोइलरिया हो ना।

लोक कवियों और लोक कथाकारों की दृष्टि जनतांत्रिक और जनोन्मुखी रही है। उनकी पक्षधरता हमेशा सामान्य वर्ग के प्रति रही है। शोषण और अन्याय के प्रति इन रचनाकारों ने कभी राजन्य वर्ग का साथ नहीं दिया। कहीं-कहीं उन्होंने व्यवस्था का सीधे विरोध किया और कहीं-कहीं प्रतीकात्मक रूप से। वस्तुस्थिति का उद्घाटन करते हुए इन रचनाकारों ने सामाजिक समस्याओं के प्रति लोगों का ध्यान आकर्षित किया। लोक साहित्य की प्रासंगिकता उसकी समाज सापेक्ष और युग सापेक्ष मूल्य दृष्टि के कारण है।

भारतीय समाज में बाल विवाह की समस्या सदियों से एक गंभीर समस्या रही है। कम उम्र में शादी और सेक्स का दुष्प्रभाव अन्ततः स्त्री पर ही पड़ता है। चाणक्य ने लिखा

है कि पुरुष की अपेक्षा स्त्री में कामभावना आठ गुना अधिक होती है जबकि नोबेल पुरस्कार विजेता और स्त्रीवादी लेखिका एल्फ्रीडे येलिनेक ने अपने उपन्यास 'पियानो टीचर' (Die Klaviers Pielerin) में लिखा है कि पुरुष में भोगेच्छा ज्यादा होती है। यह बहस का मुद्दा है लेकिन लोक साहित्य में कम उम्र की पत्नी के साथ संसर्ग के लिए आतुर पति का चित्रण हुआ है। घनानंद ने भी ऐसे एक अधीर नायक का उल्लेख किया है। उन्होंने नायक को चेताते हुए कहा है कि सुजान वधू कमसिन है और उसके अंग अभी कोमल हैं, इसलिए जब तक वह वयस्क नहीं हो जाती उसे देखकर ही संतोष करो— *'देखि जियो न छियो घन आनंद कोंवरे अंग सुजान वधु के।'* विद्यापति ने भी अपने एक पद में लिखा है कि कम उम्र की नायिका के साथ नायक समागम करना चाहता है। एक लोकगीत में भी इसी तरह की बातें दिखाई देती हैं। कमसिन वधू पति से कहती है कि प्रिय, अभी मैं रतिकर्म लायक नहीं हूँ। चाहो तो मुझसे कसम ले लो—

जनि धरा हमरी अँचरिया हो
किरिया लेइला बालम।
अबहीं बा नरमी उमिरिया हो...

एक दूसरे लोक प्रचलित गीत में भी इसी तरह की बातें देखने को मिलती हैं। अल्पवय की लड़की को सभी प्रलोभन देते हैं। किन्तु वह सबसे विनम्रतापूर्वक कहती है कि अभी मेरी उम्र प्रेम करने की नहीं है—

कोठा ऊपर कोठरी हलवइया क दूकान
हाथ से लड्डू छूट गइल हलवइया मारे सान
किरिया ले ला राजा अबहीं नदान।

घनानंद की तरह लोककवि भी कमसिन पत्नी से संसर्ग के लिए बरजता है। यह उसकी गहरी सामाजिक दृष्टि है। वह तो उस अल्पवय की स्त्री को भी बजरता है जो छोटी उम्र में साज-शृंगार करने लगी है। उसकी नजर में यह ठीक नहीं है। वह उसे समझाता है कि तुम्हारी उम्र अभी सज-सँवरकर प्रिय को लुभाने-रिझाने वाली नहीं है। अभी धीरज रखो—

अबहीं उमिरिया क छोट गोरिया
काहें रँगले बाटू लाल-लाल ओठ गोरिया।

सुधी पाठक बिहारी के उस दोहे को भूले नहीं होंगे जिसके द्वारा उन्होंने मिर्जा राजा जय सिंह को हिदायत दी थी कि जिस अल्पविकसित यौवन वाली नवपरिणीता पत्नी के प्रेम में आप आकंठ डूबे हुए हैं, उसके जवान होने पर आपका क्या हाल होगा?

नहि पराग नहिं मधुर मधु नहिं विकास इहिं काल।
अली कली ही सों बँध्यो आगे कौन हवाल।।

ऐसे प्रसंग में साहित्य और लोक साहित्य की दूरियाँ मिट जाती हैं। लोक कवि और परिनिष्ठित काव्य के रचयिता की सामाजिक दृष्टि एक जैसी दिखाई देती है। जो

प्रगतिशीलता और नये जीवन मूल्य बड़े कवियों में परिलक्षित होते हैं वे लोक कवियों में भी दिखाई पड़ते हैं। इसका कारण यह है कि परिनिष्ठित साहित्य के रचनाकार और सामान्य लोक कवि अपने-अपने स्तर पर लोक के सुख-दुख और उसकी समस्याओं से जुड़े होते हैं। वे सामाजिक विडंबनाओं के या तो प्रत्यक्षदर्शी होते हैं अथवा भोक्ता। वे सामाजिक समस्याओं से दो-चार होते रहते हैं और उनके बारे में अपनी-अपनी क्षमता के अनुसार चिंतन करते हैं। इसीलिए लोक साहित्य में लोककवियों अथवा कथाकारों की दृष्टि अकसर प्रगतिशील दिखाई देती है। वे रूढ़ि या अंधविश्वास को प्रोत्साहन नहीं देते। यद्यपि लोक साहित्य में अंधविश्वास और रूढ़ियाँ कम नहीं हैं, लेकिन उनके दूसरे कारण हैं। जिस लोक का मूल आधार धर्म, आस्था और विश्वास हो और जहाँ के लोगों की रग-रग में धार्मिकता भरी हो, वह रूढ़ियों से कैसे मुक्त हो सकता है। रूढ़ियाँ कभी धर्म नहीं होतीं। लोककवि इसे जानता है। इसीलिए वह युग संदर्भ को देखते हुए नये सामाजिक और मानवीय मूल्यों की बात करता है। लोक साहित्य के भदेस रूपों को छोड़ दें तो बाकी का समूचा साहित्य व्यापक मानवीय भावों और विचारों तथा युग संदर्भों से युक्त है। लेकिन लोक साहित्य में पाए जाने वाले मांसल और अश्लील गीतों के भी अपने अलग संदर्भ हैं। कुछ विशेष अवसरों के लिए निर्मित ये लोकगीत साहित्य का अविभाज्य अंग हैं। इसलिए ये त्याज्य नहीं हैं। अश्लीलता और मांसलता परिनिष्ठित साहित्य में भी पाई जाती है—यहाँ तक कि आज का साहित्य भी इससे अछूता नहीं है। इसलिए लोक कवियों की प्रगतिशील और युग सापेक्ष दृष्टि पर विशेष रूप से ध्यान दिया जाना चाहिए। उसे भदेस या अश्लील कहकर उसकी सार्थकता पर परदा नहीं डालना चाहिए। लोकसाहित्य में लोक के रचनाकारों की दृष्टि परिपक्व और प्रांजल भले न हो, लेकिन वह समाज के लिए बहुत उपयोगी है।

●

हिन्दी विभाग
जामिया मिल्लिया इस्लामिया, नयी दिल्ली-25

लोकगीतों की प्रासंगिकता

तैयब हुसैन

शांतिनिकेतन में उड़िया विभाग के भूतपूर्व अध्यक्ष डॉ. कुंजबिहारी दास ने लोकगीत को परिभाषित करते हुए कहा है कि 'लोकगीत उन लोगों के जीवन की अनायास अभिव्यक्ति है, जो सुसंस्कृत तथा सुसभ्य प्रभावों से बाहर, कम या अधिक रूप में आदिम व्यवस्था में निवास करते हैं।' ('द पीपुल दैट लिव इन मोर आर लेस प्रिमिटिव कंडीशन आउट साइड दि स्फियर आफ सोफिस्टिकेटेड इन्फ्लुएन्सेन' : ए स्टडी ऑफ ओरिजिन फोकलोर)। मैं इसमें बकौल राहुल सांकृत्यायन इतना जोड़ देना चाहता हूँ कि 'जनपदीय बोलियाँ सजीव भाषाएँ हैं, उनके बोलने वाले कर्मठ किसान-मजदूर हैं। आज भी उनमें लोकसाहित्य की रचना हो रही है।'

यदि ऐसा नहीं होता तो लोकसाहित्य का प्रवाह कब का रुक गया होता और लोकगीत विभिन्न देशकाल के प्रभाव में नहीं रचे जाते। लेकिन नहीं, यद्यपि इनके रचनाकारों को भरतमुनि के 'नाट्यशास्त्रम्' में उच्छृंखल और गलत राहों पर चलने वाला कहा गया। इनके लोकनाट्यों में हस्तक्षेप कर उन्हें कुलीनोन्मुख बनाने का उपक्रम हुआ। इनकी भाषा के भदेसपन को 'ग्राम्य-दोष' कहकर हेय ठहराया गया। तब भी कथित शिष्ट साहित्य के सामानान्तर इनकी बेबाक सर्जना जारी रही।

दोनों के विचार एक दूसरे से टकराये भी। देखा तो यह भी गया कि साहित्यिक भाषा की तुलना में भले इनकी लोकभाषाएँ ढीली-ढाली थीं, रचनाओं में शिल्पगत कमजोरियाँ परिलक्षित हुईं पर कथ्य में लोकसाहित्य का रचनाकार आचार्यों की तुलना में अधिक स्वतंत्र होने के कारण समाज की सच्चाई को अपेक्षाकृत जोरदार ढंग से उठा सका।

लोकगीतों को बच्चों के खेल-गीत, श्रम-गीत, मौसम-गीत, जाति-गीत, संस्कार-गीत और पर्व-त्योहारों के गीतों में वर्गीकृत किया गया है पर इन सबके विश्लेषण से यह बात छनकर सामने आती है कि इनमें खुशी के स्वर थोड़े हैं, दुख के अधिक। ज्यादातर गीत नारियों की ओर से चलते हैं, जो पितृप्रधान पारिवारिक व्यवस्था में पुरुषों की ज्यादती से भरे पड़े हैं। कहीं-कहीं इनकी व्यथा गाथा व्यक्तिगत सीमा से पार अपने दुख के कारणों की भी तलाश करती है और व्यष्टि से निकलकर समष्टि की ओर बढ़ती पाई जाती है। उदाहरण के लिए 'माटी-कोड़ाई' का एक गीत है–

'माटी कोड़े गइलो में ओही मटिकोड़वा
रे दनउवा पापी, धरी बहियाँ झकझोरे रे दनउआ पापी!
छोड़ू-छोड़ू दनवा अलोपी मोरी बहियाँ
रे बाजार बसे दे....!'

अब यह शोध का विषय है कि शादी में 'माटी-कोड़ाई' की विधि कहीं स्वयं में ही तो उस मिथक से प्रभावित नहीं है जिसकी अन्तर्कथा इस गीत में निहित है। मिथक की धार्मिक कथा यह है कि महाप्रलय के समय दुबारा सृष्टि के लिए मनु को बीज रूप में जीवन बचाकर लाने के लिए जल-मार्ग से पाताल लोक जाना पड़ा था और वहाँ उन्हें दानवों से युद्ध करना पड़ा था, तब मिट्टी की प्राप्ति हो सकी थी। सारांश यह कि संघर्ष से ही जीवन बचता है, विकास संभव है। इसलिए गीत में दानवों से आग्रह किया गया है– *'रे बाजार बसे दे!'* यानि विकास होने दो। सृष्टि जारी रहने दो। इसी अवसर का एक दूसरा गीत–

'साँकरि गलिया रउरे बिसुन बाबा
आलो हाथी मोरा पचेरी न देई
कइसे के गढ़ पहसबि...?'

में कहा गया है कि मुक्ति का रास्ता संकीर्ण और कठिन है। इधर मन खुशी (घमंड) में फूलकर विशालकाय (हाथी) हो गया है। ऐसे में लक्ष्य तक पहुँचना कैसे संभव हो पायेगा?

यहाँ भी विषय-वासना के क्षणिक आनन्द से ऊपर उठकर भावी जीवन में आनेवाली कठिनाइयों का सामना करने की बात कही गयी है जो गढ़ में प्रवेश करने के समान है।

आज के संदर्भ में महत्वपूर्ण धार्मिक मिथक नहीं, उसमें पाई जाने वाली संघर्ष की कथा है जिससे लोकगीतों की प्रासंगिकता बढ़ती है।

बनी दुनिया में जब लोकगीत प्रवेश करता है, तब भी संघर्ष से इसका पिंड नहीं छूटता।

'रामचरितमानस' में भले 'दैविक-दैहिक-भौतिक तापा, रामराज्य काहू नहीं व्यापा' सच हो पर इस सोहर में तो हरिन-हिरनी की कहानी से दशरथ की पोल खुले बिना नहीं रहती—

'मचियही बइठल कोसिला रानी, हरिनी अरज करे हो
रानी! मसुआ त सींझेला रसोइया, खलरिया हमें दिहतू नू हो।
पेड़वा से टंगबे खलरिया त मनवा समझाइबि हो
रानी! हिरि-फिरि देखबि खलरिया जनुक हिरना जियतहिं हो।
जाहु हिरनी घर अपना, खलरिया नाहीं देइबि हो
हरिनी! खलरी से खँजड़ी मढ़ाइबि, राम मोरा खेलिहें नू हो।
जब-जब बाजेला खँजड़िया सबद सुनि अहंकेली हो
हरिनी ठाढ़ि ढेकुलिया के नीचे हरिन के बिजूरेली हो।'

राम के छठिहार में हिरन मारा जाता है। उसका मांस खाने के काम आता है। पर हिरनी जब हमदर्द औरत समझकर कौशल्या से अपने पति के मात्र चमड़े की माँग करती है, ताकि वह पेड़ से चमड़ा लटकाकर कुछ दिनों और पति के जीवित होने का भ्रम पाल सके, तो कौशल्या उसे भी देने से यह कहते हुए साफ इन्कार कर देती है कि इससे वह खंजड़ी मढ़ाएगी, जिसे राम बजा-बजाकर खेलेंगे। गीत का अंत इस निष्कर्ष से होता है कि खंजड़ी जब-जब बजती है, हिरनी को अपना पति याद आता है और वह आक्रोश से भर जाती है। यह है तब राजशाही के खिलाफ प्रजा का भावनात्मक विद्रोह जिसे मर्यादा में बँधे तुलसीबाबा लिखने की हिम्मत नहीं कर सकते थे।

इतना ही नहीं, रामकथा सम्बन्धी लोकगीतों में निःसंतान दशरथ से अयोध्या की औरतें घृणा करती हैं। दुबारा जंगल गई सीता लव-कुश के पैदा हाने की सूचना सबको भिजवाती है पर राम को देने से मना कर देती है—

'पहिला रोचन राजा दशरथ, दुसरा कोसिला रानी हो
ए हो तिसरा रोचन देवर लछुमन, रमइया नाहीं देववहू हो।'

गुरु वशिष्ट के मनाने जाने पर भी सीता उनका मान रखते हुए दो कदम साथ चलती हैं फिर धरती में समा जाती हैं बनिस्पत वन से अयोध्या लौटने के—

'जनि कहीं ए गुरूजी जनि कहीं, केहू कहेले जब हो
लागेला करेजवा में आग कि धरती सरन दीहें हो।'

इस तरह नारी की करुणा अपने प्रति पुरुषों के अन्याय को लेकर न केवल लोकगीतों में पुरुषोत्तम राम के विरुद्ध है बल्कि देवाधिदेव शिव को लेकर भी, जहाँ पार्वती को अपनी ही बहन का मुँह सौत के रूप में देखना पड़ता है और शिव खुद जब लम्बे अर्से बाद 'उत्तर बनिजिया' से लौटते हैं तो आग, पानी, सर्प आदि हाथ में देकर इस बीच पार्वती के चरित्रवान रहने की परीक्षा लेते हैं—

'शिवजी चले ले उत्तरी बनिजिया

गउरा मंदिरवा धइले ठाढ़ ए
बारहो बरिस पर शिवजी लवटले
गउरा बिचरवा मोही देहु ए।'

आइये, यथार्थ की ऐतिहासिक दुनिया में अब लोकगीतों से रूबरू हुआ जाए।

मुगलकाल में जब बादशाह और नवाब किसी भी सुन्दर नारी पर अपना अधिकार समझ लेते थे, एक लोकगीत में 'कुसुमा' नाम की लड़की ने मिर्जा से प्रतिकार कर अपनी लाज बचाई थी, जबकि उसके पिता और भाई पुरुष होकर भी लड़ने से भाग खड़े हुए थे। उसने चालाकी से मिर्जा के साथ जाना तो कुबूल कर लिया किन्तु रास्ते में अपने बाबा के पोखरा में मुँह धोने के बहाने उसी में कूद-मरी। मिर्जा हाथ मलता रह गया—

'तनिक डोलिया थमावो मिरजवा
बाबा के सगरवा मुँहवा धोइत हो ना।
एक घूँट पियली, दूसर घूँट पियली
तिसरे में गइली तरिआई हो ना।'

अमिर खुसरो का प्रसिद्ध गीत भी बेटा-बेटी के बीच भेदभाव को लेकर नारी-दर्द के इस क्रम में द्रष्टव्य है—

'काहे को ब्याहे बिदेस अरे लखिया बाबुल मोरे!
भैया को दिए बाबुल महल-दुमहला
हमको दिए परदेस अरे लखिया बाबुल मोरे!
हम तो बाबुल तोरे पिंजरे की चिड़िया
कुहकि-कुहकि जिया जाय, अरे लखिया बाबुल मोरे!'

कहना नहीं होगा कि लोकगीतों में थोक भाव में पीड़ा स्त्रियों के ही पल्ले है और इस पलड़े पर क्या देवी, क्या रानी, क्या हिन्दू और क्या मुसलमान, सब एक भाव हैं।

सामाजिक व्यवस्था के बाद इसका दूसरा कारण आर्थिक है। बारात विदा के समय जब बेटी टोकती है—

'सब बरिअतिया दुआरे अइले
बाबा मिलन जइबइ कि नाहीं हो?
भइया मिलन जइबइ कि नाहीं हो?'

तब बाबा भइया खुलते हैं—

'बेटी मिलन-मिलन जनि कर ऽ
बेटी हाथ-पले कछू नाहीं हो!
बहिनी हाथ-पले कछू नाहीं हो!'

आम आदमी की दुर्दशा में इस पूँजी के कारण को सारे लोकगीतकार तो नहीं, लेकिन किसी-किसी ने बखूबी समझा है। अंग्रेजों ने जब शर्तबंद (गिरमिटिया) मजदूर बनाकर भारत

के श्रमिक वर्ग को दूर-दराज के अपने उपनिवेशी टापुओं में ले जाना शुरू किया तो, 'रेलिया बैरिन पिया के लेल जाय रे' और 'कलकत्ता से खुलल जहाज भँवरवा धीरे बहऽ' में कुछ ने अपनी व्यथा व्यक्त की लेकिन एक लोकगीत तब ही प्रसिद्ध हुआ था जिसमें सीधे-सीधे अर्थ को दुश्मन बताया गया था—

'रेलिया ना बैरी, जहजिया ना बैरी
पइसवे बैरी ना, लेइगा पिया के बिदेसवा
हाय राम! पइसवे बैरी ना!....'

इसी तरह गांधी के आन्दोलन काल में जब आम लोकगीत गांधी को हीरो बनाने में लगे थे—

'टूटे ना चरखा के तार चरखवा चालू रहे
गांधीबाबा दुल्हा बने हैं, दुल्हन बनी है सरकार.. ।'

अथवा

'सखी हे! गांधी जी के राज में हम खद्दर पहिनब ना!..

तब कतिपय लोकगीतकारों का ध्यान भगत सिंह की शहादत की ओर भी गया था—

'हँस-हँस के फाँसी झूल गये मस्ताना भगत सिंह।'

तब भी एक लोकगीत भारत में रेल-तार बिछाने के पीछे अंग्रेजों की व्यापारिक चतुराई की शिनाख्त कर रहा था।

'पइसा के लोभी फिरंगिया, धुआँ के गाड़ी उड़ाये लियो जाय।'

लोकगीत की राजनीतिक भूमिका भी कम प्रबल नहीं। 1857 के 73 वर्षों बाद 1930 में हिन्दी साहित्य में ऋषभचरण जैन का उपन्यास 'गदर' सामने लाता है। पूर्व इसके सन्निकट भारतेन्दु-मंडली भी अंग्रेजों का विरोध खुलकर नहीं करती।

'अंग्रेजी राज में साज सजै सब भारी
पर धन विदेश चलि जात यही अति ख्वारी।'

पर बुन्देलखंड का लोककवि 'गुमानी' 1820 में ही कह उठता है—

'यो अंग्रेज कहाँ से आया, कौन मुलुक में रहता है?'

और

'विष्णु का देवाल उखाड़ा ऊपर बंगला बना खरा
महाराज का महल ढहाया बेड़ीखाना तहाँ धरा
मल्ले महल उड़ाई नंदा बंगलो से भी वहाँ भरा
अंग्रेजों ने अल्मोड़ा का नक्शा औरी और करा।'

बिहार में—

'बाबू कुँवर सिंह तोहरे राज बिनु
अब न रंगइबो पागरिया'

और

'बाबू कुँवर सिंह तेगवा बहादुर
बंगला में उड़ेला अबीर अरे लाला।...'

की धूम मची रहती है।

लोकगीतों ने 'कजरी' जैसे पारंपरिक गीतों के कथ्य में भी भारत की गुलामी और अंग्रेजों की करनी का इतिहास लिखा है। अंग्रेजों के डर से विस्थापन में यदि–

'मिर्जापुर कइल ऽ गुलजार हो, कचौड़ी गली सून कइल ऽ बलमू' में कहा गया तो देशभक्तों को अंग्रेजों द्वारा दी गयी कालेपानी की सजा इस पंक्ति में प्रस्तुत की गई–

'आरे रामा नागर नइया जाला काले पनिया ए हरी!'

एक चीनी लोकगीत में तो चीन की दीवार के निर्माण के क्रम में एक औरत के मजदूर पति की मृत्यु हो जाने के विरोध में वह दीवार ढाह देने तक की हिम्मत दिखाती है।

इस तरह इन लोकगीतों को देखने से आम आदमी को केन्द्र में रखकर इतिहास के पुनर्लेखन की आवश्यकता महसूस होती है, जो अब तक राजा-महाराजा और अभिजात्य वर्ग को केन्द्रित कर लिखा जाता रहा है। इस कथित शिष्ट वर्ग ने राम जैसा दूल्हा और सीता जैसी दुल्हन का आदर्श देकर लोकगीतों में भी हस्तक्षेप करने की कोशिश की है। 'सोने की थाली, गंजाजल पानी' और 'पके-पके पान के बीड़े, फूलवाली सेज' से आमजन के अभावों को मनोवैज्ञानिक ढंग से पाटने का भी प्रयास हुआ है पर वहाँ इस वर्ग को एक सीमा तक ही सफलता मिली है। आम लोकगीतों में तो 'सब उपमा, कवि रहै जुठानी' जैसी कोई कठिनाई नहीं। फिल्म 'तीसरी कसम' का गाड़ीवान हिरामन, हीराबाई की सुन्दर दंत-पंक्तियों की उपमा बैलों को पहनाये चित्ती कौड़ियों से दे लेता है और शामियाने के नीचे तमाशा करने वाले भिखारी ठाकुर को जब राम की बड़ी-बड़ी, तनी, लाल-पीले डोरेवाली आँखों की प्रशंसा में कहना होता है तो कह पड़ते हैं–

'राम जी के हो रतनार बाड़े नैना
जइसे तनाएल समैना।...'

ध्यातव्य यह भी है कि जैसे-जैसे परिस्थितियाँ बदली हैं, सचेत लोकगीतकारों के लोकगीतों में स्पष्ट बदलाव परिलक्षित हुआ है। इस दृष्टि से जो एक लोकगीत विशेष 'बारहमासा' का मुआयना किया जाय तो 'बतला दे मोरा पिउ कहाँ' में आत्मा-परमात्मा से मिलने की छटपटाहट से शुरूकर जायसी के विरह-गीत होते यह जब भिखारी ठाकुर तक आता है तो नायिका का सुख-दुख मौसम के साथ हो लेता है जहाँ न केवल उसके विभिन्न प्रभाव हैं बल्कि होने वाले पर्व-त्योहार के हर्ष-विषाद की अनुभूति भी–

'आवेला असाढ़ मास, लागेला अधिक आस
बरखा में पिया घरे रहितन बटोहिया।..'

महेन्द्र शास्त्री के यहाँ यह सुख-दुख व्यक्तिगत न होकर किसान-जीवन के साथ दिखता है–

'सावन सरस सुहावन सुन्दर
दीन बसावन हार हे!
सोहनी-रोपनी लागल भागल
दुख जे अति हतियार हे... ।'

और गोरखनाथ पांडेय तक आकर बनिहारा के साथ एकमेव है—

'भादो मास में उपास के आधार सजना
रोवे मड़ई गरीब के निहार सजना!

गोर्की का कहना है कि 'कला एक युद्ध है जो हरदम किसी के पक्ष में लड़ा जाता है, किसी के विपक्ष में।' ऐसे में जो ज्यादा बीमार है, उनका इलाज हमारी प्राथमिकता होनी चाहिए, क्योंकि साहित्य-सृजन एक हस्तक्षेप भी है, जिसके साथ हम नैतिक रूप से बँधे हैं।

वर्तमान परिप्रेक्ष्य में, जहाँ वैश्वीकरण ने उत्तर आधुनिकता के नाम पर 'कला, कला के लिए', व्यक्तिवाद और अंग्रेजी के वर्चस्व की भाषायी नस्लवादी मुहिम चला रखी है, अगर इन साजिशों को धता बताते हुए भारत में आबादी के 77 प्रतिशत के पक्ष में काम करना है तो लोकसाहित्य का शिल्प, शब्दावली और शैली आज भी मौजूं है। कथ्य बेशक समसामयिकता की माँग करेगा। लोकगीतों की सम्प्रेषणीयता और मार्मिकता असंदिग्ध है। वाल्मीकि और तुलसी ही ने नहीं, लोकगीतकारों ने भी रामायण रची है जहाँ राम, जनकपुर में शिव का घनुष नहीं तोड़ते बल्कि सर्वगुण सम्पन्न उस सीता के लिए पुरानी सारी मान्यताएँ भंग करते हैं जो सीता जैसी जाति, वर्ण, नस्ल और गोत्र आदि से विहीन खेत में पड़ी पाई गई लड़की के आड़े आती हैं।

समाज से बहिष्कृत किंकर्तव्यविमूढ़ (पत्थरवत्) बनी अहिल्या का उद्धार राम की चरण धूलि से नहीं होता बल्कि राम के तर्क से निरुत्तर गौतम और समाज द्वारा उसे पूर्ववत अपना लेने से होता है। और वशिष्ठ जैसे कर्मकांडी गुरु की शिक्षा से यह संभव नहीं, जब तक विश्वामित्र जैसा प्रगतिशील शिक्षक आज के नौजवानों को नहीं मिलता। ('भोजपुरी रामायण' : श्रद्धानंद पाण्डेय)।

●

न्यू अजीमाबाद कॉलोनी
पो. महेन्द्रू, पटना-800 006

भोजपुरी के दो प्रमुख लोक गीतकार

राजेन्द्र प्रसाद सिंह

1. जनता की याददाश्त में जीवित कवि परगन राम :

1977 ई. का साल था। देश में लोकसभा का छठवां चुनाव होना था। तब श्रीमती इन्दिरा गांधी अपनी पार्टी के प्रचार के लिए सासाराम में आने वाली थीं। मैं अपने प्रधानमंत्री को देखने के लिए सासाराम में गाँव से चलकर आया था। उनके मंच पर आने में थोड़ी देर थी। इसलिए सासाराम के रेलवे मैदान में उसी मंच से एक कवि अपना गीत सुना रहा था। उसने अपने दो गीत सुनाए थे कि इन्दिरा गांधी का मंच पर आगमन हो गया और उस कवि की कविता रोक दी गयी। वह कवि परगन थे। कवि परगन को पहली बार मैंने उसी समय कांग्रेस के पक्ष में गीत गाते सुना था।

जब इन्दिरा भइली गरीबन के साथी,
त जे. राम भइलन अमीरन के पार्टी

उस वक्त कवि परगन जवान थे। उनकी लम्बाई कोई साढ़े पाँच फीट थी। रंग गोरा और उनके चेहरे पर चेचक के दाग थे। वे हमेशा बाँड़ी कमीज पहना करते थे। कमर में प्रायः मारकीन की लुंगी और कंधे पर मारकीन का ही उजला गमछा उनकी खास पहचान थी। भाँग का डिब्बा उनकी बाँड़ी कमीज के जेब में रहा करता था। पढ़े-लिखे ज्यादा नहीं थे। उनकी पढ़ाई मिडिल स्कूल तक की थी। वे हष्ट-पुष्ट थे। उनके बाल बुढ़ापे में भी झड़े

नहीं थे पर श्वेत ज़रूर हो गये थे। श्वेत बालों के नीचे उनकी छोटी-छोटी श्वेत आँखें दूर से चमकती थीं। वे अपनी दाढ़ी और मूँछें क्लीन रखा करते थे। कुल मिलाकर कवि परगन का व्यक्तित्व मनोहारी एवं चित्ताकर्षक था।

उनको गुजरे हुए कोई ग्यारह साल बीत चुके हैं। 28 मार्च, 1999 ई. को वे दिवंगत हुए। उन्होंने अपने जीवन में 1934 ई. के भूकंप को देखा था। बिहार की पुरानी पीढ़ी अपनी उम्र की गणना इसी भूकंप से किया करती थी। इस साल को बिहार के लोग 'भूँइडोल' के नाम से याद करते हैं। कारण कि 1934 ई. में बिहार में जबरदस्त भूकंप आया था। जनकवि परगन राम जाति से दुसाध थे। उनका जन्म ग्राम कचनथ, पोस्ट आलमपुर, थाना शिवसागर, जिला रोहतास एवं प्रांत बिहार के एक मामूली किसान परिवार में हुआ था। उनके पास कोई आठ-दस बिगहे की खेती थी। परन्तु उनका कवि मन खेती की तरफ कभी झुका नहीं। अपने जीवन के आरंभिक दौर में वे एक नाच पार्टी का गठन किए थे। वही नाच पार्टी कवि परगन की कमाई का जरिया एवं गीत बनाने और गाने का माध्यम था। उनकी शादी रोहतास जिले के ही कसेरुआ नामक गाँव में हुई थी। उनकी पत्नी धनजोता देवी बिल्कुल ग्रामीण एवं सीधी-सादी महिला थीं। कवि परगन को एक पुत्र एवं चार पुत्रियाँ हैं। उनके पुत्र इंद्रदेव पासवान किसी महकमे में इंजीनियर हैं। कवि परगन के गले में जादू था। वे स्वरलिपि के साथ अपना गीत गाया करते थे। उन्हें वाद्ययंत्र बजाने का भी शौक था। कहा जाता है कि वे हारमोनियम बजाने में अत्यंत कुशल थे।

जैसा कि हम जानते हैं कि भोजपुरी के प्रायः कवि, विशेषकर दलित वर्ग के कवि कम पढ़े-लिखे हुआ करते थे और किसी न किसी रूप में नाच पार्टी से जुड़े हुए रहते थे। भिखारी ठाकुर से लेकर जगरदेव, नारायण महतो, दसई राम और जनकवि परगन तक सभी किसी न किसी रूप में नाच पार्टी से जुड़े हुए थे। वे अपने गीतों को कभी-कभी कागज आदि पर लिख दिया करते थे। परन्तु पुस्तकाकार उन गीतों की छपाई उनके वश की बात नहीं थी। मैं इधर बीच कवि परगन के गीतों की तलाश में था। मेरे एक मित्र श्री ललनप्रसाद सिंह जो अनजबित सिंह महाविद्यालय, विक्रमगंज में हिन्दी के प्राध्यापक हैं, ने मुझे बताया कि परगन कवि का एक शिष्य बबन भारती हैं। वे बेलाढ़ी गाँव के निवासी हैं। यह गाँव रोहतास जिले के दरिगाँव थाना में पड़ता है। बेलाढ़ी गाँव सासाराम के बगल में ही अवस्थित है। मैंने गायक बबन भारती को कवि परगन के गीतों के साथ अपने घर पर आमंत्रित किया। वे अपनी काँख में एक सड़ी-गली कॉपी दबाए हुए मेरे आवास पर आए। उनकी आवभगत करने के बाद मैंने उस कॉपी को खोला तो यह देखकर आश्चर्य हुआ कि वह कॉपी स्वयं कवि परगन की थी। उनकी हस्तलिखित प्रतिलिपि मिलने के बाद मैं काफी खुश हुआ और तुरंत उसकी फोटोकॉपी करा ली। कॉपी के अक्षर बड़े साफ-सुथरे थे। पर पन्ने सड़ गये थे। इस कॉपी के गीत प्रायः 1982 ई. से 1988 ई. के बीच में लिखे गये थे। मैंने बबन भारती से कवि परगन के बारे में जानना चाहा। परन्तु कम पढ़े-लिखे होने

के कारण वे कुछ सूक्ष्म बातें मुझे नहीं बता सके। परन्तु कवि परगन का एक वाकया उन्होंने मुझे सुनाया। कवि परगन एक कवि सम्मेलन में भाग लेने के लिए बोकारो गये थे। वे रात में ही बोकारो पहुँच गये। सुबह कवि-सम्मेलन होना था। इसलिए वे एक मन्दिर में सो गये। परन्तु सोए में उनका छाता किसी ने चुरा लिया। कवि परगन छाताविहीन होकर बोकारो के उस कवि-सम्मेलन में शामिल हुए। मंच संचालक ने जब कविता पाठ करने के लिए उनको मौका दिया, तब वे एक कविता अपनी छाता चोरी पर ही सुनाने लगे। उस कविता का कुछ अंश यों है :

एगो छाता भुलाइल परगन दास के।
बेंत लगावल रहे बाँस के ना।।
छाता रहे आठ कमानी, बाबा सुनल औघरदानी।
छाता ले ले होई मंदिर के कोई पास के।
बेंत लगावल रहे बाँस के ना।।
छाता रहे आठ कमानी, बाबा सुनल औघरदानी।
छाता दीहल रहे परगन जी के सास के।
बेंत लगावल रहे बाँस के ना।।

तात्पर्य यह है कि परगन दास एक आशु कवि थे। वे किसी घटना से प्रभावित होकर झटपट कविता रच दिया करते थे। कोई भी घटना उन्हें आहत कर देती थी, तब ज़रूर उस घटना पर वे कविता बना दिया करते थे। ऐसे मामलों में वे एकदम निर्भीक थे। 1950 के दशक की बात है। सासाराम से होती हुई एक नहर को कवि परगन के गाँव से गुजरते हुए जाना था। परन्तु सासाराम के तत्कालीन विधायक श्री जगन्नाथ सिंह अपनी पैरवी और पैसे के बल पर अपने गाँव की तरफ उसे खींच ले गये। उस समय श्री जगजीवन राम सासाराम के सांसद हुआ करते थे। श्री जगन्नाथ सिंह एकदम गोरे थे। श्री जगजीवन राम काले थे। कवि परगन उस नहर के मार्ग परिवर्तन से काफी आहत हुए। उन्होंने अपने सांसद और विधायक का बिना नाम लिए एक कविता रची।

एगो बाटे करिआ, ऐगो गोर।
खाले-खाले नहर, निकललस दू गो चोर।।

कवि परगन का रचना-संसार काफी व्यापक है। वे नाटककार और कवि दोनों थे। उन्होंने कई विषयों पर कई लयों में गीत लिखे हैं। उनकी गजलें प्रायः खड़ी बोली में लिखी गयी हैं। परन्तु भोजपुरी की गंध उनकी गजलों की पोर-पोर में समाई हुई है। उन्होंने निर्गुण, कौव्वाली, होली, जोगीरा, फाग, होरी फटका, भजन आदि के अतिरिक्त विविध विषयों पर अनेक लोकगीत लिखे हैं। कवि परगन मूलतः भोजपुरी के कवि थे। परन्तु उन्हें हिन्दी भाषा की दुर्गति की भी चिंता सालती रहती थी। प्रस्तुत है हिन्दी की दुर्गति पर उनकी एक कविता का मूल पाठ :

एक : हिन्दी की दुर्गति

नकसा में पहला नाप को हेक्टर बना दिया।
अंग्रेजी सारे लोगों को मिस्टर बना दिया।।
हिन्दी पोसाक पहनने में सरमा रहे हैं हम
हिन्दी से बात करने में सकुचा रहे हैं हम
बेटा न माने बाप को फादर कहेंगे हम
भाई को ब्रदर, बहन को सिस्टर बना दिया।
अंग्रेजी सारे लोगों को मिस्टर बना दिया।।
हिन्दी से एम.ए होके भी हिन्दी बचा बचा
औरत को साथ रखते हैं वाईफ बता बता
झुला को छोट करते करते जब वे थक गये
तो दर्जी ने अपने ढंग से चेस्टर बना दिया।
अंग्रेजी सारे लोगों को मिस्टर बना दिया।।

हिन्दी अर्थ : कवि परगन ने इस कविता में भारत की अंग्रेजी मानसिकता का पर्दाफाश किया है। कहना न होगा कि भारत के गाँवों में पहले खेत की नाप धुर, कट्ठा और बिगहे से होती थी, जिसकी अच्छी जानकारी किसानों के पास थी। परन्तु जब से हेक्टर में खेत नापे जाने लगे, तब से अनपढ़ किसानों की समस्याएँ बढ़ गई हैं। सचमुच अंग्रेजों ने भारतवासियों को मिस्टर बना दिया है अर्थात् अंग्रेजी मानसिकता का गुलाम बना दिया हैं। भारतीय जनता अपनी पारंपरिक पोशाक पहनने में शरमा रही है। यहाँ तक कि वह अपनी भाषा हिन्दी में बातचीत करने में भी संकोच कर रही है। पुत्र भी अपने पिता को फादर कहने में गर्व महसूस कर रहा है। पश्चिम का अंधानुकरण अपने देश पर इस प्रकार से हावी है कि भारत के सभी भाई ब्रदर हो गये हैं और बहनें सिस्टर हो गयी हैं। इतना ही नहीं, हिन्दी के स्नातकोत्तर भी हिन्दी से कतरा रहे हैं। यहाँ के पति भी अपनी औरत के साथ रहते हैं परन्तु उसे वाईफ बताते हैं। अंतिम पंक्तियों में कवि ने फैशनपरस्ती की पश्चिमी नकल पर अत्यंत तीखा कटाक्ष किया है कि भारत की नारियों की गौरवशाली पोशाक झुला को छोटा करते-करते दर्जी ने 'चेस्टर' बना दिया है।,

दो :

छुट जाई गाँव घर, छुट जाई टोला।
दुअरा पर आईल बा, गवनवाँ के डोला।।
सखिया सजाई देली, सोरहो सिंगारवा
धरि के निकाल देली, घर से बाहरवा

पाँच गज साड़ी देके, बाँस के खटोला।। दुअरा।।
छाती पिटी माई रोवे, भरी अँकवरिया
अब नाहीं लौटी मोर, आँखि के पुतरिया
नान्हे के इयार रोवे, रात भर कोला।। दुअरा।।
निपट अनारी नाहीं, बानी कवनो गुन के
छतिया के हाड़ हिले, बात सुन सुन के
अपने नइहरवा में, कवन गत होला।। दुअरा।।
चमड़ी पै दमड़ी, बटोरलीं करोड़ के
अचके में चल देली, सब कुछ छोड़ के
संग नाहीं साथी कोई, अकसर चोला।। दुअरा।।
मोर तोर तोर मोर, भईल सब सपना
झूठमूठ लोग कहल, परगन के अपना
सब लोग मिलीजुली, सत्य नाम बोला।। दुअरा।।

हिन्दी अर्थ : प्रस्तुत गीत निर्गुण है। यह भौतिक संसार आत्मा का नैहर है। उसका असली निवास तो ससुराल है। उसे स्थायी रूप से ससुराल में अपने प्रियतम परमात्मा के साथ रहना है। परंतु भ्रमवश आत्मा अपने नैहर को ही ससुराल मान बैठती है। इस त्रासदी का अत्यंत मार्मिक चित्र कवि ने प्रस्तुत कविता में उकेरा है। कवि कहता है कि हे आत्मा रूपी नायिका, तुम्हारा यह गाँव और यह टोला छूटने वाला है क्योंकि दरवाजे पर गवना की डोली आ पहुँची है। तुम्हारी सभी निकटस्थ सखियाँ तुम्हें सोलह शृंगार करके घर से बाहर निकाल देंगी। यहाँ से वे तुम्हें सिर्फ पाँच गज की साड़ी और बाँस का एक खटोला देंगी। तात्पर्य यह है कि मृत्यु के बाद यह संसार तुम्हें सिर्फ कफन और टिकठी देता है। तुम्हारी माँ यह जानकर छाती पीटेगी कि मेरी कन्या (आँखों की पुतली) अब नहीं लौटेगी। वह सिर्फ तुम्हें अँकवार देगी। बचपन के साथी रोएँगे। गली-मुहल्ला के लोग रोएँगे। परन्तु सिर्फ रोएँगे। तुम्हारे साथ कोई जानेवाला नहीं है। सचमुच तुम निपट अनाड़ी हो। तुममें कोई गुण नहीं है। यह बात सुन-सुनकर मेरी छाती दहल रही है। आश्चर्य कि अपने नैहर ही में मेरी क्या दुर्गति हो रही है। मैंने तो यहाँ करोड़ों की कमाई की। मगर ससुराल जाते वक्त सब कुछ छोड़ना पड़ रहा है। मित्रमंडली एवं परिवार के लोग भी साथ नहीं जाएँगे। सिर्फ मेरा अकेला चोला ही वहाँ जाएगा। वास्तविकता तो यह है कि इस भौतिकवादी संसार के जितने भी रिश्ते हैं, सब झूठे हैं। परगन कवि कहते हैं कि नैहर के लोग झूठमूठ 'मोर तोर तोर मोर' कहा करते थे। वह सपना था। वास्तविकता तो यह है कि वे सभी लोग जो मेरे थे, सभी मिलकर मुझे सत्यनाम कहते हुए विदा कर देंगे।

तीन :

पिया मोरे सुते खरिहनिया ए लोग
साँच कहीं बतिया।। पिया।।
अपने तो सुझे नाहीं, कहलो पर बुझे नाहीं
कइसे घरे रहेली परनिया ए लोग
साँच कहीं बतिया ।। पिया।।
आसरा में जागल जागल, मनवा हो जाला पागल
ना जाने ई का करी जवनिया ए लोग
साँच कहीं बतिया।। पिया।।
राम जाने कवना घरी, खाला ऊँचा गोड़ परी
देवरा मोरा निरखेला बदनिया ए लोग
साँच कहीं बतिया।। पिया।।
कहे परगन दास, जिला रोहतास खास
कचनथ में जेकर बा मकनिया ए लोग
साँच कहीं बतिया ।। पिया।।

हिन्दी अर्थ : कविता में एक विहरिणी नायिका के वियोग का चित्रण है। परन्तु गायक कहीं दूर विदेश नहीं गया है। वह गाँव में ही है। गाँव के लोग रात में धान-गेहूँ का गल्ला अगोरने के लिए खलिहान में सोया करते हैं। नायिका का पति भी भरी जवानी में खलिहान में सो रहा है। इसलिए नायिका की शारीरिक तड़प पति के रहते हुए भी बनी रहती है। वह कहती है कि मेरा पिया खलिहान में सोता है। यह बात सच है। उसको स्वयं तो मेरी काम-पीड़ा की समझ नहीं है, पर समझाने पर भी वह समझता नहीं है। मेरी स्थिति रात में जागे-जागे और उसकी बाट खोजते-खोजते खराब हो जाती है। पता ही नहीं चलता कि मेरे यौवन का क्या होगा? हम लोगों के पूर्वज कहा करते थे कि यौवन जब शरीर पर सवार होता है, तब सभी दुश्मन हो जाते हैं। ऐसे बौराए यौवन में यदि मुझसे कोई यौन-सम्बन्धी अपराध हो जाएगा, तब मैं क्या करूँगी? यहाँ तो मेरा देवर भी मेरे गदराए हुए शरीर को ध्यानपूर्वक देख रहा है। कवि परगन कहते हैं कि मेरा गाँव कचनथ है जो खास रोहतास जिले में पड़ता है।

चार :

अपना मतलब से बेद शास्त्र बनावल गईल बा।
देके ईश्वर के नाम से डेरवावल गईल बा।।
सत्य चित आनंद मिलल, तब सचीतानंद कहाईल।
अइसन ईश्वर के सृष्टि में, दुख कहाँ से आईल।।

आँखि देके अन्हर छोपनी घुमावल गईल बा।
अपना मतलब से बेद शास्त्र बनावल गईल बा।।
कोई निर्धन कोई धनी, जगत में कोई नीच कोई ऊँचा।
न्यायकारी ईश्वर काहें, फिर अइसन नक्शा खींचा।।
जइसे हाथ धर के नक्शा खींचवावल गईल बा।
अपना मतलब से बेद शास्त्र बनावल गईल बा।।
सर्वशक्ति ईश्वर के जग में, लंगड़ा-लूला होता।
अन्तरयामी के जाने में, कोई हँसे कोई रोअता।।
तोहरा लिखल नइखे सबुर धरावल गईल बा।
अपना मतलब से बेद शास्त्र बनावल गईल बा।।
इच्छारहित ब्रह्म निर्गुण में, इच्छा कहाँ से आईल।
केकरा से ई जगत बनल, के माया में लपटाईल।।
हमके हारिल अइसन, लकड़ी धरावल गईल बा।।
अपना मतलब से बेद शास्त्र बनावल गईल बा।
वंचक गुरु कवि पंडित के, ई सब गोरखधंधा।
कबीरा कहे परख बिन परगन, परखत नइखे अंधा।।
जेकरा जिनगी के फुनगी चरावल गईल बा।
अपना मतलब से बेद शास्त्र बनावल गईल बा।।

हिन्दी अर्थ : प्रस्तुत कविता में कवि ने ब्राह्मणवाद एवं उसके शोषण तंत्र का पर्दाफाश किया है। कवि के अनुसार वेद और शास्त्रों की रचना ईश्वर ने नहीं की है। ये रचनाएँ तो सिर्फ अवर्ण जातियों को धर्म के नाम पर डरवाने का उनका साधन हैं। वे अर्थात ब्राह्मणवाद के पोषक लोग इनका इस्तेमाल सिर्फ अपने स्वार्थ के लिए करते हैं। सत्, चित् और आनंद के योग से सच्चिदानंद की उत्पत्ति है। फिर इस आनंदमयी सृष्टि में दुख कहाँ से आया है? कहना न होगा कि आम जनता का दुख उसकी आँखों पर अन्हरछोपनी देकर ब्राह्मणवाद ने ही लाया है। इस संसार में कोई निर्धन है और कोई धनी है। कोई नीच है और कोई ऊँच है। यह ऊँच-नीच अर्थात् जाति-पाँति का नक्शा किसका बनाया हुआ है? ईश्वर तो न्यायकारी है। वह समतामूलक समाज मे विश्वास करता है। फिर वह जाति-प्रथा अपने देश में कहाँ से आयी है? सचमुच जाति-प्रथा ब्राह्मणवाद की देन है और यही ब्राह्मणवाद के पोषक लोगों ने यह ऊँच-नीच का नक्शा बनाया है। इसलिए कवि ने लिखा है कि समाज में व्याप्त जातिगत ऊँच-नीच की श्रेणियाँ ईश्वर का हाथ पकड़कर धर्म के ठेकेदारों ने उनसे खिंचवाई है। ईश्वर सर्वशक्तिमान है। वह जो भी करता है, ठीक करता है।

जिसके भाग्य में जो लिखा होत है, वही होता है। ये कर्मवाद और भाग्यवाद की बातें उसी ब्राह्मणवाद के औजार हैं जिसके माध्यम से जनता का शोषण हो रहा है। कवि कहता है कि जब निर्गुण ब्रह्म इच्छारहित है, तब वह क्यों इच्छा रखकर अवतार लेता है। जगत, माया और ईश्वर का यह जाल उन्हीं लोगों ने फेंका है जो समाज को धर्म के नाम पर लूटना चाहते हैं। निम्नवर्ग के लोगों के लिए तो सभी ब्राह्मणपोषित आडंबर एक प्रकार से हारिल पक्षी की लकड़ी है। समाज में जितने भी ठग गुरु, कवि और पंडित हैं, वे ही इस गोरखधंधे को चला रहे हैं। कवि परगन कबीर के बहाने कहते हैं कि हे अंधानुयायियों, तुम ऐसी तिकड़म को परखो क्योंकि तुम्हारे जीवन की फुनगी ही इन लोगों ने चरा दी है। तुम ठूँठ हो चुके हो और बिना फुनगी के तुम्हारा विकास कैसे होगा?

पाँच :

देहिया पाँच तत्व से जिउआ के मकान बनल बा।
एकरा कमजोरी से दोसरा के दालान बनल बा।।
लागल रहे कुंभ के मेला, घर से गईलन घुमे अकेला
घुमके एक दिन अईलन काशी, जहवाँ शंकर जी अविनाशी
ई अपना के रहन बहतर, एगो मिलल उहाँ अठतर
कहलस बड़ा भाग से अईल, एहिजा दान पुण्य कुछ कईल
पहिले गंगा में नहा ल, नौ पुरुखन के पाप कटा ल
सेतीहे दक्षिणा नाहीं खाईब, तोहके बैकुंठे पहुँचाईब
बाड़ पढ़ल लिखत त देख पोथी पुरान बनल बा।। टेक।।
बिगड़ल रहे पेट में बाई, ना डाक्टर से भईल दवाई
मन में बन्हलन भूत के बोझा, एगो रहे हँकडुआ ओझा
कहलस खात रह जहाँ पुआ, देखत रहे पुरनकट मुआ
तोहरा देह पर बिया मरी, उहे कईले बिया लदझरी
हमार गुरु रहन बढ़डईया, उनके से सीखलीं ओझईया
दिहलन असकामीन एक जीन, लाव मुर्गा कहीं से कीन
रोपेया नगद सवा गो डलिया में रोजान बनल बा। टेक।।
कहीं उमा मैं अनुभव अपना, सत हरी भजन जगत सब सपना
सुनली ज्ञान ओही दिन जागल, जनलीं दुनिया बाटे पागल
झुठे मर मर के कमाता, काहक दर दर ठोकर खाता
दुनिया दो दिन के मेला, संग में जाई नाहीं अधेला
अब हम लिहलीं राम लोटकिया, छोड़ब हर जोतल अरु कटिया

जोड़ब राम नाम से नाता, घुमब बिन भाड़ा कलकता
ओहिजा राम नाम भवसागर से हेलान बनल बा।। टेक।।
बढ़ल भरम जाल जग भर में, सब साधन बा अपना घर में
जेतना कथनी जग में होता, हउवे केकर बनावल पोथा
पहिले ओकरे के पहचान, अनजाने सीरकी मत तान
पानी पथर के पुजवावल, हउवे जीउवे के भरमावल
सतुआ लिटी चोखा ना आलु, पितर गया में खालन बालु
कबीरा बिन काया के रहलन, खोज खोज सार शब्द सब कहलन
परगन जीउवे से जीउवा पर गरुड़ पुरान बनल बा। टेक।

हिन्दी अर्थ : कवि परगन की यह कविता एक साथ कई सामाजिक आडंबरों, कुरीतियों एवं पाखंडों का पर्दाफाश करती है। कवि परगन कहते हैं कि पाँच तत्व के कारण ही यह शरीर जीव के लिए मकान बना है। ऐसा शरीर जब कमजोर हो जाता है, तब दूसरे आकर तुम्हारे शरीर को दालान बनाकर रहने लगते हैं। आत्मविश्वासी बनो वरना तुम्हारे शरीर का गलत इस्तेमाल ढोंगियों के द्वारा होता रहेगा। एक बार कुंभ का मेला लगा था। घर से एक आदमी मेला घूमने गया और वह घूमते-घूमते शंकर जी की नगरी काशी में पहुँच गया। वहाँ उसे एक पाखंडी मिला। उसने तीर्थयात्री से कहा कि तुम बड़े भाग्य से यहाँ आए हो। कुछ दान-पुण्य कर लो। पहले गंगा जी में स्नान कर लो। कारण कि गंगा-स्नान से तुम्हारे नौ पुरखों का पाप कट जाएगा। हम मुफ्त में दक्षिणा नहीं खाते हैं बल्कि तुम्हें मैं स्वर्ग पहुँचा दूँगा। यदि तुम पढ़े-लिखे हो तो यह पोथी और पुराण देख लो। कविता के दूसरे भाग में कवि ने ओझा लोगों पर कटाक्ष किया है। एक आदमी के पेट में वायु हो गयी थी। उसे डॉक्टर के यहाँ दवा नहीं मिली। इसके बाद उसके मन में भूत का भ्रम हो गया। वह एक नामवर ओझा के यहाँ गया। ओझा ने रोगी से कहा जब तुम पूआ खा रहे थे, तब एक पुराना मुआ (मृतात्मा) ने तुम्हें देख लिया था और उसने तुम्हारे देह पर मरी (एक प्रकार का भूत) फेंक दिया है। उस मरी के कारण ही तुम्हारा पेट झड़ रहा है। हम अपने बढ़डईया गुरु से ज्ञान हासिल किए है। उन्होंने मुझे एक जीन दिया है। वह असकामिन (भूतनी का एक प्रकार) है। तुम मुर्गा कहीं से खरीद लाओ और सवा रुपया नगद मेरी डाली में डाल दो। तुम ठीक हो जाओगे। तीसरे भाग में पाखंडी साधु-संतों पर कटाक्ष है। कवि अपना अनुभव बाँटते हुए कहता है कि हरि का भजन सत्य है और जगत सपना है। जब मुझे यह ज्ञान हुआ, तब से मैं यह जान गया कि दुनिया के लोग पागल है। जब संसार स्वप्न है, तब झूठे मर-मरकर कमाने से क्या फायदा है? जब यह दुनिया दो दिनों का मेला है और यह भी कि जब एक अधेला भी साथ नहीं जाएगा, तब हल चलाने और फसल की कटनी करने से क्या लाभ है?

अच्छा तो यह है कि रामलुटिया लेकर साधु बन जाएँ। कारण कि साधु बनने से कोई काम नहीं करना पड़ेगा और बिना भाड़ा दिए कलकत्ता भी घूमने को मिल जाएगा। कलकत्ता में तो भवसागर पार करने के लिए हेलान ही है। कविता के चौथे भाग में कवि ने मूर्तिपूजा, तर्पण आदि का विरोध किया है। कवि का मानना है कि पहले उसकी पहचान करो जिसने पोथी-पत्रा बनाया है। जब उसे तुम पहचान लोगे, तब संसार भर में फैला हुआ भ्रम तुम्हारी आँखों के सामने स्पष्ट हो जाएगा। पानी और पत्थर की पूजा एक प्रकार का भ्रम है। गया में पितरों का पिंडदान भी मिथ्या है। पितरों के लिए किए गये तुम्हारे दान वहाँ तक पहुँचते नहीं हैं। मेरे कहने से पहले कबीर ने इस सम्बंध में बहुत कुछ कह दिया है। परगन कवि कहते हैं कि गरुड़ पुराण तो सिर्फ शोषण करने के लिए रचा गया है।

छः :

बड़ा नीक लागे आपन गाँव
तूँ—तोहरा, रावाँ-रउआ सब कहे ओही ठाँव।। बड़ा।।
काका-भईया, अईया-मईया, लोग कहेला खोरी में
हर जाति से नाता बा जईसे, मुँदरी ढोलकी के डोरी में
गुड़ चूरा फाँकत जाला, लइका बुढ़वा ले झोरी में
एक सुर एक ताल में सुनलीं, फगुआ गावत होरी में
खेल कबड्डी धुहा में आपन देखे मरदाँव।। बड़ा।।
माटी के अंगना में लइका, घुसकुरिया काटत जाला
दूध भात से मन उबीठल, माड़-भात टटके खाला
कबीली के टोरा खइला पर, हहरल जियरा भर जाला
हरिअर सगिया के आगे, आलू मउराइल रह जाला
भउजी अपना भईया के भेंट करेली धरके पाँव।। बड़ा।।
सुगवा के पँखिया अइसन, पतीया बा मटर मसुरिया के
भेंड़िया के मुड़िया अइसन, फर लटके डाढ रहरिया के
तोरिया फूल समधी अइसन, बान्हेला पिअर पगरिया के
गेहूँआ के उमिया खईब, मन लपकी देख कचरिया के
धान फोर अंगना में उड़त करे चिरईया चाँव।। बाड़ा।।
होरहा भुँजत जे देखी, कोई ना कही खेत कबरले बा
तातल गुड़ खईब कतना तूँ, काका के कल गड़ले बा
कनई में बा गाँव मगर, हीरा अपना में भरले बा
ईहे लोग अपना छाती पर, देश के बोझा अड़ले बा
सिकहर पर के दही बिलरीया खाके बोले माँव।। बाड़ा।।

नया बहुरिया पहिला दिन, पानी भरे जाली ले गगरी
आँख लुकाई के अँचरा में, चाहे भींजत बा भींजो चुनरी
पुरखन के हउवे एक, लाज के बान्हल बा गेठरी
जेकरा माथे से गिर जाई, परगन के हाथें ना सम्हरी
सगुन काढ़ाला खपड़ा पर जब बोलेला कौआ काँव।। बाड़ा।।

हिन्दी अर्थ : प्रस्तुत गीत में ठेठ गाँव का चित्रण है। कवि कहता है कि अपना गाँव अत्यंत प्यारा लगता है। यहाँ 'तूँ-तोहार, रावां-रउआ' एक-दूसरे को लोग कहते हैं। यहाँ की गली-गली में काका, भईया, अईया और मईया का प्यारा संबोधन सुनाई पड़ता है। प्रत्येक जाति के लोगों में यहाँ ऐसा प्रेम है मानो ढोलक की डोरी में कई प्रकार की मुँदरियाँ लगी हों। यहाँ बूढ़े और बच्चे एक साथ झोली में चिउड़ा फाँकते राह चलते हैं। गाँव के सभी लोग फागुन में एक सुर और ताल में होरी गाते हैं। कोई मतभेद नहीं। परन्तु धुहा और कबड्डी जैसे खेल में सभी अपना-अपना पुरुषार्थ दिखलाते हैं। यहाँ मिट्टी के आँगन में शिशु अपने घुटनों के बल चलते हैं। दूध-भात से गाँव के बच्चों का मन ऊबा हुआ है। सभी ताजा माड़-भात पसन्द करते हैं। भूना हुआ मटर खाने पर जी तृप्त हो जाता है। हरे साग के समक्ष आलू फीका लगता है। गाँव की भाभियाँ अपने भाई के पैर पकड़कर भेंट किया करती हैं। यहाँ सुग्गे के पंख जैसे मटर और मसूर के पत्ते हैं। अरहर की टहनियों में लटकी फलियों का झौंर ऐसा लगता है मानो सिर झुकाए भेड़ों का समूह हो। सरसों के सिर पर पीले फूल तो समधी की पीली पगड़ी जैसी लग रही है। कभी मन भूने हुए गेहूँ खाने को करता है तो कभी चने की छीबियाँ देख ललच जाता है। धान फोड़कर आँगन के ऊपर उड़ती हुई चिड़िया चाँव-चाँव कर रही हैं। यहाँ यह नहीं पूछा जाता है कि होरहा के लिए लाई गयी फसल किसके खेत में उखाड़ी गयी है। यहाँ आप काका के कोल्हुआड़ में भर पेट गर्म-गर्म गुड़ खा सकते हैं। निश्चित रूप से गाँव कीचड़ों के बीच बसे हैं। परन्तु भारत के गाँव अपनी झोली में हीरा भरे हुए हैं। कारण कि देश का बोझ ये गाँव ही अपनी छाती पर थामे हुए हैं। यहाँ सिकहर पर का दही खाकर बिल्ली म्याऊँ-म्याऊँ बोलती है। कवि ने सिर पर गगरी लिए पानी भरने के लिए जाती हुई नयी नवेली दुलहिन का अत्यंत गत्यात्मक चित्र प्रस्तुत किया है। वह आँचल में अपनी आँखें छिपाए पहले दिन इतने संकोच के साथ जाती है कि उसकी साड़ी भींग जाती है, परन्तु वह इस भींगने से बेफिक्र है। कारण कि हमारे पूर्वज उसे बिना घूँघट काढ़े पनघट पर जाने के लिए मना किए हुए हैं। ग्रामीण बहुओं के लिए यह लाज-हया अत्यंत नाजुक मामला है। एक बार मर्यादा भंग होने पर फिर उसकी भरपाई संभव नहीं है। गाँव में सगुन तब निकाला जाता है, जब खपरैल का काग बोलता है। सचमुच अपना गाँव अत्यंत प्यारा लगता है।

2. भोजपुरी के तथाकथित नक्सली कवि नारायण महतो

कवि नारायण महतो के पूर्वज मूलतः उदवंतनगर प्रखंड के कसाप गाँव के निवासी थे। परन्तु उनके पिता किसी कारणवश चरपोखरी प्रखंड के सेमराँव गाँव में आ बसे थे। कवि नारायण महतो के पिता का नाम जगत महतो था। उनके पास सोलह बीघे की सिंचित भूमि थी। उनकी यह जमीन पुश्तैनी थी। परन्तु बाद में चलकर उनकी पुस्तैनी जमीन पर विवाद खड़ा हो गया और पूरी जमीन उनसे छीन ली गयी। इस प्रकार जगत महतो एक मध्यम श्रेणी के किसान से भूमिहीन मजदूर बन गये। इस प्रकार उनका पूरा परिवार आर्थिक संकट और घोर विपत्ति की चपेट में आकर बरबाद हो गया।

बताया जाता है कि जगत महतो की जमीन पर एक राजपूत सामंत ठाकुरदयाल सिंह की नजर गड़ी हुई थी। ठाकुर दयाल सिंह के तीन पुत्र थे। तीनों ताकतवर थे। उन लोगों ने कई प्रकार की तिकड़मों एवं जोर-जबरदस्ती करके उनकी जमीन को अपने कब्जे में ले लिया। कई सालों तक जगत महतो के परिवार वालों ने जमीन के लिए मुकदमा लड़ा। परन्तु नतीजा सिफर रहा। मुकदमे में नारायण कवि का परिवार कंगाल हो गया। इससे बड़ी त्रासदी तो यह हुई कि नारायण कवि को ठाकुरदयाल सिंह के एक दामाद ने कत्ल के एक झूठे मामले में फँसा दिया गया। नारायण कवि गिरफ्तार होकर जेल गये। बाद में वे किसी तरह जमानत पर रिहा हुए। परन्तु उनके भाग्य में सुख-चैन नहीं लिखा था। कई बार वे ठाकुरदयाल सिंह के गुर्गों द्वारा पीटे गये। उन पर जानलेवा हमले भी हुए। अंततोगत्वा कवि को अपना घर भी छोड़ना पड़ा।

कवि नारायण महतो गरीब परिवार से आते थे। कुछ दिनों तक वे बैलगाड़ी से बोझ ढोते रहे। इसीलिए उनकी पढ़ाई बहुत आगे तक नहीं हो सकी। उन्होंने सिर्फ सातवी कक्षा तक ही शिक्षा पाई थी। उनकी शादी छोटी उम्र में हो गयी थी। उनके चार पुत्र थे। चार पुत्रों में से दो उनके सामने ही मृत्यु को प्राप्त हो चुके थे। उनके एक पुत्र सुरेश महतो को हदियाबाद के जमींदारों ने जिंदा जला दिया था। ऐसी परिस्थिति की चपेट में आकर धर्मभीरु स्वभाव के नारायण महतो धीरे-धीरे नक्सलवादी बन गये और पार्टी में शामिल होकर अपने गीतों के माध्यम से उन्होंने जन-गोलबंदी शुरू कर दी। प्रेमकुमार मणि ने लिखा है कि नारायण कवि एक नाच पार्टी के गवैया थे। भोजपुर में जब जागरण की लहर उठी और गरीब-गुरबे अपनी इज्जत और रोटी की लड़ाई के लिए गोलबंद होने लगे, तो नारायण कवि भी पीछे नहीं रहे। जिनके गीत कभी सामंतों-जमींदारों के मन में खुमार लाते थे, अब किसान-मजदूरों में जान लाने लगे। नारायण कवि, जिन्हें भोजपुर की गरीब जनता कवि जी के नाम से जानती है, ने केवल गीत ही नहीं गाये, जरूरत पड़ने पर लड़े भी। 1972 ई. के अंतिम दिनों में वे भूमिगत हो गये। एक नक्सली के रूप में उनके नाम का जिक्र पुलिस रिकार्ड में तब दर्ज हुआ, जब 2 जुलाई, 1975 ई. को बहुआरा में की गयी पुलिस घेराबंदी

तोड़ने में उनकी पहचान डॉ. निर्मलकुमार के साथी के रूप में की गयी। डॉ. निर्मल कुमार संदेश प्रखंड के बरोरा गाँव के निवासी थे। वे सामंतों के अत्याचार से मेडिकल की पढ़ाई छोड़कर नक्सलवादी हो गये थे। कवि नारायण महतो और डॉ. निर्मल कुमार दोनों जाति के कोइरी थे। प्रेमकुमार मणि ने लिखा है जैसा कि मैंने सुना है, जब वह अपनी प्यारी जनता के बीच गा रहे थे, पुलिस ने आक्रमण किया और उन पर गोली दाग दी। मजूदर-किसानों के अमर-गायक नारायण कवि गाते-गाते शहीद हो गये। बताया जाता है कि आरा में पुलिस अधीक्षक के आवास पर उनकी लाश लायी गयी, तब हजारों लोग इस जनकवि को देखने के लिए टूट पड़े। यह भी बताया जाता है कि गंगी घाट पर उनके अंतिम संस्कार के वक्त हजारों भीगी हुई आँखों ने अपने लोकप्रिय कवि को विदाई दी। बिहार के अखबारों ने अपनी रिर्पोटिंग में उन्हें 'नक्सलवादी अपराध विज्ञान के सिद्धांतकार' के रूप में प्रस्तुत किया और लिखा कि नारायण कवि की पुलिस को कई मामलों में तलाश थी और उन पर पाँच हजार रुपये का इनाम घोषित था। परन्तु नारायण कवि के गीत आज भी मरे नहीं हैं। उनके गीत की गूँज अभी भी भोजपुर के लाल इलाके में सुनाई देती है। रामेश्वर साधु की स्मृति में लिखे गये उनके गीत काफी लोकप्रिय है। रामेश्वर साधु का जन्म एकवारी गाँव के एक ग्वाल परिवार में हुआ था। रामेश्वर साधु की माँ काफी पहले मर चुकी थी। इसलिए उनका पालन-पोषण सही ढंग से नहीं हो सका। वे धीरे-धीरे डाकुओं और बदमाशों की दुनिया में प्रवेश कर गये। परन्तु रामेश्वर अहीर एक दूसरे ही किस्म के डकैत थे। तभी तो गाँव के लोग उन्हें साधु जी कहा करते थे। समय के साथ-साथ रामेश्वर अहीर भी मास्टर जगदीश प्रसाद के साथी हो गये और नक्सलियों की फेहरिश्त में उनका नाम भी नाम जुड़ गया।

मार्च 1974 ई. में चिल्हौस में पड़े छापे के दौरान घायल बाँह और पेट की बीमारी से पीड़ित रामेश्वर अहीर को पुलिस ने नंगे बदन, लुंगी पहने सोनाटोला से मकर संक्रान्ति के दिन गिरफ्तार किया। 20 जनवरी, 1975 ई. को आर्यावर्त अखबार ने अपनी रिपोटिंग में लिखा है कि पुलिस अफसर ने गिरफ्तार और निहत्थे रामेश्वर अहीर पर दो बार गोलियाँ चलाई थी। इस प्रकार धमनिया की पुलिस के पास उनकी जीवन यात्रा पूरी हो गयी। यह रामेश्वर अहीर के दुखद अंत की कहानी है जिसने पुलिस के सामने अपना यह अंतिम वक्तव्य दिया कि मुझे शूट कर दो। मैं कोई अपराधी नहीं हूँ। गरीबों की इज्जत और रोटी के लिए हमने संघर्ष किया है और यह कोई अपराध नहीं है। नारायण महतो अत्यंत प्रतिभासंपन्न कवि थे जिनकी चर्चा महाश्वेता देवी ने अपने उपन्यास 'मास्टर साहब' में की है। यहाँ प्रस्तुत है साधु जी की स्मृति में लिखा गया नारायण कवि का एक गीत।

एक :

कहलो ना जाला ई दुख साधु साथी।
बरुही, बरुना बाघी दुख रोअत बा।

बेरथ रोअता सिर धुन के साधु साथी।
आयर, चिल्हौस, दच्चना रोअत बा
पसउर रोअत बा दुख से साधु साथी।
कहलो ना जाला ई दुख साधु साथी।

हिन्दी अर्थ : रामेश्वर अहीर को पुलिस मुठभेड़ दिखाकर मार डालती है। चारों तरफ उनकी मृत्यु के कारण शोक की लहर फैली हुई है। आस-पड़ोस के सभी गाँव रो रहे हैं। कवि कहता है कि ऐसे संकट की घड़ी में जनता को जो दुख हो रहा है, उसे शब्दों में बाँधना कठिन है। बरुही, बरुना और बाघी जैसे गाँव साधु जी के वियोग में चित्कार करके रो रहे हैं। हे साधु जी, सिर धुनकर बेरथ भी आँसू बहा रहा है। आयर, चिल्हौस, दच्चना सभी रो रहे हैं। दुख से पसउर भी रो रहा है। हे साधु जी, सचमुच यह दुख कहा नहीं जा रहा है।

दो :

हमनी के ले ले जाला पापी दुसमनवा, जेहलखानवा
झूठो के बताके शैतनवा, जेहलखानवा।। हमनी।।
हमनी के नान्ह जात।
कसहूँ कमात खात।
झूठो के बनाके बेइमानवा, जेहलखानवा।। हमनी।।
साधु के बनाई भेस।
कि आली-जाली लड़ीं केस।।
साँसत में परल बा परानवा, जेहलखानवा ।। हमनी।।
जोतीं बोईं काटीं दाना।
तबो ध के जाईं थाना।।
हाथ में धराके हथियरवा, जेहलखानवा।। हमनी।।
कहेलन नारायण गाई।
सुनीं सभ गरीब भाई।।
पुलिस से अब कइसे बाँची जानवा, जेहलखानवा।। हमनी।।

हिन्दी अर्थ : ऐसा लगता है कि प्रस्तुत गीत कवि नारायण महतो ने तब लिखा होगा, जब पुलिस उन्हें झूठे मुकदमें में फँसाकर नक्सली घोषित कर दी होगी। कवि का कहने का भाव यह है कि हम जैसे निर्दोषों को पुलिस फर्जी मुकदमे में फँसाकर जेल ले जाती है। हम लोग छोटी जाति से आते हैं। किसी तरह कमाते-खाते हैं और अपनी जीविका चलाते हैं। परन्तु पुलिस झूठमूठ का बेईमान बताकर हम लोगों को जेल में ठूँस देती है। हमलोग ऐसी विकट परिस्थिति में क्या करें, कुछ पता नहीं चलता है। कभी मन करता

है कि घर-द्वार छोड़कर साधु हो जाए। कभी मन करता है आखिर भरा-पूरा परिवार छोड़कर कहाँ भागा जाए? बेहतर तो यह होगा कि झूठे मुकदमे को भी लड़ा जाए। हम लोगों के प्राण पेशोपेश में पड़े हैं। हम लोग खेत जोतते हैं। उसमें फसल बोते हैं। फसल की कटनी करते हैं। बावजूद इसके हमें पकड़कर थाने में ले जाया जाता है। कारण कि पुलिस हमारे हाथों से हँसिया छीनकर बन्दूक थमा देती है और नक्सलवादी घोषित कर देती है। कवि नारायण सभी गरीब भाइयों को सुनाकर गाते हैं कि आखिर हम लोगों की जान पुलिस की ऐसी तिकड़मबाजी से कैसे बचेगी?

तीन :

चारों ओर से घेरले बा पापी दुशमनवा, जाग भइया
अब कइसे बाँची जानवा, जाग भइया।
हमनीका रोटी-बेटी भइल सब निलामवा, जाग भइया
अब कइसे बाँची जानवा, जाग भइया।
सुतले सुतल बीतल पुरुखन के उमरिया, जाग भइया
अब तोहरे कान्ही भारवा, जाग भइया।
कहिए से घेरले बिआ कारी ई बदरिया, जाग भइया
फार जुलुम के अन्हरिया, जाग भइया।

हिन्दी अर्थ : यह एक प्रकार का जागरण गीत है। कवि कहता है कि कमजोर तबके के लोगों को चारों ओर से जमींदार-सामंत रूपी दुश्मन घेर लिए हैं। ऐसे में अपनी जान बचाना भी मुश्किल है। इसीलिए सभी शोषित भाई लोग जग जाएँ। हम लोगों का धन और धर्म दोनों नीलाम हो चुका है। रोटी भोजन का और बेटी इज्जत का प्रतीक है। दोनों दाँव पर लगी है। इसलिए अब जग जाना है। हम लोगों के पूर्वज सोए रहे। उन लोगों पर बेइंतहा अत्याचार सामंतों का होता रहा। अब पूर्व में हुए जुल्म और अत्याचार समाप्त करने की जिम्मेवारी हम लोगों के कंधों पर है। इसलिए अब जग जाना है। यह संकट और विपत्ति का बादल बहुत दिनों से दलित वर्ग के लोगों को घेरे हुए है। अब इस जुल्म के घोर अंधकार को फाड़ देना है। हे समाज के शोषित भाइयों, जाग जाओ।

●

प्राध्यापक, स्नातकोत्तर हिन्दी विभाग
एस.पी.जैन कॉलिज, सासाराम (बिहार)

छत्तीसगढ़ी गउरा उत्सव के संदर्भ में :

मिथ का समाजशास्त्र

गोरेलाल चंदेल

लोक जीवन में मिथ की बहुत महत्वपूर्ण भूमिका होती है। मिथ लोक के लिए ऊर्जा का स्रोत होता है। मिथ से लोक को जीने की ताकत मिलती है। मिथ उनका सांस्कृतिक सरोकार है। इसलिए जीवन के हर तीज, त्योहार, पर्व, उत्सव से कोई न कोई मिथ जुड़ा होता है। लोक जीवन में मिथ के विविध रूप दिखाई देते हैं। नीम के पेड़ में देवी का मिथ, पीपल के पेड़ में राक्षस का मिथ, वटवृक्ष में 'बरमदेव' का मिथ। प्राकृतिक उपादान भी लोकजीवन में मिथ से जुड़ जाती है और उसके साथ तरह-तरह की मिथकीय कथाएँ जुड़ जाती हैं। पत्थर के अनगढ़ ढेर में कहीं लोक जीवन को 'ठाकुर दइया' दिखाई देता है तो कहीं 'सहड़ा देव'। कहीं 'बगरन पाट' दिखाई देता है तो कहीं 'दुल्हा देव' या 'बूढ़ा देव'। कहीं 'चेन्दरी माता' रूप है तो कहीं 'शीतला माता' का। इस तरह मिथकों के अनेक क्षणों के बीच लोक जीवन हँसता, खेलता और संघर्ष करता है। लोक जीवन मिथकों को जीता नहीं है, वरन इनसे जीवनी शक्ति लेता है। लोग अपनी परिस्थिति से संघर्ष करने की क्षमता ग्रहण करते हैं और निराशा और हताशा से दूर रहकर जीवंतता और जिजीविषा को आत्मसात करते हैं। लोक के लिए ये मिथ, मरने-जीने का सवाल भी

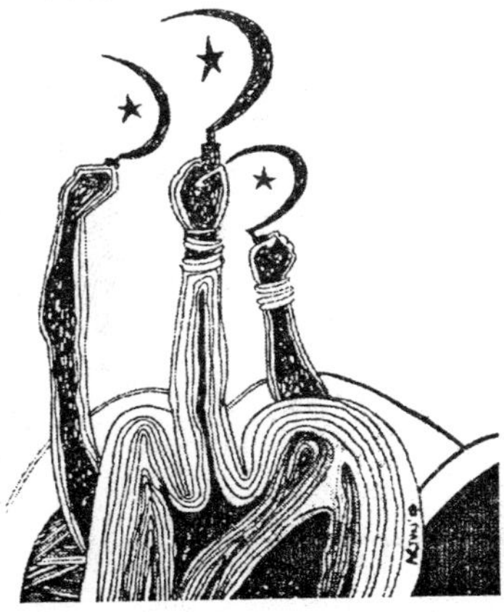

नहीं बनते। जब समय आया उसकी पूजा कर लेते हैं और ऐसा समय भी आता है कि उस पर पैर रखकर निकल जाते हैं। लोक में मिथ दंत कथाओं के रूप में भी प्रचलित रहते हैं जो जीवन का हिस्सा बनकर भी जीवन से अलग रहते हैं।

पौराणिक मिथ को लोक जीवन ठीक उसी क्षण में ग्रहण नहीं करता। आंचलिकता के अनुसार उसके रूप बदलते जाते हैं। कई बार तो वे यह भी नहीं जानते कि किसी पुराण-कथा को अपने पर्वों और उत्सवों में स्थान दे रहे हैं। उसे वे अपनी परम्परा के रूप में मनाते हुए चले आ रहे हैं और वही उनके लिए सामाजिक सत्य बन जाता है। शिवपुराण में शिव का मिथ लोक जीवन को बिल्कुल अलग रूप में दिखाई देगा। देवीपुराण के अनुसार लोक, देवी की पूजा-अर्चना नहीं करता। अपनी जीवन शैली के आधार पर उसे वह स्वीकार करता है। लोक के लिए इन मिथों की परम्परा सर्वाधिक महत्वपूर्ण होती है। उस परम्परा को भी जैसे का तैसा लोक जीवन स्वीकार नहीं करता। समाज विकास की परिवर्तनशील प्रक्रिया के अनुसार उसमें नई चीजें जुड़ती जाती हैं और पुरानी चीजें काल और समय की गति में अनुपयोगी हो छूटती जाती हैं। लोक में यह प्रक्रिया निरंतर बदलती रहती है। इसलिए मिथ की परम्परा भी निरंतर बदलती रहती है और उसके रूप में परिवर्तन होते रहते हैं। लोक समाज में सामाजिक विषमता का ज्ञान नहीं होता। वर्ण-व्यवस्था और वर्ग-व्यवस्था की जिस त्रासदी से समाज को गुजरना पड़ता है, लोक उससे अनभिज्ञ रहता है। मिथकीय कथाओं के भीतर मौजूद समाजशास्त्र और सामाजिक इतिहास से उनको दूर रखा गया। फलस्वरूप उनसे सामाजिक अथवा आर्थिक समस्याओं के निदान के लिए मिथकीय कथाओं पर विश्वास करने के लिए विवश होना पड़ता है।

सुप्रसिद्ध समाजशास्त्री पूरनचंद जोशी ने कहीं कहा है कि 'भाग्यवादी दो तरह के व्यक्ति होते हैं। एक वे जो बहुत कम मेहनत करके अपेक्षा से अधिक पा जाते हैं और दूसरे वे जो हाड़-तोड़ मेहनत के बाद भी दाने-दाने के लिए तरसते हैं।' उन्होंने गंगा के कछार में रहने वाले लोगों का उदाहरण देते हुए कहा है कि यहाँ कम मेहनत से अधिक अर्जित होने के कारण लोक ईश्वरवादी और साथ ही भाग्यवादी होते हैं। हम यह देख सकते हैं कि इन्हीं क्षेत्रों में पौराणिक मिथकों का सबसे अधिक विकास और विस्तार हुआ है। साथ ही इन मिथकों को जीवन के मूल आधार के रूप में स्थापित किया गया है। वहाँ का लोक समाज भी उन मिथकों से बाहर जीवन संघर्ष की परिभाषा को न तो देख पाता है और न ही समझ पाता है। यहाँ मिथ को जिया जाता है। मानव श्रम गौण और अविश्वसनीय हो जाता है और मिथ की प्रधानता विकसित हो जाती है। इसलिए सब कुछ ईश्वरीय मिथ पर छोड़ दिया जाता है। यहाँ एक ऐसा वर्ग विकसित होता है जो मिथकीय आस्था के प्रचार-प्रसार के लिए, उसे जन-जन तक पहुँचाने के लिए साहित्य सृजन करते हैं और तरह-तरह के मिथों की रचना करते हैं। किन्तु यह भी सत्य है कि इन क्षेत्रों में भी समाज की वर्गीय संरचना काफी मजबूत दिखाई देती है। परजीवी वर्ग मिथों को अपनी

परजीविता का आधार बनाता है और मेहनतकश वर्ग में परजीवी वर्ग ही भाग्यवादी विचारों का विकास करता है। फलस्वरूप श्रमजीवी वर्ग अपनी निर्धनता या गरीबी के लिए भाग्य को ही दोष देने लगता है।

दूसरी तरह के लोग पहाड़ी या बनवासी लोग होते हैं। वे दिन-रात मेहनत करते हैं किन्तु प्रकृति की एक अलग तरह की संरचना के कारण अपने दो जून की रोटी जुटाने में भी असफल हो जाते हैं। यहाँ एक अलग तरह का समाजशास्त्र काम करता है। अधिक मेहनत के बावजूद जब वे अल्प ही प्राप्त कर पाते हैं, 'मड़िया' या 'कुटकी' के 'पेज' ही आधापेट नसीब हो पाता है तो वे मिथकीय देवी देवताओं की पूजा करने नहीं बैठ जाते वरन् फिर से दुगुने उत्साह से मेहनत करते हैं। पहाड़ को तोड़कर खेत बनाते हैं, पहाड़ों को तोड़कर पानी लाते हैं। उन्हें लगता है कि देवता हमारी मेहनत से, श्रम से संतुष्ट नहीं हैं इसलिए हमें अधिक परिश्रम करना चाहिए और श्रम का यह सिलसिला निरन्तर चलता रहता है। उन्हें भाग्यवाद निराश या हताश नहीं करता वरन् उनमें आशा और विश्वास का संचार करता है। यही वजह है कि यहाँ मिथकीय देवता उनके पर्वों और त्योहारों तक ही सीमित हो जाते हैं। वे अपने श्रम के बरक्स मिथ को खड़ा नहीं करते, उनके पर्वों और उत्सवों में मिथ का जो रूप दिखाई देता है उसके भीतर से एक अलग समाजशास्त्र की अनुगूँज सुनाई देती है। यहाँ न तो भजन हैं, न ही संध्या, न पूजा-पाठ है और न ही षोडषोपचार, सब कुछ जिन्दगी के भीतर से दिखाई देता है। शारीरिक अथवा सामाजिक समस्या को लेकर दौड़ते हुए किसी मिथकीय देवता के पास जाने की आपाधापी लोक-जीवन में नहीं दिखाई देती। लोक-जीवन मिथकीय देवताओं की आराधना में भी केवल अपनी परम्परा का निर्वाह करता है। यदि तीज-त्योहारों को मिथकीय देवताओं से न जोड़ा जाता तो संभवतः इन देवताओं के अस्तित्व भी खतरे में पड़ सकते थे।

छत्तीसगढ़ में बनवासी गोंड़ जाति काफी बड़ी संख्या में निवास करती है। इस जाति के अधिकांश लोग जंगल और पहाड़ों में रहते हैं। यह श्रमजीवी जाति है। इस जाति के लोग पहाड़ों को काटकर खेत बनाते हैं और धरती पर फसलों की हरियाली बिखेरते हैं। किन्तु पथरीली जमीन होने के कारण उनकी मेहनत का प्रतिफल उन्हें उतना नहीं मिल पाता जितना मिलना चाहिए। इस जाति के लोग वनोपज को भी अपने जीवनगत व्यवसाय के रूप में इकट्ठा कर बाजार में बेचते हैं। बाजार का चरित्र मुनाफे का होता है। इसलिए इन भोले-भाले बनवासियों को व्यवसायी मनमाने ढंग से लूटता रहता है। 'चिरौंजी' के बराबर नमक, 'महुए' के बराबर नमक, साल बीज और गोंद को पानी के मोल खरीदने आदि के बाजारू चरित्र को आसानी से देखा जा सकता है। चूँकि इतने अधिक श्रम के बाद भी जब यह जाति अभाव की जिन्दगी जीने के लिए विवश होती है तब इस अभाव को अपने भाग्य का ही दोष मान लेती है किन्तु इस अभाव से मुक्त होने के लिए न तो किसी देवी-देवता के शरण में जाती है और न ही उसकी आराधना में अपना समय बर्बाद करती

है। इससे निजात पाने के लिए और अधिक उत्साह से मेहनत करती है। किन्तु अपने तीज-त्योहारों की परंपरा का पालन भी पूरे उत्साह के साथ करती है।

गोंड़ जाति का प्रमुख देव 'बूढ़ादेव' कहलाता है। जिसके विभिन्न रूप इनके तीज-त्योहारों और पर्वों का आधार है। 'गउरा' छत्तीसगढ़ के गोंड़ जाति का महत्वपूर्ण पर्व है। जिसे इन वनवासी जाति के लोग कार्तिक कृष्ण तेरस से अमावस्या तक मनाते हैं। 'गउरा' शिव का ही लोक नाम है। पुराणों में शिव-विवाह की कथा मिलती है। पार्वती के सती होने के बाद शिव समाधि में चले जाते हैं, यानि समाधिस्थ हो जाते हैं। इधर राक्षसों का आतंक बढ़ जाता है। महाप्रतापी तारकासुर से देव संस्कृति काँप उठती है। देव संस्कृति जिसे आर्य संस्कृति भी कहा जाता है, के नष्ट होने का खतरा पैदा हो जाता है। देवराज इन्द्र तमाम देवताओं के साथ ब्रह्मा जी के पास गुहार लगाने जाते हैं। ब्रह्मा जी उन्हें बताते हैं कि तारकासुर का वध शिव और पार्वती से उत्पन्न पुत्र द्वारा ही संभव है। इसलिए समाधिस्थ शिव की समाधि तोड़कर उनका पार्वती के साथ विवाह कराने के प्रयास में जुटने से ही देव संस्कृति को बचाया जा सकता है। फिर देवताओं ने कामदेव के माध्यम से शिव की समाधि तुड़वाई और पार्वती के साथ उनका विवाह करवाया। यह वह प्रचलित कथा है। इसके विस्तार में जाने की आवश्यकता नहीं है। लोक-जीवन, लोकजाति वनवासी गोंड़ों को शिव-विवाह और देव संस्कृति की रक्षा के मिथ की न तो जानकारी होती है और न ही इससे उनको कुछ लेना-देना होता है। यदि उस मिथ को लोक में साकार करने की प्रक्रिया को 'गउरा' उत्सव में देखने का प्रयास किया जाय तो कई तरह की विसंगतियाँ दिखाई देंगी। क्योंकि गोंड़ जाति अनार्य जाति है। उनकी संस्कृति अनार्य संस्कृति है। आर्य संस्कृति की रक्षा के लिए 'गउरा' उत्सव के रूप में शिव-विवाह करवाने की बात अन्तर्विरोधी होगी। अनार्य जाति में शिव को अराध्य देव के रूप में पूजने की बहुत पुरानी और सुदृढ़ परंपरा है। सभी अनार्य जातियाँ शिव-पार्वती को कुल देवता एवं कुल देवी के रूप में मानती हैं। यह संभव है कि अनार्य देव के रूप में विख्यात 'गउरा' को जब लोक जीवन ने अपने आध्यात्मिक एवं सामाजिक जीवन का अभिन्न अंग बना लिया हो, अपने दुख-सुख के साथ जोड़ लिया हो, अपने पर्वों, उत्सवों का आधार बना लिया हो तो आर्यों को अपने 'देवमंडल' में स्थान देने के लिए विवश होना पड़ा हो। लोक जीवन में 'गउरा-गउरी' शिव-पार्वती के व्यापक प्रभाव के चलते आर्यों को न केवल शिव-पार्वती को अपने देवमंडल में स्थान देना पड़ा वरन् उन्हें देवाधिदेव महादेव के रूप में स्वीकार करना पड़ा और लोक के साथ तालमेल बिठाने के लिए विवश होना पड़ा। इसी 'गउरी-गउरा' के नेतृत्व में अपने जीवन के अंधेरे के खिलाफ जेहाद छेड़ने 'गउरा गुड़ी' पर गाँव के सब लोग इकट्ठे होते रहे हैं। 'गउरा' उत्सव वास्तव में लोक जीवन के संघर्ष के लिए नई ऊर्जा देने अथवा लेने का उत्सव है।

लोक का समाजशास्त्र संघर्ष और जिजीविषा का समाजशास्त्र होता है। साथ ही प्रेम

और सौन्दर्य का समाजशास्त्र भी होता है। नागार्जुन ने प्रेम और सौन्दर्य को संघर्ष के साथ जोड़कर देखते हुए कहा है, ''जब हम संघर्ष को महत्व देते हैं तो किसलिए! प्रेम और सौन्दर्य जैसे श्रेष्ठ मानव मूल्यों के लिए!! प्रेम और सौन्दर्य की रक्षा के लिए हम संघर्ष के रास्ते पर अग्रसर होते हैं। जहाँ-जहाँ उसके लिए संघर्ष होता है वहाँ-वहाँ हम कूद पड़ते हैं।'' इसी प्रेम और सौन्दर्य के लिए किए गये संघर्ष से ही आदिम समाज से लेकर 21वीं सदी तक का समाज विकसित हुआ है। लोक जीवन में इस संघर्ष की अविरल धारा दिखाई देती है। यही वजह है कि लोक का तीज-त्योहार किसी एक जाति विशेष का नहीं रह जाता। कालान्तर में समूचा लोक उससे जुड़ जाता है। 'गउरा' अब गोंड़ जाति का ही उत्सव नहीं रह गया है। उसे उसी उत्साह के साथ मैदानी क्षेत्र का जन समाज भी मानता है और जीवन के अंधेरे के खिलाफ जंग में अपनी भागीदारी सुनिश्चित करता है। फलस्वरूप 'गउरा गुड़ी' में केवल जाति-विशेष के लोग ही इकट्ठे नहीं होते हैं, वरन समूचा गाँव उस सामाजिक परंपरा के साथ गहराई से जुड़ा हुआ दिखाई देता है।

'गउरा गुड़ी' में 'गउरा' उत्सव की पारंपरिक प्रक्रिया लोक अपने अनुसार करता है। समाधिस्थ शिव को जगाने के लिए पुराणों में कामदेव व अप्सराओं का सहारा लिया जाता है। लोक जीवन में मिथ के उन तरीकों से कोई लेना देना नहीं है। वहाँ तो महिलाएँ चावल, गेंदा फूल और दौना पान, गउरा गुड़ी में सात बार छिड़ककर 'गउरा' को जगाती हैं। प्रकृति के इन उपादानों से शिव को जगाने का प्रयास लोक का लोक के द्वारा, लोक में परिव्याप्त करने की विराट चेतना का प्रतिरूपण है। लोक जीवन की ऐसी मान्यता है कि 'फूल उचरने' की रस्मों के बहाने हल्दी, तेल की रस्में पूरी की जाती हैं। लोक का समाजशास्त्र अपने रस्मों, रीतिरिवाजों और परंपराओं के प्रति रूढ़िबद्धता से कोई संबंध नहीं रखता। फिर भी इन रस्मों का गइराई से परीक्षण किया जाय तो उसमें सामाजिक संघर्ष के सूत्र और समाज विकास के सूत्रों को तलाशा जा सकता है।

सामूहिकता लोकजीवन की ताकत होती है। एक साथ काम करना, विपरीत परिस्थितियों से एक साथ लड़ना, एक साथ गाना, नाचना, पर्व-उत्सव को एक साथ मनाना, यह तो लोक का सामाजशास्त्र ही है। इसके अलावा लोक की परिकल्पना ही बेमानी लगती है। इतना ही नहीं प्रकृति को लोक समाज अपनी सामूहिकता का ही अंग मानता है बल्कि यों कहें कि प्रकृति से ही उन्होंने समूह की चेतना विकसित की। 'गउरा' उत्सव में सामूहिकता की उस विराट चेतना को आसानी से देखा जा सकता है। महिलाएँ 'गउरा-गउरी' की रचना करने के लिए मिट्टी लाने के लिए तैयारी करती हैं। इस तैयारी में प्रकृति और समाज दोनों को जोड़ती हैं। 'गउरा-गउरी' की तैयारी में सबका सहयोग जरूरी है। तभी तो धरती के हिस्से की मिट्टी, बाजार के हिस्से की पन्नी, नदी के किनारे का पानी, वन के हिस्से का पर्रा, जिसे कड़रा समाज के लोग तैयार करते हैं, जुलाहे के हिस्से की साड़ी, कुम्हार के हिस्से की कुदाली, किसान के हिस्से की धान की बालियाँ, इन सबसे तैयार होते हैं 'गउरा-गउरी',

इनसे ही उनका श्रृंगार भी होता है। लोक के देव का अनुपम लोक रूप। यानि समूची प्रकृति और समूचा लोक जीवन सृजन करता है उस महादेव का जो जीवन कालिमा के विरुद्ध लड़ाई में उनका हमसफर बनकर नेतृत्व करता है। मुक्तिदाता देव की रचना इसी समूहवादी चेतना से होती है। यह मुक्ति मिथकीय मुक्ति न होकर जीवन की त्रासदी से मुक्ति है। गीतों की अनवरत धारा–

जोहर-जोहर मोर गउरा गुड़ी
जोहर लागब तोर ऽऽऽ
गउरा गुड़ी के मढ़िला छवइले
झूले परेबना के हंसा ऽऽऽ
हंसा चुगाये मोरे मूंगा मोती
जोहर लागब तोर ऽऽऽ

इस गीत के साथ किसी महिला को देव आता है जिसे 'डड़ैया' चढ़ना कहते हैं। 'डड़ैया' के बिना देव सृजन की प्रक्रिया संभव ही नहीं होती। 'डड़ैया' को जुलाहे के हिस्से की साड़ी से ढँक दिया जाता है। देव सृजन के लिए धरती के हिस्से की मिट्टी निकालने के लिए बैगा कुदाल उठाता है। सात कुँआरी लड़कियाँ कुदाल उठाने में हाथ बँटाती हैं और कुदाल चलाकर गौठान की मिट्टी खोदी जाती है। इस मिट्टी को 'डड़ैया' को ढँकी हुई साड़ी के आँचल में लेकर पर्रे पर रखी जाती है। इस पूरी प्रक्रिया में लोक का समाजशास्त्र काम करता है। लगता है कि बैगा, डड़ैया, सात कुँआरी लड़कियाँ, धरती, वन तथा वहाँ उपस्थित तमाम लोक समाज अपनी थोड़ी-थोड़ी शक्ति देकर 'गउरा-गउरी' को शक्ति सम्पन्न बना रहे हैं। यही वह शक्ति है जो लोक की हर विपदाओं से संघर्ष करती है। लोक की अपनी आस्था और अपना विश्वास है जिसके सामने पुराण और मिथ बहुत बौना प्रतीत होता है। यह एक लय और एक ताल में शक्ति के देव का शक्ति में रूपांतरण की अनूठी प्रक्रिया है। भावपूर्ण गीत लगातार चलते रहते हैं।

एक पतरी रइनी झइनी
राय रतन ओ दुर्गा देवी
तोर शीतल छइयाँ मइया
तुमा असन डोहड़ी
कोरबा छछलगे नार

लय और ताल के साथ लोक समाज कुम्हार के घर की ओर जाता है। आगे-आगे पर्रे पर गोठान की मिट्टी लेकर पूरे उत्साह के साथ चल रही महिला के चेहरे पर विजयी मुस्कान थिरकती हुई दिखाई देती है। कुम्हार की गृहिणी, पानी ओरछ कर पर्रे की मिट्टी का स्वागत करती है। पर्रे पर जल रही दीपक की लौ के आगे अंधेरा थरथराता हुआ दिखाई देता है और भीड़ का चेहरा खुशी से मुस्कुराते हुए प्रतीत होता है।

मिथकों का नायक 'ही-मैन' होता है। निषेध का निषेध वह अकेला करता है। वह असामान्य तरीके से तमाम निषेधों से अकेला जूझता है और एक झटके से निषेधों को पराजित कर देता है। लोक का नायक नाम के लिए तो मिथकों का नायक होता है किन्तु निषेधों से लड़ने के लिए सबको जोड़ता है और सबसे जुड़ता भी चलता है। सामूहिक शक्ति से समाज के निषेधों से संघर्ष करना हो तो लोक का समाजशास्त्र ही है। लोक में मिथकों का साधारणीकरण होता है। एक सामान्य मानव की तरह सब के साथ मिलकर असामाजिक तत्वों का, सामाजिक अवरोधों का मुकाबला करता है। इसी के अनुरूप तमाम लोगों को जोड़ने और उससे जुड़ने के लिए 'गउरा' उत्सव में 'करसा परधाने' का रस्म होता है। कुम्हार के घर से 'गउरा गुड़ी' में वापस आकर सभी लोग करसा परधाने निकलते हैं। मिट्टी के करसे के ऊपर रोशनी का संदेश देता दीपक लोक जीवन के सिर के ऊपर हवा के मंद प्रवाह के साथ अठखेलियाँ करता हुआ दिखाई देता है। लोग मुहल्ले के एक-एक घर में 'करसा परधाने' के लिए जाते हैं। इस रस्म के साथ दीयों का दान होता है। अर्थात् अंधेरे से लड़ाई के लिए सब एक-एक चुटकी रोशनी का दान करते हैं। जिस घर में 'करसा परधाने' जाते हैं उस घर से निकलता है एक-एक करसा। यानि उस घर से निकलने वाला करसा चावल, धान अथवा गेहूँ से भरा होता है और करसे के ऊपर जल रहा होता है दीपक। अमावस के अंधेरे को ललकारता हुआ। करसे के ऊपर चुटकी भर रोशनी की सौगात ऐसी लगती है मानो ये दीपक रोशनी का घोषणा-पत्र पढ़ रहे हों। साथ ही गीत की धारा प्रवाहित होती रहती है—

काकर करसा रिगबिग सिगबिग
काकर बाँटे अंजोर ऽऽऽ
काकर करसा भरे-पूरे है
काकर छलके अंजोर ऽऽऽ

इस तरह गीत और संगीत के साथ लोकधुनों में थिरकती रोशनी की जगमग धारा धीरे-धीरे आगे बढ़ती हुई जा रही है कुम्हार के घर की ओर। जहाँ चेतना रूपी ज्योति का मूल आधार 'गउरी-गउरा' आकार ग्रहण कर रहे हैं। कुम्हार इन देवों को अपने हाथ से बनाता है। गोंड़ों में 'चढ़-बिहाव' की परम्परा है जिसमें कन्या पक्ष वर पक्ष के घर जाकर विवाह के सारे रस्मों को सम्पन्न करता है। संभवतः इसी परम्परा के अनुसार बारात के रूप में गाँव के सारे लोग कुम्हार के घर की ओर जा रहे हैं। जहाँ सज-धजकर विवाह वेदी तक जाने के लिए 'गउरा-गउरी' बैठे हुए हैं। छत्तीसगढ़ में विवाह परंपरा में वर को जनेउ पहनाने का रिवाज होता है। चाहे वह सवर्ण जाति का हो या निम्न वर्ग का। इस परम्परा के अनुसार ही अनार्य देव 'गउरा' को जनेउ पहनाया जाता है। वह रस्म अनार्य देव को आर्य देवमंडल के ऊँचे आसन पर बैठाने का रस्म कतई नहीं है वरन् परंपरा का निर्वाह मात्र है। 'गउरी' को मंगलसूत्र और चूरीपाट पहनाया जाता है। 'बंदल' से माँग

भरा जाता है। सब कुछ लोक के रीति-रिवाजों के अनुसार होता है। लोकमत शास्त्रीय सीढ़ियों से चढ़ने का आदी नहीं होता। उसकी आदत तो अपनी परंपरा के उबड़-खाबड़ और रपटीले पथरीले रास्तों पर चलने की होती है। 'गउरा-गउरी' को उठाने से पूर्व कुम्हार को नारियल भेंट किया जाता है। पूजा-अर्चना के बाद कुम्हार 'गउरा-गउरी को उनके विश्वसनीय जन समाज को सौंप देता है। लोक में यह मान्यता है कि जब तक एक महिला और एक पुरुष को देव (डड़ैया) नहीं चढ़ जाता तब तक कुम्हार के घर से 'गउरा-गउरी' को नहीं उठाया जाता है। 'डड़ैया' चढ़ने का गीत पूरे उत्साह भरे स्वर में गूँजता रहता है।

चढ़े डड़ैया मोर बड़ रंगरेला रे
चढ़े रे लिमन के डार ऽऽऽ
का मोर मांगे रे चढ़े रे डड़ैया
गउरा के पाँव परवार ऽऽऽ

कुम्हार के घर से 'माई करसा' के साथ ज्योति-बिम्बों की शोभायात्रा शुरू होती है। सबसे आगे माई करसा उसके पीछे गउरा-गउरी, उसके पीछे पर्रे पर सुआ और उसके बाद अन्य करसों की एक लम्बी कतार। पारंपरिक शोभा यात्रा प्रारंभ होने के पूर्व 'डड़ैया' चढ़ी महिला एवं पुरुष मुख्य करसा से सात बार 'गउरा-गउरी' का 'मउर' सौंपते हैं। 'मउर सौंपने' की रस्म लोक जीवन में विवाह की एक महत्वपूर्ण रस्म है। जब दुल्हा-दुल्हन, दुल्हन के घर से विदा होते हैं तब दुल्हन की माँ 'मउर सौंपती' है और बारी-बारी से अन्य महिलाएँ भी 'मउर सौंपने' की रस्म करती हैं। 'गउरा' उत्सव में भी समाज की इसी परम्परा का निर्वाह किया जाता है और मिथकीय नायक के विवाह को सामाजिक परंपरा से जोड़कर लोक के समाजशास्त्र का परंपरागत रूप दिखाया जाता है। इस तरह की शोभायात्रा को लोक जीवन बारात के वापस लौटने के रूप में मानता है। ईश्वर और देवी को लोक जीवन जिस तरह अपनी संस्कृति के साँचे में ढालकर उसके विशेषीकृत रूप का सामान्यीकरण करता है उसे 'गउरा' उत्सव में बखूबी देखा जा सकता है। बिना कोई तामझाम के शोभा यात्रा गउरा-गुड़ी पहुँचती है।

परंपरानुसार गउरा-गुड़ी में सात बार पानी ओरछते हैं फिर गउरा-गुड़ी की सात बार परिक्रमा करते हैं। गउरा-गुड़ी के सात फेरे लगाने के बाद 'गउरा-गउरी' को गुड़ी के बीचोंबीच स्थापित करते हैं। उनके सामने माई करसा रखी जाती है। भव्य करसों को 'गउरा-गउरी' के चारों ओर रखा जाता है। इन करसों के दीपों की छोटी-छोटी ज्योतिपुंज के घेरों को देखकर ऐसा लगता है मानो लोकजीवन ने दीपों के उजालों का एक घेरा बना दिया हो। जिससे समूचे लोक को, इस जगत को देखने और समझने की एक नई दृष्टि मिल रही हो। एक ऐसी दृष्टि जहाँ अंधेरे और उजाले को आसानी से परिभाषित किया जा सके।

गउरा-गुड़ी पर बैठे हुए 'गउरा-गउरी' के बदन दीपक की रोशनी से दमक रहे हैं। 'गउरा-गउरी' की रचना शास्त्र वर्णित सोलह लक्षणों से युक्त किया गया है। ये सोलह लक्षण शास्त्रसम्मत महापुरुषों के लक्षणों से युक्त होते हुए भी लोक द्वारा अपने ढंग से रचे गये हैं जिसमें परंपरा बोध सर्वाधिक महत्वपूर्ण है। लोक तो इन सोलह लक्षणों की कल्पना प्रकृति के सर्वाधिक महत्वपूर्ण सोलह सौन्दर्य मानदंडों के आधार पर करता है। यही वजह है कि प्रकृति और ब्रह्म, ब्रह्म और लोक, लोक और प्रकृति का एकाकार होता हुआ दिखाई देता है। ब्रह्म के मिथ को लोक अपने समाजशास्त्र के अनुसार देखता है और लोक के समाजशास्त्र का प्रकृति एक महत्वपूर्ण अवयव है। इसलिए लोक का ब्रह्म, मिथ का ब्रह्म न होकर उनके अपने बीच का है। लोक के सौन्दर्य की अवधारणा तो इससे भी निराली है। तभी तो लोक अपने देवी-देवताओं का श्रृंगार धान की बालियों और कांस के फूलों से करता है और उसमें व्यापक सौन्दर्य की अनुभूति करता है। इस बीच 'डड़ैया' चढ़ने वाला किसी के कवेलू वाले छप्पर पर चढ़कर कुम्हड़ा या लौकी तोड़ लाता है और उसे 'गउरा-गउरी' के सामने रखता है। मजे की बात यह है कि जिसके छप्पर से कुम्हड़ा या लौकी लाता है वह न तो उसे मना करता है न ही दुखी होता है। उसे हँसते-हँसते परंपरा के रूप में स्वीकार कर गौरवान्वित होता है।

गउरा उत्सव की एक प्रमुख रस्म 'सुआ नृत्य' है। एक टोकरी पर 'सुआ' (तोता) जो मिट्टी का बना होता है रखा जाता है। लोक जीवन में सुआ को महिलाओं की चिरसंगिनी माना जाता है। साहित्य में जहाँ-जहाँ तोते का वर्णन आता है वह नायिका के साथ ही आता है। 'पद्मावत' में 'हिरामन तोता' के उल्लेख को तो सभी साहित्य प्रेमी जानते ही हैं। उसी सुआ को टोकरी में रखकर महिलाएँ सुआ नृत्य करती हैं। सुआ नाचने के लिए महिलाएँ घर-घर जाती हैं। सुआ नृत्य करने वाली महिलाओं के गोल घेरे के बीच सुआ को रखा जाता है और गीत गाते हुए नृत्य किया जाता है। गीत के मुखड़े में लगातार सुआ को संबोधित किया जाता है। नृत्य, पैर का संचालन और हाथ की ताली के ताल का इतना अद्भुत समन्वय होता है कि हाथ की ताली का ताल नृत्य और गीत के लय को बांधकर रखता है। न कोई वाद्य, न कोई साज। गीत की धारा अनवरत प्रवाहित होती रहती है। गीत के बोलों में नारी जीवन की विडम्बनाओं को रेखांकित किया जाता है।

पहली गवन के मोला डेहरी बैठा रे
नारे सुआ हो कि
छूट गये संगी के साथ
तरि नरि ना ना ना मोर नह नरि
ना ना रे सुअना कि
छूट गये संगी के साथ

घर-घर गूँजते इन गीतों की ध्वनि तथा तालियों की ताल वातावरण में गूँजती रहती है। इसकी अनुगूँज 'गउरा-गुड़ी' को भी गुंजित कर रही है। जिसके घर में सुआ नाचते हैं वह नृत्य दल को अनाज या पैसा देकर सम्मानित करता है।

इस तरह 'गउरा-गउरी' का विवाह सम्पन्न होता है और उधर अंधेरे पर लोक जीवन की सफलता की संभावना लिए सुदूर पूरब में सूरज की लाली दिखाई देने लगती है, जो धीरे-धीरे चलती हुई आ रही होती है, पूरी धरती पर रोशनी बिखेरती हुई। जिंदगी की विडम्बनाओं के पराजित होने की कल्पनात्मक अनुभूतियों से लोक समाज का चेहरा दमकता हुआ दिखाई देने लगता है। 'गउरा-गउरी' की विदाई का क्षण निकट आ जाता है। उनके विसर्जन की तैयारी में जुट जाते हैं गाँव के स्त्री-पुरुष। गउरा-गउरी को दूध-रोटी खिलाते हैं और चावल चढ़ाकर उनका पूजन-अर्चन किया जाता है। गीत चल रहा होता है—

एक पतरी चढ़ायेन गउरी
दे दे ओ असीस
दुई पतरी चढ़ायेन गउरी
अन्न, धन भर दे ओ
दे दे ओ असीस

'गउरा-गउरी' विसर्जन की तैयारी चलती है। महिलाएँ फिर से गउरा-गउरी का मउर सौंपती हैं और गउरा-गउरी को लेकर सागर की ओर बाजे-गाजे और फौज-फटाके के साथ निकल जाती हैं। लोक का सागर उनके गाँव का तालाब होता है, जहाँ गउरा-गउरी का विसर्जन किया जाता है। रास्ते में ग्राम देवता, ठाकुर देव की परिक्रमा की जाती है। सगरी (तालाब) के पाट पर पानी छिड़का जाता है। उस स्थान को पानी छिड़क कर गउरा-गउरी के बैठने के लिए पवित्र किया जाता है। गउरा-गउरी को वहाँ रखकर फिर से अंतिम बार पूजा की जाती है और मिट्टी के विग्रह पर चढ़ाई हुई पन्नी को धीरे-धीरे उतारा जाता है। इसके बाद सागर (तालाब) के जल में गउरा-गउरी और सुआ का विसर्जन किया जाता है। इधर गउरा-गउरी को सुलाने का गीत लगातार चलता रहता है—

सुतब गउरा, मोर सुतब गउरी
सुतब सहर के लोग ऽऽऽ
सुतब सुआ मोर सुतब बहिनी
सुतब सहर के लोग ऽऽऽ

गउरा उत्सव की इस परंपरा में लोक और शास्त्र, मिथ और समाजशास्त्र के बीच द्वन्द्वात्मक संबंधों को बहुत स्पष्ट रूप में देखा जा सकता है। इस द्वन्द्वात्मकता में धर्मशास्त्र पर समाजशास्त्र की प्रमुखता दिखाई देती है। छत्तीसगढ़ या यों कहें अन्य अंचलों के लोकोत्सवों में भी धार्मिक रूप उत्सव का आधार ज़रूर होता है किन्तु उस

आधार के ऊपर सामाजिक रूपों का ढाँचा खड़ा होता है। धार्मिक रूप बीच-बीच में झरोखों से दिखाई देता है। जबकि सामाजिक रूप की अभिव्यक्ति निरंतर दिखाई देती है। लोक का शास्त्र में, शास्त्र का लोक में रूपांतरण की प्रक्रिया निरंतर चलती रहती है। गउरा उत्सव को भी शास्त्र का लोक में रूपांतरण के रूप में देखा जा सकता है जहाँ शास्त्र की केवल झलक दिखाई देती है। शास्त्र का यही लोक रूप लोक जीवन की शक्ति बनती है। गउरा उत्सव को इसी रूप में देखा जाना न्यायसंगत होगा। लोक के इन उत्सवों को इतिहास बोध के साथ देखने और परखने पर ही उसका मूल आशय स्पष्ट हो पाता है।

●

दाऊचौरा
खैरागढ़, (छत्तीसगढ़)

पमरिया नाच

डॉ. प्रफुल्ल कुमार सिंह 'मौन'

लोकनाट्य लोकसंस्कृति के अन्तर्गत लोकसाहित्य का एक लोकानुरंजक विधा है। नाच लोकनाट्य का मैथिली पर्याय है जो गीत-संगीत, नृत्य, वाद्य-वादन और अभिनय की एक समन्वित कला है। इनमें कुछ परम्परित नाच हैं तो कुछ लोकगाथाओं पर आधारित। इनमें जनसाधारण की रागात्मक भावनाओं, ग्राम्यजन के सुख-दुख, शौर्य-पराक्रम, अदम्य साहस, उदात्त विचार, कोमल कल्पना, चमत्कार आदि की प्रवृत्तियों की प्रभावी अभिव्यक्ति हुई है। फलतः नाचों में वैदिक काल से आधुनिक काल तक के उत्सर्गों, रागात्मक अवदानों और संघर्षों का इतिहास सुरक्षित है। लवहरि—कुसहरि, राजा सलहेस, लोरिक मणियार, महुआ घटवारिन, घुघली घटमा, गोपीचंद, आल्हा-उदल, नैका बनजारा, नटुआ दयाल आदि के गाथानाच इसके ज्वलंत उदाहरण हैं। मध्य काल के बाद गाथाओं का रचनात्मक सृजन एवं जन सम्प्रेषणीयता की दृष्टि से गाथाधारित नाचों की परम्परा का सूत्रपात हुआ। इनका उद्भव सामंती परिवेश में न होकर ग्राम्य परिवेश में हुआ। इन्हें लोकाश्रय प्राप्त था। मध्य काल में इस्लाम ने भले ही अपनी सल्तनत स्थापित कर ली लेकिन भारतीय लोकमन अविजित रहा। परिणाम स्वरूप क्षेत्रीय एवं जातीय अस्मिता की लड़ाई

तेज हो गयी और लोकसंस्कृति के क्षितिज पर लोकोद्भूत नायक-नायिकाओं की प्रतिष्ठा गाथागायन और नाच की लोकानुरंजक विधाओं ने आकार ग्रहण किया।

मैथिली लोकगाथाओं के दो रूप लोकप्रचलित हैं—गाथागायन (गायकी) तथा गाथा नाच। गायकी की अपेक्षा नाच अधिक प्रभावशाली होता है। चाक्षुप्रत्यक्ष, प्रेक्षकों की रसानुभूति और आधुनिक परिवेश में कथानक की प्रासंगिकता ने इसकी लोकानुरंजकता बढ़ा दी है। पमरिया नाच की प्रासंगिकता आज भी बनी हुई है।

लोक संदर्भ में पमरिया का अर्थ पँवारा गाने वाली पेशेवर जाति से द्योतित है। पवाड़ा मराठी का शब्द है जिसका अर्थ वीरों के पराक्रम, प्रशस्ति, कीर्ति गान आदि होता है। राजस्थानी की विरुदावली शैली में रचित वीरकाव्य का भी यह द्योतक है। ब्रज का यही लोकछंद पँमारा (जगदेव का पँमारा, जयमल पत्रे का पँमाड़ा आदि) और मालवी में पमाड़ा (कुँवरधेन सिंह का पँमारा) कहलाता है। बिहार में 'कुँवर सिंह का पँमाड़ा' भी लोकप्रचलित है। इस प्रकार पँवाड़ा अथवा पँमारा लोकछंदों में रचित वीरगाथा काव्य की परम्परा का द्योतक है। भारतीय इतिहास में पमार (प्रमार या परमार) राजपूतों का एक जातीय प्रकार है। मिथिला में पमारों की अवस्थिति का अभिज्ञान चौहान, चंदेल, सोलंकी आदि के सूत्र वर्णरत्नाकार (ज्योतिरीश्वर, 1324 ई.) में उपलभ्य हैं। तिरहुत के कर्णाटवंशीय राजे परमार क्षत्रिय थे। अतः यह शोध का विषय है कि पमरिया का सम्बन्ध पँवारा गानेवाली जाति विशेष से है अथवा यह परमारों की कीर्तिगाथा से सूत्रबद्ध है। पमारों के छोटे-बड़े रजवाड़े आज भी सहरसा, सुपौल, पुर्णिया, मधुबनी आदि जिलों में गन्धवरिया के रूप में अवशिष्ट हैं। गन्धवरिया अपने को कर्णाटवंशी राजा मल्लदेव की संतति मानते हैं। प्रो. राधाकृष्ण चौधरी, डॉ. पद्मेश पाठक, डॉ. लक्ष्मी मानसिंह आदि विद्वानों ने कर्णाटवंशी परमार बनाम परमारवंशी गन्धवरिया का ऐतिहासिक अनुशीलन किया है।

राजपूती वेशभूषा से सुसज्जित पमरिया अपने यजमान के यहाँ सन्तानोत्पत्ति के उपलक्ष्य में सोहर, बधैया, खेलौना आदि गाकर गृहपति को प्रसन्न कर धन आदि प्राप्त करते हैं। किन्तु स्वातंत्र्योत्तर सामाजिक संरचना में जमीन्दारी उन्मूलन से राजे-रजवाड़ों की स्थिति बदल गयी। फलतः वे परम्परागत जातीय पेशा से विरत होते गये।

हिन्दुओं की सत्रह जातियाँ नाच गानादि का कार्य करती हैं और वे अनुसूचित जाति की श्रेणी में आते हैं—पमरिया, नट, गुलगुलिया, डफाली, बक्खो आदि। इनमें पमरिया और बक्खो नाच-गाकर बधैया गान करनेवाली जाति है। पमरिया दाढ़ी नहीं रखते। सर्वप्रथम वे हिन्दू यजमानों के घर गाने-बजाने के कारण हिन्दू देवी-देवताओं का मंगलाचरण गाते। अतः वे उर्दूभाषी मुसलमानों से भिन्न कोटि के हैं। संभवतः वे हिन्दुओं के अछूत ग्रुप से धर्मपरिवर्तन के द्वारा मध्यकालीन परिवेश में मुसलमान बन गये हों। आज वे मुसलमानों के अरजाल ग्रुप में परिगणित हैं। वे भाषिक दृष्टि से मैथिली भाषी हैं और 'रइया रणपाल' और 'घुघली घटमा' जैसी मैथिली गाथाओं का गायन करते हैं। डॉ. मणिपद्म में रइया

रणपाल के चारणस्वर में लिखा है--पमरिया गायक-वादक राजपूती सैनिक वेश में हैं। नर्तक किशोर के माथे पर शमला (दाक्षिणात्य पगड़ी), पहिरावे में जामा (पायजामा,) पटुक्का, पैर में घुंघरू, हाथ में ढोलकी, कंधों पर चादर, और कमर से लटकती तलवार। नृत्य के आवेश में वे कभी-कभी म्यान से खींचकर उसे लहराते हुए अपना शौर्य प्रदर्शन करते हैं।

पमरिया नाच के समय कम से कम तीन व्यक्तियों का होना आवश्यक है। इनमें एक अगुवा (मूलगायक), तथा दूसरा-तीसरा अगुवा के अनुगामी। मूलगायक का जब दम टूटने लगता है तो उसका दूसरा शागिर्द उसे आगे बढ़ाता है और तीसरा मात्र 'भले जी भले, भले जी भले...' नाचते हुए कहता चलता है। मैथिली लोकोक्ति में इसे 'पमरिया का तेसर' कहा जाता है। इस प्रकार पमरिया का गायन-नर्तन ढोलकी के रिदम पर अटूट क्रम से चलता रहता है। यह विशुद्ध दाक्षिणात्य नाच का एक प्रकार है जिसकी सूचना हमें 'दछिन देस क हम देखब नाच' में मिलती है।

डॉ. मोहन झा (कोसी-कमला, जनवरी 1994 ई. पटना) के अनुसार प्रमार क्षत्रियों के परवर्तीकाल में प्रभुत्वहीनता की स्थिति में पँवारा को गौरवगान के रूप में अंगीकार कर 'रइया रणपाल' की गाथा को पमरिया नाच के रूप में लोकख्याति मिली। अब शोध का एक विषय यह भी हो सकता है कि क्या रइया रणपाल परमार राजवंश के थे? क्योंकि पमरिया दूसरे किसी राजन्य का गाथा गायन नहीं करते। रइया रणपाल कौटुम्बिक घात-प्रतिघात की गाथा है जिसके पूर्वार्द्ध का नायक रइया रणपाल है तो उत्तरार्द्ध का उसका पराक्रमी पुत्र घुघली। यह गाथा विभिन्न भाषायी जनपदों में भिन्न-भिन्न नामों से जानी जाती है। आचार्य नलिन विलोचन शर्मा (लोकगाथा परिचय, बिहार राष्ट्रभाषा परिषद, पटना दि. सं. 1988 ई.) के सर्वेक्षणात्मक अनुशीलन के अनुसार आलोच्य गाथा मैथिली क्षेत्र में राय रणपाल, भोजपुरी क्षेत्र में घुघली बटेढ़िया, अंगिका क्षेत्र में घुघली घटमा और मगही अंचल में छतरी चौहान के नाम से लोकप्रचलित है। लेकिन सभी गाथाओं में कथानक का स्थापत्य किंचित भिन्नताओं के बावजूद एक समान है।

मिथिलांचल में अत्यंत लोकप्रिय गाथाओं के दो रूप प्रचलित हैं--गायकी (गाथा-गायन) और नाच (लोकनाट्य)। गाथागायन की अपेक्षा नाच अधिक प्रभावोत्पादक होता है क्योंकि दर्शकों का कथानक के साथ चाक्षुष प्रत्यक्ष होने से रसानुभूति तीव्र हो जाती है और उसका प्रभाव स्थायी होता है। द्वंद्व नाटक का प्राण होता है। आलोच्य नाच में दो पीढ़ियों के घात-प्रतिघात का प्रत्यक्षीकरण होता है। संक्षेप में कथानक निम्नलिखित है--

रइया रणपाल पुहुपीपुर के राजन्य थे। उनकी रानी यशोदा थी, जिनका विवाह अपहरण से हुआ था। इससे यशोदा के छह घटमा भाई बदला लेने की ताक में थे। घाटमपुर के घटमा भाइयों ने छल से रइया रणपाल को पोखरी के यज्ञ के अवसर पर आमंत्रित किया। रणपाल यशोदा के साथ वहाँ पहुँचे। घटमा भाइयों ने पोखरी में जलक्रीड़ा का प्रस्ताव रखा। सभी जलक्रीड़ा में निमग्न थे। उसी बीच छल से रणपाल की हत्या कर दी गयी और रानी

यशोदा को अपमानित कर वनखंड के एक कुएँ में फेंक दिया। यशोदा गर्भवती थी। रात में व्यापारी दल का एक शिविर उस वनखंड में लगा। कुआँ से आर्तनाद सुनकर बनिज प्रमुख हेमू ने यशोदा का उद्धार किया और अपने यहाँ उसे भगिनीवत संरक्षित किया। वहीं यशोदा को पुत्ररत्न की प्राप्ति हुई जो घुघली के नाम से अभिज्ञात है अथवा छतरी चौहान के नाम से।

बड़ा और समर्थ होने पर जब उसे अपने पिता रइया रणपाल की छल से की गयी हत्या का पता लगा तो उसने अपने मामा घटमा भाइयों से बदला लेने का निर्णय किया। वह वीर, बहादुर, संकल्पवान, दुर्द्धर्ष योद्धा और असाधारण प्रतिभा संपन्न राजन्य था। उसे nshnqkZ1 sHkhiz.kkfeyhu *"चल चल अपन रे ननिहार। बपवा के बदला बेटा हो, पुतवा तइयार भेलू तूँ। बपवा के बयर लेही तूँ, लेइ लेहीं बयरवा रे सधाय। तब तोर होतउ दुनिया में नाम।"* अर्थात अपने ननिहाल चलो बाप की हत्या का बदला लेने को पुत्र तैयार हो जाओ और बैर को सधा लो। तभी दुनिया में तेरा नाम होगा। गाथा में एक क्षत्रिय राजकुमार की वीरता का ओजपूर्ण वर्णन उपलब्ध है। घुघली ने पहले घटमा भाइयों को युद्ध की चुनौती दी और फिर चढ़ाई कर दी। भीषण युद्ध हुआ। खून की धारा बह गयी। सबसे छोटा पिछड़ामल्ल को छोड़ सभी घटमा भाई मारे गये। घुघली ने जब पिछड़ामल्ल पर वार करना चाहा तो यशोदा ने उसका हाथ पकड़ लिया– *"सुन सुन बेटा घुघलिया। मोर नइहरा नहि कर उसरन।"* अर्थात बेटा घुघली! मेरे नैहर का उच्छेद मत करो। यह प्रसंग 'ब्रह्मग्राम' (प्रफुल्ल कुमार सिंह 'मौन', बुक सेंटर, दरभंगा, 1972 ई.) में विस्तार से वर्णित है।

क्षत्रिय जन्मजात वीर और स्वाभिमानी होते हैं। गाथा का सृजन निसंदेह मध्यकालीन परिवेश में हुआ है। 'वर्णरत्नाकार' (ज्योतिरीश्वर, चौदहवीं सदी) के समय उत्तर बिहार में चौहान, चंदेल, परमार, सोलंकी, राठौर आदि राजपूतों का आगमन एवं बसोवास हो चुका था (दे. बिहार में राजपूतों का आगमन एवं प्रसार, डॉ. 'मौन', हाजीपुर (वैशाली), 2010 ई.)। अब दूसरा प्रश्न यह उठता है कि घुघली को 'छतरी चौहान' (क्षत्रिय चौहान कुल का) कहा गया है तो क्या घुघली घटमा चौहान कुल के क्षत्रिय थे, जिनका गाथागान पमरिया लोग करते हैं? पमरिया नाच में वे राजपूती वेशभूषा में घर आंगन की खुली रंगभूमि में आते है, किन्तु सामंती संस्कृति के पराभव के कारण आज बदले हुए परिवेश में पमरिया अपने परम्परागत वृत्ति से विमुख होकर अन्य रोजगारों में लग गये हैं अथवा कौव्वाल पार्टी में परिणत होकर बधैया माँगते फिरते हैं। इस प्रकार आज पमरिया नाच विलुप्ति के कगार पर पहुँच गया है और उनकी दाक्षिणात्य पोशाक और ढोलकी अजायबघर की शोभा बन जाने को अभिशप्त हैं। आज उनके द्वारा यदाकदा पुत्र जन्मोत्सव के अवसर पर दाम्पत्य जीवन के कट मधु रति प्रसंग, दोहद, ननद-भौजाई की उत्तराचौरी (प्रश्नोत्तरी शैली में) आदि की अभिव्यक्ति में करुणा और शृंगार की समन्वित धारा को साक्षात उपलभ्य है। सोहर

गीतों में प्रकृति-पुरुष की परस्पर आसक्ति और शक्ति सामर्थ्य का भाव निरूपण रेखांकन योग्य है।

गाथानाच के नायक रइया रणपाल :

मैथिली गाथाओं का भौगोलिक परिवेश, जातीय संस्कार, भाषायी सौकुमार्य, ऐतिहासिक स्वरूप, जीवन दर्शन आदि का लोकसंरक्षित रत्नमंजूषा है। इन गाथाओं के कुंडलित कैनवास में लोकजीवन की रंग-रेखाओं से अनुरंजित एवं ग्राम्य राग-रागिणी से झंकृत रम्य कथाभूमि वृत्तचित्रों की तरह आलोकित है।

आलोच्य गाथानाच के नायक रइया रणपाल अभिजात्य कुल के लोकख्यात चरित थे। इनकी गाथा मलाहों में अपेक्षाकृत अधिक लोकप्रिय है क्योंकि इनकी परकीया प्रेयसी गांगो, निषाद सुंदरी थी। अपने से निम्न जाति की नायिका के कुल परिवेश में अभिजात्य कुल के नायक देवतुल्य माने जाते थे। इसके अनेक उदाहरण साहित्य में उपलभ्य हैं। परासर मुनि की प्रेयसी मत्स्यगंधा निषाद कुल की थी। राह बाबा की प्रेयसी पत्नी हेलनी डोमिन थी और बाबा गणिनाथ की ब्याहता खेमासती कानूकुल की कन्या थी, आदि। इस प्रकार मलाहों में रइया रणपाल लोकदेवता के रूप में भी पूजित हैं। डॉ. पूर्णानंद दास के अप्रकाशित शोध प्रबंध 'मैथिली लोककाव्य' में (दरभंगा, 1962 ई.) रइया रामपाल की गाथा संकलित है। रणपाल गांगो के काम्य पुरुष थे। वीररस प्रधान 'रइया रणपाल' और 'घुघली घटमा' दो पीढ़ियों की गाथा है। गाथा के पूर्वार्द्ध का नायक रणपाल वीर पुरुष ही नहीं बल्कि उनका प्रेमिल व्यक्तित्व भी उद्भासित है। 'थारू लोकगीत' (प्रफुल्ल कुमार सिंह 'मौन', विराटनगर, नेपाल, 1968 ई.) के अन्तःसाक्ष्य के अनुसार अपने स्वामी के लिए मछली बेचकर हाजीपुर हाट में दारू (मद) और पान खरीदने के क्रम में मदमाती पूर्णयौवना गांगो के लहराते आंचल को रणपाल ने थाम लिया था। दोनों के बीच 'सतबंध' के बाद दोनों अमरपुर लोक के दैवी स्वरूप में अंतरित होकर लोक पूज्य बन गये। मोरंग के धामियों में इनका दैवी स्वरूप उद्भासित है– *'जेही घर पड़तौ गांगो रइया हंकार, सेहो घर लागू ने गोहार।'* अर्थात जिस घर में रइया रणपाल का आवाहन हो, वहाँ गांगों का आवाहन भी आवश्यक है। मछवाही से पूर्व नाव, जाल आदि के पूजनक्रम में इनके पुण्य स्मरण से मछलियों का शिकार अच्छा होता है। (विशेष–मैथिली के गाथानायक रइया रणपाल, डॉ. प्रफुल्ल कुमार सिंह 'मौन', विश्वज्योति, चेन्नई, 2008 ई.)। गाथा का उत्तरार्ध 'घुघली घटमा' (अंगिका लोकगाथा, शेखर प्रकाशन, पटना-2000 ई.) के रूप में प्रकाशित है।

डॉ. रामदेव झा (मैथिली लोकसाहित्य : स्वरूप और सौन्दर्य, लहेरियासराय, दरभंगा, 2000 ई.) के अनुसार 'रइया रणपाल' और 'घुघली घटमा' वस्तुतः एक ही गाथा है। इसका गाथायी एवं नाच दोनों स्वरूप लोकप्रचलित है। डॉ. विश्वेश्वर मिश्र (मैथिली लोकगाथा विवेचन, पटना, 2007 ई.) के अनुसार घुघली और गुगुलिया एक ही पात्र हैं। अपने सैन्य

बल के कारण रइया रणपाल पाँच सौ पचास गाँवों के राजन्य थे (आनंद मंदाकिनी, सरिसव पाही, मधुबनी, 2000 ई.)। इनकी सैन्यशक्ति शोभन साहु के जिम्मे थी। सात दिन सात रातों तक चले घुघली-घटमा के भीषण युद्ध में रणपाल पुत्र घुघली को विजयश्री मिली थी। पमरिया नाच का यह ओजस्वी गीतात्मक कथन रेखांकन योग्य है—

कुँवर देलकइ तखन ललकारे जी
योद्धा देखिअ तोहर तलवारे जी।
उमतलि चंडी विकराले जी
हाथ में शोभइ करवाले जी।....

अर्थात कुँवर घुघली ने तब उसे ललकारा—'योद्धा! तुम्हारी तलवार की धार तो देखूँ। चंडी रणभूमि में उन्मत्त होकर चल निकली। उनके हाथ में खड्ग शोभित है' मैथिली गीत-गाथाओं और नाच में ऐसे वीरोत्तेजक भाव प्रायः दुर्लभ हैं। बासोपट्टी, दीप, मधुबनी, दरभंगा आदि क्षेत्रों में आज भी पमरिया लोगों का बसोवास है। वे बधैया के क्रम में रइया रणपाल एवं घुघली घटना के गाथाधारित प्रसंगों को नाच-गा-बजाकर प्रस्तुत करते हैं एवं अलग से नाचरूप में भी। यह हमारी सांस्कृतिक धरोहर है, जिसका संरक्षण हमारा धर्म है, यह समय की माँग है।

(पमरिया नाच को भोजपुरी क्षेत्र में पँवरिया नाच कहा जाता है। 'लोकरंग-1' पुस्तक में मैंने पँवरियों द्वारा गाया जाने वाला एक पंवारा, प्रकाशित किया है। यह पंवारा वस्तुतः पूर्वांचल में गाया जाने वाला राजा 'घुघली घटमा' की लोकगाथा है। —सम्पादक)

●

प्रोफेसर कॉलोनी, महनार (वैशाली) 844506

भोजपुरी लोकगाथा रेशमा

अश्विनी कुमार आलोक

बिहार की लोकगाथाओं में 'रेशमा' अत्यंत प्रसिद्ध है। यह प्राचीन जनपद मगध और अंग की सीमा पर अवस्थित 'मगध' से संबंधित है। मगध की लोकभाषा मगही है। परन्तु आश्चर्य है कि इस लोकगाथा को मगही की लोकगाथा न कहेंगे। वस्तुतः जिस क्षेत्र से इस लोकगाथा का उद्‌भव माना जाता है, वह भूमिहार बहुल क्षेत्र है। रेशमा भूमिहार जाति से थी। स्थानीय लोग रेशमा की चर्चा तक वर्जित और अपमानजनक मानते हैं। एक दूसरी मान्यता यहाँ यह भी है कि इस गाथा के गायन से गाँव की बेटियाँ सम्मोहित हो जाती हैं और उनके चरित्र-स्खलन की आशंका रहती है। दूसरी ओर, इसी गाथा के नायक चूहर को दुसाध जाति द्वारा देवत्व प्राप्त है। उनका जन्मोत्सव राजनीतिक रूप से मनाया जाता है। कुछ बड़ी पार्टियों के वैसे लोग जो दुसाध जाति से आते हैं, इस जन्मोत्सव में भाग लेते हैं और इसका राजनीतिक लाभ लेने का भरपूर प्रयास करते हैं। दुसाधों के एक अन्य कुलदेवता 'सलहेस' की लोकगाथा में भी चूहरमल की चर्चा आयी है। परन्तु 'सहलेस' में जिस चूहर की चर्चा आयी है, वह मदांध, कामी, अतिचारी और चोर बताया गया है। जार्ज ग्रियर्सन ने सलहेस की जिस गाथा का संकलन किया था, उसके चूहरमल को राजा

भीमसेन के नौलखा हार की चोरी के आरोप में पकड़ा गया था। उसे युद्ध में सलहेस ने हराया था।

कुछ विद्वान् गाथा-विवेचकों के विचारों से यह निर्णय सामने आता है कि 'रेशमा' लोकगाथा और 'सलहेस' लोकगाथा में आये चूहर भले एक ही क्षेत्र मोकामा (पटना जिला) के हों, परन्तु कालभेद और चरित्रभेद दोनों ही दृष्टियों से दोनों अलग-अलग हुए हैं। 'रेशमा' का चूहरमल सच्चरित्र ब्रह्मचारी और दुसाध जाति से है, परन्तु 'सलहेस' का चूहरमल सामंत बताया गया है। दुसाध जाति सवर्ण भूमिहारों के क्षेत्र में सामंत बनकर रहे, यह संभव नहीं। अतः 'रेशमा' के चूहरमल के सम्बन्ध में डॉ. बैद्यनाथ शर्मा का कथन तर्कसंगत प्रतीत होता है कि वह मोकामा के मौलदियार टोले का चौहर सिंह था। परन्तु वह इसी चूहर को सलहेस की लोकगाथा से भी जोड़ते हैं, जो अनुपयुक्त ठहरता है।

'लोकगाथा रेशमा' मूलतः मैथिली और अंगिका भाषा की लोकगाथा है। मगही में इसके अस्तित्व को नकारा नहीं जा सकता, परन्तु इसके मगही स्वरूप को लुप्तप्राय माना जाता है। मैथिली और अंगिका में यह लोकगाथा इतनी लोकप्रिय हुई कि बिहार और उत्तर प्रदेश से लगी पश्चिमी सीमा पर इसके भोजपुरी स्वरूप ने जन्म ले लिया। हम यहाँ भोजपुरी में प्राप्त 'लोकगाथा रेशमा' की चर्चा करेंगे, जिसे लोकनाच शैली में विकसित किया गया लगता है।

रानी रेशमा और चूहरमल को सोमनाथ द्वारा पूर्वजन्म में मिले शाप के कारण पटना के मोकामा में जन्म लेना पड़ता है। दोनों उस जन्म में ब्राह्मण जाति से थे और रिश्ते में पति-पत्नी थे। मोकामा में चूहर ने अंजनी नामक दुसाध के बेटे के रूप में जन्म लिया, जबकि उसकी पत्नी का जन्म मोकामा के राम जी सिंह भूमिहार की बेटी के रूप में हुआ। बड़ा होने पर चूहर जिस पाठशाला में पढ़ता था, वहीं रेशमा का भाई अजब सिंह पढ़ता था। चूहर और अजब में गाढ़ी दोस्ती थी। एक दिन जब अजब को खोजता चूहर उसके घर गया, तो वहाँ उसे रेशमा ने देखा। चूहर की सुन्दर देह यष्टि पर मोहित होकर रेशमा ने उससे प्रणय-निवेदन किया। परन्तु अपने गुरूभाई की बहन रेशमा को चूहर भी अपनी बहन की तरह मानता था। कई प्रकार से रेशमा प्रयास करती है, उसे झूठे आरोपों में लांछित करती है, परन्तु चूहर का ब्रह्मचर्य नहीं डोलता है। सभी आरोपों से स्वयं को निकालकर चूहर समाधि ले लेता है और रेशमा उसी समाधि पर प्राणोत्सर्ग कर देती है। चूहर देवत्व को प्राप्त करता है। भोजपुरी लोकगाथा में उसके अग्निकुंड में परीक्षा देने की बात कही गयी है, जिस कारण उसके प्रति श्रद्धा इतनी बढ़ गयी कि उसे 'राह बाबा' के नाम से अलग लोकदेवता की आस्था दे दी गयी।

यहाँ प्रस्तुत की गयी लोकगाथा नाच शैली में होने के कारण अलग-अलग पात्रों द्वारा बोले गये अलग-अलग संवादों से भाषित है।

बारह बरिस के तब भइली रानी रेशमा जी

मने मन करत विचार जी
मदन सताबे जोर सगरी शरीरिया जी
देहिया न आवत सम्हार जी
अबहीं ले बाबा मोर कइले न बियहवा जी
उठत करेजवा में पीर जी
सूनी सेजरिया नहीं आवेली निंदिया जी
कइसे बंधाऊ मन धीर जी
सेही फिकिरिया रेशमा रहे रात दिनवा जी
एक दिन के सुनहू हवाल जी
आधी-आधी रतिया के पिछली पहरवा जी
कोइली बोलत घनी बाग जी
कोयल शब्द सुनि उठे राती रेशमा जी
मनवां में भजे हरिनाम जी
हथवा में लेई रेशमा सोने के बढ़निया जी
अंगना बहारे चली जात जी
सात डेवढ़िया हेली पहुँचे अंगनवा जी
निहुरी-निहुरी अंगना बहारे जी
कुड़वा बटोरी धरे सोने के चंगेलिया जी
फेंके चलली कुड़खेत जी
भउजी देखली जब सोने के हलिया जी
बोलेली विरही के बात जी
भौजाई : केहिरे करनवाँ रेशमा चेरी भेस धइलीं जी
अंगना बहारे कवन हेतु जी
तोहरे त घरवा ननदी साठिगो लउरिया जी
करे सब ताबेदारी तोहार जी
साफे-साफ हाल रेशमा हमके बताव जी
मोरा मन होखे संदेह जी
बाबा तोहरे सुनिहे रेशमा भइया अजबसिंहवा जी
जियते दीहीं गड़वाय जी
रेशमा : काहे बोले लू भउजी विरही के बोलिया जी
काहे मन होखेला संदेह जी
हमके लगावेलू केही कारन अकलंकवा जी
किये देखलू हमके चेरी भेस जी

आगि लागे नइहर मरे भाई भतिजवा जी
नाश होखे कुल परिवार जी
केहिरे कारन मरिहें बाप मोर भइया जी
काहे दीहें जीयते गड़वाय जी

एतना कहिके रेशमा करे मन मन करोधवा हो
लिहली लउरिया बोलाई नूरे की
लिहली मंगाई सब सिंगार के समनवा हो
करे ली सिंगार हरखाई नूरे की
सोने के चउकिया रेशमा बइठे अंगनमा हो
कहे लगली लउरी से सुनाई नूरे की
जाहू गंगा तीर लउरी लेई के घरिलवा हो
लाऊ भरि गंगाजल जाई नूरे की
घरहि करबि हम आज असननवाँ हो
करबि सिंगार सब सजाई नूरे की
जल्दी से जाहू लौरी मति करु देरिया हो
लेई के घरिला होखऽ तइयार नूरे की

सोने के घरिलवा लेई चले सब लउरिया जी
जाई पहुँचे गंगा जी के तीर जी
भरिके घरिलवा लउरी चली भवनवाँ जी
पहुँची महलिया लेई नीर जी
बइठी अंगनवा रेशमा सोने के चउकिया जी
करे असनान मलिके शरीर जी
करे असनान पेन्हें कुसुमी चुनरिया हो
चोलिया पेन्हेली बूटेदार जी
हथवा में लेई लिहली अएना ककहिया हो
झारेली केसिया संवार जी
कड़ा छड़ा पेन्हें पाँव अंगूठी अंगुरिया हो
गरवा में पेन्हें चंदन हार जी
हैकल हुमेल हार पहुँची वंगुरिया जी
पेन्ही लिहली नया सितलहार जी
दँतवा में मिसी कइली नैना में कजरवा जी

साटि लिहली टिकुली लिलार जी
सोरहो सिंगार कइली बतीसो अभरनवा जी
पेन्हीं ओढ़ी भइली तइयार जी
हाथे अएना लेई रेशमा देखली सुरतिया जी
गिरेली छाती मुक्का मार जी
होसवा सम्हारी रेशमा मने-मने सोचेली जी
अइसन सुरतिया मोर बेकार जी
करत मजाक हमसे संग के सहेलिया जी
देखि के जवनियाँ हमार जी
अस मन सोचि रेशमा धरि के धीरजवा जी
देवी पूजन हेतु जाये तइयार जी

रेशमा जमींदार घराने से थी। नौकर-नौकरानियों की कमी न थी। परन्तु जवानी की दहलीज पर पड़ते हुए उसके उन्मत्त पाँव इस चिन्ता में परेशान किये जा रहे थे कि इस अगाध सौन्दर्य को देखने को सर्वाधिक योग्य युवक सूरमा चुहर उसे आज तक न मिला। बन-सँवरकर देवी मंदिर में जाकर देवी से चूहरमल से मिला देने की प्रार्थना करने लगी। देवी मंदिर से कोई आवाज आयी—तुम उच्च कुल वंश भूमिहार की राजपुत्री हो, चूहर निम्न कुल का युवक। रेशमा! यह मिलन असंभव है।

रेशमा चूहर से मिलने के लिए अपनी राज-परंपरा तोड़ने पर आतुर हो गयी। वह बनाव-सिंगार को धोने के लिए घड़ा ले आयी और पानी भरने निकल पड़ी। माँ ने लोकलाज की बात कही तो रेशमा ने कहा कि बाबा ने जो 'पकवा इनार' खुदवाया है, उसे देखने जाने दिया जाय।

सोने के घरिलवा लेई चले रानी रेशमा जी
रेशम की डोरिया लिहली हाथ जी
रेशमी चुनरिया लहरे पतरी कमरिया जी
चमकेला चोली बूटेदार जी
पनिया भरन चली पकवा इनरवा जी
करी सोरहो सिंगार जी
सोरहो सिंगार करी बतीसो अभरनवा जी
रूप सँवारी अनमोल जी
घर से बाहर होत देखली मोरी माता जी
देखि माता बोले बिरही बोल जी
माँ : केही करनवा रेशमा जालू भरे पनिया जी
हथमा में लेई घरिला डोर जी

सोरहो सिंगार करि बतीसो अभरनवा जी
पेन्हीं कर लहंगा पटोर जी
जेकरा ही घरवा बाड़ि साठि लउरिया जी
सेहू कइसे पानी भरे जाये जी
दुनिया के लोग सुनि करिहें बदनमवां जी
हँसिहें नगरिया के लोग जी
पनिया भरन रेशमा मति जा इनरवा जी
मानि लऽ कहनवाँ हमार जी
रेशमा : बाबा खनवले माता पकवा इनरवा जी
तुलसी बनवाये चउरा घाट जी
हमहूँ तो जइबो माता पकवा इनरवा जी
देवी पूजन हित जात जी

रेशमा की सखियों-सहेलियों ने समझाया। माँ ने कहा कि उसे पानी भरने बाहर नहीं निकलना चाहिए। जब भाभी ने समझाया तो वह रुक गयी पर, दूसरे दिन न रुकी।

पकवा इनार पर उसने स्नान किया और तुलसी चौरे पर पूजा करने लगी। उसने देवी दुर्गा और इन्द्र से गुहार लगायी—जिसके लिए लोकलाज त्यागकर घर से निकल आयी, उससे तो मिला दो देव। वह विकल हुई तो इन्द्र पसीजे। मूसलाधार वर्षा हुई। बाढ़ आ गयी। गाँव वाले गाँव छोड़कर भागने लगे पर सूरमा चूहर न निकला। वह नींद में सोया रहा। जब देवी दुर्गा ने उसे साक्षात् उपस्थित होकर तमाचा खींच मारा, तो चेहाकर उठा। सूरमा ने देवी से मूसलाधार वर्षा थमने का उपाय पूछा, तो उन्होंने उसे गाँव के हित के लिए पकवा इनार जाने की आज्ञा दी।

जबले न जइबे पकवा इनरवा हो
तबले न बंद होई तूफान जी
एतन ही कहिके देवी भइली आलोपवा हो
अब सुनि आगे के बयान जी

चूहर घर से निकला। गंगास्नान किया और सूर्य की पूजा की। कुष्ठरोगी का वेश बनाकर पकवा इनार पर जा पहुँचा। वर्षा बंद हो गयी। तब रेशमा ने विचार किया—शायद यही है चूहर, नहीं तो वर्षा बंद न होती।

कोढ़िया के देखि रेशमा भइली चकितवा जी
मने मन करेली विचार जी
कोढ़िया के आवते काहे बंद भइल पनिया जी
विस्मय में पड़ल मन हमार जी
किये जे हउए इहो सूरमा चूहरमल जी

किये हउए कोढ़िया भिखारी जी
दूसरे जो रहिते रामा कोढ़िया भिखरिया जी
बंद नाहिं होइत पनिया धार जी

रेशमा ने कुष्ठ रूपधारी सूरमा चूहर को पकड़ा और पूछा–तू चूहर तो नहीं? चूहर नकार गया–बहन! मैं तो कोढ़ी भिखारी हूँ। प्यास लगी है, पानी पिला दे। रेशमा नहीं मानी–किरिया खाकर बताओ कि तुम्हारे माता-पिता का नान क्या है और तुम कौन हो।

चूहर और रेशमा ने एक-दूसरे को अपना-अपना परिचय दिया। रेशमा ने कहा कि वह बारह वर्षों से उसी की आशा में जिये जा रही है, आज मिलन हुआ, तो उसे अपना ले। पर, चूहर ने कहा–बहन! तुम मेरे मित्र अजब की बहन हो, तो मेरी भी बहन ही लगी। मेरा धर्म नष्ट न करो।

तोहरो जे भाई रेशमा मोर गुरु भइया जी
पिता तोहार चाचा लागे हमार जी
कइसे के करबो तोहरे संग दुनियादरिया जी
तूहूँ लगबू बहिनी हमार जी
तोहरो जे संग रेशमा करबो जे भोगवा जी
धर्म नष्ट होई जाई हमार जी

चूहर रेशमा के प्रणय-निवेदन को ठुकरा कर चला गया। क्रोध और उदासी से लौटी रेशमा चूहर से प्रतिरोध लेने की सोचने लगी। उसे मालूम हुआ कि चूहर मोकामा ढाल पर रोज सुबह गायें चराने अपने भांजे बुधुआ के साथ आता है। उसने रामजित गरेड़ी और मुंडे खान पैठान की पहरेदारी लगवा दी–चूहर जब गायें चराने मोकामा ढाल पर आये, तो उसकी गर्दन उतार लाओ।

बुधुआ भांजे ने चूहर को मोकामा ढाल जाने से मना किया, पर उसने निश्चय किया–चलो, जरा देखूँ तो रामजित गरेड़ी और मुंडे खान पहरेदार को। रेशमा के हुक्म की तामील करने वालों का पौरुष तो आजमाऊँ। भांजे बुधुआ गायों को खोलो ओर मोकामा ढाल चले चलो।

भय मती कर बुधुआ खोल चल गोरुआ जी
सुन भगिना वचन हमार जी
हमहूँ त देखबे बुधुआ रामजित गरेड़िया जी
और देखबो मुंडे खाँ पैठान जी
कइसन बाटे देखबी रेशमा के हुकुमिया जी
देखबो कइसन पहरू जवान जी

चूहर की गायें खुलीं। मोकामा ढाल पर पहुँची, तो पहरेदार मुंडे खाँ एवं रामजित गरेड़ी

ने गालियाँ देते हुए आँखें तरेरीं—किसके हुक्म से गायें मोकामा ढाल पर ले आये?

बुधुआ ने कहा—गालियाँ दोगे तो तुम दोनों की लाशें बिछ जायेंगी। मोकामा ढाल सभी का है। मामा चूहर के हुक्म से खोली हैं गायें।

रामजित गरेड़ी : केकरे हुकुम से सरऊ खोलले तू गोरुआ जी
आई के चरावे आधी रात जी
रेशमा के हुकुमिया माने सगरी नगरिया जी
ते न मनले ओकर बात जी
किया तोहरे मालूम नाहीं रेशमा के हुकुमियाँ जी
गोरुआ चरावे होई निडर जी
कवने घमंड पर तूहूँ गोरुआ चरावल जी
लागे न तोहरो तनिक डर जी
तोहरा के मारी सरऊ भेजबि जमपुरवा जी
आई गइले अब तोरे काल जी
बुधुआ : किया तूहूँ बोले ए सखा काहे देले गरिया जी
बोल तनी मुँहवा सम्हार जी
मामा के हुकुम से सरऊ खोलली हम गोरुआ जी
सुनि लौ वचन हमार जी
गरिया के हलिया मामा सुनिहें चुहरमलवा जी
तोहरा के करिहें हलाल जी
बेसी जे बोलबऽ सरऊ होई ना खैरवा जी
मारबि एही मोकामा के ढाल जी

बुधुआ और रामजित गरेड़ी के बीच चल रहा विवाद हिंसक रूप लेता, इससे पूर्व चूहर आ पहुँचा। उसने रामजित को धिक्कारा—भलाई चाहो, तो लौट जाओ रामजित। तुम्हारी गालियों के लिए तुम्हें क्षमा करता हूँ। नहीं तो आज ही तुम्हारी स्त्री विधवा हो जायेगी।

चूहर : सुनबे न सुनबे सखा रामजित गरेड़िया जी
मानि लेहू कहल हमार जी
अबही जे चाहो आपन भलइया जी
भागो मुंडे जनवां बचाय जी
नाहीं जो मानबे सरऊ छोड़बी ना जनवां जी
यमपुरी दिहबी पठाय जी
मारी जब देहब सरऊ रामजित गरेड़िया जी
रोइहें माई बपवा तोहार जी
बिलखि बिलखि रोइहें तोहरो तिरियवा जी

होई जइहें रांड़ तोर नार जी

रामजित-मुंडे खान एवं सूरमा-बुधुआ के विवाद ने हिंसक रूप ले ही लिया। तलवारें खिंचीं। लाठियाँ चलीं और रामजित तथा मुंडे खान के सिर धड़ों से अलग आ गिरे। बुधुआ गायों को हाँक लाया। चूहर ने गंगास्नान किया और मोकामा शहर की मुंगिया तमोलिन के यहाँ पान खाने आ गया। मुंगिया भी चूहर पर मोहित हो गयी। कामासक्त होकर चूहर की ओर झुकी, पर चूहर ने बाहें छुड़ायीं और मुंगिया का भी प्रेम ठुकराकर अपने घर चला गया।

रामजित और मुंडे खाँ की हत्या की बात सुनीं तो रामजी सिंह ने चूहर के घर को फूँक देने के लिए दर्जनों गुंडों को भेजा। पर चूहर के मित्र और रेशमा के भाई अजब सिंह ने उन्हें लौटा लिया। इधर, रेशमा की रातों की नींद जाती रही, दिन में भी बेसुध पड़ी रहती। भौजाई, माँ और सखियों के समझाने से कुछ न हुआ। वैद्यकी और मंत्रविद्या निरर्थक गयी। वह रात में सोती तो चौंक-चौंककर उठती। उसे अपने चारों ओर चूहर का चेहरा ही दिखता रहता। रेशमा को लगा कि जोर-जबरदस्ती से बात बढ़ेगी, बदनामी भी होगी, उसे फिर एक बार चूहर से विनयपूर्वक प्रणय-निवेदन करना चाहिए।

मनवाँ में सोची रेशमा चले गंगा तिरवा जी
करे खातिर गंगा असनान जी
सूरमा से होई जो उहाँ पर मुलकतिया जी
आपन पुरइबो हम आस जी
दूनों कर जोरी कर करबो अरजिया जी
पइयाँ परबी उनकी जाये जी

रेशमा ने गंगा स्नान किया और सूर्यदेव की पूजा की। चूहर का घर नदी तट पर ही था। वह उसके घर चली गयी और विकल होकर पाँवों पर जा गिरी। पर चूहर ने उसे फिर ठुकरा दिया। रेशमा ने अपने वस्त्रों को स्वयं फाड़ लिया और घर लौटी तो माँ को बताया कि चूहर ने उसके साथ दुर्व्यवहार करने का प्रयत्न किया है।

चूहर पर लगाये गये आरोप और रेशमा के ढोंग के बाद रेशमा के पिता रामजी सिंह एवं भाई अजब सिंह ने अपने खास आदमी कालिका सिंह को भेजकर चूहर के पिता बिहारी दुसाध को बुलवाया। जब बिहारी और उसके भाई अर्थात चूहर के पिता और चाचा मोकामा आये, तो रेशमा के पिता और भाई ने उन्हें जेल में रख दिया। पलटन सजाकर चूहर के घर पर चढ़ाई कर दी। चूहर सोया था। पर देवीदुर्गा उसे अपना मानसपुत्र मानती थीं। उन्होंने स्वप्न में उसे दर्शन दिया और सारी बातें बतायीं। चूहरमल ने युद्ध के लिए स्वयं को तैयार कर लिया। माता से आशीर्वाद लिया और युद्ध के लिए निकल पड़ा।

चलले चूहरमल रामा रण के मैदनवां जी
हाथे लेई तेगा तलवार जी

पेन्हीं त लिहले रामा रण के पोशकवा जी
पेन्हीं ओढ़ी भइले तैयार जी
गाँवे के बाहर जब अइले चूहरमलवा जी
मन में करे देवी के गोहार जी
चमचम चमके रामा तेगवा के धरवा जी
जइसे चमके बिजुली बेशुमार जी
जाले अकेले सूरमा करने लड़इया जी
उहँमा फउजिया अपार जी
लेई पलटनियाँ पहुँचि तब रक्षा सिंहवा जी
जिन पलटन के सरदार जी
बाजत बिगुल रण उड़े धूर अकशवा जी
हाथी घोड़ा रथ बेशुमार जी
अंजनी नगर घेरे आई सब फउजिया जी
घेरी लिहले शहर बजार जी
फटाफट छूटे लागल गोलिया बरुदवा जी
नगर में मचल हाहाकार जी
देखी के फउजिया सुनी तोप के अवजवा जी
भागे लगले नगर के लोग जी
अब नाहीं बाँची रामा केहुके त जनवां जी
रार बेसहले चूहरमल जी

सेनापति रक्षा सिंह ने अंजनी नगर को घेर लिया। सेना ने दिशाएँ बांध दीं और उसी में अभिमन्यु की भाँति चूहर खम ठोकता आगे बढ़ा। चूहर ने देवी की दी हुई तलवार से आधी सेना मार डाली। आधी मोकामा भाग खड़ी हुई। रक्षा सिंह, रामजी सिंह के दरबार में आ खड़ा हुआ। रामजी सिंह और अजब सिंह ने धिक्कारा। पुनः रक्षा सिंह सेना लेकर चूहर के गाँव चला। दरबार की सेना इधर चूहर से लड़ने को प्रयाण कर गयी, उधर चोरी से चूहर जेल में बंद अपने पिता-चाचा को छुड़ा ले गया। गाँव पहुँचकर पुनः रक्षा सिंह की सेना से लड़ने लगा। सेना फिर हार आयी। तब अजब सिंह ने चूहर को मदिरा में जहर दिलवाने की योजना बनायी। मदिरापान कर जब चूहर को नशे में छल से पकड़ लिया गया। जब चूहर को असली बात पता चली, तो वह क्रुद्ध होकर अपने बंधन खोलने को कहने लगा।

असल जे होखबऽ जो तू खोली देवऽ बन्हवाँ जी
देई देबो हाथ में कटार जी
तब सम्मुख आई करहु लड़इया जी

तब देखो बलबा हमार जी
क्षत्री के कोखिया लिहल जनमवा जी
माता दूधवा कइल हराम जी
धोखवा से बांध लिहलऽ पियाई के सरबवा जी
बन तारऽ तूहूँ बलवीर जी

अजब सिंह चूहड़मल को कोड़े लगाने लगा। देवी की कृपा हुई, उसके बंधन झनझनाकर टूट गये। अजब सिंह के हाथ से कोड़ा छूट गया। वह भागकर मोकामा किले में घुस गया। देवी फिर प्रकट हुई, उन्होंने सातों बहनों के रूप में स्वयं को प्रकट किया और कटार प्रदान की। वरदान दिया—जा बेटा, तुम्हारा ब्रह्मचर्य सलामत रहे। तू काटने से न कटेगा। विजय तुम्हारी होगी।

देवी स्वयं सात सौ योगिनों के साथ मैदान में आ डटी। रेशमा के पिता मारे गये, अजब सिंह भाई को क्षमा कर दिया गया। रेशमा इतने पर भी नहीं मानी। उसने महंगू हजाम के सहयोग से लालजीत गरेड़ी को चूहर की हत्या के लिए भेजा। उसने रेशमा से विवाह के लोभ में अपनी जान गँवायी। एक संत से बाघों की खाल लेकर रेशमा ने उसे अग्नि में तपाया तो चौदह सौ बाघिनों का जन्म हुआ। बाघिनों से चूहर को फिर जूझना पड़ा। बाघिनें मारी गयीं। एक बाघिन ने रेशमा को सारा वृत्तांत कह सुनाया। तब रेशमा देवी की पूजा पर जा बैठी। देवी ने कहा—रेशमा, तुम्हारे कुल-परिवार के नाश के बावजूद चूहर हारा नहीं। पर तुम मैदान में जाओ तो वह भाग खड़ा होगा, क्योंकि वह स्त्री से नहीं लड़ता।

रेशमा मैदान में गयी तो चूहर भाग खड़ा हुआ। रेशमा धिक्कारती-ललकारती हुई पीछे दौड़ी। एक साधु के तपकुंड में चूहर कूद गया तो उसी में रेशमा भी कूद पड़ी। धर्मतेज से चूहर तो बच निकला, पर रेशमा भस्म हो गयी। तभी से दुसाधों में चूहर पूजनीय हो गया, उसकी पूजा 'राह बाबा' के रूप में आज भी होती है।

●

प्रभा निकेतन, पत्रकार कॉलोनी
महनार, वैशाली-844506

कँवला बनाम लक्ष्मण जती गाथा

नन्द किशोर तिवारी

छत्तीसगढ़ के देवार चारण प्रवृत्ति के माने जाते हैं। नाचने गाने में निपुण देवारों के द्वारा गायी गाथाओं में अंचल की संस्कृति की सोंधी महक होती है। सीताराम-नगेसर कन्या, अहिमन-रानी, हीराराम, गोपालराय का पँवारा, रायसिंह का पँवारा, चंदा अहिरिन, न जाने और कितनी गाथाएँ उनके जुबान पर चढ़कर निःसृत होती रही हैं। यही वृत्ति इस घुमंतू जाति का प्रमुख जीविकोपार्जन का साधन थी। विस्थापन की योजना ने इन्हें स्थायी निवास तो दिया परन्तु विस्थापन ने देवारों की पैतृक कला छीन ली। कहना न होगा कि इसका परिणाम लोकगाथाओं पर पड़ा। लोकगाथाएँ धीरे-धीरे विलुप्त होती गईं। उन्हीं लोकगाथाओं में से एक 'कँवलाः लक्ष्मण जती' की गाथा सबसे महत्वपूर्ण है। महत्वपूर्ण इसलिए नहीं कि इसकी कथा अचंभित कर देती है बल्कि इसलिए कि मनुष्य की अविश्वसनीयता को विश्वसनीयता में बदल देती है।

देवार भले ही अपने को सभी जातियों में श्रेष्ठ मानते हों परन्तु छत्तीसगढ़ के समाज में उनकी स्थिति अछूत जैसी रही है। जाहिर है कि अछूतों को सामाजिक व्यवस्था में शास्त्रों के पठन-पाठन के योग्य नहीं माना जाता रहा

है। एक ओर सामाजिक व्यवस्था और दूसरी ओर अशिक्षा ने इन्हें ज्ञान के प्रकाश से दूर रखा। जो कुछ कहीं सुना और सुनने के बाद जो कुछ बच गया उसे समाज में प्रचलित परंपराओं से जोड़कर गा दिया। उनके इस कथा गायन में कुछ सच और कुछ कल्पना का सम्मिश्रण होता है।

कँवला बनाम लक्ष्मण जती गाथा एक प्रेम कथा है। कँवला राजा इन्द्र की बेटी है। अपने महल में सोयी है। आधी रात को 'कामोदीप्त करने वाला किंदरा' (एक प्रकार का वीणा के समान तार वाद्य, जिसमें मृत गाय के बारीक तंतु तार की जगह लगे होते हैं। उसे छेड़ने पर कामोदीप्त करने वाली आवाज निकलती है) की हवा में गूँजती आवाज पर मोहित हो जाती है। अपनी दासियों को आवाज के उद्गम का पता लगाने के लिए कहती है। दासियों के असमर्थ हो जाने पर खुद गूँज रही आवाज की दिशा की ओर निकल जाती है। जंगल, झाड़ी को पार करते देखती है कि मनुष्य तो मनुष्य जानवर भी सम्मोहित होकर नृत्यरत हैं। कँवला को नृत्यरत नाइन से ज्ञात होता है कि मन्मथ किंदरा की आवाज अयोध्या के लक्ष्मण के डिंडामहल से आ रही है। कँवला अयोध्या की ओर प्रस्थान करती है। रास्ता पार करने के लिए कँवला चिड़िया बन जाती है। आकाश मार्ग से रास्ता पार करते चिड़िया पकड़ने के लिए फैलाये जाल में फँस जाती है। लक्ष्मण के नाम स्मरण से जाल से मुक्त होती है। अयोध्या पहुँचकर लक्ष्मण के महल में प्रवेश पाने के लिए महल के चरवाहा महँगू से चूड़ी पहन (शादी कर) लेती है। महल की सेवा करते-करते लक्ष्मण के पलंग पर एक चूड़ी (कंगन) और एक खिनवा (कर्णफूल) छोड़ देती है। लक्ष्मण के पलंग पर दोनों आभूषणों को देखकर जानकी लक्ष्मण के सत (चरित्र) पर शंका करती है। नगर की औरतों को हाथ में कंगन और कान में कर्णफूल पहनाया जाता है। किसी के हाथ में न तो कंगन, न ही कान में कर्णफूल बैठता है। अंत में जानकी को दोनों आभूषण पहनाये जाने पर आभूषण ठीक बैठ जाते हैं। जानकी और लक्ष्मण के संबंधों पर टीका-टिप्पणी होने लगती है। लक्ष्मण अपने चरित्र तथा संबंधों की पवित्रता सिद्ध करने के लिए अग्नि परीक्षा देता है। ग्लानिवश नगर छोड़कर जंगल की ओर निकल जाता है। कँवला लक्ष्मण का पीछा करती है। लक्ष्मण अपनी सुरक्षा के लिए वशिष्ठ मुनि के आश्रम में पहुँचता है। वशिष्ठ मुनि लक्ष्मण को भेड़ बनाकर छिपा लेते हैं। कँवला आश्रम में पहुँचकर अपने नृत्यगान से वशिष्ठ का मन मोह लेती है। वशिष्ठ के प्रसन्न होने पर उनसे भेड़ रूपी लक्ष्मण की मांग कर इन्द्रपुरी चली आती है।

इधर जानकी लक्ष्मण को लेकर चिंतित होती है और योग के माध्यम से लक्ष्मण का पता लगा लेती है। फिर रामचन्द्र और पांडवों को साथ लेकर इन्द्रपुरी आती है। द्रोपदी इन्द्र की सभा में नृत्य कर इन्द्र को प्रसन्न करती है और प्रसन्न इन्द्र से भेड़ रूपी लक्ष्मण की मांग कर सभी अयोध्या लौट आते हैं।

'कँवलाः लक्ष्मण जती' की गाथा पौराणिक पात्रों से भरी है। रामचन्द्र, जानकी, लक्ष्मण

त्रेतायुग, नकुल, सहदेव, अर्जुन, धर्मराज और द्रोपदी द्वापर युग और देवों के सदाबहार अधिपति इन्द्र इस गाथा के प्रमुख पात्र हैं। कँवला, महंगू और कुछ नाम मात्र के पात्र देवार गायक की कल्पना की उपज हैं। सीधे-सीधे देखने पर ये पात्र काल का अतिक्रमण करते दिखाई देते हैं। परन्तु सच यह है कि इन पात्रों का देवार गायकों ने नाम ही सुना होगा। काल और धार्मिकता की सीमा से अनजान देवारों ने उनके नामों का उपयोग कथा में कर लिया। इस सम्बन्ध में द्वापर युगीन पांडवों के नामों को देखें। छत्तीसगढ़ की 'पंडवानी' पांडवों की ही गाथा है। उसमें भीम प्रमुख नायक के रूप में स्थान पाता है। इस कथा में पांडवों की सूची में भीम नामक महानायक गायब है। इसलिए पौराणिकता से इन कथा पात्रों को जोड़ना उचित प्रतीत नहीं होता। इस कथा के पात्र देवारों की इसी दुनिया के लौकिक पात्र हैं।

कँवला इस गाथा की मुख्य पात्र है। कँवला को इन्द्र की बेटी 'इन्दर के बेटी' 'छलनुक रानी' कहा गया है। वह छल-प्रपंच से वांछित लक्ष्य पाने को अन्यथा नहीं मानती। वह मायावी है। जिस तरह आदि शंकराचार्य ने सृष्टि के विधान को समझने के लिए अपने शरीर को छोड़कर पक्षी का शरीर धारण किया था उसी प्रकार कँवला शीघ्रताशीघ्र मन्मथ-किंदरा के वादक तक पहुँचने के लिए पक्षी के शरीर में प्रवेश कर आकाश मार्ग का उपयोग करती है–

'अरेऽ भइया

प्रान त्याग करके कारी परेवा होगे भाई अउ परेवा होके उपरे-उपर जान लगे।'

कँवरा रूप बदलने में भी माहिर है। अपने घर और जानकी के महल में अलग-अलग रूप धारण करती है–

'राऊत के घर म दूसर रूप म रहिस भाई
अऊ रानी के घर म दूसर रूप म हो गै'

वशिष्ठ के आश्रम में छुपे लक्ष्मण को पाने के लिए कँवला नृत्यांगना बनकर नृत्यगान से वशिष्ठ को प्रसन्न करती है–

'राजा इन्द्र के बेटी
महा छलनुक, महामोहन कारी
फुलवा बरोबर चोला बनाके
सारी म अपन मुँह ल लुका के
नाचे लगै
नाचना गाना अइसा
के साधू मोहागै'

कँवला परिस्थितियों से समझौता और जरूरत पड़ने पर संघर्ष करती है और अपने अभीष्ट को पाने के लिए देह की सामाजिक मर्यादा का भी उल्लंघन करती है–

'मोला राखबे
तौ कहिस
कँवला पति बना लेहूँ तोला रे राउत
तोर जोर के नइये दुनिया म जी
देखों महराज, लेगे राउत पकड़ के घर म'

आत्मा की सात्विकता और पवित्रता उसके लिए देह की सात्विकता और पवित्रता से महत्वपूर्ण है। मानों वह कह रही है कि आत्मा लक्ष्मण जती के प्रेम में पंजीकृत है। इस पंजीकृत आत्मीय प्रेम के बीच शरीर कोई मायने नहीं रखता।

कँवला लक्ष्मण को जानती तक नहीं परन्तु लक्ष्मण के संगीत के जादुई प्रभाव में आकर अपनी आत्मा से उसे स्वीकारती है। लोक गायक का यह कथन—

'तेरा जोरइया राजा नइये दुनिया म
तोरबर घर दुआर दाई बाप ल त्याग देंव
तोरे वास्ते बारा महीना सिव के पूजा करेंव
तोला जोड़ी पाहौं कहिके महादेव ले बरदान मांगेव'

कँवला ने महादेव से कब वरदान मांगा इसका कहीं उल्लेख नहीं है। कँवला का यह कथन आत्मालाप की तरह है। संभवतः अपने मन के विश्वास को वह महादेव से प्राप्त वरदान से शक्ति संपन्न बनाती है।

अपने अभीष्ट लक्ष्मण तक पहुँचने के लिए छत्तीसगढ़ की कई जातियों में प्रचलित चूड़ी (पुनर्विवाह) पहनने की प्रथा का अनुसरण कर मंगलू (चरवाहा) के साथ चूड़ी पहन लेती है। मंगलू और उसकी माँ को आश्वस्त करती है—

'तोर घर ले मैं मरे तौ निकलहूँ
जीयत नई निकलौं बुढ़ी दाई'

यह कहकर कि तुम्हारे घर से मेरी लाश ही निकलेगी, मंगलू के घर में कँवला रहने लगती है। घर की साफ-सफाई करती है। खाना पकाती है। समय निकालकर दूध-दही भी बेच आती है—

'क्या देखे जब राउत गरूवा चराय बर चल देइस
सुन्ना घर म कँवला रानी मन म सोचै
बाहरी ल पकड़ै अलिन गलिन ल बहरै

ग्वालिन अहीरिन के जात अन
इन्दर के बेटी ये महा छलनुक रानी ये
दूध-दही के कसेली धर
जोद्धा के गली म फेरा निकलगे जी।।

दार भात राँध डारिस

दू ठन मरका म पानी डोहार डारिस'

अपने घर की आर्थिकी को सुदृढ़ करने में कँवला सराहनीय काम करती है। दूध-दही बेचती कँवला के रूप-सौन्दर्य पर नगर के लोग मोहित हो जाते हैं। इसी मुग्धावस्था का लाभ उठाकर कँवला जानकी के महल के भीतर प्रवेश करती है। जानकी कँवला को अतिरिक्त पारिश्रमिक देने का वचन देती है–

'बोले जानकी माता
सुन ले वो नोनी
जम्मों चेरिया मन ला पन्द्रा दिन म लुगरा
तोला एक्के दिन म एक लुगरा देहूँ।
तैं मोर घर ल मत छोड़बे
कहत उहू मोहागे भाई।'

और एक दिन मौका पाकर लक्ष्मण का बिस्तर साफ करते-करते एक-एक नग चूड़ी (कंगन) और खिनवा (कर्णफूल) पलंग पर रख देती है।

'लछमन के डिंडा महल म जाके
बाहरे-बटोरे अउ पलंग बिछावै
देखो, पलंग उचात-उचात
एक हाथ के चूरी एक कान के खिनवा
पलंग म छोड़ आइस छलनुक कँवला रानी'

अपमानित लक्ष्मण के महल छोड़कर जंगल की ओर प्रस्थान करने पर कँवला उसका पीछा करती है।

'महामोहन कारी महाछलनुक रानी बाट ल पकड़ लिस लछमन के'

लक्ष्मण का अनुसरण करते वशिष्ट मुनि के आश्रम में पहुँच जाती है और अपने नृत्यगान की कला से वशिष्ठ मुनि को प्रसन्न करती है–

'फुलवा बराबर चोला बना के
सारी म अपन मुँह ल छुपा के
नाचै लागै
नाचना गाना अइसा
के साधू मोहागे'

नृत्य गान से मुग्ध वशिष्ठ मुनि से भेड़ रूपी लक्ष्मण को कँवला वरदान में माँगती है–

'मुनिराज मोला सुनौ ए नाथ जी
जउन चीज माँगूगी मोला तउन चीज होना जी'

कोरा के मेढ़ा ल मोला दे दो जी।।'

भेड़ को गोद में उठाकर कँवला अपने महल में आती है। भेड़ को नहलाती-धुलाती है। अपने बिस्तर पर सुलाती है। सखी-सहेलियाँ और दासियाँ कँवला के इस कृत्य को देखकर अचंभित होती हैं तब कँवला कहती है–

'देख वोला चोरिया मन
सब झन देखै
का जान हू तुम मन राँड़ी दुखहर्द ओऽ
कोन जीव ल मैं माँग के लाने हौं।'

कँवला जब कहती है कि तुम्हें क्या मालूम मैंने किसे माँगा और पाया है तब प्रेम अपनी पराकाष्ठा में पहुँचकर अपनी पहचान देता है। यहाँ शरीर की जरूरत मन की जरूरत के सामने बौनी लगती है। नारी को हम चाहे जैसे परिभाषित करें, उसे महा मोहनकारी कहें, उसे छलना कहें परन्तु उसके एकांगी प्यार की इस गहराई के सामने नतमस्तक हो जाना पड़ता है।

दूसरी नारी पात्र जानकी है। वह राजरानी है। कँवला के रूप सौन्दर्य और व्यवहार पर जरूरत से ज्यादा और जल्दी मुग्ध हो जाती है। लक्ष्मण के चरित्र पर शंका करती है और आम स्त्री की तरह नगर भर उसे बगरा देती है–

'उहाँ ले जानकी माता आय के
जोद्धा म करे जो ढिंढ़ोरा जी।।'

नगर में लक्ष्मण के चरित्र पर तरह-तरह की चर्चाएँ होती हैं–

'आज लछमन के सत्या बूड़गे
कुल बस्ती के सुनै
घर-घर बइठ के चर्चा करैं।'

जानकी रामचन्द्र को उलाहना देते हुए कहती है कि अपने भाई को आप सत्यव्रती कहते थे परन्तु सच इसके ठीक विपरीत है–

'अपन भाई ल बड़ सतवाला
नीयत वाला कहेव तुमन
परतिरिया बर नीयत खराब नई होवै
टूटे बिरखा के फल नइ खावै
जोते भुइयाँ म पाँव देवै नहीं
टूटे बांधा म पाँव नई देवै
कहिके बोले रहेव जोड़ी।'

रामचन्द्र नगर की सारी औरतों को बुलाकर कंगन और कर्णफूल पहनाते हैं। किसी के शरीर में आभूषण फिट नहीं बैठता। जानकी को पहनाये जाने पर आभूषण फिट बैठ जाता है। लोग देवर-भाभी के असामाजिक रिश्तों पर खेद जताते हैं। यह एक अलग बात है कि छत्तीसगढ़ की कतिपय जातियों में परिस्थितिजन्य हालतों में भाभी-देवर के साथ चूड़ी पहन सकती है। पदुमलाल पुन्नालाल बख्शी की कहानी 'कारी' का स्मरण हो आना यहाँ गैर जरूरी नहीं लगता। तभी तो जानकी इस घटना से न तो विचलित होती है और न ही लांछित महसूस करती है। लक्ष्मण के अयोध्या को छोड़कर चले जाने के बहुत दिनों बाद लक्ष्मण की खोज-खबर लेती है और अपने आसपास के उपलब्ध लोगों को लेकर इन्द्र के महल में पहुँचती है और लक्ष्मण रूपी भेड़ को इन्द्र से मांगकर ले आती है।

इस तरह जानकी एक सामान्य नारी के समान इस गाथा में अपनी उपस्थिति दर्ज कराती है।

लक्ष्मण सत्यवादी है। उसके सम्बन्ध में 'सत' का उपयोग बार-बार हुआ है। 'अपन भाई ल बड़ सत वाला' कहा गया है। यहाँ 'सत' चरित्र के अर्थ में प्रयुक्त हुआ है। लक्ष्मण कामोदीप्त कर देने वाले 'किंदरा' का महान वादक है। उसके किंदरा वाद्य को मन्मथ किंदरा अर्थात् मन को जो व्यथित कर दे, कामाग्नि को भड़का दे से संबोधित किया गया है।

लक्ष्मण के किंदरा की आवाज पर कँवला मुग्ध हो जाती है। लक्ष्मण के चरित्र पर शंका किये जाने पर साधू-संत सब पश्चाताप करते हैं। रामचन्द्र भी रो उठते हैं। लक्ष्मण गली-गली घूम-घूम कर रोने लगता है।

रामचरित मानस में रावण की कैद से मुक्त होने पर राम वंश के यश को बचाये रखने के लिए सीताजी को अग्नि परीक्षा देनी पड़ी थी। इस लोक गाथा में अपने 'सत' की रक्षा के लिए लक्ष्मण को अग्नि परीक्षा देनी पड़ती है—

'लछमन अग्निकुंड म जाय जोगी
जल जायेगा, खाक हो जायेगा
अइसे महिमा लेवथें जी
लगे जब आगी तब रोना परी जी
बड़े-बड़े साधू संत महात्मा मुनि घलो रोवथें जी

आगी म जरे नहीं।'

अग्नि परीक्षा देकर लक्ष्मण नगर से पलायन कर गुरु वशिष्ठ के आश्रम में शरण लेता है। यहाँ भी गुरु उसे मनुष्य से भेड़ बना देते हैं।

'कारी पिंवरी चाउर मार के मेढ़ा बना के
संग म लछमन ल राखे हे लुका के।'

भेंड़ बनकर भी लक्ष्मण कँवला से नहीं बच पाता।

इस लोक गाथा में नारी की दृढ़ इच्छा शक्ति और मनुष्य के 'सत' की रक्षा का अद्‌भुत आख्यान है। लक्ष्मण के सत की शक्ति और उस कँवला का विश्वास इतना प्रगाढ़ है कि पक्षी का रूप धरी कँवला के जाल में फँसने पर लक्ष्मण के नाम स्मरण से वह जाल से मुक्त हो जाती है। लक्ष्मण अपने सत की रक्षा के लिए अनेकानेक कष्टों को झेलता है। बावजूद इसके भेड़ रूप में सही स्त्री की बाँहों में सोने के लिए मजबूर हो ही जाता है। यह जाहिर करता है कि स्त्री-पुरुष सृष्टि के दो अभिन्न अंग हैं। किसी एक के अभाव में जीवन निरर्थक है। कँवला लक्ष्मण रूप भेड़ के साथ सोकर अपने नारीत्व की निरर्थकता को सार्थकता में बदलती है।

भारतीय लोक गाथाओं में अलौकिक शक्तियों का अद्‌भुत वर्णन देखने में आता है। कँवला शरीर और रूप बदलने की जादुई शक्ति की स्वामिनी है। वह अपना शरीर बदलकर पक्षी बन जाती है। मंगलू राउत के घर और जानकी के महल में भिन्न-भिन्न रूप में दिखाई देती है। वह बिना आग और पानी के खाना बना लेती है। 'वोकर सास देखै। आगी न पानी। ए बहू कैसे करै।'

कँवला राउत के घर में आर्थिक शक्ति का स्रोत बन जाती है। घर का अन्न भंडार बढ़ जाता है। इसी आर्थिक शक्ति के कारण छत्तीसगढ़ की नारियाँ अन्य प्रदेश की नारियों की तुलना में अधिक स्वच्छन्द, खुली और स्वतंत्र हैं।

छत्तीसगढ़ अपने भौगोलिक और ऐतिहासिक कारणों से सिद्धों के प्रभाव में रहा है। बौद्ध संन्यासियों के सिद्धि प्राप्ति में भैरवी का प्रमुख स्थान होता था। ये भैरवियाँ अद्‌भुत अलौकिक शक्तियों की स्वामिनी हुआ करती थीं। छत्तीसगढ़ के सामाजिक जीवन में उनके प्रति लोगों की श्रद्धा तो होती थी परन्तु उनकी शक्तियों से वे भयभीत भी रहा करते थे। लम्बे समय के अंतराल में जैसे-जैसे भैरवी का महत्व घटता गया वैसे-वैसे उनके प्रति भय भी बढ़ता गया। वर्तमान में उन्हें 'टोनही' कहा जाता है अर्थात जादू-टोना में पारंगत स्त्री। इस गाथा में टोनही का प्रसंग आता है। कँवला आधी रात में अपने प्रिय संगीत वादक को ढूँढ़ने निकलती है तब रास्ते में नृत्यरत नाइन मिलती है। नाइन को देखकर कँवला कहती है—'कस वो तैं मड़निन अस हमर ददा बर नौकरी लगे रहे, नान्हें पन ले पाले पोटारे हस तोला टोनही भोथनिन नइ नानन तैं कइसे बाहिर निकर के नाचत हस' इसके जवाब में नाइन कहती है, 'टोनही सोधहिन नइ जानौं, नई जानौं रानी। मोला मत देबे बदनामी।'

भारत में प्रचलित लोक गाथाओं की तरह छत्तीसगढ़ की लोक गाथाओं में भी नारी ही प्रेम की दिशा में पहल करती है। अबला कहाकर भी अनेक शक्तियों की स्वामी होती है। कभी वह दुर्गा की तरह प्रचंड तो कभी लक्ष्मी की तरह ऐश्वर्या, तो कभी प्रेम जाल में उलझी आदिमता की आग में तड़पती दिखाई देती है और जब वह कँवला का रूप लेकर आती है तब उसके एकांगी प्रेम और हर परिस्थिति से जूझने की नारी शक्ति के सामने नतमस्तक हो जाना पड़ता है।

'कँवला-लछमन जती' गाथा

देखों भइया डिंडामहल मंदिर में
लछमन के किंदरा बाजथे।
अहोऽमहराज मैं किया बोली बोलूँ
किया गुन ल बखानौ?
तीन सौ साठ अवा किंदरा के सुर
भरे हे अओऽजोगी जानी।
जनामना किंदरा आधा कोस म
बाजे जइसा सुनावै जी।
किंदरा बाजा बारा कोस म
लछमन के डिंडामंदिर म
आदमी ल कोन पूछै
बाघ भालू
सुने जेमन मोहा गेरे जंगल म
बाजा के धुन म जंगल म
मिरगा मन नाचथे
अहोऽमहराज नाचे रे जोगी नाचथे।
बाजा के सुर ह पहुँचगे
इन्दरपुरी सहर म
बाजा के सुर पहुँचगे
कंचा नगरी म
बाजा के सुर पहुँचगे
जैतापुरी म
बाजा के सुर पहुँचगे
गढ़ किसना म
बाजा के सुर पहुँचगे
इंदर लोक म।

बारा बजे रातकुन कँवला रानी
अपन चेरियसा मन ल उठा के
कथे—उठौ बहिनी हो अईऽदेख न वो
कहाँ के बाजा बाचथे हमर इन्दरपुर के गली म।
अतेक सुन्दर बाजा बाजथे
तौ बजइया कतेक सुन्दर नइ हो ही वो।
जावा न दुःखहई वो खोज के लानहू।
तीन चार झन डउकी मन दसना ले उठ बइठिन
फेंटे लुगा वो तो भीरे वो कछोरा
सब डउकी मन अलिन गलिन किंदरा
बजइयसा ल खोजन लगिस।
अहो! महराज मैं किया बोली बोलथौं
जानो मानो बाजा धाप कोस म
बाजे तइसा सुनावै
वो बाजा तो बारा-बारा कोस म
लछमन के रे डिंडामहल
जउन मंदिर म मोहन किंदरा बाजे जोगी
अइसा बाजा बाजे मनमोहना किन्दरा के
बाजा खोज डारिन सब इंदरपुरी म
कोनो मेर बाजा के पता नइ मिलै
नइ मिलै कोनो मेर जानी।
कोनों मेर बाजा के पता नइ मिलै।
खोजत-खोजत डउकी मन के साँस
बदल गै अउ टूट गै कारी पसीना।
जम्मो झन थक गै। बारा उप्पर एक

बजे रात के रानी कँवलामति मेर 360
डउकी सकलागें।
कँवला : लाने वो बजवइया ल
चेरिया : जानो-मानो बाजा तीरे म
बाजथे तइसे सुनाथे, कोन
न कोन नगर म बाजथे।
कँवला : हत् रे दुःखहई हो। मैं जभ
लानहूँ बजवइया ल तभे आ हूँ
(कँवला रानी महल ले निकल गै।)
गली-गली म खोजै।
खोजत-खोजत छेंव गली म निकलगै।
एक मँड़निन डोकरी रहै। सन कस
चूंदी पाके आंखी वोकर फूटगै, मास
वोक बुढ़ागै। बारा बजे रात के वोकर
पेट पिराइस। वोहा टट्टी फिरे ल लोटा
म पानी धरके भाठा म गै रहिस।
बइठे-बइठे वोकर तन म बाजा रसगै
तौ वोहा उही मेर झूमर-झूमर के नाचे
लगिस।
कँवलापति : (देखिस अउ कहिस) कस
वो तैं तो मड़निन अस। हमर
ददा घर नौकरी लगे रहे।
नान्हे पन ले पाये पोटारे
रहे। तोला टोनही भोथहिन
नइ जानन, तैं कइसे बाहिर
निकर के नाचत हस कहिके
रानी गारी दिस।
मँडनिन : (रानी के गारी ल सुनके कहिस)
टोनही-सोधहिन नइ
जानौं, नइ जानौं। रानी!
मोला मत देबे बदनामी।
कँवलापति : त काबर नाचथस वो
मँडनिन : बेटी! लछमन के मन्मथ

किंदरा डिंडा महल मंदिर म
बाजथे, कुँवारा हे, वोकरे
बाजा के धुन म नाचथौं
वोतना बात ल वो तो सुनै वो रानी
मन मोर बस म नइये
कोनो जानौं कइके चल दिस बाइ।
देखौ बारा बजे रात के चल दित्त
फेटे लगा वो तो भीरे रे कछारा
तोर कारन पति देवता मैं तो पूजा करे हौं
पान फूल संकर म चढ़ायेंव
तोला मैं बरदाने म माँगे हौं कहिके
मने मन म गुनत चले जाय जी
जंगल म चले जात हे
बाजा ह गली-गली म बाजथे
जंगल के रहवइया
कोइली, साँभर, मिरगा
मन सब नाचथे
अहोऽ महराज सुरही गाय मोहागे
अहोऽ महराज सन् सन् सन् उड़जाथे
अहोऽ प्रभुनाथ रानी के फेटे लुगा ओ
तो भीरे कछोरा
अहोऽ महराज खोजत-खोजत छै कोस
म पहुँचगे
अरेऽ भइया कंवलापति रानी ये
महा छलनुक ये
महामोहन कारी ये
प्राण त्याग करके कारी परेवना होगेभाई
अउ परेवा हो के उपरे उपर जान लागे
(पृथ्वीपत राजा मिरगा फांसे बर बारा
कोस भुइयां म फांदा खेले हे। अउ
एक कोस उपर चिरई मन बर) ओ
पंछी जा क वोही फांदा म फंसगे
देखों भइया मैं क्या बोली बोलूं

आधा सरग ले पंछी फँस जाय
गोड़ छटियावे उहू-चटकि चटकिगे
देखो प्रभुनाथ कलप-कलप के बंधना
म पंछी रोवथे।
(कलप कलप के पंछी रोवत हे उही आधा
सरग म)
केंवटा ढीमरा महासिकारी
मदापातकी भारी
मंद मांस ल उही खावे
पाछू भखे संसारी
मैं का करि डाँरव रानी
अहोऽ प्रभु के भाइ लछमन सतवंता
तोर कारन मैं फांदा म पड़ेंव
तोला वरदान म मांगे हौ मोर पति
तोर कारन मैं फांदा म फँस गएँव
लछमन के नाव लेवत वोकर फांदा कटगै
कँवलारानी कटिगे, कटिगे, कटिगे रे
अहोऽ महराज में हरि के वचन ल क्या गुन
गाउँ
देखौ पहट रात के बेरा जोद्धा जी म पहुँचगै
देखो लछमन के डिंडामहल म तो है
एक्कइस दरवाजा म एक्कइस काल
डिंडा महल के मंदिर म हावै जी
(कँवला-काल के मारे मैं कहाँ जाऊँगा,
जोद्धा जी म कहाँ जाऊँगा, अइसा सोच
के काल के मारे अइसा कइके कँवला
रानी सोज्झ जोद्धापुर म जाय लगिस)
माता जानकी के मँहगू नाव के गहिरा
गाय गरू ल निकालथे
पहट रात के जंगल म चराये ल ले जथे जी
वोही बखत म मोर कँवलारानी
डिंडा महल के बारे म सोचत हे
दाई ल छोड़ेंव, भाइ ल छोड़ेंव मैं अउ राजमहल
तोर बर डिंडा महल म, रेंगत पहुँचेव
एक्कइस दरवाजा म एक्कइस, काल म
कइसे दरसन पाहूँ
कहिके रोवत हे कँवला रानी
देखो महराज वो महँगू नाव के राउत
गइया के गोहड़ी संग
कँवला रानी के आवू मखड़ा होगे,
होगे रे जोगी।
(कोन अस वो बाई? तैं रोवत हस तें)
कहाँ रहिथस बाई कोन नगर म
तोर आदमी ह मरगे?
मोर अस आदमी नइये?
महँगू राउत पूछै जी पूछै जी
कँवला : कस गा! मोर असन आदमी
नइये कथस। मोर दाई ददा
हे, वोला छोड़ेंव रे भाई।
महँगू : त तैं का लोगिन अस वो।
कँवला : दाई, ददा बीतगे, मैं जात
अहीरिन धरे हौं।
जंगल म रहि-रहि के सब
दिन ल बितायेंव।
महँग : तोर बिहाव होगे हे नोनी!
कँवला : नइ होय हे भइया।
वोतना बात ल सुनै तो महँगू पहटिया
नेवरिया वो तो सादी करके डउकी
आने हे सादी होये वो तो हवै कुँवारी
रूप ललचावै कँवलारानी ल देखत,
खड़े-खड़े मोहागे राउत।
कँवलाठ : तैं का लोग अस ग।
महंगू : मैं राउत औं।
कँवला : तैं राउत अस त मोला बनाबे गा।
महँगू : मैं तो गरीब औं।
माता जानकी के टहल करइया वो नोनी।

खाना खाय ल नई मिलै। हमर घर म
का ले ल आवे।
कँवला : कस गा, जात के बेटी जात बचाये,
बिन जात के बेटी जाते ले थे।
मोला राख ले रे भाई! मोर दाई-ददा
कोनों नइये। तोर घर ले मरे निकरहूँ,
जीयत नई निकलौं।
चलन वो बहिनी घर म बिहाव करे हे
आजेकाल मोर गवन पठउनी जवइयाहे
हमर घर म का रबे कहिके राउत गुनथै
ए रइ जातिस तौ अवइया डउकी
ल नइ लानतेंव मैं
रूप ल देखके राउत ठाढ़े-ठाढ़
मोहागे रे जोगी।
मोला राखबे तौ कहिस कँवला
पति बना लेहूँ तोला रे राउत
तोर जोर के नइये दुनिया म जी देखौं
महराज लेगे राउत पकड़ के घर म
(महँगू—अ—ओ दाई! लान लोटा म
पानी। नेवरिया बहू लाने हौं। गोड़
धोय बर पानी दे) वोकर दाई देखै
वोकर रूप ल। देख के बक्क खागै।
कहिथे—कस रे बेटा एला कहाँ पाय हस।
रउताइन औं कथे दाई। दाई
ददा नइये कथे। हमर मेर रहि जाहूँ
कहिके आवथे पाछू-पाछू।
वोकर दाई कथे कस रे बेटा
ये तो छलनुक असन लगथे। ऐकर
अस सुघ्घर हमर जानकी दाई घलोक
नइये। ये का हमर गरीब घर रहिही।
कंवलारानी का बताय
चिंता मत कर वो महतारी
तोर घर ले मैं मरे तौ निकलहूँ
जीयत नइ निकलौं बूढ़ी दाई।
(राउत कथे दाई येला बासी खाय बर
दे दे। मैं ह जल्दी गाय उवा ल चरा
के जानकी घर खेद देथौं।)
क्या देखे जब राउत गरूवा चराये ल
चल देइस
सुन्ना घर म कँवला रानी मन म सोचै
बाहरी ल पकड़ै, अलिन गलिन ल बाहरै
वोही घर म कुकरी पालैं
जघा-जघा म हागे
सब ल रानी बहार—बटोर के खड़े होगै
अओ दाई!
ग्वालिन गहिरिन के जात अन
इन्दर के बेटी ए छलनुक रानी ये
दूध-दही के कसेली धर के
अहिरिन के तो रूप ले के
जोद्धा के गलिन म फेरा निकरगे जी।
मोहा तो गैं गली खोर के देखइया
पूछै कोन अस तैं कहाँ के अहीरिन
महँगू पहटिया मोला
बन कैना पाइस हे
बड़े-बड़े मोहागे मोहागे लेवइया
सबको देवे ज्यों-ज्यों बेचिस
त्यों-त्यों दही दूध बाढ़िस
वो संगवारी
दार चाऊँर सब बाढ़त जाय
मैं क्या गुन बोलौ भाई
घर म आके कँवलारानी
दू ठन मरका म पानी डोहार डारिस
दार भात राँध डारिस
थोरकुन दूध-दही बाँचे रहै
वोहो ल धरके वो मोर कँवला रानी
साँझ जानकी घर चल देइस।

जाके जानकी के महल म ठाढ़ होगे
दही दूध ले लौ कहिके हाँक ए तो
पारिस। देखौ चरवहिन नउ करिन
मन मोहागें—तैं कोन अस वो?
तुंहर जानकी माइ के महँगू
पहटिया संग आदमी बनाये हौं, नेवरिया
आँव अरेऽ भैया देखै सब वोला जी
खड़े-खड़े कँवला ल देख के मोहागैं
जाके जानकी ल बताइन
अओऽअओ रानी तोर डिढ़वा पहटिया
डउकी लाने हे
वो दूध दही बेचे बर आय हे
वोला देख के जानकी घलो मोहागे
कहाँ रहिथस वोला पूछै?
तोरे पहटिया मोला बनाके लाइसे
वोकरे बर चूरी पहिरे हों, कहै
राउत के घर में दूसर रूप रहिस बाई
औ रानी के घर म दूसरा रूप हो गै
कँवला रानी छलनुक
जाके रानी के जगत म पहुँच गै
बोले जानकी माता
—सुन ले वो नोनी
जम्मों चेरिया मन ल पन्दरा दिन म
लुगरा तोला एक्के दिन म एक लुगरा देहूँ
तैं मोर घर ल मत छोड़बे
कहत उहू मोहागे भाई।
महँगू पहटिया के डउकी
जघा-जघा घूम-घूम के
बेचै दूध दही भाई
पानी लानके बस्ती ले पकाथे भोजनजी
वोकर सास देखै
आगी न पागी ए बहू कैसे करै
पन्दरा दिन के पन्दरा दिन म
लछमन के डिंडा महल म जाके
बाहरे-बटोरे अउ पलंग बिछावै
देखौ पलंग उचात-उचात
एक हाथ के चूरी एक कान के खिनवा
पलंग म छोड़ आइस छलनुक कँवला रानी
उहाँ ले जानकी माता आय के
जोद्धा म करे जो ढिढोरा जी
रामचन्द्र महराज
अपन भाई ल बड़ सत वाला
नीयत वाला कहेव तुमन
परतिरिया बर नीयत खराब नई होवै
टूटे बिरखा के फल नइ खावै
जोते भुइयाँ म पाँव देवै नहीं
टूटे बांधा के पानी पीयय नही
कहिके बोले रहेव जोड़ी
वोकर डिंडा महल म एककइस
झन काले
साँव दुवारी म साँप
बिच्छी दुवारी म बिच्छी
बघुवा दुवारी म बघुवा
भलुवा दुवारी म भलुवा
अऊ तैतीस कोटि के देवी मन
जादू करके करथे रच्छा
उहाँ कहाँ के डउकी लान के
रखे हे तुंहर भाई जी।
रामचन्द्र महराज सुनै
हे जानकी महतारी तुम झूठ बोलता हो
कहिस
सीता : मैं अपन नजर म देखे हौं।
हाथ के चूरी अउ कान के खिनवा ल
जाके देख लौ।
आज लछमन के सत्या बूड़गे
कुल बस्ती के सुनै

घर-घर बैठ के बात करैं
आदमी म तो लछमन ये देवता
साधु संत सब पछताँय
लछमन के सत्या डूबकौ।
ले ले ले ले रामे रामे जोगी जानी
हरि के गुन ल गाले
(रामचन्द्र महराज कमल के पता म
चिट्ठी लिख के नारद जी के हाथ
कारड भेज के लछमन के डिंडा महल
म भेजिस)
सुनौ सुनौ जनता अउ पबलीक
अजोध्यापुर के डउकी सब बाहिर
निकलो जेकर हाँथ म चूरी, खिनवा
होही वोकरे संग करबो सादी
लछमन के एक दे सादी
देखौ भइया
राँड़ी बरेंडी मन के अनते झुंड रहै
मोटियारी मन के अंते
लइकोरी मन के अंते झुंड रहै
हरि के गुन गाई
(वोही चुरी अउ खिनवा ल जानकी
माता डउकी मन ल पहिराइस छोटे म
बड़े हो जावे अउ बड़े फांद म छोटे।
वोसने करत करत सबको चूरी खिनवा
के निमतरन पहुँच गे। न किसी के
कान म होइस न हाथ म।)
रामचन्द्र महराज के दगाबाजी होगे
आँखों में आँसू चूहे। आज लछमन के
सतिया बूड़गे। लछमन अलिन-गलिन म
रोवन लगिस। देखौ-देखौ जी राम के
विधि ल मैं का बोलौं।
(नारद कथे—जानकी माता सब डउकी
मन—राँड़ी, बरेण्डी, लइकोरी मोटियारी
छोकरी मन ल पहिराये हस फेर अजोध्यापुरी
म कखरो हाथ म नई होइस।
त रहा तो तोरो हाथ में डारन दे)
वोतना वचन का सुनै जी जानकी देवी
अपन हाथ ल लमा दिन
जइसे तुँहर मन के मरजी भाई
मड़वा के कटारी ओकर चूरी लटक गिया
कान के कटार वोकर खिनवा चटक गया
एला देखे नारद बस्ती म हॉक लगा दिस
अपन घर म अपन देवर से तो मितानी करै
(रामचन्द्र कथे—वाह रानी! घर के मूसा
घर के बिलई संग) मेरा स्त्री बेटा
बरोबर देवर को जानता, क्या बात
होगे। मन म सोचै औ दिन म बिचारै
फंस गेंव-फँस गेंव मुसीबत म आज
रामचन्द्र जो पता लगा दिया काँपे
लछमन के पोटा लछमन महराज कइसा
बतावै सुनौ वचन तुम हमारी (परान
जाय परन न जाय। एक स्त्री मेरा सइत्ता
नइ बूड़े हे। जानकी माता मेरी माता है
अउर मैं उनकी देवर। येहा असत्य
होबै तो रामचन्द्र महराज जैसा चाहे
तैसा मोला कर देवै)
मन्मन किंदरा पकड़गे
लछमन के मन ह बदलगे
उही डोरी म चढ़के के लछमन
जोधापुरी में पहुँचगे जीऽ
(सुनके, पारा के परधान, छिपिया, दरजी,
सोनार, गुजराती, बनिया, बंगाली,
दल्लू-भल्लू, एक लाख कछेरी, बावन
कोरी डिंडा, कंडिल, मुनि बियास मुनि,
जज्ञ मुग्नि, सुकदेव मुनि बड़े-बड़े देवता
उहाँ बइठे अउ देखैं के मनखे पछतावै

तौ पछतावै, कोठा के गऊ मन घलो
रोवथैं साधू संत मन के आँखी चूहगै।)
अरेऽ भइया रामे रामे जी
पान फूल चाँऊर लछमन
के दरसन में पहुँचावै।
रामचन्द्र जी बरजै/ भगा के तोर भाई
ल लेगि जबो लेगि जबो एतना कने
आदमी के सभा जुरे ल समझाय तेमें
मारपीट कइसे होही कहिके सब बरझिन जोगी।
(रामचन्द्र के आघू म लछमन दर-दर
दर-दर रोवथे, सती भउजी के संग
तुम मोर कपटी मंत्र सुने हौ तौ मेरे
को जो कसम खवावोगे खा लुहूँ)
लछमन अग्नि कुंड म जाय जोगी जल
जायेगा, खाक हो जाएगा
अइसे महिमा लेवैथैं जी
लगे जब आगी तब रोना परी
बड़े-बड़े साधु संत महात्मा मुनि
घलो रोवथैं जी
लछमन के ज्यों-ज्यों आगी बरे
त्यों-त्यों आगी के भीतर म
मन्मथ किंदरा बजथे जी
आगी म जरे नहीं
धुआँ म तो काला नहीं
(ठाढ़े-ठाढ़े लछमन निकल गया अउ
आ के रामचन्द्र के चरन धर के कहिथे,
'भइया') तैं अपन स्त्री के कारण मेरे
को अग्निकुंड में डाल के तू मेरा
सत्या को बूझ लिये। तौ मैं क्या जोद्धा
नगर में रहूँगा। (लछमन मन्मथ किंदरा
को पकड़ के सोज्झ जंगल म निकलगे।)
तेरा जोरइया राजा नइये दुनिया म
तोर बर घर दुवार दाई बाप ल त्याग देंव
तोरे वास्ते बारा महीना सिव के पूजा करेंव
तोला जोड़ी पाहौं कहिके महादेव ले बरदान
मांगेंव
अइसे कहिके कँवला रानी इंद्र के बेटी
महामोहन कारी महाछलनुक रानी
वाट ल पकड़ लिस लछमन के
अइसे नई बाचौं भाई
माइ लोगन के छहयाँ म मोर सइता बूड़ जाही
लछमन जी छोर के भागय जी
अपन गुरु के डेरा म भागत पहुँचगे जी
(राम के गुरु वसिष्ठ मुनि, वसिष्ठ
मुनि के गुरु गिरि पर्वत, गिरि परवत
के गुरु गौतम रिसी वसिष्ठ मुनि मेर
पहुँच के वोकर आगू अ ठाढ़ हो गया।
मुनि के पूछे म लछमन कहिथे राजा
इंदर के बेटी अजोध्यापुरी म आ के
अइसा छल मढ़ा दिया। मेरा सइता को
बिगाड़ कर इन्द्रपुरी लेगूंगा कहिके पीछे
पड़ा है तो मैं करौं कइसे)
वोतना बात ल सुने वसिष्ठ मुनि लछमन
को अपन पाछू म रख लेइस सामने
आबे तौ मैं सराप छोड़ दूँगा अइसे
कहिके बोले वसिष्ठ मुनि अउ दिल म विचारै)

राजा इन्द्र के बेटी
महा छलनुक महामोहन कारी
फुलवा बरोबर चोला बना के
सारी म अपन मुँह ल छुपा के
नाचै लगै।
नाचना गाना अइसा
के साधू मोहागे
जोन मागोंगे तौन दूँगा
कहिके वसिष्ठ मुनि

घलो जुवाब दे देइस बाई
कारी पिंवरी चाऊर मार के
मेढ़ा नचा के
संग म लछमन ल राखे हे लुका के
गाना बजाना म मुनि मोहागै
मुनि राजा मोला सुनौ ए नाथ जी
जउन चीज माँगूगी मोला तउन चीज
होना जी
जउन मांगहू तेला तुम देहूँ
बोले हौ जी
कोरा के मेढ़ा ल मोला दे दौ जी
चुरू मुरू मेढ़वा ल पा लेइस पा लेइस
कँवलारानी मेढ़वा ला इन्द्रपुरी ले गै।
कँवला रानी अपन महल म आगै
मेढ़वा ल आघू नहवावै
अपन पलंग म गोदी म पाके अपन संग सुतावै
देखे वोला चेरिया मन,
सब झन देखै
का जानहू तुमन रॉडी दुखहई वो
कोन जीव ल मैं दकिछना म
माँग के लाने हौं
एकर चरित ल तुम क्या जानोगी
कहिके बतावै जी
एती लछमन के कारन
जानकी माता सोच म परगै
मन म करै विचार जी।
(जाने बर जान डारिस—राजा इन्दर
के बेटी कँवलारानी महादेव के सेवा
करके बाबू ल वरदान म पाय रहिस,
तउन पाय के ले गे। फेर अइसे म तौ
वोहा नइ दै। महा मोहनकारी,
महाछलनुक हावैं चलो बहिनी जैतापुरी
म नकुल, सहदेव, अरजुन, धरमराज,
दुरपति ल संग म धर लौ। संग म धर
के रामचन्द्र, सीता सबे जुर के चलिन
कहाँ? जिहाँ कँवला रानी रहता है उहाँ)
राजा इन्दर के जगत म जी अइसे रूप
बांधै वो पंडवा मन अइसे रूप बांधे वो
किसन महराज रानी दुरपति होगै
नचकरहिन मैं कया बोली बोलूँ
मुँह ल छुपा के गाना बजना करैं जी
राजा इन्द्र देख के रूप सिंगार मोहागै जी
अहोऽप्रभुनाथ हरि के वचन
ल क्या गाई
गावत नाचत दिन रात बीत गै।
वोही वक्त जानकी माता
हाँथ ल माइस
राजा इन्द्र का कहिस?
क्या माँगता हो, जो माँगोगे वो दूँगा
जानकी कहिस—
तेरी लड़की एक ठन मेढ़वा लाने हे
वोही मेढ़वा ल दान म दे दे इन्दर देवता
बात म भोजन रथे
मीठ वचन म गउँठी
ले जा, लेजा मेढ़वा ल कहत सुनके
मेढ़वा ल ले के इन्द्रपुरी ले निकलके
सब गइन जोद्धापुरी म जी।

●

रवीन्द्र नाथ टैगोर नगर
मुंगेली रोड, बिलासपुर (छ.ग.)

कलार सुन्दरी

डॉ. रमाकांत श्रीवास्तव

छत्तीसगढ़ अंचल लोककथा गायन में अत्यंत समृद्ध है। इनमें से कुछ गाथाएँ बाहर से चलकर आईं तो कुछ का स्रोत यहीं है। यह हमारे समाजेतिहास का सत्य है कि मनुष्य के साथ ही कथाएँ भी यात्रा करती हैं अतः एक ही कथा कई वाचनाओं में विभिन्न अंचलों में प्रचलित रहती है। आतिथेय भूमि पर ये कथाएँ एक नया रूप धारण करती हैं। लोक गायन के संस्कार तथा उसकी पृष्ठभूमि, अंचल की परंपराएँ, वहाँ प्रचलित धुनें और भाषाई मुहावरे कथा को एक नया कलेवर प्रदान करते हैं। यही उनकी मौलिकता भी है। भरथरी, ढोला, रसालू कुँवर की गाथाओं के छत्तीसगढ़ी संस्करण को इस श्रेणी में रख सकते हैं। दूसरी ओर वे कथाएँ हैं जो छत्तीसगढ़ में ही जन्मीं, लोकप्रिय हुईं और कालांतर में वे कथागायन में भी ढल गईं। उन्हें लोक कथा गायन के नवीन संस्करण माना जा सकता है। छत्तीसगढ़ के लोक गायक किसी भी कथा को सुनकर उसे चंपू शैली में गायन का रूप देने की कला में माहिर हैं। यही कारण है कि कथा गायन की परंपरा में कई लोक रचनाओं का प्रवेश हो रहा है। आमतौर पर कथा गायक और उसके संगतकार मिलकर यह काम करते हैं। कोई एक व्यक्ति उसका रचयिता नहीं होता और ना ही उसका कोई पाठ स्थिर होता

है। हबीब तनवीर का प्रसिद्ध नाटक 'बहादुर कलारिन' एक जन-श्रुति पर आधारित है। उसी जनश्रुति के आधार पर कलार सुंदरी कथा-गीत विकसित हुआ है।

कलार सुंदरी या बहादुर कलारिन का कथागीत छत्तीसगढ़ की ऐसी लोकगाथा है जिसे कथ्य के आधार पर भारतीय लोकाख्यानों में विशिष्ट स्थान दिया जा सकता है। यह कथा विशुद्ध रूप से छत्तीसगढ़ की धरती पर जन्मी है। दुर्ग जिले की बालौद तहसील में स्थित ग्राम सोरर से जुड़ी एक किंवदंती के आधार पर यह कथागीत विकसित हुआ है। देवार लोक गायकों की यह विशेषता रही है कि उन्हें यदि किसी कथा का ज्ञान है तो उस पर आधारित गीत की रचना वे कर लेते हैं। वे अपनी धुन में उसे बांधकर ढीली-ढाली रचना के आधार पर उसका गायन करने में समर्थ होते हैं। इस कथागीत को भी नवनिर्मित लोकगाथा की श्रेणी में रखा जा सकता है। इसका कोई प्रकाशित पाठ नहीं है। किंवदंती के आधार पर निर्मित इस कथागीत का पाठ बिलासपुर जिले के गाँव कुकुसदा की लोक गायिका रेखा देवार से प्राप्त हुआ है।

ग्राम सोरर की यात्रा कर वहाँ के निवासियों से मिलकर साक्षात्कार के माध्यम से इस लोकाख्यान की जानकारी मुझे मिली। 'कलार सुन्दरी' शीर्षक से प्राप्त इस गाथा के कथाक्रम को प्रस्तुत करने के पूर्व लोक में प्रचलित इस कथा के ढंग के संबंध में दिलचस्प तथ्य दृष्टव्य है। भारत में ही नहीं, संभवतः विश्व के विभिन्न देशों की लोककथाओं में 'इडीपस' और 'इलेक्ट्रा' ग्रंथि से प्रेरित पात्रों की कथाएँ हैं अवश्य—भले ही उनकी मात्रा सीमित है। सामाजिक दृष्टि से इस पर विचार करने से यह सत्य उभरकर आता है कि यौनिकता का यह रूप कहीं भी स्वीकार्य नहीं है चाहे वह नियति प्रेरित हो या मानवीय आकर्षण के रूप में हो।

इडीपस की कथा तो विश्व प्रसिद्ध है और यूनानी पौराणिक कथा होते हुए भी अपने विन्यास में लोककथा होने के संकेत देती है। वैसे भी विश्व की भाषाओं में बहुत-सी कथाएँ पुराण के आख्यान का रूप धारण करने के पूर्व लोकगाथाओं के रूप में प्रचलित रही हैं। मनोविज्ञान में इडीपस ग्रंथि मातृ राग की प्रतीक है किन्तु अपने कथारूप में इडीपस की कहानी नियतिवाद के संकेत से प्रेरित रचना है जिसका अंत नियति के कुचक्र के रहस्य खुलने पर ग्लानि और अवसाद में होता है। इस प्रसंग से कुछ हटकर भरथरी की लोकगाथा पर एक दृष्टि डालना अप्रासंगिक नहीं होगा। 'भरथरी' के छत्तीसगढ़ी और भोजपुरी पाठ में राजा भरथरी सत्य के इस आघात को नहीं सह पाते कि उनकी पत्नी पूर्व जन्म में उनकी माँ थी, जबकि उनकी साली सात जन्मों को पार करके अपने पूर्व जन्म के पुत्र की पत्नी बनती है और इसे जन्म जन्मांतर के चक्र की अनिवार्य परिणति मानकर स्वीकार कर लेती है।

नियति के दुरभि संधि में उलझी यौनिकता के इस स्वरूप वाली पृष्ठभूमि की लोककथाएँ भारत में भी प्रचलित रही हैं। तेलगु भाषा की एक लोककथा में राजा अपनी

सुन्दर पुत्री पर मोहित होकर उससे विवाह करना चाहता है किन्तु वह सफल नहीं हो पाता। इस लोककथा का शीर्षक ही 'एक राजकुमारी जिससे उसका पिता विवाह करना चाहता था' रखा गया है।[1] एक मराठी लोककथा नियति की प्रबलता व्यक्त करने का लक्ष्य विन्यस्त होती है जो इडीपस की कथा से मिलती-जुलती है। एक स्त्री के भाग्य में अपने बेटे से ब्याह लिखा था। उसके लाख प्रयास के बावजूद नियति के चक्र का शिकार होकर वह अपने पुत्र की पत्नी बनती है।[2] प्रसिद्ध समाजशास्त्री इरावती कर्वे ने 'अ मराठी वर्जन ऑफ द इडीपस स्टोरी' में इस संबंध में लिखा है—यह मराठी कहानी माँ की खुदकुशी से खत्म नहीं होती जैसा कि यूनानी पौराणिक कथा में होता है और न ही बेटा अपनी आँख फोड़ता है।[3] इस कहानी के कुछ भिन्न रूप कन्नड़, कोंकड़ी और तमिल भाषा में भी मिलते हैं।

अस्तु, बहादुर कलारिन की लोकगाथा में मातृ राग के निश्चित संकेत हैं। हालाँकि ग्राम सोरर निवासी, अस्मिता बोध के चलते इसे पूरी तरह स्वीकार नहीं करते और तर्क देते हैं कि कलार सुन्दरी के पुत्र के मन में दुराचार का कोई भाव नहीं था।[4] इस बिन्दु से अलग हटकर यदि हम इस लोकगाथा का विश्लेषण करते हैं तो उसमें स्पष्टतः सामाजिक संघर्ष और स्त्री द्वारा अपने स्वाभिमान की रक्षा के संकेत उभरते हैं।

कथागीत छत्तीसगढ़ के बालौद नगर से तीन कोस और दुर्ग नगर से नौ कोस पर स्थित सोरर (वस्तुतः सोरड़) की बहादुर कलारिन और उसके पुत्र के बलिदान स्वरूप उन्हें देवता जैसा स्थान प्राप्त होने की सूचना के साथ प्रारंभ होता है—

दाई बेटवा के बलिदान के
दुहाई देवत हावै पथरा अनजान
पथरा सुघ्घर गाथा गावय
दाई कलारिन के बलिदान।।

(माँ और पुत्र के बलिदान की/ दुहाई देते हैं अनजान पत्थर/ सुंदर गाथा गाते हैं पत्थर/ माता कलारिन के बलिदान की।)

सोरर में बहादुर कलारिन को ग्राम देवी के रूप में पूजा जाता है। साथ ही उसके पुत्र को जिसे कथागीत में 'छेछानपुत्र' और ग्राम सोरर में 'छछानझाड़ू' कहा गया है और एक ग्राम देवता का दर्जा प्रात है। सोरर में दोनों के ही मंदिर बनाये गये हैं। रेखा देवार अपने कथागीतों में बहुधा स्त्री सौन्दर्य का सुन्दर वर्णन करती हैं। इसी तर्ज पर कलार सुन्दरी के अनुपम सौन्दर्य और शृंगार का वर्णन कथागीत के प्रारंभिक अंश में है। उसके पश्चात शिकारी और कलारिन के संवाद के रूप में कथासूत्र आगे बढ़ता है। रात्रि के समय अपने द्वार पर एकाएक आये शिकारी से कलारिन पूछती है कि क्या वह भिखारी है? शिकारी बतलाता है कि एक पक्षी का पीछा करता हुआ उसका बाज कलारिन के घर में घुस गया है उसी के लिए वह आया है—

सुंदर डगर में आयंव सुन सुंदरी मोर बात

बाज के संग चिरई भागे घुस गइस तोर दुआर
एखर खातिर आयंव देवी सुन लेबे तैं मोर बात।

कलारिन ने कहा कि बातचीत और रूपरंग में तो तुम कहीं के राजा जैसे लगते हो। तब शिकारी ने बतलाया कि वह पाटन नगर के राजा इंदरसिंह का पुत्र है और उसे शिकार खेलने का शौक है। तब कलारिन ने उससे आग्रह किया कि वह रात्रि विश्राम उसकी कुटिया में करे क्योंकि अंधेरी रात में वह वापस कैसे जा पायेगा। वह यह भी कहती है कि कुटिया में वह अकेली है, न उसके माता-पिता हैं और न ही भाई-भतीजा। गाँव वाले ही उसके सगे संबंधी हैं। अतः राजपुत्र अपना नाम लिखवाकर उसका आतिथ्य स्वीकार करे। राजपुत्र ने कहा—

तोर जिद म हारेंव गोरी लिखवा देहूं मोर नांव
राजधानी सब बता देहों पाटन देस हमार

(तुम्हारी जिद के आगे सुन्दरी हार गया मैं, लिखवा दूंगा अपना नाम/ राजधानी का भी देता हूँ पता/ पाटन है मेरा देश।)

कलारिन प्रसन्न होकर कहती है—
छप्पन किसिम के भोजन बनाहूं
पंखा झेल खवाहूं
नेवता हमारे माने देवता
दारू घलो पियाहूं।

(छप्पन प्रकार का बनाउंगी भोजन/ खिलाउंगी पंखा झलते हुए/ अतिथि देव स्वीकारा है तुमने निमंत्रण/ मद्यपान कराऊँगी मैं।)

राजपुत्र कलारिन के रूप और अतिथि सत्कार भावना पर मुग्ध हो जाता है। वह कलारिन से गंधर्व विवाह कर उसकी कुटिया में रात्रि व्यतीत करता है। दूसरे दिन गाँव के लोगों को भी ज्ञात होता है कि कलारिन और राजपुत्र ने गंधर्व विवाह किया है। ग्रामीण जनों ने इस पर कोई आपत्ति नहीं की बल्कि वे प्रसन्न हुए। प्रेमी-प्रेमिका जवानी के रंग में मस्त हो गये। कलारिन गर्भवती हुई और यह सोचकर सुन्दर सपनों में डूब गयी कि उसके प्यार की निशानी के रूप में संतान की प्राप्ति होगी। किन्तु सामंत किसी भी युग का हो वह रस ग्रहण करके पलायन करने वाले भंवरे की तरह होता है। पुराण कथा के नायक दुष्यंत की तरह ही इस लोकगाथा का नायक, नायिका को छोड़कर चला जाता है—

जइसे भागे बाज पंछी
छूट शिकार ल पाके
वइसने एक दिन भागे राजा
मस्ती मौज मनाके
ठंडा परगे मौज मस्ती

फेर अंधेरी रात म
गुने लागिस कइना ओ दे
भरे बीच मझधार म

(जैसे भागता है बाज पंक्षी/ पाकर अपने शिकार को/ वैसे ही राजा पलायन कर गया एक दिन/ मौज मस्ती पड़ गई ठंडी/ आ गई फिर अंधेरी रात/ लगा ऐसा कलारिन को/ वह छूट गई है मझधार)

कलारिन के जीवन में जैसे घुन लग गया। उसने अनुभव किया कि वह हँसी की पात्र बन गई है और कहीं मुँह दिखाने लायक नहीं रह गई है। उसका प्रेमी उसे छोड़कर उसी तरह पलायन कर गया है जैसे कृष्ण गोपियों का तन-मन लूटकर मथुरा चले गये थे। इस बिन्दु पर लोकगायिका प्रसंगों के बीच थमकर स्त्री की स्थिति और उसकी शक्ति का बखान करती है–

तैं का जाने नारी ल
दुरगा काली चंडी आय
दुसमन के संग संहार करे बस
सिरतौन के सिखंडी आय
सकुंतला कस बीच भंवर म
मोला छोड़ के भागे
मोर हृदय में क्रांति के
नवा बीज हर जागे।

(क्या समझोगे तुम नारी को/ वह है दुर्गा, काली और चंडी/ करने को दुश्मन का संहार/ सचमुच की शिखंडी है/ शकुंतला की तरह बीच भंवर में/ मुझे छोड़कर भागे हो/ मेरे हृदय में क्रांति का/ अब नया बीज जागा है।)

कलारिन का पुत्र जब बालिग हुआ तो वह माँ की पीड़ा को समझने लगा–

दाई के दुख ला समझे लागिस
मन ओखर क्रोध ले भर जाय
राजा जमींदार सों करन लागे
झगरा लड़ाई दिन-रात

(माँ के दुख को समझने लगा वह/ मन उसका भर उठा क्रोध से/ राजाओं, जभींदारों से दिन-रात/ वह करने लगा लड़ाई।)

वह सामंतवर्ग के लोगों की बेटियों का अपहरण कर विवाह करने लगा। उसने आठ कोरी (20X8=160) कन्याओं का अपहरण किया। वह उनसे धान कुटवाने का काम करवाता जो सामंत पुत्रियों के लिए एक प्रताड़ना की तरह था। प्रतिरोध के भाव से भरा कलारिन पुत्र अपने बाज के साथ झपट्टा मारकर आता, स्त्रियों का अपहरण करता और

बाज के साथ ही उसी तीव्रता से चला जाता। इसलिए उसका नाम सचानपुत्र पड़ गया। उसी का अपभ्रंश रूप है 'छछानछोरा' या 'बाजपुत्र'। सोरर गाँव में, जैसा कि हम पीछे कह चुके हैं, इस लोकगाथा का पात्र 'छछानझाडू' के नाम से जाना जाता है।[5] उसकी मूर्ति बनाकर मंदिर में स्थापित किया गया है। सोरर ग्राम वासी वहाँ बहना (ओखली) आकार के बने कई गड्ढों को साक्ष्य के रूप में स्वीकार करते हैं–

आठ कोरी बाई के संगी
मूसल कोड़ी रहय मड़ाय
आज तलक ओ माड़े हावय
सोरर में अब देखा जाय।

सचानपुत्र का मन आठ कोरी औरतों के अपहरण से भी नहीं भरा। उसे लगा कि उसके लायक सुन्दरी अभी तक मिल नहीं पायी है। उसने अपनी माँ से कहा–

आठ कोरी सुघ्घर नारी ल
हर के लायंव दुआर तुहार
फेर मोर मन नइ भाईस दाई
रूप में एको नाय
आठ कोरी नारी म कोनो
तोर समान सुंदरी नाय
तोर रूप के नइये जोरइया
आठ कोरी में एको नाय।

(आठ कोरी सुंदर नारियों को/ हर कर लाया मैं तुम्हारे द्वार/ किन्तु मेरे मन के लायक नहीं है कोई भी/ रूप किसी का नहीं भाया मुझे/ आठ कोरी नारियों में/ कोई भी नहीं है सुंदरी तुम्हारी तरह/ रूप का तुम्हारे नहीं है कोई जोड़।)

कलारिन हतप्रभ रह गई। उसे लगा कि उसकी कोख गंदी हो गई है। कलारिन ने सोचा कि उसके पुत्र की नीयत उस पर लगी हुई है। ऐसे पुत्र को तो पशु योनि मिली होती। उसने कुल पर कलंक लगा दिया है। कलारिन ने मन में ठान लिया कि छछानपुत्र का जीवित रहना उचित नहीं है। उसने भोजन में जहर मिलाकर अपने पुत्र को खिलाया। जहर का प्रभाव ऐसा था कि कितना भी पानी पीने पर सचानपुत्र की प्यास बुझती ही नहीं थी। घर का पानी खत्म हो गया तो सचानपुत्र कुएँ के निकट बैठ गया–

तइसे पानी पियत-पियत म
प्यास दुगुन चौगुन होई जाय
मउका पाय कलारिन नोनी
पाछू ले कुआँ में दियो ढकेल

(पानी पीते-पीते भी/ प्यास दुगनी-चौगुनी हो गई/ अवसर पाया कलारिन ने/ पीछे से

पुत्र को ढकेल दिया कुएँ में।)

पुत्र को कुएँ में ढकेलने के बाद वह स्वयं कटार मारकर आत्मघात कर लेती है। कथागायिका बहादुर कलारिन की तुलना देवियों से करती है और सोरर में स्थापित कलारिन की मूर्ति की सूचना देती हैं। सोरर ग्रामवासियों की संवेदना कलारिन की इस लोकवार्ता से इस तरह जुड़ी है कि वे कलारिन को ग्राम की इष्ट देवी मानते हैं। ग्रामवासी अपनी श्रद्धा के कारण सचानपुत्र की मातृरति की कहानी को स्वीकार नहीं करते। उनकी मान्यता है कि बहादुर कलारिन ने अपहृता स्त्रियों की वेदना से विचलित होकर, समाज के हित में अपने पुत्र की हत्या की।

किन्तु इस लोककथा में मातृराग के संकेत सुस्पष्ट दिखाई देते हैं, इसे स्वीकार करना या न करना श्रोतावर्ग की मानसिकता और श्रद्धाभाव पर निर्भर करता है। जहाँ तक किसी सृजनशील कलाकार का प्रश्न है वह गाथा की वस्तु को अपने ढंग से प्रस्तुत करता है।

संदर्भ :

1. संदर्भ : भारत की लोककथाएँ : सम्पादक ए.के. रामानुजन, पृष्ठ 201
2. वही, पृष्ठ 205`
3. वही, पृष्ठ 374
4. साक्षात्कार : सर्वश्री अंतूराम कान्डेय और पुनीत पटेल से ग्राम सोरर दिनांक 25. 07.2009
5. वही

'शांतिगीत' 209, दाऊचौरा,
खैरागढ़-491881, (छत्तीसगढ़)

वीरगाथा गायक : झूसिया

गिरीश तिवारी 'गिर्दा'

इस आलेख को जनकवि 'गिर्दा' ने दिवंगत होने से कुछ दिन पूर्व ही उपलब्ध कराया था।
–संपादक

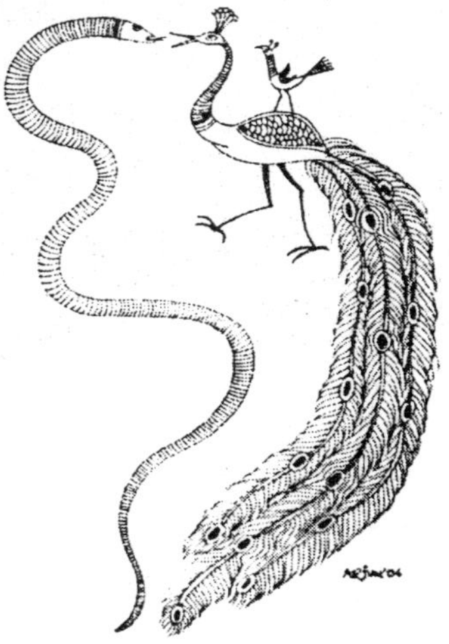

हिमालय की भौगौलिक विकास-यात्रा की तरह और उसके कारण, यहाँ की सांस्कृतिक-विकास यात्रा की भी अपनी अलग कहानी है। अलग-अलग मानव समुदायों का जितना बाहुल्य इस क्षेत्र में है उतना अन्य कहीं मिल पाना कठिन है। अलग-अलग समयों में, अलग-अलग देशकाल परिस्थितियों में कई मानव समुदाय यहाँ आये और अपनी-अपनी सांस्कृतिक विशेषताओं के साथ यहीं के हो गये। फिर उनमें संघर्ष और समन्वय निरन्तर चलता रहा। इस प्रकार मानव-विकास-यात्रा की कई धाराओं में एक नई धारा जन्मी जिसने उसकी सम्पूर्ण विकास यात्रा को अंगीकृत करते हुए उसे अपने ढंग से प्रभावित किया और नयी मंजिलों तक पहुँचाया। इसीलिए मनुष्य की विकास-यात्रा में हिमालय के योगदान का अपना अलग स्थान और महत्व है। 'हिमालय' सिर्फ हिन्दोस्तान या एशिया का ही नहीं वरन् पूरे विश्व की अनमोल धरोहर है।

फिलहाल, इस वक्त हम मध्य हिमालय के महाकाली अंचल (पश्चिमी नेपाल) और

कुमाऊँ (भारत) की साझी संस्कृति की बात कर रहे हैं, जो बहुत पुरानी है। 'झूसिया दमाई' उसी साझी संस्कृति की मौखिक परम्परा की महत्वपूर्ण कड़ी थे।

बस्कोट (नेपाल) में जन्मे लगभग 94-95 वर्षीय झूसिया दमाई जितने नेपाल के थे उतने ही भारत के भी, और जितने भारत में फैले हैं उतने ही नेपाल में भी। उनकी रिश्तेदारी जाति-बिरादरी दोनों देशों में समान रूप से फैली है। स्वयं उनके कुछ विवाह भारत में हुए तो कुछ नेपाल में। उनके कुछ 'गुसाँई' भारत में हैं तो कुछ नेपाल में। उनकी कुछ जमीन नेपाल में है तो कुछ भारत में। वह रणसैनी मन्दिर (नेपाल) के खानदानी दमुवाँ-वादक और वीरगाथा-गायक थे तो ढूँगातोली (भारत) में वह मन्दिर में जाकर 'घ्योल' (नौबत) बजाते चैत के महीने में घर-घर जाकर ऋतुरैंण गाते/सुनाते थे—

जो भागी जी रौलो सो ऋतु सुणलो।
जो पापी बड़न्छ कहाँ ई सुणन्छ रीत्यो।
द्विय दिन का ज्यूना म भलो नै बोलनू,
गिड़ला ऊँछी पलती भड़ पाय बिन्दी की बिनती,
कै भाँती करी हालछा साबा सर्द की।

(**भावार्थ :** इस ऋतु में मैं हर वर्ष यह कथा तुम्हें सुनाऊँगा। कि भाग्यवान लोग, पुण्यवान लोग इसे सुनेंगे। इस दो दिन की जिन्दगी में बोल-वचन ही तो रह जाते हैं आदमी के।)

यद्यपि झूसिया जी की बोली-भाषा कुमाऊँनी बोली-भाषा से भिन्न है। इस पर भी जब वह गाते थे तो शब्दों का संगीतमय तथा लयात्मक उच्चारण जटिलता को और बढ़ा देता था। किन्तु जब हम थोड़ा-सा गौर से उनकी मौखिक परम्परा को समझने की कोशिश करते हैं, उसे तत्कालीन ऐतिहासिक-सामाजिक संदर्भों से जोड़ते हैं जिनके अवशेष किसी न किसी रूप में हमारे इर्द-गिर्द अभी भी जिन्दा हैं—मौजूद हैं, तो हमें झूसिया धीरे-धीरे समझ में आने लगते हैं।

दरअसल 'लोक-थात' की मौखिक परम्परा में वीरगाथा गायन 'झूसिया' का खानदानी पेशा था। सामान्यतया 'ऋतुरैंण' जो कि भाई-बहिन के स्नेहिल और वेदनापूर्ण उदास कथानक पर आधारित है और जिसे सुनकर आज भी माँ-बहिनें अनायास ही रुआँसी हो उठती हैं / रो पड़ती हैं—ऐसे कथानक भी 'झूसिया' वीरगाथा के अंदाज में ही गाते / सुनाते थे। इसलिए 'झूसिया' वीरगाथा गायक थे। वह जो कुछ गाते थे उसे उन्होंने अपने पूर्वजों से सीखा था। उनके पिता 'रनुवां दमाई' और उनके अन्य पूर्वज भी गाथा-गायन दमुवाँ-वादन ही किया करते थे। झूसिया जी की दोनों पत्नियाँ 'सरस्वती' और 'हजारी' उनके साथ 'हयोव' भरतीं 'भाग' लगाती थीं ('सरस्वती' माता भी स्वर्गवासी हो चुकी हैं)। अभिप्राय यह कि झूसिया जो कुछ गाते थे वह उनकी परम्परा-परिपाटी रही। इसलिए उसमें तत्कालीन कुमाऊँ और नेपाल का सम्मिलित इतिहास, भूगोल, समाज-व्यवस्था आर्थिक-राजनैतिक दशा, धार्मिक-सांस्कृतिक मान्यताएँ सभी कुछ सन्निहित हैं।

बस्कोट, रणसैनी, पुजारागाँव—झूसिया जहाँ जन्मे, पले और बड़े हुए—तक पहुँचने के लिए पिथौरागढ़ से जाना होता है झूलाघाट। फिर सीधी चढ़ाई (पैदल मार्ग) पहुँचाती है रणसैनी के पास कच्चे मोटर मार्ग पर जिस पर अभी जीपें ही चलती हैं। इस क्षेत्र में—मतलब जिला बैतड़ी से नेपाल के अन्य स्थानों के लिए 'गोठलापानी' से मिलती है बसें। 'गोठलापानी' की चोटी पर है 'गढ़ी'। पश्चिमी नेपाल का यह क्षेत्र नेपाल के पूर्व प्रधानमंत्री लोक बहादुर चंद का भी इलाका है। यहीं जन्मे राजशाही के खिलाफ लोकतंत्र के समर्थक शहीद दशरथ चंद और यहीं जन्मे इन 'चन्दों' की, इनके पूर्वजों की वंशावली जानने / सुनाने वाले झूसिया दमाई। यहीं पर मैं याद करना चाहता हूँ 'झूसिया' के बड़े बेटे चक्रराम दमाई को जो गीत और नाटक प्रभाग नैनीताल में कलाकार थे और जिन्हें 'झूसिया' के साथ गाते-बजाते-नाचते हमने देखा / सुना है। चक्रराम दमाई कई अर्थों में 'झूसिया' के टक्कर के ही नहीं बल्कि उनसे आगे के थे—खासतौर पर ढोल वादन में। दुर्भाग्यवश वह पहले ही चल दिये। हाँ, तो हम फिर आ जाते हैं 'झूसिया' पर...

झूसिया माने—सामन्तीय मानसिकता लिए वर्तमान के द्वंद्वों को बड़ी सहनशीलता और चातुर्य के साथ समरस करने वाला एक 'गोपड़' व्यक्ति। 'नोटों' और विक्टोरियाई रुपयों की खन-खन से औरत खरीदने वाला व्यक्ति। एक मछली कम हो जाने पर, मछली खा लेने पर, औरत को घर से निकालने वाला व्यक्ति और अपने जीवन की इन घटनाओं को गर्व से सुनाने वाला व्यक्ति। जीवन में पाँच शादियाँ करने वाला व्यक्ति, दो पत्नियों से बड़ी सहजता से सामंजस्य बिठाये रखने वाला व्यक्ति। और...!

और इन सबके साथ-साथ मध्य हिमालय के कालीतट की भारतीय और नेपाली साझी संस्कृति की मौखिक परम्परा की महत्वपूर्ण और जीवंत कड़ी बन जाने वाला व्यक्ति। कहने का मतलब एक इतिहास थे झूसिया दमाई—जिसमें उसकी 'जग-सुनी' भी है और 'आप-बीती' भी। बड़ी कुशलता के साथ 'जग-बीती' में 'आप-बीती' जोड़ देते थे वह—

गंगा बीच छाड़ि गे छै, न वार नै पार
तेरा पीछा लागी रयूँ,
हाँ ऽऽऽ बयासी साल में तुमार शरण में आयूँ राजा,
है ऽऽ राजा उ ऽ ता ऽ रि ऽ ये पार हा ऽऽ आ ऽऽ

(**भावार्थ :** बीच गंगा-धार में छूटा हुआ बेसहारा मैं, तुम्हारा सहारा पा रहा हूँ अब—बयासी वर्ष की उम्र में। सो हे मित्रो! पार लगा देना मेरी नय्या।)

यह 'संग्राम कार्की' वीरगाथा में गाया गया 'बैर' का टुकड़ा है। जिसमें झूसिया अपना दुख, अपनी बात कह गये हैं। वीरगाथा में वर्तमान को जोड़ गये हैं। वर्तमान को जोड़ने का यह क्रम झूसिया में ही नहीं सभी 'असल' लोक-गायकों में अकसर मिलता ही है और यही रचनात्मकता किसी भी लोकगायक को 'अपने समय का लोकगायक' बनाने में महत्वपूर्ण कारक बनती है। हमारे समय के अन्य लोकगायकों— गोपीदास, जोगाराम, मोहन

सिंह रीठागाड़ी—सभी में यह गुण मौजदू था।

यहाँ पर प्रसंगवश यह बात कही जानी चाहिए कि जीवन तो सदा प्रवाहमान है ही लेकिन उसकी 'लोकथात' के इस प्रवाह को बनाये रखने में उसे अभिव्यक्ति देने वाले लोक कलाकार भी मुख्य भूमिका निभाते हैं। 'वेदपाठी' और 'लोक-कण्ठी' में एक अन्तर यह भी है। लोक कलाकारों के इसी महत्वपूर्ण योगदान के कारण ही लोक की मौखिक परम्परा सदा प्रवाहमान, गतिशील और जीवंत रहती है। किसी भी लोक कलाकार का योगदान यही होता है कि वह अपनी रचनात्मकता उस 'लोकथात' में जोड़ देता है जो उसे पीढ़ी दर पीढ़ी मिली होती है—

गढ़ चम्पावत को दरबार म
बड़ी राजा ईजड़, का पाठ बीजड़
का पाठ कलिश, का पाठ गुणापिङा...

(**भावार्थ :** गढ़ चम्पावत में—बड़े राज ईजड़, ईजड़ के पुत्र बीजड़, बीजड़ के कलिष, कलिष के गुणापिङा...)

झूसिया दमाई मूलतः वीरगाथा-गायक थे। 'संग्राम-कार्की' उनकी प्रिय वीरगाथा है। झूसिया इसे जहाँ से चाहें शुरू कर सकते थे, जहाँ से चाहें समेट सकते थे। संग्राम-गाथा झूसिया की जेब में समझिये। संभवतः यही कारण है कि लोक की मौखिक परम्परा की जितनी शैलियाँ झूसिया के पास थी लोकाभिव्यक्ति की जो बहुरंगी अभिव्यंजना और स्पष्टता उनके पास थी, सौन्दर्यबोध की जो गहराई थी, मुहावरों और ध्वनि बिम्बों का जो खजाना था, लोकसंगीत-लोक लयकारी की जो विविधता थी, उन सबका सर्वाधिक प्रयोग झूसिया इस गाथा को गाने/ सुनाने में करते थे। झूसिया का 'संग्राम कार्की' सुन लिया तो शिल्प (फॉर्म) के स्तर पर समझिए झूसिया पूरे सुन लिये / देख लिये। 'देखलिये' इसलिए कि झूसिया वीरगाथा सिर्फ सुनाते ही नहीं थे बल्कि सुनाने के साथ-साथ उसकी नृत्यात्मक-अभिनयात्मक अभिव्यक्ति भी करते थे।

वीरगाथा-गायन में उनके इतना चर्चित होने का एक मुख्य कारण उनकी अभिनयात्मक-नृत्यात्मक अभिव्यक्ति भी है। जो उन्हें छत्तीसगढ़ की प्रसिद्ध पण्डवानी गायिका तीजनबाई के नजदीक ले जाती है। झूसिया दमाई को देखकर तीनजबाई और तीजनबाई को देखकर झूसिया दमाई बरबस याद आ जाते हैं। कथा-बखानी में, बात को समझाने में, कथा आगे बढ़ाने में 'तीजन' का शिल्प जिस तरह उनकी मदद करता है, कथा-गायन की एकरसता (मोनोटोनी) तोड़ता है—बिल्कुल वही बात, वही तेवर झूसिया में देखने को मिलते थे। बल्कि तीजन से झूसिया एक कदम आगे ठहरते हैं अपने हुड़का-वादन के कारण। यहाँ पर मैं झूसिया को तीजन से महान साबित नहीं कर रहा हूँ, यह न मेरा उद्देश्य है और न वास्तविकता। मैं बस अपनी बात को समझाने के लिए तीजन का सहारा भर ले रहा हूँ। यह सच्चाई है कि नाचते-नाचते हुड़का बजाना, उस पर लयकारी दिखाना,

ताल से खेलना अद्‌भुत होता था झूसिया का—देखने लायक।

गाथा-गायन प्रस्तुत करते समय 'झूसिया' की एक निश्चित वेश-भूषा भी होती थी—रंग-विरंगा घेरदार पेटीकोटनुमा झगुला, कुर्ता, वास्कट, पगड़ी, कमर में फेटा और हुड़के में बँधी चँवर गाय के पूँछ की लटी, जो उनकी पीठ पर नृत्य के साथ अद्‌भुत गति से डोलती रहती थी। उनका 'हुड़का' भी सामान्य हुड़का नहीं है, उसमें अपेक्षाकृत भारी-भारी घाँट-घण्टियाँ लगी हैं जो उन्हें अलग-अलग मन्दिरों से सम्मान के तौर पर मिली हैं, हुड़के के इसी वजन के कारण वह हुड़के को कंधे में डालने के साथ-साथ उसका एक 'तांणा' (डोरी-सन्तुलित करने के लिए) कमर में भी बाँधते थे, जो सिर्फ उनकी ही विशेषता थी, अन्यथा हुड़का तो कंधे में ही डाला जाने वाला ठैरा। अपनी उक्त वेश-भूषा में सज-सवँरकर नृत्य के साथ गाथा-गायन करते हुए 'झूसिया' कथा के सूत्रधार भी होते थे और पात्र भी, गायक भी होते थे और वादक-नर्तक भी। बिना वेशभूषा के अपने गायन को तो वह कार्यक्रम ही नहीं मानते थे, एक साक्षात्कार में उन्होंने अपने आकाशवाणी कार्यक्रमों के संदर्भ में कहा है—''खाली 'ट्यैस्ट' होता है वहाँ आवाज का, बंद कमरे में और सिर्फ ढाई ऽऽ हजार रुपया मिलता है हमेशा कोई प्रोग्राम नहीं होता वहाँ।'' मतलब स्टूडियो रिकार्डिंग कोई कार्यक्रम नहीं था उनकी नजर में।

'संग्राम-वीरगाथा' झूसिया कई अवसरों पर गाते थे। लोग भी उनसे अकसर इसी गाथा को सुनाने का आग्रह करते। वीरगाथा गायन देश की बहुत प्राचीन और समृद्ध परम्परा है 'लोक' से लेकर शास्त्र तक दोनों में। हिन्दी साहित्य में तो 'वीरगाथा-काल' उसका एक पड़ाव है, कालखंड है। मध्य हिमालय यानी उत्तराखंड में भी वीरगाथा-गायन लोक साहित्य की मौखिक परम्परा का विशेष और अलग अध्याय है। वीरगाथा-गायन में लोक-गायक मूलतः ऐसे योद्धओं, वीरनायकों का बखान करता है जो कहीं न कहीं जातीय मान-सम्मान और अस्मिता के प्रतीक बन चुके होते हैं और पूरा क्षेत्र, पूरा इलाका उस नायक की 'हार' में अपनी 'हार' और 'जीत' में अपनी 'जीत' देखने/महसूसने लगता है। यहाँ तक कि एक बिन्दु में जाकर नायक की 'हार' या 'जीत' भी अर्थहीन हो जाती है। जैसे 'संग्राम-कार्की' में संग्राम आखीर में 'हीरालाल' हीरा खाकर आमहत्या कर लेता है, किन्तु उसका यह कार्य भी उसकी 'बहादुरी' का प्रतीक बन जाता है। वीरगाथाओं में अधिकतर नायक को उसके 'कुल-गोत्र' गाँव-इलाका यहाँ तक कि पूरी मनुष्य जाति के मान-सम्मान और अस्मिता का वास्ता दिया जाता है।

वीरगाथा-गायन के मौके भी भिन्न-भिन्न होते हैं। तद्नुरूप गायन की शैलियाँ भी अदलती-बदलती रहती हैं। 'हुड़किया बोलों', 'जागरों', 'देवी-देवताओं के मन्दिरों' से लेकर सामान्य घर-परिवारों तक सभी में इनका गायन किया जाता है। काली-किनारे की साझी संस्कृति में शादी-ब्याह के अवसरों पर भी वीरगाथा-गायन की परम्परा है। झूसिया दमाई

स्वयं इन अवसरों पर वीरगाथाएँ गाते/ सुनाते थे--और संग्राम कार्की--गाथा ही अधिकतर सुनाते थे--

कैईगढ़ बजहई हो ओ ऽऽऽ सम ऽऽ हो ऽऽ ऽऽऽ ओ ऽऽऽ
गढ़ चम्पावती तेरो गढ़तिर राजा भोगी भैन्छ रे
करक्यूड़ाबूङा मरहई ते ऽऽऽ रो ऽऽऽ
भय समधी का ऽऽ रो ऽऽ ओ ऽऽऽ

(**भावार्थ :** अहो महाराज! गढ़ चम्पावत में कौन राजा भोग कर रहा है इस समय? वह राजा भोग कर रहा है कि जिसके राज में 'करक्यूड़ा बुंगा' का 'समधी कार्की' जैसा वीर था। उसी कार्की खानदान की कथा सुना रहा हूँ मैं।)

संग्रामकार्की का समय--काल झूसिया के अनुसार गढ़ी चम्पावत के मध्यकालीन शासक त्रिमलचन्द के शासनकाल का है। उनके अनुसार संग्राम कार्की ने दो बार औंठलागढ़ पर चढ़ाई की, लड़ाई लड़ी। उस समय वहाँ मानशाह शासन कर रहे थे किन्तु इतिहासविदों के अनुसार त्रिमलचंद के शासनकाल में गढ़वाल में श्यामशाह (1611-1625) और महीपति शाह (1625-1635) का शासन था। पर यह बात समझी जानी चाहिए कि झूसिया इतिहास नहीं बल्कि वीरगाथा सुनाते हैं। इसलिए उसमें अक्षरशः सही इतिहास नहीं हो सकता। हाँ, अब तक उपलब्ध इतिहास में संग्राम कार्की का जिक्र आता ज़रूर है और उसे कहीं 'सुख राम' कहीं 'सकराम' और कहीं 'संग्राम' कहा/लिखा गया है।

इस वीरगाथा का नायक संग्राम कार्की समध कार्की का पुत्र और रूपकार्की का नाती था। जिन्हें गढ़ चम्पावत के नजदीक का गाँव 'करक्यूड़ा' उनकी खानदानी वीरता के लिए चंद वंशीय राजाओं की ओर से ईनाम में मिला है। एक प्रकार से 'करक्यूड़ा बुंगा' वीर कार्कियों की गद्दी है।

जब राजा त्रिमलचंद गढ़ चंपावती राजगद्दी में बैठते हैं तो उस खुशी के मौके पर किन्हीं कारणों से संग्राम के पिता समध कार्की राजा को बधाई देने, सलामी बजाने चंपावती नहीं पहुँच पाते तो मौका मिल जाता है चापलूसों को चंपावत में समध कार्की के खिलाफ राजा के कान भरने का। राजदरबार के अन्य कारिन्दे समध कार्की की वीरता से चिढ़ते हैं। इसलिए मौका पाते ही उसकी चुगली, उसकी जड़कटाई प्रारंभ कर दी जाती है। यह सारा वातावरण, यह निकृष्ट प्रवृत्ति सामन्ती परिवेश के रेशे-रेशे ही नहीं खोलती बल्कि कहानी को वर्तमान से भी जोड़ देती है। गढ़ चम्पावत के तत्कालीन दरबार में 'आज के दरबार' दिखाई देने लगते हैं। चुगलखोरी, 'जड़ कटाई' के कुत्सित वातावरण में राजा त्रिमलचंद ऐसे घिरते हैं, उनका मानस ऐसा बदल दिया जाता है कि वह समध कार्की से विमुख होकर उसे तीन दण्ड घोषित कर देते हैं। करक्यूड़ा बुंगा छोड़ने का, संग्राम को भित्ती में चिनवाने का और चार हजार रुपया नकद राजकोष में भरने का। यहाँ से कहानी शुरू होकर संग्राम कार्की की आत्महत्या पर खतम होती है। किन्तु मजेदार बात यह है कि संग्राम कार्की और

राजा त्रिमलचंद में आमने-सामने भिडन्त कहीं पर नहीं होती। हमेशा राज दरबारी ही दोनों में गलत फहमियाँ, मतभेद, मनमुटाव पैदा करते हैं। ऐसी स्थितियाँ बनाते हैं कि राजा और संग्राम एक-दूसरे के विरुद्ध हो जाएँ लेकिन राजा त्रिमलचंद और संग्राम आपस में अधिकतर बड़ी उदारता और सहनशीलता का परिचय देते हैं। कथा के अन्त में पराजय की स्थिति आने पर संग्राम आत्महत्या कर लेता है पर 'लोक' की परम्परा कहानी यहाँ पर खत्म नहीं करती। वह उसे आगे बढ़ाती है। लोक की परिकल्पना में संग्राम की आत्मा घोड़े पर सवार होकर हवा में तैरती हुई गढ़ चम्पावत में आती है और सबको आशीर्वाद देकर हवा में ही विलीन हो जाती है। लोक-गाथाओं-कथाओं का अन्त अधिकतर ऐसा ही हुआ करता है।

तै दरबार आयो
श्रद्धा करियो बार-बार मानियो गायन रे।
तैंतीस कोटि देवता दैना हूँना!
हम्रो आशीष फलीभूत होई जौ!
पंचकोटि देवतान् लै दैना हूँना!
गायक कलाकार झूसिया राम दमाई!

(**भावार्थ :** कि फलीभूत हो जाये तेरा यह आशीष आज भी मेरे संग्राम! कि तैंतीस कोटि देवताओं का आशीष फलीभूत हो जाए। पंचनाम देवों तुम दाहिने हो जाओ, हम सबका भला करो—कि ऐसे भड़ौ, ऐसी कथाएँ, ऐसी वीरगाथाएँ सब सुनते रहें और गाता रहूँ—मैं झूसिया राम दमाई)।

'लोक' की मौखिक परम्परा को सुनने/ समझने का भी एक संस्कार होता है। यदि यह संस्कार न हो तो मौखिक परम्परा को समझना बड़ा कठिन पड़ता है। क्योंकि श्रवण विधि से प्राप्त ज्ञान में लोक कलाकार की ओर से भी जाने-अनजाने कई चीजें घटती-बढ़ती रहती हैं। कुछ छूटता है, कुछ जुड़ता है। कुछ आगे का पीछे, पीछे का आगे हो जाता है। जैसे— झूसिया जब वंशावली सुनाते हैं तो कभी-कभी कहीं का नाम कहीं जोड़ देते हैं। इस पर जो मुँह से छूट गया उसे उसी समय एकाएक बदलने को तैयार नहीं होते। इसलिए एक ही चीज, एक ही गाथा एक ही गायक से कई-कई बार सुननी-समझनी पड़ती है और इसलिए 'लोक-संस्कृति' को समग्रता में समझने हेतु बहुत सावधानी बरतनी पड़ती है। क्योंकि 'लोक'—कला, संस्कृति, साहित्य, ज्ञान, विज्ञान ये सब मानव विकास यात्रा के संवेदनशील, सामाजिक, ऐतिहासिक उत्पाद है, दस्तावेज हैं। इसलिए इन दस्तावेजों को जाँचने/बाँचने/ समझने के लिए भी अलग-अलग विषयों के जानकारों/विशेषज्ञों की संवेदनशील 'टीम' चाहिए। ताकि 'लोक-संस्कृति' क्या, 'लोक' के माने क्या, 'लोक' किसका और किसके लिए—जैसे जटिल सामाजिक, सांस्कृतिक, आर्थिक, राजनैतिक, मनोवैज्ञानिक प्रश्नों को विश्लेषित किया जा सके और समझा जा सके कि आज हम किस

मुकाम पर खड़े हैं। खासतौर पर 'उत्तराखंड' को लेकर वर्तमान में इस प्रकार के सामूहिक और गंभीर प्रयासों की आवश्यकता और बढ़ जाती है क्योंकि 'लोक' की मौखिक परम्परा के घरानेदार लोग अभी हमारे पास हैं—वरना फिर आज के 'ग्लोबलाइजेशन' के जमाने में बात हाथ से निकल जायेगी।

ये दखिए....

देखते ही देखते 16 नवम्बर 2005 को 'झूसिया' जी चल दिये। हम लोग उनका बहुत कम हिस्सा समेट पाये/ संग्रहित कर पाये हैं। लेकिन जितना कुछ भी कर पाये अब उसे व्यापक समाज के सामने लाना मूल उद्देश्य होना चाहिए। फिलहाल हम सब संस्कृतिकर्मी 'पुरवासी' के माध्यम से इस लेख के बहाने—जो असल में सितम्बर-अक्टूबर 2001 में लिखा गया था, वीरगाथा गायक 'झूरिया दमाई' को याद करते हैं और अपनी श्रद्धांजलि अर्पित करते हैं।

हुड़के का ताँणा
कमर में लपेटते हुए
किसी लोक कलाकार को
तुमने देखा है कभी?

(हुड़का तो आमतौर पर
कंधे में डाला जाता है यार)

लेकिन
मैंने ही क्या
हर उस शख्श ने देखा और सुना है
काया की बरक
कमर की 'ठसक' के साथ
सुर-ताल-लय का अद्भुत समागम
'झूसिया दमाई' के
हुड़का-घाँट-घुङरूओं में
जिसने भी वाक्कई महसूसा है उन्हें
कि काया क्या बरकती
कमर क्या ठसकती
हुड़का क्या गमता
घाँट-घुङरू क्या खनकते हैं उनके

कि 'घोर' बँध जाता है
कितनी-कितनी आस्थाओं के अनुगूँज का
कि 'लोक' का एक नया ही लोक
नाचने लगता है आँखों के सामने
भारत-नेपाल क्या
पूरे हिमालय के आर-पार
डोलती-झूमती
चँवर गाय के पूँछ की लटी
जब लहराती है पीठ पर
बिजली की लहर-सी लोक मुद्राओं के साथ

और कई-कई बार
संग्राम कार्की या और कोई भड़
मूर्त हो रहा होता है
उसके वीरगाथा नर्तन-गायन में
(जिसे गाथा-गायन ही कहें या और कुछ)

तो कैसे-कैसे प्रभाव बनते हैं उस समय—
'कहन' से बाहर की बात है यह

और तुम कहते हो—
'झूसिया' पर कुछ कहूँ!

दोस्त!
'झूसिया' देखे जा सकते हैं,
सुने जा सकते हैं
महसूसे जा सकते हैं,
लेकिन उन्हें कह पाना?
मेरे बस से बाहर की बात है यह

●

भाई-बहन का प्रेम खेल : सामा-चकेबा

विभा रानी

मिथिला, बिहार का उत्तरी जनपद, अपनी समृद्ध संस्कृति और गौरवशाली परंपरा के लिए जाना जाता है। यहाँ के एक-एक कण में, घर के कोने-कोने में और रास्ते के चप्पे-चप्पे में गौरवशाली परंपरा और समृद्ध संस्कृति का लोक झिलमिलाता है। यहाँ सदियों से चले आ रहे पारम्परिक रीति-रिवाज हैं। साल भर चलने वाले तीज-त्यौहार व पर्व-उपवास, महिलाओं के कंठ से फूटते हर मौसम, हर अवसर के गीत-नाद, दादी-नानी के मुँह से निकले किस्से-कहानियाँ और उन्हें सुनते, गुनते, उनकी ममता भरी छाँव तले निंदिया की गोद में दुबक जाते बाल-वृन्दों का कोमल बचपना है। बालसुलभ बातों में कहावतों और तुतलाने के फूटते खील, बताशे और इन सबके साथ धड़कता, सुर मिलाता यहाँ का आम जन-जीवन और उस जीवन में सुर मिलाती यहाँ की लोककथाएँ, लोकगीत, जो यहाँ के जन-जीवन के जीने का आत्मिक सहारा हैं।

आम छू, अमरौला छू, आइ काल्हि बरसू
मोर बगिया में बादल भैया बरसू, हो बरसू
तीमन छू, तिलकौरा छू
बिजुरी के भौजी के मेहंदी छू
मोर बगिया में बादल भैया बरसू, हो बरसू
पौर के भादो सासुर गेलहुं
आ छोटकी बहिनिया के टूअर केलहुं

चोरबा नुक्की कोना खेलायब
किनका कान में कहबन्हि कू
आम छू, अमरौला छू, आइ काल्हि बरसू
मोर बगिया में बादल भैया बरसू, हो बरसू

इसी समृद्ध परंपरा की एक कड़ी के रूप में है—सामा-चकेबा, यानी भाई-बहन के स्नेह का उत्सव। सामा-चकेबा एक प्रकार का खेल है, जिसे बहनें अपने भाई के सुख-कल्याण के लिए खेलती हैं। उम्र का कोई बंधन नहीं, बच्ची से लेकर बूढ़ी तक सभी इसमें शामिल हैं। आखिर उम्र का कोई बंधन तो है नहीं भाई-बहन के लिए। हर उम्र में ये एक दूसरे के सुख-दुख के साझीदार होते हैं। तभी तो बहनें भाइयों की सम्पत्ति की ओर आँख तक उठा कर नहीं देखतीं। बस एक गठरी भर सनेह की आकांक्षिणी बनी जिंदगी गुजार देती हैं लेकिन भाई के सुख-दुख के प्रति हरदम साकांक्ष रहती हैं। तभी तो भाई के जुआ खेलने की आदत से बहन परेशान हो रोती है—

पनवाँ जे खइल हो चकवा भैया,
पीतिया नेरइल एही ठाम
ओही पितिए खरलीच बहिनी, ठेवले सारे धाम
ओही पार चकवा भैया खेलेले जुआ सार
एही पार खरलीच बहिनी, रोदना पसार
तोहरो रोदनवाँ गे बहिनी मोरो ना सोहाए
बाबा के संपतिया गे बहिनी आधा देबौ बाँट
बाबा के संपतिया हो भैया, लछमी तोहार
हम दूर देसिनी हो भैया, मोटरिया केर हो आस

सामा-चकेबा के खेल में मिट्टी का प्रयोग होता है। यह माटी, जो हमारी धरती है, हमारा जीवन है और जीवन का सार भी, कि माटी से आए हैं, माटी में मिल जाना है। खेलने के लिए रोज मिट्टी से बनती हैं—सामा, चकेबा, सतभइया, कुत्ता, खरलीच, चुगला, वृन्दावन, भमरा आदि की मूर्तियां, काजल सेंकने के लिए कजरौटा, मिट्टी का दीपक, तेल और बाती आदि और इन सबको रखने के लिए बांस का डाला (टोकरी)। हर शाम जलाने के लिए वृन्दावन और उसे बनाने के लिए सींक।

ये बना चुगला—कान में लंबी जूट डालकर। इसे हर शाम थोड़ा-थोड़ा जलाया जाता है। और हाँ, इसका मुँह भी। इसी मुँह से तो उसने शाम्बा और चारुक्य की चुगली श्रीकृष्ण से की थी न।

चुगला मुंह झरकाबई छी,
दही चूरा खाई छी

सीख है भैया कि बुरा बोलोगे तो इसी तरह से मुँह झरकाया जाएगा।

यूँ तो सुधीजनों, यह खेल कार्तिक सुदी पंचमी से ही आरंभ हो जाता है, मगर इसी समय मिथिला का महापर्व छठ आरम्भ हो जाता है। छठ पर्व सूर्यदेव को आराधित पर्व है, जिसमें कार्तिक सुदी चतुर्थी को नहा-खा, पंचमी को खरना, षष्ठी को डूबते सूर्य को अर्घ्य व सप्तमी को उगते सूर्य को अर्घ्य दिया जाता है–

ऊजे कांचही बांस के बहंगिया, बंहगी लचकत जाए।
बाटही पूछे ले बटोहिया, बंहगी किनका के जाए
तू तो आन्हर होइबे रे बटोहिया, बंहगी छठी माई के जाए।
ऊजे कांचही बांस के दउरिया, दउरी लचकत जाए।
बाटही पूछे ले बटोहिया, दउरी किनका के जाए
तू तो आन्हर होइबे रे बटोहिया, दउरी छठी माई के जाए।

मिथिलावासी छठ पर्व बड़ी धूमधाम और पवित्रता से मनाते हैं। पूरा घर इसकी तैयारी में अति व्यस्त रहता है। इसलिए पंचमी, षष्ठी व सप्तमी को सामा-चकेबा का खेल प्रतीकात्मक तौर पर खेल लिया जाता है। लीजिए जी, छठ पर्व हुआ समाप्त, आ गई अष्टमी और आरम्भ हो गया सामा-चकेबा का खेल–पूरे जोर-शोर और धूम-धड़ाके से। गंगा-जमुना की चिकनी माटी से बन रही हैं मूर्तियां–सामा-चकेबा की।

माई गंगा रे जुमनवाँ के एहो चीकन माटी हे
माई आनी देथिन चकबा भैया गंगा पैंसी माटी हे
बनाई देथिन्ह सामा भौजी, सामा हे चकेबा हे,
माई खेले लगली खरलीच बहिनी चारू पहर राति हे
माई खेलिए खुलिए बहिनी देहले असीस हे
माई जुग जीयू लाख जीयू, सबके अइसन भाई हे।

हर रात घर भर को खाना खिलाने-पिलाने आदि के कामों से निबटकर मोहल्ले की औरतें और लड़कियाँ किसी एक के घर पर एकत्र होती हैं। सभी अपने-अपने घर से डाले में दीप जलाकर और उसे सर पर रख निकल पडती हैं, यह गीत गाते हुए–

डाला ले बाहर भइली, बहिनी से खरलीच बहिनी
बहिनो से खरलीच बहिनी
चकवा भैया लेल डाला छीन, सुन गे रामसजनी।
मचिया बइठल सुनू बाबा हो बड़इता,
से चाचा हो बड़इता से
तोरो पोता लेल डाला छीन, सुन गे रामसजनी।
कथी के तोहरो डलवा गे बेटी, दउरिया गे बेटी,
कथिए लागल चारू कोन, सुन गे रामसजनी।

कांचही बांस केर डलवा हो बाबा, दउरिया हो बाबा,
चंपा, चमेली चारू कोन, सुन गे रामसजनी।
जब तूँहे जइबे ससुर घर गे बेटी, भसुर घर गे बेटी
चढ़ने के घोड़वा देबो दान सुन गे रामसजनी।
चढ़ने के घोड़वा बिकाइ गेल हो बाबा, बिकाई गेल हो बाबा,
हाथ के मुनरिया देबो दान, सुन गे रामसजनी।
हाथ के मुनरिया हेराई गेल गे बेटी, हेराई गेल गे बेटी
भैया जी के किये देबो दान, सुन गे रामसजनी।
जब तूहों दान करब भैया जी के बाबा, भैया जी के बाबा
छोटे की ननदिया देबो दान, सुन गे रामसजनी।

बहन, भाई की शिकायत दादा से करती है कि भाई ने उसका डाला छीन लिया है। सजा स्वरूप भाई दान की बात से विगलित बहन दादा को भरोसा दिलाती है कि ऐसा मत बोलो बाबा, भैया दान का बखत आयेगा तो मैं अपने भाई के लिए अपनी ननद दान कर दूंगी।

और लीजिए सुधीजन, किसी एक के घर पहुंचकर बहनें अपने डाले का दीप और वृंदावन बाहर निकाल कर रख देती हैं। इसके बाद वे काजल सेंकती हैं और डाले में रखी सभी मूर्तियों की आंखों में आंजती हैं, फिर अपनी आंखों में भी लगाती हैं। काजल आंजने के बाद सभी एक जगह बैठकर सामा–चकेबा के अनेकानेक गीत गाती हैं:

चकबा भइया के एहो बारी फुलवरिया हे
कि खरलीच बहिनी लोढ़ले चमेली फूल हे
कि खरलीच बहिनी लोढ़ले बेली फूल हे।
फूलवा लोढ़इते बहिनिया मोरा घामिल हे
कि घामिल भेलै, नयन कजरवा हे
कि घामिल भेलै, सिर के सेनूरवा हे।
छतरी लेल दौड़ल आवे कि चकवा भैया हे
कि बइठू हे बहिनी, एही जूड़ छाँहरि हे
कि बइठू हे बहिनी, एही शीतल छैंया हे।
पनिया लेल दौड़ल आवे से सामा भौजी हे
कि पीयू हे ननदी एहू जूड़ पनिया हे
कि पीयू हे ननदी एहू शीतल पनिया हे।

सामा भौजो के केसिया हे
चँवर डोलै हे, हे भँवर डोलै हे।

कि ओही रे केसिए, गूँथबो चमेली फूल हे
कि ओही रे केसिए, गूँथबो बेली फूल रे।

यह तो चकबा भैया का बगीचा है, जिसमें खरलीच बहन फूल चुन रही है। इन फूलों को वह अपनी भाभी सामा के काले लम्बे केश में गूंथेगी। मगर यह क्या? फूल चुनते समय तो बहन पसीने से तर-बतर हुई जा रही है। भाई पंखा लेकर दौड़ता है और भाभी शीतल पानी लेकर, ताकि बहन को आराम मिल सके।

लेकिन यह सामा-चकेबा है क्या? कोई संदर्भ? वेद-पुराण? गीता, रामायण? संदर्भ सीधा भगवान श्रीकृष्ण से है। प्रेम के नाम पर अपने बलिदान की कथा, बहन के लिए भाई के स्नेह और तप की कथा, प्रेम की राह में राजा की निरंकुशता की कथा, सच्चे प्रेमियों को प्रकृति, पशु-पक्षी से मिलने वाले सहयोग व समर्थन की कथा–

गाँव के अधिकारी तूंहो चकवा भैया हो
भैया हाथे दस पोखरी खना द
चम्पा फूल लगा दहू ना
भैया लोढ़ल, भौजो हार गूंथु हे
अहे ओही हार पहिरल खरलीच बहिनी
सामा चकेबा खेल करेली।

तो सुनिए सुधीजनो, इस मिथक का संबंध द्वापर युग से है। राजा जाम्बवंत की इकलौती पुत्री थी–जाम्बवंती! सुन्दर, सुशील और पिता की अत्यंत दुलारी। जाम्बवंती जब विवाह योग्य हुई तब जाम्बवंत को चिन्ता हुई कि उनकी पुत्री किसी सुयोग्य वर के हाथों में सौंपी जाए। बहुत खोजा, बहुत विचारा और फिर पाया कि श्री कृष्ण से उत्तम कोई नहीं।

सुनै छलियै आहो बाबा मथुरा नगरिया, रामा मथुरा नगरिया,
ऊंहे बसे राजा बसुदेव
राजा बसुदेवजी के दुए गो ललनवां, रामा दुए गो ललनवां,
एक गोर एक छथिन्ह स्याम
गोरे देखि मत भूलिह हो बाबा गोरे रे बदनवां, रामा गोरे रे बदनवां,
सांवर देखि तिलक चढ़ाओ।

जाम्बवंती श्रीकृष्ण की पत्नी बनकर आ गई। कालांतर में उसने एक पुत्र और एक पुत्री को जन्म दिया। पुत्र का नाम रखा गया शाम्ब और पुत्री का नाम रखा गया शाम्बा। दोनों के जन्म पर खूब मची धूम, खूब बजे बधावे -

आज दिह भौजो मोरी, नेगवां में कंगना
रुनुकी झुनुकी बेटी तोहरे अंगनवां,
सांवर सुंवर गोद आए ललनवां

समय के साथ-साथ दोनों भाई-बहन बड़े हो गए। दोनों में बड़ा प्रेम था। दोनों एक-दूजे के लिए प्राण देने को तैयार रहते।

शाम्बा उम्र के उस सुकोमल मोड़ पर थी, जहाँ हर कोई अपने मन में एक छवि बनाकर रखता है। शाम्बा के मन की छवि साकार हुई चारुक्य में। वह ब्याह करना चाहती थी चारुक्य से। चारुक्य भी तो उसे चाहता था।

कहवाँ से आवे बनतितिर हे
आरे कहवाँ से आवे राजा हंस
त सामा चकेबा खेल करथु।
बनवाँ से आवे बनतितिर हे
आरे, नगर से आवे राजा हंस
त सामा चकेवा खेल करथु।
कथी से बझाएब बनतितिर हे
आहो कथी से बझाएब राजा हंस
त सामा चकेवा खेल करथु।
रस से बझाएब बनतितिर हे
आहो रस से बझाएब राजा हंस
त सामा चकेवा खेल करथु।

प्रेम की गति और मति दोनों ही बड़ी न्यारी होती है। प्रेम के साधक की राह में बाधक आते ही हैं। यहाँ बाधक था, चूड़क—स्वभाव से दुष्ट और चुगलखोर। किसी का सुख या खुशी उससे देखी नहीं जाती थी। भला वह शाम्बा और चारुक्य के प्रेममय संसार को कैसे सहन करता। उसने नमक-मिर्च लगाकर श्री कृष्ण के सामने शाम्बा और चारुक्य के प्रेम संबंध की बात बता दी।

श्रीकृष्ण तो आग बबूला हो गए। बचपन में गोपियों के साथ रास रचाने वाले, राधा से प्रेम करने वाले, साठ हजार रानियाँ और आठ पटरानियाँ रखने वाले श्रीकृष्ण यह सहन न कर सके कि उनकी पुत्री भी किसी से प्रेम करने का अधिकार रखती है।

श्रीकृष्ण ने शाम्बा को बुलाया और आदेश सुनाया—'तुम चारुक्य से विवाह नहीं कर सकती और आज के बाद न तो उससे मिलोगी-जुलोगी ही।'

हाय रे बेटी! उसके लिए समाज में एक ओर उफनती नदी का ज्वार तो दूसरी ओर आसमान छूता पहाड! एक तरफ स्वयंवर और दूसरी ओर उसके प्रेम की पारिवारिक अस्वीकृति। बिन माता-पिता या परिवार की इच्छा के बेटी अपना जीवन साथी नहीं चुन सकती। स्वयंवर के नाम पर तब लड़कियों को वर चुनने की आज़ादी तो थी, लेकिन कैसे? स्वयंवर में पिता अपनी हैसियत के अनुरूप लोगों को आमंत्रित करते। बेटी को उन्हीं में से किसी एक को चुनना होता। पिता के मान, पद, मर्यादा से कम वाले का प्रवेश वर्जित

था। कोई प्रेम के वशीभूत हो वहाँ पहुँच भी जाए तो निकाल दिया जाए। वह छल से लड़की के हाथों जयमाल पहन ले, तो युद्ध झेले।

बेचारी शाम्बा! पिता से ऐसा आदेश पाकर उसकी आँखों से झर-झर आँसू झरने लगे। पिता के सामने बोले तो क्या बोले। फिर भी उसने हिम्मत करके कहा, 'पिता जी, चारुक्य को मैं अपना पति मान चुकी हूँ और अब मैं विवाह करूँगी तो उसी से, अन्यथा आजन्म कुँवारी रह जाऊँगी।'

पिता के सामने पुत्री की धृष्टता देख श्रीकृष्ण के क्षोभ और क्रोध का ठिकाना न रहा। वे बोले, 'यदि तुम मेरी बात नहीं मानोगी तो मैं दूसरा उपाय करूँगा।'

'परंतु मैं निर्णय ले चुकी हूँ और मैं पीछे नहीं हट सकती।' शाम्बा फिर बोली।

क्रोध में जलते श्रीकृष्ण बोले, 'श्राप है मेरा कि तुम चकवी पक्षी बनकर आजन्म आकाश में विचरण करती रहोगी और ढूंढ़ती रहोगी अपने चारुक्य को।'

मुँह से श्राप निकलने की देर कि शाम्बा बन गई चकवी पक्षी और उड़ गई आकाश में। किसी आसन्न विपत्ति को भांप, शाम्बा के पीछे-पीछे भाई शाम्ब भी आया था और पिता-पुत्री संवाद देख सन्न रह गया था। शाम्बा को वह अपनी जान से बढ़कर प्यार करता था। वही शाम्बा अब उसे कभी भैया न कह सकेगी, स्वयं वह शाम्बा को कभी दुलार न कर सकेगा, इस बात की कल्पना ने उसे दग्ध कर दिया।

पिता के श्राप से अत्यंत दुखी हो उसने पिता से कहा—'पिता जी, प्रेम करना कोई अपराध नहीं है। कृपा कर के अपना शाप वापस लीजिए और शाम्बा को घर बुला लीजिए।' परंतु श्रीकृष्ण टस से मस न हुए।

शाम्बा के बारे में सुनकर चारुक्य का कलेजा चाक-चाक हो गया। उसने श्रीकृष्ण से स्वयं मिलने की सोची। परंतु लोगों ने उसे समझाया कि अरे मूरख! जब श्रीकृष्ण ने अपनी पुत्री की बात नहीं मानी, बेटे की विनती पर कान न दिया तो ऐ प्रेम के मतवारे, बावरे, वे तुम्हारी क्या सुनेंगे? हो सकता है कि मारे क्रोध के वे तुम्हें शाम्बा के श्राप से भी बड़ा श्राप दे दें और यह तो तुम्हें पता है ही कि उनके श्राप को शक्तिहीन करना मनुष्य तो क्या, किसी देव के बस की भी बात नहीं।

चारुक्य निराश नहीं हुआ। वह श्रीकृष्ण के पास तो नहीं गया, परंतु उसने भगवान शिव की आराधना करनी शुरू कर दी।

कथी ले सिब के मनायब हो शिव मानत नाहीं
पूरी जिलेबी शिव के मनहु ना भावे
भांग धतुर कहाँ पाएब हो शिव मानत नाहीं
धोती आ कुर्ता शिव के मनहु ना भावे
मृगा के छाल कहाँ पाएब हो शिव मानत नाहीं
कोठा अटारी शिव के मनहु ना भावे

टुटही मंड़इया कहाँ पाएब हो शिव मानत नाहीं
धोती आ कुर्ता शिव के मनहु ना भावे
मृगा के छाल कहाँ पाएब हो शिव मानत नाहीं

भगवान शंकर! आशुतोष, औघड़दानी! उसकी आराधना से प्रसन्न हो वे प्रकट हुए। चारुक्य बोला, हे प्रभो, मेरी शाम्बा को वापस मनुष्य रूप में परिवर्तित कर दें।

शिव बोले—'श्रीकृष्ण तो विष्णु के अवतार हैं। उनके श्राप को मैं निरस्त्र नहीं कर सकता। इसलिए मैं शाम्बा को वापस मनुष्य रूप में नहीं ला सकता। तुम कुछ और मांगो पुत्र!

तो मुझे मृत्यु दे दीजिए। मैं उसके बिना नहीं जी सकता।

जीवन और मृत्यु नियति के हाथ में है पुत्र। मेरा उस पर कोई अधिकार नहीं। तुम कुछ और मांगो।

तो मुझे भी चकवा बनकर अपनी चकवी के साथ आकाश में विचरने दिया जाए।

तथास्तु!

अब चकवी रूपी शाम्बा और चकेबा बना चारुक्य दोनों साथ-साथ आकाश में विचरने लगे--परम प्रसन्न, परम संतुष्ट, क्योंकि अब दोनों धरती पर ना सही, आकाश में तो साथ-साथ थे।

परन्तु अपनी बहन और चारुक्य की इस दुर्दशा से दुखी शाम्ब ने वृन्दावन में जाकर विष्णु की आराधना करनी शुरू की, ताकि वह उन दोनों को मनुष्य रूप में वापस लाने में सफल हो सके।

मुंहझड़का चूड़क अपनी दुष्टता से यहाँ भी बाज न आया। उसने वृन्दावन में आग लगा दी, ताकि शाम्ब उसमें जलकर मर जाए और शाम्बा कभी भी वापस न आ सके। बहन शाम्बा का एक प्यारा कुत्ता था—झाँझी। शाम्बा के न होने से अब वह दिन-रात शाम्ब के साथ लगा रहता। शाम्ब के साथ-साथ वह भी वृन्दावन आ गया। आग लगाते चूड़क को उसने नोंच खाया। फिर वह जमुना नदी से मुंह में पानी भर-भरकर लाने और आग बुझाने का प्रयास करने लगा। तभी तो सभी उसे गरियाते हैं—

चुगला भड़वा कइसे आवे
गदहा चढ़ल ठुनकइते आवे
राख से दाँत मलते आवे
गुदड़ा से मुंह पोंछते आवे
मांगल भीखवा खइते आवे।

इधर आकाश में निरन्तर विचर रहे थे शाम्बा और चारुक्य। वे न कुछ खा-पी सकते थे, न कहीं सुस्ता सकते थे। पक्षियों का सात भाइयों का दल था। सातों इकट्ठे रहते थे। बड़े ही सहृदय, बडे ही उदार! शाम्बा और चारुक्य की दुर्दशा देख वे सातों उनकी मदद

के लिए आगे बढ़े। वे निरन्तर उड़ते शाम्बा और चारुक्य को दाना खिलाते, पानी पिलाते। सातों भाई बारी-बारी से उन्हें अपनी पीठ पर बिठा कर उड़ाते रहते।

शाम्ब की तपस्या सफल हुई। वह शाम्बा और चारुक्य को वापस मनुष्य रूप में लाने में सफल हुआ परंतु श्रीकृष्ण ने उन्हें अपने राज्य में घुसने की अनुमति नहीं दी। घर के निर्णयों में स्त्रियों की कोई सहभागिता पहले भी नहीं थी, अभी भी नहीं है। जांबवंती मूक थी। अपने पेटजाए बच्चों के लिए अपने पति से नहीं लड़ सकी। सीता की अग्नि परीक्षा हुई, वह मूक रही। वह धरती में समाई, पर मूक रही। कुंती ने कर्ण को त्यागा और मूक रही। द्रौपदी पाँच-पाँच पतियों की पत्नी बनी और मूक रही। रहना पड़ता है। पुरुष प्रधान समाज स्त्रियों के पूरे जीवन पर घटाटोप बनकर छा जाता है। बरसे तो कलंकिनी, कुलटा, कुलच्छिनी। मूक रही तो गाय, बकरी। जांबवंती मूक रही।

शाम्ब ने हिम्मत नहीं हारी। उसने उन दोनों को राज्य के बाहर एक जुते हुए खेत में ठहराया। स्वागत में सभी ने गाया—

साम चके साम चके, अबिहे हे, अबिह हे,
जोतला खेत में बइसिह हे, बइसिह हे,
नवरंग पटिया बिछइह हे, बिछइह हे
ओहि पटिया पर कए जना,
छोटे बड़े नवे जना, नवे जना
नवो जना के खरे छुरी, खरे छुरी
हमरो भइया के सोने छुरी, सोने छुरी
चकवा-चकवी नाचे तीर, नाचे तीर
गोह बना के देख बीर, देखे बीर
रे तेलिया तू मत कर सोर, मत कर सोर
कउआ मार-मार देबऊ झोर, देबऊ झोर
कउआ मुंह त कारी-कारी, हम त पहिरब साड़ी-साड़ी
साड़ी में त पिलुआ, पिलुआ, हम त पेन्हब खिलुआ, खिलुआ
खिलुआ में त बगरा, बगरा, हम त पेन्हब घघरा, घघरा
घघरा में त डोरा-डोरा, हम त पेन्हब बटोरा-पटोरा

शाम्बा और चारुक्य के इस गहरे प्रेम को देखकर लोग उन्हें दुलार से सामा और चकेबा या साम-चक कहने लगे। चकेबा की एक बहन थी—खरलीच। भाई के पक्षी बन जाने के कारण वह भी बड़ी दुखी थी और उसे मनुष्य रूप में वापस पाने के लिए तरह-तरह के व्रत, आराधना कर रही थी। शाम्ब की तपस्या से जब उसका भाई चारुक्य दुबारा मनुष्य के रूप में आया, तब उसकी प्रसन्नता का ठिकाना ना रहा। इतना सुदर्शन, वीर उसका भाई—

जइसन जीरा रे जँवाइन, जइसन जीरा रे जँवाइन
वइसन भैयाजी के दाँत, वृन्दावन बंसीया बजाइ।
जइसन अमवा के फाँक, जइसन अमवा के फाँक
वइसन भैया जी के आँख, वृन्दावन बंसीया बजाइ।
जइसन छुरिया के धार, जइसन छुरिया के धार
वइसन भैया जी के नाक, वृन्दावन बंसीया बजाइ।
जइसन रेशम के धागा, जइसन रेशम के धागा
वइसन भैया जी के केश, वृन्दावन बंसीया बजाइ।
जइसन धोबिया के पाट, जइसन धोबिया के पाट
वइसन भैयाजी के पीठ, वृन्दावन बंसीया बजाइ।
जइसन केरवा के थम्म, जइसन केरवा के थम्म
बइसन भइयाजी के जाँघ, वृन्दावन बंसीया बजाइ।
जइसन जीरा रे जँवाइन, जइसन जीरा रे जँवाइन
वइसन भइया जी के दाँत, वृन्दावन बंसीया बजाइ।

इधर चूड़क चुगला लगातार अपनी दुष्टताएं करता रहा। पर एक दिन उसे अपने किए का फल मिला। शाम्बा ने उसे शाप दिया कि तुम्हारी चुगलखोर प्रवृत्ति के कारण मनुष्य जाति के बीच तुम्हारी कभी कोई प्रतिष्ठा नहीं रहेगी और तुम्हारी इसी चुगलखोर प्रवृत्ति के कारण मनुष्य जाति तुम्हारा मुँह जलाया करेगी। कहते हैं कि पुरुष की मर्यादा-अमर्यादा उसकी पत्नी-बच्चों के साथ भी जुड़ जाती है। अब देखिए ना, दुष्टई करता रहा चूड़क और गाली खाते रहे उसकी घरवाली और बेटे।

चुगला बहू कइसे आवे
पैदल छाती पीटते आवे
छाउर से माँग मलते आवे
अंचरा से धान गिरबिते आवे।

बारी मे ओल, चुगला बहु भकोल
बारी में मिर्चाई, चुगला बहु हरजाई
बारी में अंडी, चुगला बहु रंडी
एक कड़ाही मछरी, चुगला बहु खचरी।

कथी के मोरा कोठली रे कोठली
कथी के पेहान रे
ओही मे ध दे चुगला के बेटवा

कनत खीझत बिहान रे
सुखा गू के कोठली रे कोठली
ओढ़ा गू पेहान रे
ओहि मे ध दे चुगला के बेटवा
कनत खिझत बिहान रे।

चकेबा ने अपनी बहन खरलीच की शादी बड़ी धूम-धाम से की। हर साल वह उसे लिवाने उसकी ससुराल जाता। भाई को आते देख वह खुशी से फूली ना समाती–

हमरो भैया कइसे आवे
घोड़वा चढ़ल मुसकइते आवे
पान से दाँत रँगते आवे
रूमाल से मुँह पोंछते आवे

नैहर आती तो शाम्बा भाभी पर बलि-बलि जाती–

हमरो भौजी कइसे आवे
डोलिया चढ़ल मुसकइते आवे
सेनूरा से माँग भरले आवे
धान से खोंइछा भरले आवे

खरलीच दिन-रात भाई-भाभी के सुख--सुहाग की दुआ माँगती–

'दुभिया अजनपुर दुभिया बिजनपुर
लागि गैले सेनूर बाजार हो
सेहो सेनूर पहिरल भौजी से सामा भौजी
जुगे-जुगे बढ़ौ अहीबात हे।'

मिथिला में सामा-चकेबा का यह खेल बड़ी धूमधाम से होता है। कार्तिक सुदी चार से हर रात लड़कियाँ-स्त्रियाँ सामा का डाला सजाकर एक झुंड में इकट्ठे होकर यह खेल खेलती हैं–भाई-बहन के प्रेम का यह अनोखा खेल। कार्तिक पूर्णिमा को सामा की विदाई की जाती है। आज भी कार्तिक पूर्णिमा के दिन बहू-बेटी नैहर या ससुराल से विदा होती हैं।

मोरो भैया ऐले अनवइया हो, सावनवां में ना जैबो ननदी।
सोने की थाली में जेवना परोसा,
चाहे भैया जेवे चाहे ना हो, सावनवां में ना जैबो ननदी।
सोने सुराही गंगाजल पानी,
चाहे भैया पीये चाहे ना हो, सावनवां में ना जैबो ननदी।

खेल यहीं खत्म नहीं होता। सामा-चकेबा के गीत गा लेने के बाद सभी अपना-अपना

डाला लेकर किसी चौराहे या बड़े से मैदान में आ जुटती हैं। यहाँ वे एक बड़ा-सा गोल घेरा बनाकर बैठ जाती हैं। फिर से दीप और वृंदावन डाले में से निकालकर घेरे के बीचो-बीच रख दिए जाते हैं और दीप और वृन्दावन के वृत्त के बाहर अपने डालों का वृत्त बना देती हैं। अब सभी उन डालों को घुमाती हुई एक दूसरे तक खिसकाती और गाती हैं। जानते हैं, औरतों के जीवन का सबसे बड़ा डर क्या है?... सौत! डाले के चारों ओर फेरे लगाते हुए वे गाती हैं–

केकरा घर के कपड़ा की केकरा घर के जाल रे
केकरा घर के सौतिन भेल जीउ के काल रे
बजजवा घर के कपड़ा, मलहवा घर के जाल रे
पियवा घर के सौतिन भेल जीउ के काल रे
फाट जैतै कपड़ा, मसक जइतै जाल रे
जुगे-जुगे जियतऊ सउतिनिया के काल हे
सी लेबै कपड़ा कि बीन लेबै जाल रे
मर जइतइ सउतिन, हटतै जीऊ के काल रे।

स्त्रियाँ स्वयं को दिलासे देती हैं कि वे फटे कपड़े सी लेंगी, मसक गए मछली के जाल को दुबारा बुन लेंगी, मगर उनकी सौत मर जाती तो उनके जी का जंजाल मिट जाता।

शाम्ब ने वृंदावन में तपस्या की। चूड़क चुगला वहाँ आग लगाता है ना! सो, इसी के प्रतीक के रूप में बहनें वृंदावन जलाते-बुझाते गीत गाती हैं, इस उम्मीद में कि उसका भाई आएगा और इस आग को बुझाएगा–

वृंदावन में आग लागल, कोई न बुझाबे रे,
हमरो से चकबा भैया, उनही बुझाबे रे।
हाथ सुवर्णा लोटा झारी से बुझावे रे
कृष्णा गैलन गइया चरावे, राधा कइलन चोरी रे
आज वृंदावन क्या सोहावन लागे रे।

कार्तिक सुदी दशमी तक इसी पद्धति से सामा चकेबा खेला जाता है। अब सामा की विदाई का दिन नजदीक आ रहा है। इसलिए अब सामा चकेबा के गीत के साथ-साथ, बेटी के ब्याह के गीत के साथ-साथ, कोहबर (सुहागरात) के गीत भी गाए जाते हैं।

लाडो लागी टीका लाया लाडो के डर से
लाडो लड़कैयां, बुलाए रउरा कैसे
लाज छोडू हमसे शरम छोडू दिल से
हम परदेसी, बोलाएं तोहरा कब से!

कार्तिक पूर्णिमा की शाम, माने सामा की विदाई की बेला। गाँव भर की बेटी सामा आज अपनी ससुराल जा रही है, इसलिए बेटी की विदाई के वक्त दी जानेवाली सभी वस्तुएं

उसे दी जाती हैं। घर गृहस्थी के सामान, चक्की, ऊखल-मूसल, कोठी, बखारी, कड़ाही, तवा, पतीले, चम्मच, छोलनी, कड़छुल, ग्लास, थाली, कटोरी, चम्मच, कपड़े रखने के लिए बक्से, बैग, अनाज, कपड़े और जेवर। इस संदेश के साथ कि जाओ बेटी, भरी पूरी जाओ, भरी पूरी रहो।

और ये सज गया सामा का डाला या कह लीजिए डोला- फ़ूल, पत्ते, नाना तरह के बंदनवार से। सजाने में भाई अपनी बहन की मदद कर रहे हैं। ये हुई संझा और सजी-धजी बहनें पहुंच गईं अपना डाला सर पर लेकर नदी के तट पर। कई भाई अपने सिर पर सामा-चकेबा के विसर्जन की टोकरी लेकर नदी के घाट तक जाते हैं। सजी-धजी बहनें, सजे-धजे डाले, उनमें जलते हुए सरसों के तेल के दिए। रात का समय इन सजे-धजे डालों में जुगनुओं की तरह जगमगाते दियों से ऐसा लगता है, मानों आसमान के सभी सितारे झिलमिल करते हुए धरती पर उतर आए हैं और वे सब साक्षी बनना चाहते हैं, भाई-बहन के अतुलनीय प्रेम की गाथा के।

घर से निकलने से पहले शाम को बहनों ने सामा की पौती में चिवड़ा, मुरमुरे, मिठाई आदि रखकर भाई का दामन भरा है। भाइयों ने अपने घुटने पर सामा-चकेबा आदि की मूर्तियां रखकर तोड़ी हैं। भाइयों ने बहनों को नेग दिया है।

सामा की विदाई है। बहनें सामा चकेबा सहित सभी को दही चिवड़े का भोजन कराती हैं, नए कपड़े पहनाती हैं और सामा का खोंइछा (आंचल) भरती हैं। बेटी की विदाई का हृदय विदारक गीत समवेत कंठ से फूटता है और सभी की आंखों से झर-झर आंसू बहने लगते हैं—

बड़ा रे जतन से हम सामा बेटी पोसल
सेहो चकबा भैया लेले जाए।
लाली रंग डोलिया, सबुज रंग ओहरिया
लागि गेलै बत्तीसो कहार।

शाम का पहर बीत जाने के बाद बहनें अपने सजे सजाए डाले को सर पर उठाकर झुंड में गीत गाते हुए नदी किनारे पहुँचती हैं। रास्ते भर वे यह गीत गाती हैं कि सामा ससुराल जा रही है। उसके लिए कपड़े, गहने, बर्तन, पलंग आदि की आवश्यकता है और कहा जाता है कि सुनार, बजाज आदि से कहकर ये चीज़ें ले ली जाएं—

अरे भमरा, अरे भमरा, सामा जाइ छै ससुरा
कुछ गहनो चाही रे भमरा
अरे दिहुली, अरे दिहुली
बोला दे सोनरवा के, गढ़वाइयो ले रे गहना...
अरे भमरा, अरे भमरा, सामा जाइ छै ससुरा
कुछ कपड़ा चाही रे भमरा

अरे दिहुली, अरे दिहुली, बोला ले बजजवा के
नपवाइयो ले गे कपड़ा

अरे भमरा, अरे भमरा, सामा जाइ छै ससुरा
मिठाइयो चाही रे भमरा
अरे दिहुली, अरे दिहुली
बोला ले हलवइया के, बनवाइयो ले मिठइया।
अरे भमरा, अरे भमरा, सामा जाइ छै ससुरा
पलंगवा चाही रे भमरा
अरे दिहुली, अरे दिहुली
बोला ले बढ़इया के, बनवाइयो ले पलँगवा।

नदी किनारे पहुँचकर सभी फिर से सामा-चकेबा के खेल खेलते हुए डाला फेरती हैं, गीत गाती हैं और सभी चीजें विसर्जित करके घर लौटती हैं। डाले में दीप जलता रहता है, इस उम्मीद का कि अगले साल सामा फिर से आएगी, फिर से यह खेल होगा, फिर से गाने-बजाने, उमंग, उत्साह और अमन-चमन का बाज़ार गर्म होगा।

और ऐसा भी नहीं है कि लौटते समय बहनों की टोली खामोशी से घर लौटेंगी। मन को झुमा देनेवाले झूमर या बटगवनी (राह में गाए जानेवाले गीत) से वापसी का रास्ता गुंजार होता रहता है-

उजे मोर पिया बसे कलकतवा में
उजे टीकवा जे भेज ले कगजवा में
टीका पेन्हेवाली बसे ले नैहरवा में
टीका चम चम चमके कगजवा में।

कलकत्ता में बसनेवाले पिया ने अपनी प्रिया के लिए गहने-कपड़े भेजे हैं, मगर ये सब पहनने वाली प्रिया तो रूठकर मायके में जा बसी है। बेचारे गहने-कपड़े कागज में धरे के धरे रह जाते हैं।

यूँ तो लोककथाओं में प्रेमी-प्रेमिका के विरह और मिलन की तमाम कथायें मिलती हैं मगर, सामा-चकेबा, भाई-बहन के अद्भुत प्रेम की त्यागमई कहानी है, जो कहती है कि भैया उठो, बहिनी जागो और आज की दौड़-भाग वाले समय में सर्द पड़ गए रिश्ते को अपने प्रेम की धूप से गुनगुना करो। आज भाई लोग रक्षाबंधन, भाई-दूज निभा भर देते हैं। भैया मोरे, हम बहिनों का है ही कौन आसरा! जनम से तेरे ही संग-साथ पले-बढे! दुनिया की रीत कि ब्याह के बाद पराई बन गईं, पर भाई-बहिन का सम्बंध कभी भी पराया नही होता। ....तुम्हीं को खाली दोष कैसे दें भैया? बहिन भी भाई के प्रेम को उसके दिए नेग को कीमत से तोलने लगी है।

सामा-चकेबा है भाई-बहन के अमिट व स्वार्थ रहित प्रेम की अनूठी गाथा, तभी तो गाया जाता है—

कथी के मोरा कोठली रे कोठली
कथी के पेहान रे
ओइ मे 'ध' दे भइया के बेटवा
हँसत खेलत बिहान रे

सोना के मोरा कोठली रे कोठली
रूपा के पेहान रे
ओहि मे 'ध' दे भइया के बेटवा,
हँसत-खेलत बिहान रे

●

302 ए धीरज रेजीडेंसी
गोरेगाँव (पश्चिम), मुम्बई 400104

संताल जनजाति समाज और उसकी संस्कृति

अशोक सिंह

संताल परगना, झारखंड का उत्तरी भूभाग है जो इन दिनों संताल परगना प्रमंडल के रूप में जाना जाता है। इसके अन्तर्गत दुमका, देवघर, साहेबगंज, गोड्डा, पाकुड़ और जामताड़ा नामक छः जिले आते हैं। यह क्षेत्र अनेक छोटी-बड़ी पहाड़ियों और जंगलों से घिरा है। अतीत में यह जंगलतरी कहलाता था। जिसके मध्य भाग को बाद में ब्रिटिश सरकार ने 'दामिन-ई-कोई' नाम से विभाजित करके इस क्षेत्र के सबसे पुराने निवासी पहाड़िया लोगों के लिए आरक्षित कर दिया था।

मुगल काल के दौरान सन् 1757 में जब प्लासी युद्ध हुआ तब अंग्रेजों की ईस्ट इंडिया कम्पनी के हाथों बंगाल के तत्कालीन नवाब सिराजुद्दौला को पराजित होना पड़ा। सिराजुद्दौला की पराजय के बाद इस भूभाग पर कम्पनी सरकार का अधिपत्य हो गया। उन दिनों इस क्षेत्र में मुख्यतः पहाड़िया, घटवाल, खेतौरी, भूइंया आदि जातियों के लोगों का निवास था। इसमें पहाड़िया जाति के लोगों की विशेषता यह थी कि वे प्रायः पहाड़ों पर ही रहने के आदी थे। ऐसे में तत्कालीन ब्रिटिश सरकार ने उन्हें पहाड़ियों से उतारकर मैदानी भागों में बसने और जंगल-झाड़ काटकर खेती-बाड़ी करने लायक जमीन तैयार करने का प्रलोभन दिया। प्रलोभन में यहाँ तक कहा गया कि

जंगल-झाड़ काटकर जितनी जमीन खेती-बाड़ी करने लायक वे तैयार करेंगे उतनी जमीन उन्हें बिना मालगुजारी के स्थायी रूप से बन्दोबस्त कर दी जायेगी। लेकिन स्वच्छन्द जीवन यापन करने वाले पहाड़िया ब्रिटिश सरकार के प्रलोभन में नहीं आये। तब कम्पनी सरकार ने वीरभूम, सांतभूम आदि क्षेत्रों में रहने वाले वीर साहसी और मेहनती संताल लोगों को यहाँ आकर बसने के लिए प्रोत्साहित किया। ब्रिटिश सरकार के प्रोत्साहन पर संताल लोग इस क्षेत्र में पहुँचकर बसने और जंगल-झाड़ काट-छाँटकर खेती-बारी करने लायक जमीन तैयार करने लगे।

ऐतिहासिक तथ्यों के अनुसार इस क्षेत्र में संतालों का प्रवेश सन् 1770 और 1810 की अवधि में बड़ी संख्या में हुआ। 1851 ई. तक इस क्षेत्र में उनके लगभग 1473 गाँव बस गये। इनकी कुल जनसंख्या 82,725 थी। धीरे-धीरे वे लोग अपने द्वारा तैयार की गयी जमीन पर खेती बाड़ी करना शुरू कर दिये। फिर उन दिनों बात यह हुई कि जहाँ पहाड़िया लोगों से कोई मालगुजारी नहीं ली जाती थी वहीं संताल लोगों से मालगुजारी वसूल की जाने लगी। बीघे-कट्ठे के हिसाब से वसूली जानेवाली कुल मालगुजारी जहाँ 1836-37 में रु. 2622 थी वहीं 1854-55 में बढ़कर रु. 58,033 हो गयी। उन्हीं दिनों राजमहल क्षेत्र में रेलवे लाइन बिछाने का काम जोरों से शुरू हुआ। जिसमें संताल मजदूरों को भारी संख्या में काम पर लगाया गया। काम के दौरान ब्रिटिश रेलवे अधिकारी और कार्यकर्ता उन संताल मजदूरों पर अत्याचार करने लगे। कुछ सूदखोर महाजन और जमीनदार भी उन गोरे साहबों से मिले थे। इसलिए उन संताल किसान मजदूरों पर हो रहे जुल्म में वो भी शामिल थे। जब उनका जुल्म और अत्याचार बढ़ने लगा तो किसान मजदूरों के भीतर विद्रोह पनपने लगा। परिणामतः साहेबगंज अन्तर्गत भोगनाडीह गाँव के सिदो-कान्हू और चाँद-भैरव नामक चार भाइयों के नेतृत्व में कम्पनी सरकार के विरुद्ध सन् 1855 में सशस्त्र क्रांति हुई जो आज संताल विद्रोह के नाम से जाना जाता है। इस विद्रोह में कम्पनी सरकार के ब्रिटिश पदाधिकारी ही नहीं, उसके समर्थक जमींदारों और सूदखोर महाजनों की धज्जियाँ उड़ गईं। तब 'संताल विद्रोह' नामक उस जन-क्रांति के बाद ब्रिटिश सरकार ने 1855 ई. के अधिनियम 37 के तहत 'दामिन-ई-कोह' तथा भागलपुर और वीरभूम जिले के कुछ भागों को लेकर संताल परगना नामक एक नये जिले का निर्माण कर दिया, जो नन-रेगुलेटेड एरिया के रूप में एक उपायुक्त के अधीन प्रशासित होता रहा और जिसका मुख्यालय दुमका रहता आया। तत्पश्चात् एक लम्बे समय के बाद स्वतंत्र भारत में 1983 ई. से संताल परगना को प्रमंडल का दर्जा मिला, जिसके अधीन आज दुमका, देवघर, साहेबगंज, गोड्डा, पाकुड़ और जामताड़ा नामक कुल छः जिले आते हैं। आदिवासियों की सुरक्षा के नाम पर किया गया नन-रेगुलेटेड एरिया सम्बन्धी अधिनियम अब भी यहाँ लागू है, जिसके प्रावधानों के अनुसार इस संभाग के खास-खास क्षेत्रों में जमीन का हस्तांतरण पूर्णतः वर्जित है।

जहाँ तक सवाल इस क्षेत्र की प्रमुख जनजाति संताल आदिवासी समाज और उसकी

संस्कृति का है, तो सामान्य तौर पर हम यह जानते हैं कि किसी भी जाति के लोगों के रहने का जो तरीका होता है, वही उसकी संस्कृति होती है। संताल जाति के लोगों के रहने का तरीका अन्य जाति के लोगों के रहने के तरीके से भिन्न है। जन्म से मृत्यु तक संताल समाज में जो संस्कार, रीति-रिवाज, पर्व-त्योहार, शादी-ब्याह, घर-द्वार, धर्म-कर्म, रहन-सहन, पहनावा-ओढ़ना, नृत्य-संगीत, कार्य-कलाप होते हैं वे अपने ही ढंग के होते हैं, जो संताल संस्कृति के विभिन्न अंग एवं उपकरण माने जाते हैं।

संताल संस्कृति को समग्रता से जानने-समझने के लिए सर्वप्रथम संताल जाति के उद्‌भव और विकास को जानना अत्यावश्यक है। संताल जाति की उत्पत्ति एवं विकास के सम्बन्ध में 'काराम बिनती' में एक लोकगीत प्रचलित है, जिसके अनुसार संताल समाज की मान्यता है कि हम लोग 'हिहिड़ी' में जन्मे, 'खोज कामान' में हम खोजे गए, 'हारता' में हम बढ़े अर्थात् हमारा विकास हुआ और 'सासाङ बेड़ा' में हमें जाति दी गयी। अपने पूर्वज यानि सृष्टि के पहले स्त्री-पुरुष के सम्बन्ध में इनकी धारणा है कि, हमारी उत्पत्ति 'पिलचू हाड़ाम' और 'पिलचू बूढ़ी' नामक एक आदि मानव दम्पत्ति से हुई। इस आदि मानव दम्पत्ति को लेकर संताल समुदाय में तरह-तरह के किस्से प्रचलित हैं। एक कथा के अनुसार 'पिलचू हाड़ाम' और 'पिलचू बूढ़ी' का जन्म हंस और हंसिनी पक्षी के दो अंडों से हुआ।

'काराम बिनती' एवं विद्वानों के मतानुसार 'हिहिड़ी-पिपिड़ी' भूमध्य सागर में स्थित सिसली है। फारसी भाषा में सिन्धु का हिन्द तथा कभी-कभी 'ल' ड़ में परिवर्तित हो जाने के कारण 'सिसली' हिहिड़ी है तथा पिपिड़ी सहचर शब्द हैं, लेकिन अन्य काराम बिनती गुरुओं एवं विद्वानों के मतानुसार 'पिपिड़ी' से पश्चिम का कोई स्थान है, जहाँ खुदाई में आष्ट्रिक जाति के लोगों के अवशेष मिले हैं। 'खोज कामान' का पता अब तक नहीं चल पाया है। 'हाराता' आरारात पर्वत है, जिससे फारसी के इतिहास में मनुष्य का मूला (क्रेडल) कहा गया है। 'सासाङ बेड़ा' लाल सागर की घाटी मानी जाती है। इस तरह संताल लोग जारपी देश, आयरे देश, कायड़े देश, चाय देश एवं चाम्पा देश तथा वहाँ से भारत के विभिन्न स्थानों जैसे सिखार, नागपुर, सांतभूम, संताल परगना आदि क्षेत्रों तक फैल गये। जारपी, फारस का एक हिस्सा है। 'आयरे देश', इरान है। कायड़े देश अफगानिस्तान का कंधार या गांधार है। चाम्पा देश वर्तमान पंजाब की सिन्धुघाटी का क्षेत्र समझा जाता है। सिखार, हजारीबाग है। नागपुर, मध्य प्रदेश का नागपुर तथा छोटा नागपुर है। सांतभूम, मिदनापुर का सिलदा है। इस तरह सांतभूम में रहने के कारण ये लोग सांवताल या 'संताल' कहलाये। आज संताल जनजाति का निवास झारखंड, उड़ीसा, बंगाल, बिहार, असम, बांग्लादेश और नेपाल में है।

संताल समुदाय की मान्यता के अनुसार पिलचू बूढ़ी और पिलचू हाड़ाम से सात बेटे और सात बेटियाँ, कुल चौदह संतानें हुईं। कालांतर में सातों बेटों को लेकर पिलचू हाड़ाम

'युरूवीर' चला गया और पिलचू बूढ़ी अपनी सातों बेटियों को लेकर 'सुड़कूवीर' चली गयी। सालों बाद जब सातों जवान लड़के और सातों जवान लड़कियाँ आपस में मिले तो उनकी लालसाएँ ज्वार भरने लगीं। परिणामतः इन सात जोड़ों के सम्मिलन से सात कुलों का विकास हुआ और उन्हीं से आगे चलकर पूरा संताल समाज बना, जो आगे चलकर 'होड़' कहलाये। संतालों के अनुसार उन्हीं सात कुलों से सात पारिस (गोत्र) बना, जो आज भी किस्कू, मुर्मू, मराण्डी, टुडू, हम्ब्रेम, सोरेन और हाँसदा के नाम से जाने जाते हैं। शेष अन्य पाँच पारिसों की उत्पत्ति समय बीतने के साथ हुई, जो बास्की, चौंड़े, पाँवरीया, बेसरा तथा बेदिया के नाम से जाने गये। चौंड़े गोत्र के संताल बहुत कम ही पाये जाते हैं जबकि बेदिया संताल लुप्त प्राय हो गये हैं। एक मान्यता के अनुसार कहा जाता है कि संताल समाज के इन गोत्रों का नाम पशु-पक्षियों तथा वनस्पतियों पर आधारित है। यही कारण है कि आज भी कुछ संताल, विशेष पशु-पक्षियों के माँस नहीं खाते हैं।

सामाजिक व्यवस्था : प्रत्येक संताली गाँव में आज भी एक परम्परागत सामाजिक व्यवस्था कायम है, जिसके तहत गाँव का प्रधान 'माँझी हाड़ाम' कहलाता है, जो गाँव का सबसे मुख्य व्यक्ति होता है और उसकी सहायता के लिए एक सहायक 'परानिक' होता है और 'परानिक' की सहायता के लिए 'गोड़ेत' होता है। 'गोड़ेत' का काम 'माँझी हाड़ाम' तथा 'परानिक' के विचारों और आदेशों को गाँव वालों तक पहुँचाना है। इस सामाजिक व्यवस्था में एक 'जोगमाँझी' और 'नाईकी' भी होता है। 'जोगमाँझी' गाँव के यौन सम्बन्धी परंपरागत नियमों के अनुसार गाँव के युवक, युवतियों तथा अन्य दम्पतियों के आचरण पर नजर एवं अंकुश रखता है। 'नाईकी' का काम गाँव में पूजा-पाठ तथा पर्व-त्योहारों में धार्मिक अनुष्ठान आयोजित करना है।

संतालों की सामाजिक-व्यवस्था में 'पारगाना' पद सबसे ऊपर होता है। 'पारगाना' पद कई गाँवों को मिलाकर बनता है। पारगाना, माँझी, परानिक तथा गोड़ते पद वंश परम्परा से होते हैं। संतालों की परम्परागत सामाजिक व्यवस्था क्रमशः टोला, माँझी, मापाझी, पारगाना, देश पारगाना एवं लोबिर में नायके द्वारा सम्पन्न होती है। 'लोबिर' अंतिम विचार व्यवस्था है। संताल समाज पितृसत्तात्मक है। पैतृिक सम्पत्ति का अधिकार पुरुष वर्ग का ही होता है। महिलाओं का अपने पिता की सम्पत्ति पर अधिकार नहीं होता।

आर्थिक व्यवस्था : संताल आदिवासी लोगों का मुख्य पेशा कृषि है। खेती-बाड़ी के साथ-साथ पशुपालन और मजदूरी भी करते हैं। ये लोग मुख्य रूप से धान की खेती करते हैं। संताल समाज व्यक्तिगत सम्पत्ति की जगह सामूहिक सम्पत्ति की अवधारणा पर विश्वास रखता है। जंगल के कंद-मूल, फल, जड़ी-बूटियाँ तथा स्थानीय संसाधनों से कुछ घरेलू उपयोग की वस्तुएँ बनाकर बेचना भी इनकी आय का स्रोत है। अपने रहने के लिए वे कच्चा मकान बनाते हैं, जिसकी दीवार मिट्टी की बनी होती है और ऊपर का छप्पर खपरैल तथा फूस का होता है। इनके घर की दीवारें बहुत चिकनी सुडौल और प्राकृतिक रंगों से

रंगी-पुती होती हैं जो मेहनत और सुरुचि संपन्नता की कथा कहती हैं। नीचे का फर्श भी समतल चिकना और साफ सुथरा होता है। साफ-सफाई के मामले में भी ये बहुत सजग होते हैं।

धार्मिक व्यवस्था : संताल लोग धर्म के मामले में बहुत सजग होते हैं। ये मूलतः प्रकृति के पूजक हैं, इनका मूल धर्म 'सरना' है। इनके देवी-देवता मारांग बुरू, जाहेर एरा, गोसाईं एरा, सिम बोंगा, गोराम बोंगा आदि हैं। जिनकी पूजा-अर्चना ये लोग एरोक हरियाड़, इड़ी, गुन्दली, नावाई, जान्थाड़, सोहराय, सकरात, माग, बाहा आदि पर्व-त्योहारों पर करते हैं। इनके धार्मिक स्थल माँझीथान, जाहेरथान, गोड़टाड़ी आदि कहलाते हैं। माँझीथान, गाँव के बीच में होता है। 'जाहेरथान' गाँव से बाहर जंगल या पेड़ों के झुरमुट के बीच स्थापित होता है। जहाँ पाँच पेड़ों का होना अनिवार्य है। इन पाँच पेड़ों में चार साल और एक महुआ का पेड़ होता है। तीन साल पेड़ों के नीचे एक-एक पत्थर होता है जो जाहेर एरा, मोड़े तुरुई एवं मारांग बुरू के नाम स्थापित होता है। चौथे साल पेड़ के नीचे का स्थापित पत्थर परगाना बोंगा तथा महुआ पेड़ के नीचे का पत्थर गोसांई एरा के नाम रहता है। गाँव की धार्मिक व्यवस्था नाईकी के जिम्मे होती है।

पर्व-त्योहार : संतालों में पर्व-त्योहार मनाने का तौर-तरीका भी बड़ा मनोरंजक और मनभावन है। उमंग, उल्लास और मौज-मस्ती से ओत-प्रोत इनके पर्व-त्योहार एवं उसके मनाने के विधि-विधान, जीवन जीने की कला की ओर संकेत करते हैं। सभ्य समाज ने जंगलों, पहाड़ों को उजाड़कर उन्हें बेघर और विस्थापित तो कर दिया, लेकिन पर्व-त्योहार को उनसे अलग नहीं कर पाये। आज भी सबसे अलग उनके पर्व-त्योहारों की एक विशिष्ट पहचान बरकरार है।

संतालों के पर्व-त्योहार, अवसर विशेष एवं माह पर निर्भर करते हैं। इन पर्व-त्योहारों से सम्बन्धित लोक गीत एवं नृत्य भी मौसम के अनुसार बदलते रहते हैं। इनके अनेक छोटे-बड़े पर्व-त्योहारों में सोहराय या बांदना, साकरात माघ, बाहा, एरोक, हारियाड़, जान्थाड़ और दसाई आदि प्रमुख हैं। अलग-अलग मौसम और महीने में मनाये जाने वाले इन सभी पर्व-त्योहारों की अपनी-अपनी विशेषता है, जो उनके जीवन चक्र में बड़े संतुलित और व्यावहारिक ढंग से जुड़ा है। इन तीज-त्योहारों में संताल समुदाय बाहरी दुनिया से एकदम बेखबर होकर अपनी समस्त गतिविधियाँ स्वयं में तथा अपने समुदाय में ही केन्द्रित करता है।

इन अवसरों पर पूरा समुदाय भोजन, मदिरा, नृत्य, संगीत, पूजा-पाठ और आमोद-प्रमोद में डूब जाता है।

जातीय संस्कार : जानाम छटियार, बापला और भाण्डान आदि इनके मुख्य जातीय संस्कार हैं। इसके अलावा चड़ी-संस्कार, कर्ण छेदन संस्कार, गोदना, सिखा संस्कार आदि कई छोटे-मोटे संस्कार भी होते हैं।

बच्चों के जन्म पर जातक का छट्ठी संस्कार है, जो लड़का होने पर पाँच दिन और लड़की होने पर तीन दिन में मनाया जाता है। इस बीच गाँव में छूतक रहता है, जिसमें कोई पर्व-त्योहार या अन्य धार्मिक कार्य नहीं मनाये जाते। चाचो छटियार, चूड़ाकरण संस्कार माना जा सकता है, जो एक प्रकार से जातक को समाज में सम्मिलित करने का संस्कार है। जिसका चाचो छटियार नहीं हुआ हो उसकी मृत्यु होने पर उसे जलाया नहीं जाता है। विवाह के पहले चाचो छटियार होना अनिवार्य है। 'बापला', विवाह संस्कार है और 'भाण्डान' मृत्यु-संस्कार। इन सारे संस्कारों का अपना अलग-अलग महत्व है। सबकी अपनी-अपनी विशेषताएँ हैं जो व्यक्ति के सर्वांगीण जीवन को प्रभावित करता है। इन संस्कारों के भी कई भेद, उपभेद हैं, जो व्यक्ति, समय, स्थान और परिस्थिति विशेष पर निर्भर करते हैं।

कुछ महत्वपूर्ण संस्कारों के कई रोचक पहलू भी हैं। जैसे जन्म संस्कार के तहत बच्चों के नामकरण में लड़का होने पर उसको उसके दादा का नाम दिया जाता है एवं लड़की होने पर दादी का। उसके बाद होने वाले लड़के को नाना और लड़की को नानी का नाम दिया जाता है। नामकरण संस्कार में नीम की पत्ती और चावल की खिचड़ी पकायी जाती है जिसे देवताओं को चढ़ाने के बाद गाँव के लोगों में बाँट दिया जाता है। नीम की खिचड़ी बनाने का अर्थ है कि जिस तरह नीम की पत्ती कड़वी होने के कारण, देर तक तिताई रहती है, उसी तरह लड़का या लड़की का नाम बहुत दिनों तक याद रहता है।

संतालों में विवाह संस्कार के भी कई रोचक और महत्वपूर्ण पहलू देखने को मिलते हैं। संतालों में विवाह को 'बापला' कहा जाता है। यह कुल बारह प्रकार के होते हैं।

(1) रायबार बपला (2) गोलांटी बपला (3) हीरोम चेतना बपला (4) ईतयूत बपला (5) जबाय किरिन बपला (6) मुन्डु और आगू बपला (7) नीर बीलोक् बपला (8) तुन्की बिपिल बपला (9) अपानगिर बपला (10) सहाय बपला (11) घर जवा्य बपला (12) घरदी जवा्य बपला।

लेकिन इनमें मुख्य रूप से सामाजिक मान्यता प्राप्त चार प्रकार के विवाह ही प्रचलित हैं। संताल समुदाय में एक गोत्र के अन्दर विवाह वर्जित है। यह नियम आज भी कठोरता पूर्वक लागू है। इसका उल्लंघन करने पर 'बिठलाहा' जैसे सामूहिक बहिष्कार दंड का विधान निर्धारित है।

संताल समुदाय में 'तलाक' का रिवाज है साथ ही 'पुनर्विवाह' का भी। तलाकशुदा या विधवा सहजता से 'पुनर्विवाह' कर सकते हैं।

संतालों में दहेज-प्रथा का चलन नहीं है। लड़के वाले ही लड़की को खोजते हैं और सिर्फ 12 रु. वधू शुल्क चुकाकर लड़की को लेते हैं। जिसको संताली में 'गोनोङ पोन' कहते हैं। 'विवाह' वधू की माँग में सिन्दूर दान से सम्पन्न होता है। वयस्क लड़के-लड़कियों का ही आपस में विवाह तय किया जाता है, इनमें बाल विवाह का रिवाज नहीं है।

संताल समाज में जब कोई मरता है तो दो तरह से उसका शव संस्कार किया जाता है। एक मृत शरीर को जलाकर और दूसरा दफनाकर। वर्तमान में दफनाने का प्रचलन ज्यादा देखा जाता है। चिता या कब्र उत्तर-दक्षिण बनाया जाता है। जिसमें मृतक का सिर दक्षिण दिशा में रखा जाता है। जलाने या दफनाने के क्रम में मृतक की निजी उपयोग में लाई जानेवाली वस्तुएँ उसे सौंप दी जाती हैं। मृतक का पहला उत्तराधिकारी उसके मुख में अग्नि तथा कब्र में मिट्टी देता है। फिर श्राद्ध कर्म भी आयोजित किये जाते हैं। जिसे 'भाण्डान' कहा जाता है। इस अवसर पर गाँव, समाज और रिश्तेदारों को बुलाया जाता है। भोज के दिन मृतक के नाम पर बलि दी जाती है। जोग माँझी एवं ग्रामीण हिहिड़ी-पिपिड़ी की कथा कहते हुए विनती करते हैं और अपने पूर्वज पिलचू हाड़ाम और पिलचू बूढ़ी के आकाश स्थित खटोला के पास पवित्र स्वर्ग में भेज देते हैं।

संताल समाज में कई तरह के अंधविश्वास आज भी व्याप्त हैं। इस समुदाय का विश्वास है कि सारी परेशानियों और बीमारियों की जड़ 'बोंगा' अर्थात 'देवता' है। जिसको प्रसन्न या शांत रखने का उपाय ओझा-गुरुओं के पास है। संतालों के अनुसार मुख्यतः दो तरह के 'बोंगा' होते हैं। पहला 'ओड़ाक् बोंगा' अर्थात घर का बोंगा और दूसरा 'बाहरे बोंगा' अर्थात घर के बाहर का बोंगा। 'बोंगा' से संताल समुदाय सदैव भयभीत रहता है, तथा इन्हें प्रसन्न रखने के लिए ओझा-गुरुओं के आदेश पर मुर्गा, बकरा, सूअर, हड़िया पोचई तथा अन्य संबधित वस्तुओं पर रुपये खर्च करने को तैयार रहता है।

इन अंधविश्वासों के तहत संताल समाज में कई चीजें वर्जित हैं, जिसमें खासकर महिलाओं के लिए बंधन ज्यादा हैं। इस समाज की मान्यता के अनुसार महिलाएँ हल नहीं छू सकतीं। छप्पर नहीं छार सकतीं। तीर-घनुष नहीं छू सकतीं। धार्मिक स्थलों में पूजा-पाठ नहीं कर सकतीं। किसी का बाल काट नहीं सकतीं और न ही जाहेर वृक्ष पर चढ़ या उसकी डालियाँ तोड़ सकती हैं। पुरुष के लिए भी कई कार्य-कलाप वर्जित हैं, जैसे गाँव की गली का जोतना, जाहेर वृक्ष को काटना, कच्चा चावल खाना और तेल के बर्तन को मिट्टी के ढक्कन से बन्द करना आदि। इसके अलावा और भी कई तरह की बंदिश और वर्जनाएँ हैं, जिसको लेकर संताल समाज की अपनी कुछ मान्यताएँ हैं।

इन अंधविश्वासों के दुष्परिणाम से जो सबसे महत्वपूर्ण और मुख्य मुद्दा उभरकर सामने आता है वह है, 'डायन प्रथा'। जिसका आतंक इन दिनों संताल परगना के चप्पे-चप्पे में फैला है। प्रतिमाह औसत 7-8 डायन हत्या की खबरें सुनने को मिल ही जाती हैं। इन वीभत्स 'डायन हत्याओं' के पीछे आज भी आदिवासी समुदाय में भूत, प्रेत, जादू-टोना, चुड़ैल आदि दुष्ट आत्माओं के अस्तित्व के प्रति गहरा तथा अटूट अंधविश्वास है, जिसका फायदा असामाजिक तत्वों द्वारा विधवा महिलाओं के जमीन-जायजाद हड़पने के लिए बड़े पैमाने पर हो रहा है।

रहन-सहन और खान-पान : संताल आदिवासी लोगों का रहन-सहन बड़ा साफ-सुथरा और सादा होता है। वे लोग बहुत भोले-भाले और सच्चे, ईमानदार तथा मेहनती होते हैं। इनमें सामूहिकता तथा परस्पर सहयोग की भावना होती है। ये लोग सभी को अपना 'पेड़ा' अर्थात मेहमान मानते हैं। घर आये मेहमानों का आवभगत तथा स्वागत करना इनका संस्कार है। अपने मेहमानों और रिश्तेदारों के प्रति इनके अभिवादन के तौर तरीके भी बहुत महत्वपूर्ण और अन्य समुदाय से भिन्न हैं। रिश्ते के अनुकूल अभिवादन के अलग-अलग तरीके हैं। यह तौर तरीके इतने स्पष्ट और पारदर्शी होते हैं कि कोई भी परिचित, संतालों के बीच सलाम करने के तौर-तरीके को देखकर बता सकता है, कि उनके बीच किस तरह का सम्बन्ध है।

संताल लोग सत्य के पुजारी होते हैं और अपने वचन के पक्के। सत्य बोलना धर्म समझते हैं। इसलिए सच-सच बोलने को ये लोग 'धर्म-धर्म' बोलना कहते हैं। ये लोग लोभी और लालची नहीं बल्कि संयमी और संतोषी होते हैं। अपनी आवश्यकताओं को ये लोग अनावश्यक रूप से नहीं बढ़ाते। जिन चीजों की जरूरत इन्हें होती है, उसी का वो संग्रह करते हैं, अन्य चीजों के संग्रह की प्रवृति इनमें नहीं होती। व्यक्तिगत की जगह सामूहिकता की भावना इनमें होती है, जिसमें प्रेम, सौहार्द, भाईचारे की भावना निहित होती है।

वैसे खान-पान के मामले में संताल आदिवासी लोग अन्य समुदाय से बहुत भिन्न नहीं होते। हाँ, कुछ स्तर पर इसमें विभिन्नताएँ देखी जाती हैं, जो उनकी जाति या स्थान विशेष पर आधारित होती हैं। इस समुदाय के लोगों का मुख्य भोजन चावल और प्रिय पेय पदार्थ 'हड़िया' एवं 'पोचई' होता है। ये लोग मछली-माँस खाने के भी प्रेमी होते हैं। मुर्गा, बकरी, सुअर तथा अन्य जीव-जन्तुओं के माँस का भक्षण भी वे लोग सहजता से करते हैं। कुछ पशु-पक्षियों का माँस खाना इस समुदाय में वर्जित होता है। इसके अलावा जंगल में कंदमूल, फल आदि भी इनके भोजन के अंग हैं। वैसे अन्य खाद्य पदार्थों के प्रति भी इनमें कोई अरुचि नहीं होती है, लेकिन सुबह, दोपहर, शाम या रात, 'चावल' इनके लिए प्रिय है। और 'हड़िया-पोचई' का तो कहना ही क्या? इसके बिना तो इस समुदाय में कोई भी काम सम्पन्न नहीं होता। चाहे पूजा-पाठ हो या पर्व-त्योहार या कि कोई पंचायत! पर्व-त्योहार या अन्य अवसर विशेष पर कुछ विशेष प्रकार के भोज्य पदार्थ एवं पर-पकवान आदि का उपभोग भी ये लोग बड़े उत्साह और चाव से करते हैं।

पहनावा-ओढ़वा (वस्त्र-आभूषण) : संताल समुदाय के लोग परंपरागत वस्त्र-आभूषण पहनते हैं। पुरुष वर्ग पांची-धुती, फुटा-धुती, गामछा-धुती तथा दाहड़ी या पगड़ी पहनते हैं। महिलाएँ साड़ी-पांड़हांड तथा बच्चे काछा एवं बेदेम पहनते हैं। वैसे इन दिनों ये लोग भी आधुनिक पोशाक ज्यादा पहनने लगे हैं। संताल युवतियाँ तथा महिलाएँ कांसे, पीतल, चाँदी तथा शंख से निर्मित आभूषण—गले में हँसुली एवं माला, हाथ में साकोन, बाजू, चुर, बाला, खागा, टोडोर आदि पहनती हैं। वे पाँवों में खाड़वा, पाँयड़ी, लिपुर, बाटरी तथा कानों

में पानकाठा, पागरा आदि तथा नाक में फुली, माकड़ी, लुलुक आदि पहनती हैं। संताल महिलाएँ अपने जूड़े को गोलाकार रूप में विशेष ढंग से बाँधती हैं, जिसे 'रोत' एवं 'सूत' कहते हैं। आदिवासियों में 'गोदना' का भी प्रचलन है। स्त्री-पुरुष दोनों, खासकर स्त्रियाँ अपने शरीर—हाथ, बाँह, सीना, गला इत्यादि अंगों पर 'गोदना' गोदवाती हैं, जो विभिन्न आभूषणों की आकृतियों का होता है। इस सम्बन्ध में इनकी मान्यता है कि मरने पर सब यहीं रह जाता है। शरीर पर गुदा 'गोदना' ही साथ जाता है।

भाषा-साहित्य : संताल जाति के लोगों की मुख्य भाषा 'संताली' है, जो इनकी मातृभाषा है। यह पूर्वी दीपपुंज की मोन-दमेर, निकोबर द्वीप की निकोबरी, श्रीलंका की बेद्दा, पूर्वोत्तर भारत की खासी आदि भाषाओं की सहोदरा मानी जाती है। भारत में मुंडारी, हो, खड़िया, कोरकू, कोरबा, बिरहोड़, जुआङ आदि संताली की सजातीय भाषाएँ हैं। इन सभी भाषाओं का आधुनिक नाम अन्तर्राष्ट्रीय क्षेत्र में 'ऑस्ट्रिक' है जो हिन्दी में 'आग्नेय' के रूप में जानी जाती है। आग्नेय भाषाएँ भारतीय आर्य भाषाओं या द्रविड़ भाषाओं से बिल्कुल भिन्न हैं। वैसे शब्दावलियों का आदान-प्रदान अवश्य होता आया है, परन्तु व्याकरण और संरचना में आग्नेय भाषाओं की जिनमें संताली भी है, अपनी अनेक विशेषताएँ हैं। यह मुख्यतः देवनागरी और रोमन लिपि में लिखी जाती हैं, बंगाल में बंगला में भी। इन दिनों इसके लिए 'ओलचिकी लिपि' विकसित की जा रही है जो अभी पूर्णतः विकसित नहीं हो पाई है। अब जहाँ तक संताली भाषा के साहित्य का सवाल है, तो निःसंदेह इसका साहित्य बहुत समृद्ध है। लेकिन विडंबना यह है कि इस भाषा में लिखित साहित्य का अभाव रहा है। इनका साहित्य, परम्परा से चले आ रहे लोकगीतों, लोककथाओं, लोकोक्तियों, पहेलियों आदि में सुरक्षित है, जो मौखिक रूप से पीढ़ी-दर-पीढ़ी स्वयं हस्तांतरित होती चली आ रही है। लेकिन अब संताली भाषा-साहित्य का तेजी से विकास हो रहा है। सरकारी, गैर सरकारी स्तर पर इसके लिए कुछ किया जा रहा है। जहाँ विश्वविद्यालय स्तर पर इसकी पढ़ाई हो रही है, वहीं आकाशवाणी और दूरदर्शन पर भी इससे सम्बन्धित कार्यक्रम प्रसारित किये जा रहे हैं। साथ ही भाषा-भाषी लोग जहाँ परम्परागत लोक-गीतों, लोक कथाओं का लिप्यांतरण कर रहे हैं वहीं कुछ साहित्यकार नये साहित्य सृजन में भी लगे हैं, जिसका स्वरूप परंपरागत साहित्य से भिन्न, समकालीन साहित्य की तरह देखा जा रहा है।

कला : कला के मामले में संताल आदिवासी समाज बहुत समृद्ध रहा है। इनके रहन-सहन, पहनावे-ओढ़ावे, नाच-गान तथा गृह-निर्माण और वस्तुशिल्प आदि में इनकी कलात्मक अभिरुचियों का पता चलता है। अध्ययन में सुविधा के दृष्टिकोण से इसे निम्नलिखित ढंग से वर्गीकृत कर देखा जा सकता है।

लोकगीत : जिस तरह संताल परगना की छाती पर फैले कठोर ग्रेनाइट पत्थरों वाली प्रागैतिहासिक राजमहल पर्वतमाला की ऊँचाइयों से 'मोती झरना' का प्रवाहित होना एक सत्य है, उसी तरह यहाँ के त्रासद-खुरदुरे-संघर्षमय श्रमसिक्त संताल आदिवासियों के जीवन

की गहराइयों से लोकगीतों और लोक-संगीत की निर्झरिणी का बहना दूसरा सत्य है। अपूर्व प्राकृतिक सम्पदा के बीच निवास करने वाले संतालों को गीत-संगीत विरासत में मिले हैं। तभी तो इनके बीच यह कहावत प्रचलित है कि 'रोड़ाक् गी राड़ाक्, ताड़माक् गी हिलावाक्' अर्थात हमारी वाणी ही संगीत है और हमारी चाल ही नृत्य।

संताल आदिवासियों के बीच अलग-अलग मौसम, पर्व-त्योहारों और अवसरों के लिए अलग-अलग गीतों के विधान हैं। गीत को संताली में 'सिरीञ' कहते हैं, जो कई प्रकार के होते हैं। दोङ, अर्थात विवाह गीतों के अतिरिक्त सोहराय, दुरुमजाक्, बाहा, लांगड़ें, रिजां मतवार, डान्टा और कराम, संताल परगना के प्रमुख लोकगीत हैं।

संताली लोकगीतों में संताल जीवन के विभिन्न पहलुओं के अलावा जहाँ एक ओर प्रकृति के विभिन्न उपादानों की सहज क्रियाओं के भाव मिलते हैं, वहीं दूसरी ओर अपने देवी-देवताओं के प्रति उनकी धार्मिक आस्थाएँ भी दिखती हैं। साथ ही वृक्ष, नदी, पहाड़, जंगल, पशु-पक्षी, सूर्य, चन्द्र, तारे इत्यादि की पूजा-अर्चना के दृष्टांत भी मिलते हैं। इतना ही नहीं संताली लोकगीतों में समयुगीन राजनीतिक परिस्थितियों की झलक भी मिलती है। संताल विद्रोह के समय गाये जाने वाले गीतों में इसका प्रमाण मिलता है, जो आज भी सुना जा सकता है।

'लय' लोकगीतों की आत्मा होती है। ग्रामीण जनता के हृदय से निःसृत सीधे-सादे शब्दों का संस्पर्श जब इस 'लय' तत्व से होता है, तब वे अद्वितीय सौन्दर्य से संयुक्त होकर असीम आनन्द की सृष्टि करते हैं। शुष्क और निरर्थक शब्द भी मधुर कंठ-स्वर की लहरों पर तैरता हुआ विलक्षण सरसता को प्राप्त करता है। ग्रामीण संताल जनजाति के स्त्री-पुरुषों में गीतों के 'लय' की अद्भुत क्षमता होती है, जो इस समुदाय के पर्व-त्योहार एवं शादी-विवाह के अवसरों पर शिद्दत से देखा-सुना जा सकता है।

संताली लोकगीतों के गायन में किसी पंक्ति विशेष की पुनरावृत्ति एक महत्वपूर्ण क्रिया है। साधरणतः गीत की प्रथम या द्वितीय पंक्ति की आवृत्ति की जाती है। प्रत्येक गीत में एक टेक पद होता है। गायक उन टेक-पदों की पुनरावृत्ति द्वारा श्रोताओं के अन्तःकरण में विशेष प्रभाव की उत्पत्ति कर देता है। पंक्तियों की पुनरावृत्ति से गीत में संगीत का सौन्दर्य बढ़ जाता है। सूक्ष्म विवेचना से यह भी पता चलता है कि कभी-कभी 'लय' तथा 'तुक' की व्यवस्था के लिए लोक गायक अनेक निरर्थक शब्दों का समावेश भी कर लेते हैं जो संभवतः संगीत की रक्षा के लिए होता है।

संताली लोकगीतों में मनोभावों की अभिव्यक्ति कथोपकथन के रूप में होती है। गीत की प्रथम पंक्ति में प्रश्न/उपमा और द्वितीय पंक्ति में उत्तर/विषय की योजना रहती है। इस प्रकार की प्रणाली से गीतों में जिज्ञासोत्पादक उत्कण्ठा का आविर्भाव होता है, जो श्रोता के लिए आनन्दकारी सिद्ध होता है।

एक और मुख्य विशेषता इन संताली गीतों में देखी जा सकती है। वह है—वस्तुओं,

सम्बन्धियों, आभूषणों आदि की दीर्घ परिगणना। जिससे विभिन्न प्रकार की वस्तुओं के समावेश के कारण क्षेत्रीय परिचय प्राप्त करना आसान हो जाता है। जिस क्षेत्र का गीत होगा, वहाँ की विख्यात वस्तुओं अथवा बहु प्रचलित सामग्रियों का समावेश उसमें होगा।

संताली लोकगीतों में स्वावलम्बन चेतना और खेती-बाड़ी के लिए परिश्रम की महत्ता :–

संताल आदिवासियों के बारे में एक आम धारणा प्रचलित है कि यह समुदाय अन्य समुदायों की अपेक्षा ज्यादा मेहनती होता है। खासकर आदिवासी स्त्रियाँ तो आदिवासी समुदाय की अर्थव्यवस्था की रीढ़ मानी जाती हैं। संताली जीवन और संस्कृति को बारीकी से देखें, परखें तो इस धारणा के पुख्ता प्रमाण भी मिलेंगे। वैसे भी इतिहास साक्षी है कि जंगल-पहाड़ों से आच्छादित संताल परगना की जमीन को तैयार करने में यहाँ के संताल आदिवासियों का बहुत बड़ा योगदान रहा है। उन्हीं की मेहनत और कठोर परिश्रम से यहाँ की जमीन तैयार हुई और जन-जीवन विकसित होकर आज यहाँ तक पहुँचा। उन्हीं लोगों ने यहाँ के घने जंगल और पहाड़ों को काट-छाँटकर खेती-बाड़ी व बसने लायक जमीन तैयार की, जहाँ से संताल परगना का स्वरूप उभरकर सामने आया। यही कारण है कि यह जनजाति अपनी कर्मठता, श्रमशीलता व ईमानदारी आदि गुणों के लिए पूरे देश में प्रसिद्ध रही है। आज भी यहाँ के त्रासद भरे खुरदुरे संघर्षमय जीवन में इनकी श्रमशीलता खासतौर से रेखांकित की जाती रही है। इतना ही नहीं एक बड़ी और महत्वपूर्ण बात यह भी है कि इस समुदाय में भीख माँगने की प्रथा नहीं है।

गौरतलब है कि जिस जाति समुदाय में भीख माँगने की प्रथा नहीं है वहाँ श्रम का कितना महत्व होगा। क्योंकि जो लोग अपनी मेहनत पर भरोसा करते हैं वह चाहे कितनी भी विकट परिस्थिति में क्यों न हों, भीख नहीं माँग सकते। यही बात संतालों के साथ लागू होती है। निःसंदेह संताल समुदाय के लोग बहुत मेहनती होते हैं, जैसा कि सर्वविदित है कि संताल आदिवासियों का सम्पूर्ण इतिहास उनके लोकगीतों व लोककथाओं में सुरक्षित है। अतः उनके मेहनती गुणों और परिश्रमी व्यक्तित्व को जानने-समझने के लिए पूरी तन्मयता से उनके लोकगीतों को सुनना-समझना होगा। चूँकि उनके लोकगीतों में उनके जीवन और संस्कृति के विविध रूप मौजूद हैं इसलिए सुख-दुख, हर्ष-विषाद, ईर्ष्या-द्वेष, आस्था, विश्वास और संघर्ष के स्वर तो सुनायी पड़ते ही हैं, दर्जनों गीत ऐसे भी हैं जिनमें स्वावलम्बन और खेती-बाड़ी का उत्पादन बढ़ाने के लिए कड़ी मेहनत करने का उपदेश एवं संदेश भी मिलता है। एक गीत देखिए–

"बेड़ा रे कासकोम एराबोन में,
बाबोन ताहेंना गान्दुर गापुर।
रिद ताबोनाञ, ताकोय ताबोनाञ

तेञ आबोन में भेरोम दापाल।''

इस गीत में पत्नी अपने पति से कहती है कि पहाड़ की तराई अर्थात घाटी वाली जमीन पर कपास उगाइये। हमलोग फटे-पुराने कपड़े नहीं पहनेंगे। कपास धुनकर, सूत काटकर, सूत से लज्जा निवारण के लिए कपड़ा बिनूंगी।

इसी तरह का एक और दूसरा लोकगीत—

''चास आबाद दिन दो से टे रेना,
बनुक्आ कोता बानुक् नुरिच नाराँङ।
किरिञ आबोन में नुरिच नाराँङ काडा,
चास आबोन में बुरु बेड़ा।''

इस गीत का तात्पर्य है कि खेती-बाड़ी के दिन नजदीक आ गये। हम लोगों के पास हल-बैल तो हैं नहीं। खेती कैसे करेंगे? इसलिए कोई इंतजाम कर जल्दी से हल-बैल और भैंसा खरीदो। हम लोग पहाड़ की तलहटी में खेती बाड़ी करेंगे। एक और गीत—

''दाड़गे रे कुम दो लावाबोन में,
रोहेयाबोन में मरिच बोगाङ।
पोय ता़बोन में पाटाव ताबोन में,
आरजाब ताबोन में आचेल पाचेल।''

इस गीत का अर्थ है—बाड़ी में हम लोगों के लिए कुआँ खोदो। वहाँ मरचाई और बैंगन लगाओ। उसे कोड़ो और सींचो। भरपूर फसल उपजाओ।

इस प्रकार देखिए तो उपयुक्त लोकगीतों से साफ संदेश मिलता है कि आत्म स्वावलम्बन की राह पर चलने के लिए स्वयं कड़ी मेहनत करो। आत्मनिर्भरता के लिए पर—निर्भर नहीं बनो, दूसरों का मुँह मत देखो। अपने प्राकृतिक संसाधनों जल, जंगल, जमीन, पहाड़ और जानवरों तथा अपने बाजुओं की ताकत पर भरोसा करो। आलस छोड़ो और काम में भिड़ जाओ। क्योंकि मेहनत से ही सबकुछ प्राप्त किया जा सकता है। जब हम मेहनत करेंगे तो भूख, गरीबी जैसी समस्याएँ पास नहीं फटकेंगी। और जैसे ही हम आलसी होंगे, ये समस्याएँ हमें धर दबोचेंगी। इसलिए आवश्यकता के अनुरूप अपनी हर संभव चीजों के लिए मेहनत करो।

चलते-चलते एक और गीत देखिए कि किस तरह यह समुदाय मेहनत करके अच्छे-अच्छे घर बनाना चाहता है और अपने घर गाँव को बाजार की तरह बसाना-चाहता है।

''ऐ बोचहा देला बोचहा,
दुपकू दुडू बिर बुन कुटाम टान्डी।
बेनाव आबोन बोचहा कार-धारा कापार-धारा।
जुतुम आबोन बोचहा शोहोर बाजार।''

इस गीत में कहा जा रहा है कि ऐ भाई! चलो। उबड़-खाबड़ जंगल-पहाड़ को काट-छाँटकर समतल भूमि बनायेंगे और उस पर बड़ा-बड़ा सुन्दर-सा घर बनायेंगे और उसका नाम शहर-बाजार रखेंगे। कहने का तात्पर्य यह है कि शहर-बाजार में रहने वालों की तरह वह भी अच्छा जीवन जीना चाहता है। और उसके लिए वह बड़ा-बड़ा-सा सुन्दर बनाना चाहता है। लेकिन यह सब वह खुद अपनी मेहनत से करना चाहता है। जिसके लिए वह अपने साथ-साथ दूसरों को भी मेहनत करने की प्रेरणा देता है।

इस प्रकार कुल मिलाकर देखें तो आदिवासी समाज की परम्परा में मेहनत पर काफी बल दिया है। लेकिन परिवर्तन के इस दौर में आदिवासी समाज के जीवन और संस्कृति में भी काफी बदलाव ला दिया। कुछ बदलाव तो इसके हित में है लेकिन कुछ बदलाव ऐसे भी हैं जिनसे इस समाज को काफी नुकसान है। उन्हीं बदलावों में से एक है मेहनत से जी चुराकर अन्य समुदाय की तरह विकास के लिए संक्षिप्त रास्ता अपनाना। यही मानसिकता आज इस समुदाय को धीरे-धीरे आलसी और निकम्मा बनाता जा रहा है। परिणामस्वरूप कल तक जी-तोड़ मेहनत करने वाला आदिवासी समाज आज चार दिन कमाता और दस दिन पी-खाकर ओघड़ाया रहता है। जिसकी मार महिलाओं पर पड़ रही है वे घर-गृहस्थी के बोझ से दिन-ब-दिन दबी जा रही हैं और पुरुष आलसी निकम्मा होता जा रहा है। हद की सीमा तो तब पार हो जाती है कि जिस समुदाय में भीख माँगने की प्रथा नहीं रही है वह समुदाय भी आज भिखारियों की भीड़ में दिख रहा है।

ऐसे में आज य लोकगीत पुनः संताल समाज के लिए अत्यंत प्रासंगिक एवं उपयोगी हो गये हैं क्योंकि आज आदिवासी समुदाय तथा अन्य गरीब वर्गों पर आधुनिक विकास नीतियों और योजनाओं का चौतरफा प्रहार प्रारंभ हो गया है। अतः अब अपने जल, जंगल, जमीन, परम्परागत बीज एवं अपनी संस्कृति की रक्षा करना अनिवार्य हो गया है। यह तभी संभव है जब अपना आलसी और निकम्मापन त्यागकर परम्परा के अनुकूल मेहनत को महत्व दे और संक्षिप्त रास्ते से विकास का मोह छोड़ दे।

लोकनृत्य : 'नृत्य' आदिवासी समुदाय के जीवन की धड़कन है। यह केवल मनोरंजन के लिए नहीं होते बल्कि जीवन को सुन्दर, सुखमय, व्यवस्थित और आनन्दायी बनाने के लिए भी होते हैं। अन्न तथा कर्म की तरह उनके जीवन में 'नृत्य' को महत्वपूर्ण स्थान प्राप्त है। संताल आदिवासियों में अनेक प्रकार के नृत्य प्रचलित हैं, जो स्थान, समय और अवसर विशेष पर अलग-अलग तरह के होते हैं। कुछ नृत्य ऐसे होते हैं जिसमें केवल पुरुष लोग ही भाग लेते हैं। जैसे : दासांय, रिंजा, डान्टा और बिर लांगड़ें के साथ-साथ नटुआ, मोर, भिन्सारी आदि। बाकी अन्य नृत्यों में स्त्री-पुरुष दोनों भाग लेते हैं। जैसे—सोहराय, दोङ, बाहा, गोलवारी, डाहार, मातवार, दुरुमजाक्, बोना-बुनी, होड़ो रोहोय, दाराम-दाक आदि। ये सारे नृत्य भिन्न-भिन्न अवसरों के लिए हैं एवं इनका लय, भाव-भंगिमा, आंगिक चेष्टा तथा गति-यति का प्रवाह भी भिन्न-भिन्न है। ये सारे सामूहिक नृत्य हैं, जो शादी-विवाह,

पर्व-त्योहार, धार्मिक पूजा-पाठ तथा फसल लगाने और काटने से लेकर शिकार करने आदि जैसे अवसरों पर किये जाते हैं। आदिवासियों के नृत्य केवल धार्मिक एवं सांस्कृतिक कर्म ही नहीं होते, बल्कि वे जीवन को रंगीन बनाने के लिए भी होते हैं। संताल आदिवासी लोग जीवन की जड़ता, खिन्नता दूर करने, चित्तवृतियों को उल्लसित करने तथा तन-मन की थकान मिटाने के लिए गीत-नृत्य का सहारा लेते हैं। गुण, समय और गीत आदि के आधार पर लोकनृत्य को सामान्यतः तीन तरह से विभाजित किया जा सकता है-- (1) शौर्य तथा वीर श्रीयुक्त नृत्य (2) धार्मिक स्वरूप के नृत्य (3) सामाजिक नृत्य। शौर्य तथा वीर श्रीयुक्त नृत्य के तहत वे नृत्य आते हैं, जिसमें युद्ध, शिकार तथा अन्य स्थिति में विजयी अर्थात् जीत का भाव परिलक्षित होता है। धार्मिक नृत्य के तहत वे नृत्य आते हैं, जो आदिवासियों द्वारा अपने धार्मिक स्थलों पर पूजा-पाठ के अवसर पर ईश्वर अथवा प्रेतआत्माओं को खुश करने के लिए किये जाते हैं। इस प्रकार के नृत्य में वृक्ष के चारों ओर वृत्त में खड़े होकर भी नृत्य किये जाते हैं। ऐसे नृत्यों के प्रति आदिवासियों की धारणा है कि वृक्ष उनकी मनोकामना पूर्ण करता है।

सामाजिक नृत्य के तहत वे सारे नृत्य आते हैं, जो आदिवासियों द्वारा शादी-विवाह, पर्व-त्योहार, मेला-जतरा तथा किसी के स्वागत एवं मौसम विशेष और कृषि कार्य आदि के समय किये जाते हैं।

वैसे आदिवासियों में नृत्य के लिए कोई विशेष समय निर्धारित नहीं होता, फिर भी प्रायः शाम और आधी रात, खासकर चाँदनी रात में देर तक नाचते देखे जाते हैं। स्थान को लेकर भी कोई विशेष बाध्यता नहीं होती, लेकिन व्यवहारिक तौर पर किसी का खुला आँगन या फिर 'कुली' अर्थात गाँव की सड़क के साथ-साथ खेत-खलिहान, चौपाल, मेला और जाहर तथा माँझी थान जैसे देवस्थल पर इनको नाचते-गाते देखा जा सकता है।

इनके नाचने की प्रक्रिया भी बड़ी सुन्दर और अनोखी है। सुर-ताल और लय के अनुकूल पैरों का उठना-गिरना, हाथ, कमर और सिर का हिलना-डुलना इनके नृत्य की अद्‌भुत विशेषता है, जिसमें अनुशासनबद्धता तो देखते ही बनती है। सबको एक दूसरे का रंगरूप दिखाई दे, तथा सबकी सहभागिता हो, इसलिए अधिकतर लोकनृत्यों में वृत्त या अर्धवृत्त बनाकर नाचने की परम्परा है। इन नृत्यों में एक तरफ महिलाएँ, अपने पारंपरिक पोशाकों में एक-दूसरे का हाथ पकड़कर पंक्तिबद्ध खड़ी होती हैं और दूसरी तरफ पुरुषों का दल परम्परागत वाद्ययंत्रों के साथ आमने-सामने होता है। पुरुष बाजा बजाते हैं और महिलाएँ गीत गा-गाकर उनके सुर-ताल पर नाचती हैं। नाचते-नाचते वे एक दिशा से दूसरी दिशा की ओर धीरे-धीरे घूमते जाते हैं। किसी-किसी नृत्य में पुरुष लोग एक-दूसरे के कंधे पर खड़े होकर अजीबो-गरीब करतब भी दिखलाते हैं, जिसमें उनका संतुलन देखते ही बनता है।

संतालों के मुख्य नृत्य-संगीत जो वर्षभर त्योहारों के आधार पर होते हैं, इस प्रकार

हैं–जनवरी (पूस माह) में बन्धना या सोहराय नृत्य, फरवरी (माघ माह) में माघी नृत्य, मार्च (फाल्गुन माह) में बाहा नृत्य, अप्रैल (चैत माह) में पता पोराब नृत्य, मई (बैसाख माह) में बोना बुनी यानि एरोंक् नृत्य, अगस्त (सावन माह) में धान रोपनी के समय, होड़ो रोहोय नृत्य-संगीत, सितम्बर (भाद्र माह) में गॉजोन, अक्टूबर (आश्विन माह) में दसांई नृत्य, नवम्बर (कार्तिक माह) में 'जन्थाड़ नृत्य' और दिसम्बर (अगहन माह) में करमा नृत्य। ध्यातव्य हो संतालों में सारे नृत्यों के नाम उनके पर्व-त्योहार के नाम पर ही रखे गये हैं। संताली में संगीत की धुन को 'रू' कहते हैं, जो मोटे तौर पर दो तरह के होते हैं, एक तीव्र गति की धुन और दूसरी धीमी गति की धुन। इन धुनों को अलग-अलग संगीत-नृत्य के आधार पर अलग-अलग ढंग से बजाया जाता है, जिसमें आरोह-अवरोह का पूरा-पूरा ख़्याल रखा जाता है।

नृत्य के समय पुरुष लोग जहाँ अपने पारंपरिक पोशाक में पांची, दहड़ी (पगड़ी) हरहरी, लुतूर, पंगरा, माला, कलंगा, मन्दोली, खागा, टोडोर, फुदना, पैंगान और घुंघरू आदि पहनते हैं, वहीं आदिवासी महिलाएँ पांची, पांड़हाँ, सीतापट्टी, सिकड़ी, सलोक, लुतूर मागरा, हँसली, माला, खागा, बाला, बॉकी, मन्दोली, मुन्दोम (हाथ-पैर की अंगुली के लिए), बाटरी, हरहरी, खण्डी एवं ब्लाऊज पहनती हैं। साथ ही साथ खोपा में स्थानीय फूल-पत्तियाँ भी खोंस लेती हैं।

नृत्य-संगीत के समय जिन पारंपरिक वाद्य-यंत्रों का उपयोग वे करते हैं, उनमें मांदल, नगाड़ा, ढोल, रहड़, बाँसुरी, निरियो, बनाम, रामसिंगा, मांदन-भेड़, कोरताल आदि प्रमुख हैं।

इनमें बहुत सारी चीजों का उपयोग अब इनके संगीत-नृत्य में देखने को नहीं मिलता। चाहे वह पारंपरिक पोशाक-आभूषण हो, या वाद्ययंत्र। आधुनिकता की अंधी दौड़ में अब इनके संगीत-नृत्य भी प्रभावित होने लगे हैं।

वाद्ययंत्र : गीत और नृत्य का गहरा सम्बन्ध संगीत से है और संगीत के लिए जरूरी है वाद्ययंत्र। संताल आदिवासी समाज द्वारा अपने विभिन्न सांस्कृतिक उत्सवों एवं पर्व-त्योहारों तथा शादी-विवाह आदि के अवसर पर उपयोग में लाये जाने वाले प्रमुख वाद्य यंत्र निम्नलिखित हैं–

- **ढोल (ढाक) :** यह लकड़ी का बना होता है। इसका आकार बेलननुमा और मोटा होता है। इसके दोनों सिरों पर पट्टी के सहारे चमड़े लगे होते हैं जो डोरी के माध्यम स्थिर कर दिए जाते हैं। जनजातीय लोग ढोल का उपयोग मुख्य रूप से करमा नृत्य एवं शादी-विवाह आदि के अवसर पर किया करते हैं। इसकी आवाज अन्य वाद्ययंत्रों से भिन्न होती है जो काफी ऊँची होने के कारण बहुत दूर तक जाती है।
- **मांदल (तुम्दाक्) :** मांदल आदिवासियों के सभी वाद्ययंत्रों में विशेष स्थान रखता है। यह प्रमुख वाद्य यंत्र है जिसका उपयोग प्रायः हर प्रकार के उत्सवों में किया जाता है। यह लम्बा गोलाकार तथा मोटा होता है, जो मिट्टी का बना होता है। इसके दोनों

छोर पर विशेष प्रकार की पट्टी के सहारे अच्छा किस्म का चमड़ा लगा होता है। साथ ही एक छोर से दूसरे छोर तक चमड़े अथवा धागे की डोरी द्वारा नियंत्रित रहता है जिससे मीठी एवं सुरीली आवाज निकलती है। 'मांदल' वाद्ययंत्र जनजातियों के नृत्य एवं संगीत के 'लय' और 'ताल' की मात्रा को व्यक्त करता है।

● **डीगा (टामाक)** : जनजातीय नृत्य-संगीत में जितना महत्व मांदल का है, उनता ही 'डीगा' अर्थात् टामाक् का। एक दूसरे के बिना ये अर्थहीन हो जाते हैं। यह प्रायः काठ अथवा लोहे का बना होता है, जो कढ़ाईनुमा होता है। इसके ऊपरी सिरे पर अच्छे किस्म का चमड़ा एक पट्टी के सहारे लगा होता है जो चमड़े अथवा धागे की डोरी के माध्यम से पूरी तरह कसा हुआ होता है। डीगा के माध्यम से जनजातीय नृत्य एवं गीत के ताल को व्यक्त किया जाता है।

● **बाँसुरी** : बाँसुरी आदिवासियों का सबसे प्यारा वाद्ययंत्र है। इसका आकार लम्बा और पतला होता है। इसमें कुल सात छिद्र होते हैं जिसमें एक छिद्र कुछ बड़ा होता है। इस छिद्र के द्वारा मुँह से होंठ के सहारे हवा भरकर आवाज निकाली जाती है। बाकी छह छिद्रों पर दोनों हाथों की तीन-तीन अंगुलियाँ रखकर निकली हुई ध्वनि को नियंत्रित किया जाता है। इस बाँस की बाँसुरी को प्रायः लाठी की तरह सुबह से शाम तक वे अपने पास रखते हैं। विपत्ति के समय यह संरक्षक का कार्य भी करता है और सुख के समय सुरीली आवाजों से मन को मधुर-अनुभूति का अनुभव भी कराता है।

● **मुरली** : मुरली भी आदिवासियों का एक प्रिय वाद्ययंत्र है। वैसे तो यह बाँसुरी की तरह ही होता है, लेकिन बाँसुरी और मुरली में थोड़ी भिन्नता होती है। इसकी आवाज बाँसुरी की अपेक्षा ज्यादा मधुर और सुरीली होती है।

● **सिंगाबाजा** (सिंगा): 'सिंगाबाजा' संतालों के वाद्ययंत्रों में एक महत्वपूर्ण स्वर यंत्र है। जिसका उपयोग विभिन्न प्रकार के उत्सवों पर किया जाता है। खासकर 'सिंगाबाजा' का उपयोग आदिवासी लोग शिकार तथा लड़ाई के अवसर पर करते हैं। जाहेरथान जैसे देवस्थलों पर इसका प्रयोग अवश्य किया जाता है। यह वाद्ययंत्र जानवरों के सींग (भैंस अथवा भैंसा) का बना होता है। आजकल यह प्रायः लोहे के पतले चदरे से बनाया जाता है, जो सींगनुमा ही होता है। 'सिंगाबाजा' की आवाज को आदिवासी लोग विजय का प्रतीक भी मानते हैं।

● **तुतरू बाजा (मान्दान भेड़)** : तुतरू बाजा लोहे के पतले चदरे का बना होता है। इसका एक छोर पतला और दूसरा छोर मोटा होता है। बीच में खोलनुमा छिद्र होता है। आदिवासी लोग इसका उपयोग शादी-विवाह के अवसरों पर अपने शुभचिन्तकों को सूचना या आमंत्रण देने के लिए करते हैं।

● **घुंघरू (झुनका)** : संताल आदिवासी नृत्य में घुंघरू का विशेष स्थान है। प्रायः प्रत्येक उत्सवों पर विशेष रूप से घुंघरू का उपयोग किया जाता है। संतालों में कई

नृत्य ऐसे होते हैं, जिनमें घुंघरू को मालानुमा बनाकर शरीर में धारण कर नृत्य किया जाता है जो काफी आकर्षक होता है। यह पीतल अथवा कसकूट का बना होता है। कुछ घुंघरू बड़े तथा कुछ छोटे आकार के होते हैं।

● **झाल (करताल) :** यह तस्तरीनुमा पीतल का बना होता है। इसके बीच में एक छोटा सा छिद्र होता है जिसमें डोरी लगी होती है। उसी डोरी को पकड़कर इसे बजाया जाता है। यह एक ही आकार-प्रकार का दो, यानि जोड़ा भर होता है, जिसे दोनों हाथों में लेकर आपस में मिलाते हुए बजाया जाता है। खासकर 'बाहा नृत्य' के अवसर पर इसका उपयोग ज्यादा देखने को मिलता है।

● **बनाम (एकतारा) :** यह भी एक प्रकार का वाद्ययंत्र है जिसका उपयोग आदिवासी लोग अपने विभिन्न नृत्य-संगीत में करते हैं। यह काठ का बना होता है। इसमें चार पहल होते हैं जो आयताकार होते हैं। इसके ऊपरी भाग पर काफी आकर्षक आकृतियाँ बनी होती हैं। इनमें दो तार लगे होते हैं, जिनको अंगुलियों के सहारे हिलाने-डुलाने से मधुर आवाज निकलती है। बनाम अर्थात् एकतारा के ऊपरी हिस्से पर कुछ महत्वपूर्ण और आकर्षक आकृतियाँ बनी होती हैं जो आदिवासियों के जीवन से संबंधित होती हैं।

● **बुआंग बाजा :** 'बुआंग बाजा' जनजातियों का अति प्राचीन वाद्ययंत्र है, जो अब प्रायः लुप्त-सा हो रहा है। इसकी बनावट बड़ी विचित्र होती है। सूखे कद्दू के खोल के अन्दर एक लाठीनुमा बाँस लगा होता है और उस बाँस में एक चमड़े का धागा कसकर लगा होता है। इसी धागे को धीरे-धीरे खींचने और छोड़ने पर कर्णप्रिय आवाज निकलती है। ऐसा प्रतीत होता है जैसे किसी के मुँह से बुआंग शब्द का उच्चारण किया जा रहा हो। इसका उपयोग आदिवासी लोकनृत्य के समय करते हैं।

इसके अलावा और भी कई प्रकार के छोटे-बड़े वाद्ययंत्र होते हैं, जिनका उपयोग आदिवासी लोग स्थान, समय और अवसर विशेष पर छिटपुट किया करते हैं। कुछ तो इस दौर में प्रायः लुप्त से हो गये हैं।

जादो पटिया चित्रकला : संताल आदिवासी चित्रकला में 'जादो पटिया' पेंटिंग का महत्वपूर्ण स्थान है। 'जादो पटिया' पेंटिंग मूल रूप से तीन अलग-अलग शब्दों का समायोजित रूप है। 'जादो' एक जाति जो चित्रकारी का काम करती है। पटिया-कागज, कपड़ा आदि का वह पट जिस पर यह चित्र बनाया जाता है और पेंटिंग अर्थात चित्रकला का मतलब रेखाओं तथा रंगों के माध्यम से की गयी चित्रकारी। इस प्रकार 'जादो पटिया पेंटिंग' का अर्थ कलाकार, उसका औजार और उसकी कला तीनों है। संताल परगना में 'जादो पटिया पेंटिंग' की पुरानी परम्परा है। यह संताल जनजाति की प्राचीन लोक चित्रकला शैली है, जो वंश परम्परा से एक जाति विशेष के लोक कलाकारों द्वारा पोषित तथा समाज में प्रतिष्ठा प्राप्त करती रही। आगे चलकर इसकी लोकप्रियता घटने लगी और यह लुप्त

होने लगी।

'जादो पटिया पेंटिंग' का मुख्य विषय परालौकिक है, जिसमें स्वर्ग-नर्क से संबंधित अनेक दृश्य अंकित होते हैं। साथ ही इसमें संतालों की उत्पत्ति, पर्व-त्योहार, लोकगाथा एवं इनसे संबंधित अनेक मिथकों को रूपांकित किया जाता है। खासकर 'काराम विनती' पर आधारित सृष्टि की उत्पत्ति एवं उसके विकास की कथा का एक लम्बा सीरीज तो देखते ही बनता है। प्राकृतिक रंगों एवं स्थानीय संसाधनों से बना यह चित्र एक विशेष प्रकार की पट्टिका पर अंकित होता है जिसे एक छोटे से डंडे में लपेटकर रखा जाता है और आवश्यकता पड़ने पर धीरे-धीरे रीलनुमा खोलकर दिखाया जाता है। वैसे जो भी हो इसका व्यवहारिक पक्ष बहुत महत्वपूर्ण होता है। विशेषकर सामाजिक संतुलन बनाये रखने में इसकी सार्थकता देखी-समझी जा सकती है। अच्छे आचरण की शिक्षा देने वाले लघुकथाओं के चित्रण की यह एक लम्बी और सुन्दर परम्परा रही है। कहा जाता है कि जादो पटिया 'जनजातीय नैतिक शिक्षा' का एक सशक्त माध्यम रहा है। बीच में इसके दुरूपयोग से इसकी लोकप्रियता घटती गई लेकिन इधर हाल के कुछ वर्षों से इस पर अच्छा काम हो रहा है।

भित्ति चित्र : चित्रकला के क्षेत्र में संताल आदिवासियों की अपनी एक विशिष्ट एवं समृद्ध परम्परा रही है, जिसकी अलग-अलग शैलियाँ हैं। उन्हीं में से एक 'भित्ति चित्र' भी है जिसका संताल समुदाय में अच्छा-खासा महत्व है। 'भित्ति चित्र' का सीधा अर्थ है दिवाल पर अंकित चित्र। संताल आदिवासी बस्तियों से होकर गुजरते हुए उनके घर की दीवारों पर उकेरे गये ऐसे चित्रों को देखा जा सकता है। उनके घर की दीवारें लाल गेरू, नीली, काली तथा सफेद मिट्टी से रंगी-पुती होती हैं, जो काफी आकर्षक तथा मनभावन होती हैं। इन दीवारों पर फूल-पत्ती के साथ-साथ पक्षियों और जानवरों आदि के भित्ति चित्र भी उभरे हुए दिखाई पड़ते हैं। इन भित्ति चित्रों में फूल-पत्तियों के साथ-साथ मुख्य रूप से हाथी, मोर, ऊँट आदि भी बने होते हैं जो काफी सजीव मालूम होते हैं। इनकी आकृतियाँ इतनी सरल और सीधी होती हैं कि उनमें इनका सरल स्वभाव स्पष्ट नजर आता है। इस प्रकार के भित्ति चित्र मुख्यतः मिट्टी एवं प्राकृतिक रंगों से रंगे जाते हैं। इसके बारे में ग्रामीणों से बात करने पर पता चला कि जनजातीय लोगों का निवास स्थान प्रायः जंगल, पहाड़, आदि क्षेत्रों में ही रहता आया है। इस क्रम में जिन-जिन जंगली जानवरों को देखने-समझने का मौका उन्हें मिला उनकी आकृतियाँ उनके मानस पटल पर अंकित होती गईं। जिसका उपयोग वे अपने घर की दीवारों पर भित्तिचित्र के रूप में करते हैं। इसके पीछे इनके जीवन से संबंधित कुछ महत्वपूर्ण और गूढ़ तत्व भी छिपे हैं। मोर पक्षी को आदिवासियों ने शांति और सौंदर्य के रूप में स्वीकार किया है। बरसात के दिनों में मोर का पंख फैलाकर नाचना देख आदिवासी आनंदित होते रहे हैं। यही कारण है कि आदिवासियों को 'मोर नृत्य' आज भी प्रिय है।

आदिवासियों को लेकर एक आम धारणा है कि ये लोग बहुत शांति प्रिय होते हैं। मेहनत, ईमानदारी और सच्चाई इनका प्रमुख गुण है। लेकिन इसका दूसरा और महत्वपूर्ण पक्ष यह भी है, कि इनमें हाथी की तरह अपार शक्ति भी छिपी होती है। जैसे—हाथी समय आने पर ही अपनी शक्ति प्रदर्शित करता है, ठीक उसी तरह आदिवासी भी समय आने पर अपनी शक्ति उजागर करते हैं, जिसका अप्रत्यक्ष संबंध उनके भित्ति चित्रों से माना जाता है।

ऊँट के संबंध में भ्रांतियाँ हैं कि आदिवासी लोग दीवारों पर ऊँट का चित्र क्यों उकेरते हैं? जबकि संताल परगना या छोटानागपुर में कहीं ऊँट नहीं पाये जाते। इसके पीछे प्राचीन इतिहास छिपा है। संतालों का इतिहास काफी पुराना है। कहा जाता है कि संताल लोग सबसे पहले पंजाब के चम्पागढ़ नामक स्थान पर रहा करते थे, जहाँ कई तरह की कठिनाइयों के कारण वह क्षेत्र उन्हें छोड़ना पड़ा। इस तरह जब वहाँ से ये लोग पूरब की ओर प्रस्थान कर भटकते हुए यहाँ पहुँचे, तो रास्ते में दुर्गम पहाड़ियों, जंगलों तथा रेगिस्तानों से होकर गुजरना पड़ा। संभव है रेगिस्तानों को पार करने में उन्होंने ऊँटों का सहारा लिया हो या उन्हें देखा हो, जिस कारण उनके मानस-पटल पर ऊँटों की अमिट छाप पड़ी हो, और उनके प्रति कृतज्ञ भाव प्रकट करने के लिए अपने भित्तिचित्र में उनको प्रमुख स्थान दिया हो।

वैसे भित्तिचित्र का प्रचलन काफी प्राचीनकाल से चला आ रहा है। जिसमें बुद्धलीला, कृष्णलीला, जातक कथाओं इत्यादि के विभिन्न विषय-वस्तु को लिया गया है। कहीं-कहीं भित्तिचित्र चूने-सुरखी के मिश्रण से भी तैयार किया जाता रहा है।

स्थापत्य कला : संथालों की स्थापत्य कला अपने आप में अनोखी है। इनके घर साफ सुथरे, सुंदर, व्यवस्थित और कलात्मक होते हैं। ये लोग प्रायः मिट्टी के घर बनाते हैं, जिनके छप्पर फूस या खपरैल के होते हैं। दीवारें इतनी चिकनी और सुडौल, मानो सीमेंट की बनी हों। घर के नीचे, चारों ओर लगभग दो फुट चौड़ी एवं 3 फुट ऊँची देहरी बनी होती है जो काले रंगों से लीपी-पुती होती है। ऊपर का छप्पर भी एक समान व्यवस्थित और ठोस होता है। घर के अंदर प्रवेश के लिए एक ही तरफ दरवाजे होते हैं, जो मुख्य सड़क की ओर न होकर पीछे की ओर होते हैं। सड़क यानी कुली के तरफ मुख्यद्वार नहीं होता है। मुख्यद्वार लकड़ी के बने होते हैं। जिन पर कुछ आकर्षक कलाकृतियाँ होती हैं। दीवारों पर 'भित्तिचित्र' अवश्य होते हैं जो फूल-पत्तियों के अतिरिक्त विभिन्न पक्षियों और जानवरों के होते हैं। इनके घरों में खिड़कियाँ नहीं होती हैं, बल्कि दीवार के ऊपरी छोर पर कहीं-कहीं बड़े छिद्र होते हैं। इनके घर प्रायः समूह में होते हैं। अधिकतर घर चौतरफा आकृति लिए होते हैं। यानि चारों तरफ से छोटे-बड़े अनेक कमरे और बीच में खुला-सा बड़ा आँगन होता है। नीचे का फर्श भी बहुत चिकना और समतल होता है। सामान रखने के लिए कहीं-कहीं ताखे भी होते हैं। ये लोग अपने पालतु पशुओं जैसे—गाय, बैल, बकरी, सूअर,

मुर्गी आदि के भी घर बनाते हैं जो छोटे-छोटे सुंदर और व्यवस्थित होते हैं। घर की रंगाई-पुताई के लिए प्राकृतिक रंगों जैसे लाल गेरुये, नीली, काली तथा सफेद मिट्टी का उपयोग करते हैं। काला रंग, गोबर और जले हुए पुआल से बनता है। इनकी बस्तियों से होकर गुजरते हुए इनके गृह निर्माण कला तथा उसमें सन्निहित उनकी रुचि, कल्पनाशीलता, मेहनत और स्वच्छता का अंदाजा लगाया जा सकता है।

हस्तकला : हस्तकला के मामले में भी संताल आदिवासी समुदाय बहुत सिद्धहस्त होते हैं। घरेलू उपयोग में आने वाली बहुत सारी वस्तुओं का निर्माण वे खुद करते हैं। कुछ ऐसी वस्तुएँ भी वे सरलता से बना लेते हैं जो किसी जाति विशेष के पेशे से जुड़ा होता है।

ये लोग मुख्य रूप से दोना, पत्तल, चटाई, झाड़ू, पंखा, तीर-धनुष, बाँसुरी, मछली पकड़ने के जाल या सैयरा और रस्सी इत्यादि बनाते हैं। इनके द्वारा बनाया गया 'बरसाती' जिसे 'घोघी' या 'पतरो' भी कहते हैं, काफी सुन्दर और आकर्षक होता है। इनके द्वारा बनाया गया बाँस का छाता भी देखने लायक होता है। ये लोग अनाज रखने के लिए खोंचर भी बनाते हैं जो पुवाल के मोटे-रस्से से लपेटकर बनाया जाता है। ये लोग लकड़ी से अपने घर के दरवाजे, चौखट ही नहीं, पालकी, काठ के बक्से और कठपुतली भी बनाते थे, जो अब लुप्त प्रायः हो गया है। अभी भी खेती के लिए हल, जुआट, अरगोम (चौकी), सागर, करहा (गड्ढा में मिट्टी भरकर समतल करने के लिए), झाबा (मिट्टी उठाने के लिए एक प्रकार का डलिया) आदि ये लोग खुद बनाते हैं।

इसके अलावा बनाम (सारंगी की तरह का एक बाजा), तुरही, मुरली आदि भी बनाते हैं। कुछ लोग ताड़ या खजूर के पत्ते का चूड़ी, बाला, अँगूठी भी बनाते देखे गये हैं। ये लोग तीर रखने का तरकश, गुलेल, चूहा फँसाने के लिए 'गुड्डु पानी' आदि भी बनाते हैं।

इस तरह और भी अनेक छोटी-बड़ी घरेलू वस्तुएँ हैं, जो आवश्यकता पड़ने पर वे लोग स्थानीय संसाधनों से बना लेते हैं। उन वस्तुओं को बारीकी से देखने-समझने पर उनकी उस सिद्धहस्त कारीगरी का पता चलता है, जो सदियों से परंपरा में वे लोग पीढ़ी दर पीढ़ी करते आ रहे हैं।

उपर्युक्त तथ्यों के आधार पर कहा जा सकता है कि संताल संस्कृति भारत की प्राचीनतम संस्कृति है। यह भारतीय संस्कृति का अभिन्न अंग है, जो अपनी विशिष्ट परंपराओं के कारण काफी समृद्ध रहा है। यह समाज जहाँ अपनी कर्मठता, श्रमशीलता और ईमानदारी तथा शांतिप्रियता के लिए बहुत प्रसिद्ध रहा है, वहीं इसकी परंपरागत सामाजिक एवं धार्मिक व्यवस्था बहुत सशक्त और सुव्यवस्थित रही है। हाँ, आर्थिक मामले में यह समाज थोड़ा पिछड़ा और कमजोर जरूर रहा है, लेकिन कला-संस्कृति के मामले में इस समाज की अपनी एक विशिष्ट पहचान रही है, जो अन्य जाति-वर्ग समुदाय के लोगों के लिए आकर्षण का केन्द्र रहा है। इधर आधुनिकता की अंधी दौड़ में पाश्चात्य संस्कृति के अतिक्रमण से, इनकी संस्कृति के स्वरूप में थोड़ी विकृति ज़रूर आई है और अन्य

समाज की तरह इस समाज में भी कई विसंगतियाँ मौजूद हैं। बावजूद इसके संताल आदिवासी समाज की संस्कृति में कई महत्वपूर्ण एवं उल्लेखनीय पहलू ऐसे हैं जो तथाकथित सभ्य समाज के लिए अनुकरणीय हैं।

संदर्भ

1. संताल परगना गजेटिया
2. होड़ संवाद
3. हिजला मेला स्मारिका
4. संताल जीवन और संस्कृति (पुस्तक)
5. युद्धरत आम आदमी, अदिवासी खंड-2
6. दुमका दर्पण का स्वतंत्रता विशेषांक
7. दैनिक जागरण का पहल अंक

इसके अलावा बासुदेव बेसरा, बाबूलाल मुर्मू आदिवासी, महादेव मरांडी, नरेश मरांडी, मुन्नी मुर्मू, ललित मोहन राय और उमाशंकर पंडित आदि संबंधित व्यक्तियों से प्राप्त जानकारी के आधार पर।

●

जनमत शोध संस्थान
पुराना दुमका केपटपाड़ा, दुमका (झारखंड) पिन-814101

भोजपुरी लोककथा : भारतीय लोकसंस्कृति की जीवन्त थाती

भगवती प्रसाद द्विवेदी

श्रमशील समाज में लोकसाहित्य मेहनतकशों, कृषकों व मजदूरों को केन्द्र में रखकर रचा जाता रहा और शिष्ट साहित्य प्रबुद्ध समाज में। मगर 'लोक' से उपजे लोग जब अपनी जड़ों को भूलने लगे और स्वयं को 'शिष्ट-विशिष्ट' के विभूषणों से अलंकृत करने लगे, तब 'लोक' का लोप होता गया। फलतः अधिकांश लोक-साहित्य के रचयिताओं ने अपना नाम गुप्त रखा और यह परम्परा चल निकली। मगर लोकभाषा के अमर कवियों—कबीर, तुलसी आदि के काव्य की जन-जन में व्यापकता को निरखकर शिष्ट समाज की बोलती बन्द हो गयी। भोजपुरी के भिखारी ठाकुर, श्रमशील समाज के रचनाकार थे जिन्होंने खुद को छिपाया नहीं, बल्कि कबीर की तरह ही डंके की चोट पर कहा कि वह अक्षर-ज्ञान से अधिक कुछ भी लिखना-पढ़ना नहीं जानते। मगर आज उनकी कृतियों की गूँज न सिर्फ भोजपुरी भाषी क्षेत्र में, वरन् पूरे उत्तर भारत में जन-जन की जुबान पर है।

लोक साहित्य शुद्ध रूप से मौखिक या वाचिक परम्परा में पीढ़ी-दर-पीढ़ी आगे बढ़ता रहा है। सर्वप्रथम इसको किसी ने रचा होगा ज़रूर और लोक-मित्रों के अपेक्षित संशोधनों के बाद इसे लोक-स्वीकृति मिली होगी तथा समय-सन्दर्भ के मद्देनजर छोटे-मोटे

परिवर्तनों-परिवर्धनों के साथ लोक-साहित्य की वह रचना समूह की रचना होकर फैलती-पसरती चली गयी होगी।

भारत के विभिन्न अंचलों और विश्व के कई देशों में बोलने वालों की अच्छी-खासी तादाद रखने वाली लोकभाषा भोजपुरी में लोककथा की मौखिक परम्परा सदियों से चली आ रही है। लोक-साहित्य के अध्येता डॉ. रसिकबिहारी ओझा 'निर्भीक' ने 'भोजपुरी नीति-कथा' की भूमिका में लिखा है—'मेरे विचार से लोककथा मानव-मन की अनुभूति और मस्तिष्क की सर्जना है। इनमें दिलचस्पी और उत्सुकता बरकरार रखने की अद्भुत क्षमता होती है। लोक-साहित्य में इनकी अपनी खासियत है। यह लोककथा जीवन के हर एक क्षेत्र को छूती, नाना ढंग और व्यापक रूप से हमारे सामने आती है। इनकी परम्परा मौखिक ही है।'

भोजपुरी में कथा को 'कहनी' कहा जाता है जो कथन का पर्याय है। हर लोककथा को सोद्देश्य होना भले ही अनिवार्य न हो, पर इनमें भोजपुरी संस्कृति की झांकी तो मिलती ही है। इन कथाओं के पात्र एक तरफ राजा-रानी, भूत-प्रेत, परियाँ और विभिन्न जाति-सम्प्रदाय के लोग, तो दूसरी ओर पशु-पक्षी, पेड़-पौधे, नदी-नाले, चाँद-सूर्य यानी पूरी प्रकृति हुआ करती है। 'एक थे राजा' (एगो रहले राजा) से शुरू हुई कथा में राजा की चाटुकारिता नहीं मिलती, वरन भटके हुए बादशाह को सही राह पर लाने और दंडित करने की कथा होती है। अधिकांश कथाएँ सुखान्त होती हैं और कहीं-कहीं जहाँ कथा का अंत होता है, वहीं सोच की प्रक्रिया भी शुरू होती है। कहीं-कहीं तो कथा की आखिरी पंक्ति ही होती है—'कथा गइल वन में, सोचऽ अपना मन में!'

तुकबंदी लोककथा की रोचकता में चार चाँद लगा देती है। किसी-किसी कथा में लोकगीत की संदर्भित पंक्तियाँ बार-बार दोहराई जाती हैं और वे सुनने वालों को सहज ही कंठस्थ हो जाती हैं। कथा-सरित सागर, वृहत कथामंजरी, पंचतंत्र, हितोपदेश, जातक कथाएँ, सिंहासन-बत्तीसी, बैताल पचीसी आदि लिपिबद्ध कथाओं की परम्परा में ये लोककथाएँ इस मायने में भिन्न हैं कि सीधी-सादे गँवई नर-नारी के मुँह से निकल कर सांस्कृतिक विरासत को अक्षुण्ण रखने में काफी हद तक कामयाब रही हैं।

लोककथा का इतिहास उतना ही पुराना है, जितना मनुष्य का। संभवतः आदिकाल से ही ये कही-सुनी जाती रही होंगी और इनके मार्फत मानव की आशा-निराशा, जय-पराजय, सुख-दुख, जिजीविषा, परदुखकातरता, कल्पनाशीलता आदि की कथात्मक अभिव्यक्ति होती रही होगी। डॉ. 'निर्भीक' के शब्दों में—'लोककथा में मानव मन का सुकोम्ल इतिहास अंकित रहता है। आदमी ने जो कुछ किया, इसका लेखा-जोखा तो इतिहास में आ जाता है, लेकिन अपने मन के मानसरोवर के तट पर उसने जो कुछ सोचा-सुना, रंगीन और मधुर कल्पनाएँ कीं और सुन्दर सपने संजोये, इनका विवरण लोककथा में या लोक-साहित्य की दूसरी विधा—लोकगीत, लोकोक्ति वगैरह में संजोए गये हैं। इतिहास आदमी के बाहरी

कारनामों का दस्तावेज है, तो लोक-साहित्य उसके भीतरी मन का मानचित्र। सदियों से ये लोककथाएँ मानव का मनोरंजन करती आ रही हैं। इनमें कुछ भी असंभव नहीं होता। इनमें बाघ और सांप की यारी होती है, पंछी संदेश पहुँचाते हैं और जरूरत पड़ने पर दीवार भी बोलने लगती है। इच्छा होते ही आदमी सात समुन्दर पार लांघ जाता है, घनघोर जंगल एक ही कुलांच में फांद जाता है, धरती के नवों खंड की परिक्रमा कर लेता है और किसी टापू पर रहने वाली सुन्दर युवती से शादी रचा लेता है। थकान मिटाने और समय बिताने के क्षण में लोककथा हम सबका मनोरंजन करती है और घोर निराशा के क्षण में अमिट आसरा का संचार करती है। यह लोककथा सामाजिक धरोहर है।'

डॉ. कृष्णदेव उपाध्याय ने 'लोक-साहित्य की भूमिका' में भोजपुरी लोककथाओं को आधार बनाकर लोककथा को छह भागों में बांटा है--उपदेशात्मक कथा, व्रतकथा, प्रेमकथा, मनोरंजक कथा, सामाजिक कथा और पौराणिक कथा। उपदेशात्मक कथा के अन्तर्गत नीतिपरक कथाएँ आती हैं जिनमें दृष्टांतों के माध्यम से सीख दी गयी है। भोजपुरी क्षेत्र के व्रत-त्योहारों में पिड़िया, जिउतिया, बहुरा, गोधन, अनंतचतुर्दशी, सत्यनारायण आदि की कथाएँ आती हैं। प्रेम, मनोरंजन और सामाजिक संदर्भों से जुड़ी कथाओं का तो विशाल भंडार है। पौराणिक कथा के तहत विष्णु, शिव-पार्वती, श्रवण कुमार आदि से जुड़ी कथाएँ रखी जा सकती हैं। इनके अलावा ऐतिहासिक व पारंपरिक कथाएँ भी आती हैं, जिनमें भरथरी, गोपीचंद, विक्रमादित्य, सोरठी, विजयमल, लोरकी आदि की कथाएँ रखी जा सकती हैं।

भोजपुरी लोककथा की कुछ रूढ़ियाँ भी लोकप्रिय रही हैं। पशुओं में सियार, लोमड़ी, चिड़ियों में कौआ और मानव में नाई, भूमिहार की चालाकी इन कथाओं में देखने को मिलती है। ब्राह्मण की गरीबी, यादवों की मूर्खता (भोलेपन) की कथाएँ भी भरी पड़ी हैं। किसी दानव के द्वारा मानव-पुत्री का अपहरण, परी की किसी राजकुमार से सशर्त शादी, मगर शर्त टूटते ही स्वर्गारोहण, हर कथा का सुखद अंत।

लोककथा और आधुनिक कहानी में मूलभूत फर्क सिर्फ मौखिक परम्परा और लिपिबद्धता का ही नहीं होता। हर लोककथा सोद्देश्य ही हो, यह आवश्यक नहीं होता, जबकि कहानी की उद्देश्यपरकता असंदिग्ध हुआ करती है। लोककथा कभी भाग्यवादी दृष्टिकोण पर, तो कभी हैरतअंगेज कारनामों पर आधारित होती है, मगर कहानी यथार्थ की खुरदुरी जमीन पर अपने पाँव जमाती है। एक में राजा-रानी, भूत-प्रेत, परी, पशु-पक्षी, सूर्य-चाँद आदि पात्र के रूप में मौजूद रहते हैं, तो दूसरी में संघर्षशील स्त्री-पुरुष और बच्चे। लोककथा में कथानक की प्रधानता होती है और इसका कोई निश्चित ढांचा या शिल्प नहीं होता, जबकि कहानी के लिए यह आवश्यक शर्त है। लोककथा में घटनाओं की भरमार होती है, जबकि कहानी में भाव व विचारों की प्रधानता होती है। यह जरूरी नहीं है कि कहानी सुखांत हो। मगर यह सच है कि आज की कहानी की जननी है लोककथा।

लोककथा कथा-कहन की कला से लैस होती है और इसकी प्रभावोत्पादकता कथा कहने वाले की शैली पर निर्भर रहती है। इसमें कुदरत का मानवीकरण देखते ही बनता है। कथानक ऐसा तरतीबवार होता है कि एक बार सुन लेने पर ही कथा कंठस्थ हो जाती है। लोककथा इसीलिए कही जाती रही है कि उसे एक कान से सुनकर दूसरे कान से उड़ा देने के बजाय उस पर कान दिया जाय और 'सोचें अपने मन में' से चिन्तन की प्रक्रिया आरम्भ कर सबक लिया जाये। लोककथाओं का सुखद अंत मंगलकामनाओं से ओतप्रोत हुआ करता है और बुरे कर्म की सजा के साथ ही हृदय-परिवर्तन तथा दुश्मनों के सुख-सम्पन्नता की भी कामना इसकी खासियत होती है। मनोवैज्ञानिक चित्र उकेरने वाली लोककथाएँ सामाजिक, सांस्कृतिक, आध्यात्मिक, नैतिक, दार्शनिक व आर्थिक पक्षों को भी बखूबी उजागर करती हैं तथा इस बाजारवादी अर्थलोलुपता, स्वार्थान्धता के दौर में जनसामान्य की भलाई का संदेश देती हैं।

पहले लोककथाएँ अलाव के इर्द-गिर्द बैठकर, खेत-खलिहान, बाग-बगीचों की रखवाली करते हुए, जांता चलाते हुए, खेतों में रोपनी-सोहनी-कटनी करते हुए, रात में बच्चों को सुलाते हुए निश्चिन्त होकर कही-सुनी जाती थीं। तब न तो शिक्षा का प्रचार-प्रसार था, न जीवन की आपाधापी, और न भागदौड़ तथा मनोरंजन के लिए इतने अधिक संचार माध्यम ही। आज किसे फुरसत है कहने और सुनने की? अतः अधिकांश लोककथा कहने वाली पीढ़ियाँ गुजर गयीं और उनके साथ ही मर-बिला गयीं अस्सी फीसदी लोककथाएँ भी। अब भी यदि इन्हें संकलित न किया गया तो लोक-साहित्य की यह विरासत हम सदा-सदा के लिए गंवा बैठेंगे।

इस दिशा में भोजपुरी में छोटे स्तर पर ही सही, कुछ काम हुआ है जिसकी चर्चा करना मैं अपना दायित्व समझता हूँ। भोजपुरी अकादमी, पटना ने डॉ. रसिक बिहारी ओझा 'निर्भीक' की 'भोजपुरी नीति-कथा' सन् 1983 में प्रकाशित की थी। इसके पूर्व श्रीमती रामदुलारी की 'एगो राजा रहले' और श्रीमती सुशीला पांडेय की 'बेलवन्ती रानी' शीर्षक लोककथा की पुस्तिकाएँ भोजपुरी संस्थान, पटना ने प्रकाशित की थीं। इस क्रम में राबर्ट्सगंज (सोनभद्र) से प्रकाशित डॉ. अर्जुन दास केसरी की पुस्तिका 'एगो रहले राजा' भी गौरतलब है, जिसमें भोजपुरी की कुछ लोककथाएँ हिन्दी अनुवाद के साथ संग्रहित हैं। मगर ये प्रयास नाकाफी हैं। हाँ, 'निर्भीक' जी और स्व. परमेश्वर दूबे 'शाहाबादी' द्वारा संकलित लगभग दो हजार लोककथाओं का संग्रह विश्व भोजपुरी सम्मेलन द्वारा प्रकाशित होने वाला है। अगर यह प्रकाशन संभव हो पाए तो यह एक बड़ी उपलब्धि होगी। इस सिलसिले में प्रकाशन विभाग से प्रकाशित डॉ. राजेन्द्र परदेशी की पुस्तिका 'भोजपुरी लोककथाएँ' भी द्रष्टव्य है।

इन पंक्तियों के लेखक ने भी 'भोजपुरी अंचल की लोककथाएँ' शीर्षक से इस अंचल की लोककथाओं को संकलित किया है जो मध्यप्रदेश आदिवासी लोककला परिषद से शीघ्र

प्रकाश्य है। संकलित लोककथाओं के चयन में यह सतर्कता बरती गयी है कि भोजपुरी अंचल की वैसी लोककथाएँ प्रस्तुत की जाएँ जिनका व्यापक जनाधार हो, साथ ही कुछ ठोस मकसद भी हो। फलतः जातीय दुर्भावना, धर्मोन्माद और अश्लील भावबोध वाली रचनाओं से परहेज किया गया है और उन्हें हिन्दी में प्रस्तुत करने के पीछे भी यह लक्ष्य रहा है कि उनकी पहुँच व्यापक पाठक वर्ग तक हो और बच्चे से बूढ़े तक भोजपुरी अंचल की जीवटता, जद्दोजहद, सुख-दुख, परदुखकातरता, सांस्कृतिक बोध से उन कथाओं के माध्यम से रूबरू हो सकें। अपनी विरासत को पहचानने की विनम्र पहलकदमी भर हैं ऐसी कोशिशें।

अब बतौर बानगी प्रस्तुत हैं चंद लोककथाओं के कथानक। एक मशहूर लोककथा है 'हक की लड़ाई', जिसमें एक छोटी-सी चिड़िया की जीवटता और संघर्षशीलता देखते ही बनती है। बड़ी मेहनत-मशक्कत से भूखी गौरैया को दाल का एक दाना मिलता है, पर ज्योंही वह एक खूंटे पर बैठकर खाने की तैयारी करती है कि दाल का वह टुकड़ा खूंटे के अन्दर चला जाता है। गौरेया फुर्र से उड़कर जा पहुँचती है बढ़ई के पास। हाथ जोड़कर कहती है—बढ़ई दादा! उस खूंटे को चीर दो, जिसमें दाल का मेरा एक दाना अटका हुआ है। उसके बिना मैं क्या खाऊँ और क्या लेकर अपने बच्चों के पास जाऊँ?

बढ़ई-बढ़ई! खूंटा चीरऽ,
खूंटा में मोर दाल बा,
का खाईं का पीहीं,
का ले परदेस जाईं?

मगर बूढ़े बढ़ई को गौरेया पर ज़रा भी दया नहीं आती। वह डांटकर भगा देता है—

हुंह! भला एक दाल के लिए मैं खूंटा चीरने जाऊँ?

इस बढ़ई की ऐसी मजाल! इसे राजा से कहकर दंडित करवाना ही होगा। गौरेया राजा के दरबार में जाकर गुहार लगाती है—

राजा, राजा तू
बढ़ई डाड़ ऽ,
बढ़ई ना खूंटा चीरे,
खूंटा में मोर दाल बा,
का खाईं, का पीहीं
का ले परदेस जाईं?

मगर राजा बढ़ई को दंडित करने से साफ इन्कार कर देता है। अगर बढ़ई अपनी मरजी से खूंटा नहीं चीरना चाहता तो जोर जबरदस्ती कैसे कर सकता है वह? दंडित करने का तो सवाल ही नहीं उठता। गुस्से से लाल-पीली गौरेया राजा को डंसवाने के लिए सांप के पास जाती है और कहती है—

सांप, सांप तू राजा डंसऽ,
राजा ना बढ़ई डाड़े
बढ़ई ना खूंटा चीरे,
खूंटा में मोर दाल बा,
का खाईं, का पीहीं
का ले परदेस जाईं?

सांप के मना कर देने पर सांप को मारने के लिए लाठी के पास जा पहुँचती है—

लाठी, लाठी तू सांप मारऽ,
सांप ना राजा डंसे
राजा न बढ़ई डाड़े
बढ़ई ना खूंटा चीरे
खूंटा में मोर दाल बा,
का खाईं, का पीहीं,
का ले परदेस जाईं?

फिर लाठी के ध्यान न देने पर उसे जलाने के लिए आग के पास जा पहुंती है—

आग, आग तू लाठी जारऽ,
लाठी न सांप मारे,
सांप ना राजा डंसे
राजा न बढ़ई डाड़े
बढ़ई ना खूंटा चीरे
खूंटा में मोर दाल बा,
का खाईं, का पीहीं,
का ले परदेस जाईं?

आग उसकी आपबीती सुन, उस नन्हीं-सी जान की बहादुरी पर फूली नहीं समाती और उसकी मदद के लिए चल पड़ती है। ज्योंही लाठी की, गौरेया के साथ आग पर नजर पड़ती है, वह थर-थर कांपती हुई सांप को मारने के लिए तैयार हो जाती है—

हमको जारो, ओरो जन कोई,
हम सांप मारब, लोई।

फिर तो लाठी को देखते ही सांप राजा को डंसने के लिए—

हमको मारो, ओरो जन कोई,
हम राजा डंसबे लोई,

सांप पर नजर पढ़ते ही राजा बढ़ई को दंडित करने के लिए—

हमको डाड़ो ओड़ो जन कोई

हम खूंटा चीरब लोई

और दंडित होने के भय से बढ़ई खूंटा चीरने के लिए चल पड़ता है। पर खूंटा अपने-आप फट जाता है, यह कहते हुए—

हमको चीरो-उरो मत कोई,
हम अपने से फाटब लोई!

अंततः खूंटा फटता है, गौरैया को दाल का दाना वापिस मिल जाता है। सभी उसके साहस की तारीफें करते हैं, मगर गौरैया मुस्कराकर कहती है—'अपने वाजिब हक के लिए निडर होकर लड़ने वाले को सफलता ज़रूर मिलती है।'

कठिन परिस्थितियों में किसी को देखकर उसकी हर सम्भव मदद करना ही प्रत्येक जीवधारी का दायित्व होना चाहिए। ऐसी ही परदुखकातरता से लैस एक लोककथा है 'चिड़िया और चींटी', जिसमें नदी के किनारे पेड़ पर बैठी हुई चिड़िया ने जब देखा कि नदी की लहर एक चींटी को बहाए जा रही है, तो वह यह सोचकर बेचैन हो गयी कि थोड़ी देर में ही चींटी बेचारी मर जाएगी। चोंच से पेड़ का एक पत्ता तोड़कर पानी की ऊपरी सतह पर उसने चींटी के आगे गिरा दिया। तत्काल चींटी पत्ते पर चढ़ गयी और पत्ता बहता हुआ नदी के किनारे जा लगा। जमीन पर पहुँचकर चींटी ने मन-ही-मन चिड़िया को धन्यवाद दिया। तभी अचानक चींटी ने देखा कि एक आदमी बन्दूक में गोली भरकर उसी चिड़िया पर निशाना साधने जा रहा है। दौड़ती हुई चींटी उसके हाथ पर पहुँचकर लगी जोर-जोर से काटने। शिकारी का हाथ हिलने से निशाना चूक गया। गोली की आवाज सुनते ही चिड़िया फुर्र से उड़ गयी। चींटी अपना काम निपटाकर तुरंत जमीन पर पहुँच चुकी थी। उसे चिड़िया की जान बचाने की बेहद खुशी थी।

एक लोककथा है 'चिरैया बाबा' की, जिसमें बाबा बीवी की साड़ी खरीदने के पैसे लगाकर बहेलिए के जाल में क़ैद आदमी, हंस, कौवे और बाघ को मुक्त कराते हैं। एहसान के बोझ से दबे पशु-पक्षी जहाँ बाबा की हरसम्भव सहायता करने को तत्पर रहते हैं, वहीं आदमी अपने मुक्तिदाता को ही मुसीबत में डाल देता है। आखिरकार पशु-पक्षी उसे उबारते हैं और बाबा को बाग-बगीचे, पशु-पक्षी से बेहद लगाव हो जाता है।

'सोने का गुच्छा' एक ऐसी लोककथा है, जिसमें धन का लोभ ब्राह्मण, क्षत्रिय, वैश्य, शूद्र—चार दोस्तों को एक दूसरे की जान का दुश्मन बना देता है और अंततः चारों को ही अपनी जान से हाथ धोना पड़ता है।

एक बड़ी रोचक लोककथा है 'चूहे की चतुराई', जिसमें खुद को बहुत चालाक समझनेवाला चूहा जंगल से लकड़ी लाकर उसके एवज में बहुत कुछ हासिल करते हुए एक लड़की को पाने में कामयाब हो जाता है और वह लड़की उसकी मौत का कारण भी बनती है। इसका सार-तत्व यह है कि अपनों से अलग होने और खुद को ज्यादा चालाक समझने वालों का बहुत बुरा हश्र होता है। पूरी कथा सरस तुकबंदियों से भरी हुई है।

लड़की हासिल करने के लिए वह लकड़ी से पगड़ी तक की पूरी कथा कह सुनाता है। फिर शरमाकर कहता है—'क्या मैं एक लड़की से भी गया-गुजरा हूँ।'

'वन गइलीं, वन-काठी ले अइलीं,
ऊ काठी हम व्यापारी के दिहलीं,
व्यापारी एगो लिट्टी दिहलस
ऊ लिट्टी हम कानू के दिहलीं,
कानू हमके दाना दिहलस
ऊ दाना हम कोंहरा के दिहलीं,
कोंहरा एगो घूँचा दिहलस
ऊ घूँचा हम ग्वाला के दिहलीं,
ग्वाला एगो पगड़ी दिहलस
ऊ पगड़ी हम तहनी के दिहलीं,
ए मूस, ए मूस, जा ना!
का हम एगो लइकियो से गइलीं?'

सभ्यता जहाँ हमारे रहन-सहन, वेशभूषा, जीवन-स्तर और बाहरी विकास को संचालित करती है, वहीं संस्कृति हमें पीढ़ी-दर-पीढ़ी परम्परा से संपोषित होकर संस्कारवान बनाती है और अंतर्मन के सुख-दुख, संवेदनशीलता, दया, करुणा, नैतिकता समेत सभी जीवन-मूल्यों को अभिनव आयाम देती है। आज के वैश्वीकरण व बाजारवाद के गलाकाट दौर में, जब आस-आसरा की कौन कहे, सपने तक मरते जा रहे हैं, हमें मनुष्यता की कसौटी पर कसकर सांस्कृतिक बोध का अहसास कराने वाली जीवंत लोककथाओं की बहुत जरूरत है। इस सन्दर्भ में डॉ. रोज केरकेट्टा की पंक्तियाँ गौरतलब हैं—'लोककथाओं में सांस्कृतिक समन्वय की ताकत सबसे अधिक है। संसार भर में जो भी आदान-प्रदान, जिस ढंग से इसके सहारे हुआ है, उसको जानना जरूरी है, क्योंकि लोककथाओं में संस्कृति के अवशेष छिपे हुए हैं। इन छिपे तत्वों को खोजकर आधुनिक जनजीवन में इनके योगदान को पहचानने की कोशिश करनी है। इन तत्वों की लोकप्रियता की वजह जाने बगैर संस्कृति की सही जानकारी सम्भव नहीं है। लोककथाओं के मुख्य तत्व जिन्दगी के प्रमुख मनोभाव सुख-दुख, आशा-निराशा, काम-लोभ, ईर्ष्या हैं। इन्हें सही दिशा की ओर मोड़कर संसार का कल्याण इनका मकसद है। इससे निराशा आशा में बदलती है, हानि लाभ में तब्दील हो जाती है। सबसे बड़ी बात होती है पात्रों का अदम्य उल्लास। इसी उल्लास के सहारे जिन्दगी के घात-प्रतिघात से लड़ते-भिड़ते पात्र आगे बढ़ते हैं। यह आगे बढ़ना ही इन लोगों की उपलब्धि होती है....कहा जा सकता है कि संस्कृति और लोककथाओं के बीच एक अदृश्य मजबूत सूत्र-धागा हमेशा मौजूद रहता है।'

आज जरूरत इस बात की है कि भारतीय लोकसंस्कृति की इस जीवंत थाती, लोक-साहित्य की सर्वाधिक लोकप्रिय विधा लोककथा की अस्मिता को बचाने और लिपिबद्ध कर विशाल पाठक वर्ग तक पहुँचाने की। ताकि संचार माध्यमों के खतरों से उन्हें उबारा जा सके। अगर ऐसा नहीं हो पाया तो लोककथा सुनने वाली पीढ़ी के पूरी तरह गुजर जाने के बाद यह धरोहर सदा-सदा के लिए मिट जाएगी।

●

कमरा नं. 204, टेलीफोन भवन, आर-ब्लॉक,
पोस्ट बॉक्स नं 115, पटना-800001 (बिहार)

पंडवानी कथा गायन का बदलता स्वरूप

डॉ. पी.सी. लाल यादव

छत्तीसगढ़ की वसुंधरा प्राकृतिक सौन्दर्य, धन-धान्य और खनिज संपदाओं से जितना परिपूर्ण है, उससे भी अधिक यहाँ का लोक मानस सांस्कृतिक दृष्टि से सम्पन्न है। चाहे वे लोकगीत हों, लोककथाएँ हों या लोकगाथाएँ, इनमें यहाँ का लोक जीवन नाचता-गाता है। यहाँ की लोकगाथाओं में पंडवानी गायन की प्रमुखता है।

पंडवानी गायन का प्रारंभ भगवद् भक्ति की दृष्टि से भजन के रूप में हुआ। क्रमशः विकास की ओर अग्रसर होती यह गायन परम्परा आज शीर्ष पर है। पंडवानी महाभारत का लोक रूप है, जिसमें स्थानीय लोक मान्यताओं और लोक विश्वासों के अनुरूप कथाओं की बहुलता है। यह छत्तीसगढ़ का लोक महाकाव्य है, जो वाचिक परम्परा द्वारा आज भी लोककंठों में विराजमान है। पांडवों की कथा होने के कारण इसका नाम पंडवानी पड़ा। पंडवानी गायन की दो शैलियाँ हैं। (1) कापालिक शैली और (2) वेदमती शैली। कापालिक शैली की कथाएँ कपोल कल्पित होती हैं। पूरी तरह दंत कथाएँ। यह पंडवानी गायन का प्राचीन स्वरूप है जो लगभग विलुप्त हो रहा है। वेदमती शैली की कथाएँ शास्त्र सम्मत होती हैं। इस शैली के कथा गायक व गायिकाएँ श्री सबल सिंह चौहान

कृत महाभारत के आधार पर कथाओं का गायन करते हैं। पंडवानी कथा गायन की परम्परा में समय के साथ परिष्कार और परिवर्तन ने उसके स्वरूप को निखारा है। उसे कला जगत में स्थापित किया है। यह लोक की बड़ी उपलब्धि है।

परिवर्तन एक सहज प्रक्रिया है। मूर्त-अमूर्त वस्तुओं में परिवर्तन का प्रभाव स्वाभाविक रूप से दृष्टिगोचर होता है। मनुष्य के जीवन में उसके आचार-विचार, रहन-सहन और सामान्य-व्यवहार में यह साफ-साफ परिलक्षित होता है। मूर्त वस्तुओं में परिवर्तन की अनुभूति शीघ्र हो जाती है, किन्तु अमूर्त वस्तुओं की परिवर्तन प्रक्रिया और उसके परिवर्तित स्वरूप का अनुभव काफी देर बाद होता है। परिवर्तन समय सापेक्ष है। "परिवर्तन, समय की माँग तथा युगीन धारा के अनिवार्य तत्व हैं। प्रकृति स्वयं में परिवर्तनशील है। परिवर्तन ही जीवन की नीरसता को सरसता में बदलता है।"[1]

परिवर्तन के इस दौर में हमारा लोक साहित्य भी अप्रभावित नहीं है। यदि यह कहा जाय कि लोक साहित्य परिवर्तन प्रक्रिया से प्रभावित ही नहीं बल्कि लुप्तप्राय हो रहा है तो अनर्थ न होगा। आज लोक साहित्य के जानने-समझने वालों की संख्या दिनों-दिन क्षीण होती जा रही है। मजे की बात तो यह है कि "आधुनिकता और परम्परागृतता परस्पर विरोधी तो नहीं किन्तु चोंच लड़ाने से दोनों बाज नहीं आते। जब आधुनिकता का नशा चढ़ता है तो फैलता हुआ कितना आगे बढ़ जायेगा, कहना कठिन है। ऐसे में परम्परावादी, रूढ़िवादी कहे जाते हैं और परम्परा उनके लिए अजायबघर का पसरा हुआ सुस्त कछुआ रह जाती है या फिर आधुनिक कक्ष का एक शो-पीस। दूसरी ओर आधुनिकता अंतर्राष्ट्रीयतावाद के कौशल और प्रयोग की भूल-भुलैया में खो जाती है।"[2] आधुनिकता के जबरदस्त प्रभाव के कारण जहाँ हमारे लोक साहित्य, लोक संस्कृति और लोककला केवल प्रदर्शन की वस्तु रह गये हैं, वहीं कतिपय आधुनिक लोग इसका व्यवसायीकरण कर रहे हैं। "इस दुर्घटना का एक कारण यह भी है कि जब एक राष्ट्र में शिक्षा का प्रसार होने लगता है तो वह अपने मौखिक साहित्य का अनादर करने लगता है, हम अपने मौखिक साहित्य को अपनाने में लज्जा का अनुभव करते हैं और इस प्रकार प्रगतिवान संस्कृति आश्चर्यजनक ढंग से मौखिक साहित्य को नष्ट कर डालती है।"[3]

ददरिया छत्तीसगढ़ का लोकप्रिय गीत है। इसमें छत्तीसगढ़ी लोक-जीवन का युगानुरूप चित्रण होता है। जब गांधी टोपी का चलन था। बड़े नेता से लेकर जनता तक सभी टोपी धारण करते थे—ददरिया में इसका चित्रण देखिए—

पाहर-परबत दिखे ल हरियर।
टोपी वाला नई दिखे बदे हवं नरियर।।

निसन्देह 'टोपी वाला' का आशय यहाँ उन्हीं लोगों से है जो आजादी के लिए लड़ रहे थे। समय बदला, परिस्थितियाँ बदली और परिवर्तन की इस प्रक्रिया में ददरिया का स्वरूप भी बदला। 'टोपी वाला' की जगह 'साइकिल वाला' प्रयुक्त होने लगा—

पाहर-परबत दिखै ल हरियर।
साइकिल वाला नई दिखे बदे हवं नरियर।।

तब साइकिल का प्रचलन गाँवों तक पहुँच गया था। लेकिन वर्तमान में अब 'मोटर वाला' इस ददरिया में सुनाई पड़ता है। यह समय के अनुरूप परिवर्तन की ही प्रक्रिया है। परिवर्तन के इस क्रम में हमारे लोकगीतों के साथ-साथ लोककथाएँ और लोकगाथाएँ भी प्रभावित हुईं। लोकगाथाओं की गायन शैली ही नहीं अपितु कथन का स्वरूप भी बदला। लोकसाहित्य की आधार-भूमि पर साहित्य का सृजन हुआ। इसलिए किंचित कथानक और चरित्र में भी परिवर्तन की आंशिक झलक मिलती है। इसका कारण युगीन परिस्थितियाँ भी हो सकती हैं। पंडवानी, परिवर्तन की इस प्रक्रिया से अप्रभावित, परे है, ऐसा दावा कदापि नहीं किया जा सकता।

पंडवानी कथा गायन का प्रारंभ भजन के रूप में हुआ। इसका उल्लेख पूर्व में किया जा चुका है। स्वांतः सुखाय गान की यह परम्परा आज व्यावसायिकता से मुक्त नहीं है। जब कोई वस्तु या कला व्यावसायिकता की परिधि में आ जाती है, तब वह उपभोक्तावाद के कारण उपभोक्ता की अभिरुचि और माँग के अनुरूप ढाल दी जाती है। "प्रक्रिया और प्रस्तुतीकरण में समयानुसार परिवर्तन होंगे। उदाहरण के लिए छत्तीसगढ़ी नाचा का रूप बदल रहा है। चंदैनी की प्रस्तुतीकरण सोलो न रहकर ग्रुप में होता जा रहा है। लोक कलाकारों की मंडलियाँ नाचा में फिल्मी प्रभाव पैदा करने की कोशिश करने लगी हैं। पारम्परिक हास्य प्रणाली या मुद्राएँ बदलती जा रही हैं। इस तरह का परिवर्तन चिन्ता का विषय हो सकता है। अपने अत्यंत यशवंत कलारूप को खोना संस्कृति के लिए हानिप्रद है। नाचा अपने मूल रूप में हास्य-व्यंग्य के माध्यम से गंभीर सामाजिक समस्याओं को भी सामने रखता था। कलाकारों की सामाजिक चेतना कलारूप में आसपास के जीवन यथार्थ को व्यक्त कर देती थी। जब कोई उसे कला रूप में देखता है तो अपने लोकनाट्य के प्रति उसका चिंतित होना स्वाभाविक है, पर लोक मंडलियाँ अपने जरूरतों के अनुसार परिवर्तित कर रही हैं और उसके दर्शक-समूह भी अब उसकी रुचि के हैं जो उन्हें देख रहे हैं।[4]" दरअसल इस बदलाव का प्रमुख कारण दर्शकों की रुचि ही है। यदि कलाकार अपनी प्रस्तुतीकरण में बदलाव नहीं लाता तो स्वाभाविक है दर्शक उसे स्वीकार नहीं करेंगे और दर्शक-दीर्घा की यह अस्वीकृति उसे सहज स्वीकार्य नहीं होगी।

पंडवानी गायन एक व्यक्ति से प्रारंभ हुआ जो भजनहा कहलाया और फिर भजनहा के सहयोग के लिए सहयोगी की आवश्यकता हुई जो 'रागी' कहलाया। तब पंडवानी, पंडवानी ही थी, पांडव की गाथा। परन्तु अब पांडवों की गाथा होकर भी पंडवानी, पंडवानी नहीं, अब महाभारत कहलाती है। कोई भी पंडवानी कथागायक अपने आपको महाभारत गायक कहलाना ज्यादा सम्मानजनक समझता है। यह उनके द्वारा गायन के समय मंच पर लगाये जाने वाले 'बैनर' से प्रदर्शित होता है। बाकायदा उसमें लिखा रहता है अमुक

महाभारत पार्टी। पंडवानी का महाभारत हो जाना ही अपने आप में बड़ा परिवर्तन है।

पंडवानी में जब दो ही कलाकार थे तब पूर्णतया मौखिक परम्परा का निर्वाह होता था। चूँकि पंडवानी गायक का शहरी परिवेश से सम्बन्ध नहीं के बराबर होता था, इसलिए उसकी भाषा-शैली पूरी तरह अपनी थी। भाषा में मिट्टी की गंध समाहित रहती थी। एक बानगी प्रस्तुत है—

'तेखर बर सगा बर खोजे बर भाई।
गिंजरत हववं पिरथी में ग भाई।
दुनिया-दुनिया में घुमंत हवं भाई
कोनों बर नई मिलय ग भाई
ये ले न कागज तहूँ बाँच ले न भाई
कागज देखावय भीमसन का भाई
चेहरा-रूप ल बाँचत हवय भाई
मेछा अँईठत हवय बेटा कोतमा के भाई
वाह...वाह कैना मूँगा कहे भाई
भईया नकुल बर मैं शादी करवं भाई
तरी डाहर कागज फेर बाँचत हवय भाई
जेन जेठ भाई के दरसनी देहै भाई
ओखर अढ़ई घूंट खून पिहंव कहे भाई
ओखरे मांग सेंदूर कस भरवं कहे भाई
जेला जब सुने भीमसेन ह भाई
भले मरि जाबो एक भाई रे भाई
नई छोड़वँ मूंगा सेन्दूरागढ़ ल भाई
पाँच झन बेटा माता कोतमा के भाई
एक झन मरबो गढ़ सेंदूरा में भाई
बिना भाँवर पारे नई छोड़वं भाई
अरे-अरे धावन तैं सुनि लेबे भाई
रोक लियेवें कागज गढ़ सेंदूरा के भाई। [5]

लेकिन अब ऐसी ठेठ छत्तीसगढ़ी बोली पंडवानी में सुनने को नहीं मिलती। शिक्षा के प्रचार-प्रसार के कारण हमारी बोली प्रभावित हुई है। अब न हम शुद्ध हिन्दी बोलते हैं और न छत्तीसगढ़ी। हिन्दी का पूर्ण प्रभाव हमारी बोली में भी आरोपित लगता है। पंडवानी कथा गायन इस प्रभाव से पीड़ित है। माटी की गंध खो-सी गयी है। इसका अनगढ़ सौन्दर्य प्रभाव जो मन की गहराई तक स्पर्श करता था, छिछला जान पड़ता है। भाषा सौन्दर्य कृत्रिम, आरोपित और गढ़ने के प्रयास में प्रभावहीन लगता है।[7]

'लक्ष्मण कुमार रुक जाओ मैं तुम्हें देखना चाहता हूँ और ये भी जानना चाहता हूँ कि माता सुभद्रा का गोरस पक्का है या रानी भानमती का।' दोनों राजकुँवर हैं, अभिमन्यु चिन्ता राम, लक्ष्मण को ललकार रहे हैं–

दोनों राजकुँवर हैं, दोनों क्षत्री का बालक हैं
दोनों राजकुँवर हैं, दोनों क्षत्री का बच्चा हैं।
आज पता लग जायेगा
अरे लक्ष्मण कुमार

आज पता लग जायेगा किस माँ का गोरस पक्का है? वीर अभिमन्यु लक्ष्मण कुमार ऊपर बाण प्रहार कर दिस चिंता राम। अऊ ओ बालक लक्ष्मण कुमार फरसा लेकर दौड़े। जब दोनों बंधु, दोनों भाई संग्राम करें उस समय अइसे लगय–

दोनों वीर दिखत हैं ऐसे
बालि संग सुग्रीवहिं जैसे।
जइसे बालि अऊ सुग्रीव के संग्राम होईस। [6]

पंडवानी में दो कलाकारों के स्थान पर आज पाँच-छह कलाकारों का अपना दल होता है। जिसका मुखिया स्वयं पंडवानी गायक होता है! पंडवानी का आयोजन एक निश्चित राशि या चढ़ोत्तरी के आधार पर होता है। पहले पंडवानी गायक भेंट में जो मिल जाता उसी से संतुष्ट हो लेता। अब तो आयोजन के लिए 'मोल-भाव' होते हैं। हमारे देश में भी पूंजीवादी व्यवस्था ने तथाकथित लोकसंस्कृति के 'लोक' को पूंजीवादी उत्पादन प्रणाली में शामिल किए बिना पूंजीवादी माल के प्रभाव से तोड़ना शुरू कर दिया है। इस व्यवस्था ने लोकसंस्कृति के विभिन्न कलारूपों को अपने व्यवसाय और मुनाफाखोरी का सामान बना लिया है, लेकिन उसके सामाजिक तबके को सर्जनात्मक विकास का अवसर एवं सुविधा देने की चिंता उसे नहीं है। लोकसंस्कृति के सामने यही समस्या और संकट है।[7]

पूंजीवाद उपभोक्ता सुख के लिए वह रक्षित लोक संस्कृति की ऊँची कीमत पर क्रय के लिए तैयार है। आपने देखा होगा कि बस्तर, झाबुआ और छत्तीसगढ़ की कितनी लोक मंडलियों को अब अपने गाँव जाने की फुर्सत नहीं है। तीजन बाई का पंडवानी अभिनय अब महंगा सांस्कृतिक कार्यक्रम है।[8] यह तो निश्चित है कि पंडवानी गायन में जिन्होंने नाम कमाया है, जिन्होंने पंडवानी गायन को विश्व मंच पर स्थापित किया है, शोहरत के कारण माँग होगी, उनके कार्यक्रम महंगे होंगे पर लोक कलाकार आज भी विपन्नावस्था में हैं। लोक गायकी का लाभ तो बड़ी-बड़ी कंपनियाँ उठा रही हैं। उनके कथा गायनों के कैसेट धड़ल्ले से जारी हो रहे हैं। केवल पंडवानी गायन की ही नहीं, बल्कि हर लोककला की कमोबेश यही स्थिति है। यह भी परिवर्तन का प्रभाव है कि लोक कलाकार आधुनिकता की चमक-दमक और आकर्षण के व्यामोह में फँस जाता है।

आधुनिकता के आकर्षण ने पंडवानी गायन के स्वरूप को केवल बाह्य रूप से ही

नहीं अपितु आंतरिक रूप से भी बदलाव की ओर प्रेरित किया है। पंडवानी का आंतरिक कलेवर ही नहीं उसका बाह्य कलेवर, उसकी साज-सज्जा पूरी तरह बदली हुई है। पहले पंडवानी गायक की वेशभूषा सामान्य थी, आम छत्तीसगढ़िया की तरह पंछा-बंडी या धोती-कमीज, पर अब ऐसा नहीं है। वेशभूषा पर भी आधुनिकता का प्रभाव है। कलगी, माला अंग से विलोपित हो गये हैं। जरी-गोटे और चमक-दमक की आधुनिक वस्तुओं ने अब उनका स्थान ले लिया है। पंडवानी दल के सारे सदस्य एक ही रंग और एक ही तरह की पोशाक पहनते हैं। पंछा-बंडी, धोती और कमीज भी आधुनिकता के रंग में रंगे होते हैं। पंडवानी गायिकाएँ परम्परा निर्वाह की दिशा में अति उत्साहित नजर आती हैं। वे आम छत्तीसगढ़ी महिला नहीं, सिल्क-साटन की कीमती चमकीली साड़ियाँ पहने अंग-प्रत्यंग पर लोकाभूषणों के नाम पर कृत्रिम किन्तु कीमती गहनों से लदी, किसी 'गौंटनीन' से कम नहीं लगतीं। मुख पर कृत्रिम सौन्दर्य प्रसाधनों का जमावड़ा, किसी भी कोण से यह बाह्य सज्जा, यह आवरण अपना नहीं लगता।

कृत्रिमता, आवरण और परिवर्तन-परिवर्धन की यही स्थिति पंडवानी में प्रयुक्त वाद्य तमूरा के साथ भी देखने को मिलती है। तमूरा, तमूरा नहीं जैसे प्रदर्शन की वस्तु है और केवल प्रदर्शन की। उसकी बनावट, उसकी सजावट में कहीं से भी ग्रामीण-सौन्दर्य के दर्शन होते नहीं। कुछेक पंडवानी गायक-गायिकायें तो तमूरा के तार झंकृत करना भी नहीं जानते। खंझेरी तो लगभग लुप्तप्राय हो चुकी है। नये वाद्यों ने पंडवानी पर अन्य लोकगीतों की तरह अपना अधिकार जमाया है। नये-नये वाद्यों ने कुछ हद तक लोक संगीत में बोझिलता पैदा की है और जब अपनी चीज किसी आवरण के कारण बोझिल लगे तो फिर अपनापन कहाँ रह जाता है। परिवर्तन से प्रभावित पंडवानी पराई न लगे इस बात के प्रति जागरुकता की आवश्यकता है। हम सचेष्ट रहें कि पंडवानी की मौलिकता बनी रहे, अन्दर से भी और बाहर से भी।

छत्तीसगढ़ के भिलाई में औद्योगिक परिवेश के साथ ही सांस्कृतिक परिवेश का भी निर्माण हुआ। कल-कारखानों की आवाजों के साथ करमा, ददरिया, सुवा-गौरा नाचा, पंडवानी, चंदैनी, पंथी की सुमधुर ताने गूंजने लगी। लोकगीतों व लोकनाट्यों से वातावरण गमकने लगा। गाँव से जो कलाकार आये वहीं रम गये। रोजी-रोटी की आवश्यकता पूरी होने लगी। छत्तीसगढ़ी लोककथाओं के प्रचार-प्रसार व विकास के लिए भिलाई इस्पात संयंत्र, भिलाई द्वारा छत्तीसगढ़, लोककला महोत्सव का आयोजन किया जाने लगा। छत्तीसगढ़ के दूरस्थ अंचलों के लोक कलाकारों को आमंत्रित कर उन्हें कला प्रदर्शन के लिए नये अवसर दिये गये। लोककला और लोक कलाकारों के लिए यह आयोजन सार्थक सिद्ध हुआ।

पंडवानी की स्वर-लहरी से संपूर्ण भिलाई गूँजने लगा। वही वह मंच है जिसने पंडवानी गायिका पद्म श्री तीजन बाई और कुमारी ऋतु वर्मा को पंडवानी गायन के क्षेत्र में विश्व

प्रतिष्ठित किया। श्री झाडू राम देवांगन, श्री पूना राम निषाद व अन्य पंडवानी गायकों को प्रस्तुत कर यह मंच गौरवान्वित हुआ। पंथी गायन के क्षेत्र में श्री देवदास बंजारे को विश्व ख्याति दिलाने में सहायक सिद्ध हुआ। भिलाई के इस आयोजन ने लोककथा के लिए नये क्षितिज का निर्माण किया। गाँव के चौपालों से निकलकर पंडवानी ने कस्बों, नगरों और महानगरों में अपनी पहचान बनायी। इस दरम्यान पंडवानी के प्रस्तुतीकरण में परिवर्तन हुए। पंडवानी ने अपने इस संक्रमण काल में बहुत कुछ पाया तो बहुत कुछ खोया भी। खोने और पाने की स्थिति में पंडवानी के स्वरूप में परिवर्तन स्वाभाविक था। परिवर्तन का यह स्वरूप पंडवानी में स्पष्टतः परिलक्षित हो रहा है।

शिक्षा के प्रचार-प्रसार ने लोगों की सोच और समझ में बदलाव लाया। बदलाव की इस स्थिति से लोककला भी प्रभावित हुई। पंडवानी की कापालिक शैली की कथाओं में वेद सम्मत कथाओं का मिश्रण होने लगा। पुराने पंडवानी गायकों के प्रति श्रोताओं ने अरुचि दिखाई। नये गायकों को जिन्होंने मूल महाभारत की कथा गाना प्रारंभ किया था उन्हें सर आँखों पर उठा लिया।

'हरेली तिहार-त्योहार' का दिन था। गाँव में श्री इतवारी राम साहू पंडवानी गा रहे थे। उस दिन 'कुर्रा-कुसुवा दानव' का प्रसंग चल रहा था। पंडवानी गायक इतवारी राम साहू शास्त्र सम्मत कथा को छोड़कर दंतकथाओं की लीक पर चल रहे थे। गायकी में न ओज था न माधुर्य। झाडू राम देवांगन से सहा नहीं गया और उन्होंने पंडवानी गायक साहू की आलोचना कर दी। साहू ने चुनौती दे दी। कबीर के सूरमा की तरह झाडू राम देवांगन ने चुनौती स्वीकार कर ली। तम्बूरा और करताल लेकर दो घंटे तक पंडवानी गाते रहे। उपस्थित लोग इनकी गायकी से प्रभावित हुए और तब से इन्हें पंडवानी गायन हेतु निमंत्रण मिलना प्रारंभ हो गया।'[9] यह भी उल्लेखनीय है श्री झाडू राम देवांगन तब युवा थे और उन्होंने श्री सबल सिंह चौहान कृत महाभारत की दोहा-चौपाइयों को कंठस्थ कर लिया था, जिसे उन्होंने एक लगूरा (साड़ी) की कीमत के एवज में कलकत्ता प्रवासी और गाँव के निवासी मंगलू से प्राप्त किया था। कहने का आशय यह कि दंत कथाओं के स्थान पर वेदोक्त कथाएँ प्रतिष्ठित होने लगीं। वैसे भी दंतकथाओं का कोई आधार नहीं होता। वे प्रमाणिक नहीं होतीं। केवल लोक-विश्वास और लोक-मान्यताओं के आधार पर गाई जाती हैं। शिक्षा के प्रचार-प्रसार से दंत कथाओं के प्रति लोगों में अविश्वास पैदा होने लगा। वे पंडवानी कथाओं का प्रामाणिक आधार चाहते थे। पांडवों की कथा का एकमात्र प्रमाणिक आधार महाभारत ही है। अतः प्रमाणिक कथाएँ श्रोताओं को भाने लगीं। कथा में परिवर्तन की दृष्टि से यह शुरुआत ही थी जो आगे चलकर और भी लोकप्रिय हुआ।

दंत कथाओं का प्रचलन कम होने लगा। महाभारत की वेदोक्त कथाओं की लोकप्रियता से पुरानी पीढ़ी के गायक जो पढ़े-लिखे थे, उन्होंने महाभारत का अध्ययन प्रारंभ किया, जो अपढ़ थे वे मन मारकर रह गये।

वर्तमान पंडवानी गायन परिवर्तन के इसी दौर का प्रतिफलक है। दंत कथाएँ विलुप्त होने लगी हैं–

'भारी राजा सुनेव जैतापुर में भाई
एको झन नई थे जैतापुर में भाई
एको झन मरद घलो नई काह्य भाई
ठाढ़ राणी देखेंव जैतापुर में भाई
पाँच झन बेटा माता कोतमा के भाई
पाँचों कर खटिया मरघट्टी गये भाई
ऐसा गारी देवथे धावन ह भाई
ऐती गारी देवथे धावन ह भाई
फरकथे भुजा भीमसन के भाई
कोन बीर कन्द-मूल खावथे भाई
तेला देखथे भीमसन ल भाई
कइसे मोर भुंजा फरकथे भाई।'[10]

इस तरह की पंडवानी अब सुनने को नहीं मिलती। जैतापुर का किसी शास्त्र में उल्लेख नहीं मिलता। यह लोक की निधि है। जैतापुर के स्थान पर हस्तिनापुर महाभारत में प्रमाणिक है। यही अंतर पंडवानी व महाभारत की सम्पूर्ण कथाओं में है। कथाओं के घटनाक्रम और सूत्र भी भिन्न-भिन्न है। यह भिन्नता लोक और वेद की भिन्नता है।

'करन जब जमुना में कूदे बर गीस सूर्य नारायण प्रकट हो के किहिस बेटा तुम क्यों जमुना में कूद के प्रान दे रहे थ हो? करन कथे'—

मात-पिता हम जानत नाहिं,
बालक खेल खेलावत नाहिं।

बाप ल जानंव न महतारी ल जानंव। मोला बेर्रा कहिथे तेखर सेती संसार में का जी हूँ? सूर्य नारायण कहिस बेटा तू मेरा पुत्र है। तब करन कथे पिता जननी को जाई?

त मोर महतारी कोन थे? त अगिन चीर के पगड़ी दे के कहिस

अगिन चीर जानहिं संसारा
अऊ पहिनहि ताहू मातु तुम्हारा।

बेटा ये अगिन चीर के पगड़ी पहिन सकही जऊन तोर महतारी ये।[11]

इस तरह की प्रमाणिक व वेद सम्मत कथाओं को लोगों ने सम्मान दिया और सुना। फलस्वरूप पंडवानी में वेदमती शैली का गायन, प्रारम्भ हुआ। कथा की दृष्टि से पंडवानी में यह महत्वपूर्ण परिवर्तन है।

प्रचार-प्रसार तंत्र (मीडिया) ने भी पंडवानी गायन के बदलाव में सकारात्मक भूमिका निभाई। पंडवानी गायकों ने अपनी मंडलियाँ गठित की। इस प्रकार से पंडवानी में

व्यवसायिकता का पदार्पण हुआ। इस व्यवसायिकता ने गायकों में एक प्रकार से प्रतिद्वंद्विता की भावना लादी। प्रतिद्वंद्विता ने पंडवानी गायन को परिष्कृत किया, नये वाद्ययंत्रों के प्रयोग को प्रोत्साहित किया।

श्री झाडूराम देवांगन, श्री पूना राम निषाद, श्रीमती तीजन बाई, कुमारी ऋतु वर्मा आदि पंडवानी गायकों ने देश के सारे प्रांतों में अपना पंडवानी गायन प्रस्तुत किया, साथ ही विदेशों में भी यात्रा की और पंडवानी गायन की परम्परा से विश्व को परिचित कराया। म.प्र. आदिवासी लोक परिषद भोपाल ने कई स्थानों पर पंडवानी-प्रसंग का आयोजन कर पुरानी पीढ़ी के पंडवानी गायकों के साथ ही उदीयमान गायक-गायिकाओं को आमंत्रित कर उनका उत्साहवर्धन किया।

इन दिनों पंडवानी गायक पंडवानी गायन में प्रयोग कर रहे हैं। एक दल में पंडवानी गायन का कार्य एक ही व्यक्ति करता है और रागी उसका साथ देता है। किन्तु अब दो लोग भी गायन करते हैं। यह प्रयोग उषा बाई बारले के पंडवानी गायन में देखने को मिला। उषा बाई बारले स्त्री पात्रों की भूमिका निभाती हैं और उनका एक साथी पुरुष पात्र का वाचन, गायन व अभिनय करता है बिलकुल नाटक की तरह। पंडवानी में परिवर्तन का यह रूप दृष्टव्य है–

उषा बाई : करन तोला यकीन नई हे बेटा तो ये दे मैं ये ला पहिर डरेंव बेटा। जनम देंव लेकिन थन धर के तोला गोरस नई पियायेंव बेटा, आना मोर गोदी में सुन्दर बइठ जा करन। सुन्दर मोर दूद ल़ पी ले करन! आ करन आ बेटा।

रागी : आजे दाई ओ सचमुच माता जानेंव मईया सचमुच तैं मोर माता अस माँ

उषा बाई : सच मे करन

रागी : गोरस मोला पिया देबे ओ मईया।

उषा बाई : पी ले करन, दूध पी ले बेटा, पी ले मोर लाल।

रागी : माँ

उषा बाई : हाँ करन

रागी : मोला गोरस पिला दे माँ। माँ के गोरस कइसन होथे? आज तक नई पीये हवँ माँ।

उषा बाई : पी ले करन दूध पी ले बेटा। आज बड़ा आनंद के साथ अपन बेटा करन ल बड़ा सुन्दर थन पकड़ा के गोरस पियावत है। करन तोला पियावत-पियावत समझावत हैंव।[12]

कई प्रसंगों में जिसमें पात्रों की अधिकता होती है, वहाँ ये विभिन्न पात्रों के संवादों को क्रमशः बोलते हैं। पंडवानी में परिवर्तन का यह रूप कितना लोकप्रिय होगा, इसे तो भविष्य ही बतायेगा। यदि लोकप्रिय हुआ और पंडवानी गायक इस तरह परिवर्तन से

प्रभावित होते रहे तो पंडवानी भी 'चँदैनी' की तरह लोक-नाट्य का रूप ले ले (जिसमें पात्रों को कई लोगों द्वारा अभिनीत किया जाता है) तो आश्चर्य नहीं। पंडवानी गायन में उषा बाई बारले की तरह श्री भागवत राम साहू (कुरलू) भी प्रयोग कर पंडवानी गाते हैं। पंडवानी में परिवर्तन चाहे कथा की दृष्टि से, वाद्यों की दृष्टि से या अभिनय की दृष्टि से हो, परिवर्तन तो दिखेगा ही।

पंडवानी गायन के स्वरूप में एक प्रकार का और परिवर्तन दृष्टिगोचर होने लगा है। वह है पंडवानी की जुगलबंदी। एक दल द्वारा स्वतंत्र पंडवानी गायन के स्थान पर दो पंडवानी दल एक ही मंच पर आमने-सामने बैठकर प्रतिद्वंद्वी के रूप में पंडवानी गायन करते हैं, बिल्कुल कव्वाली की तरह।

पंडवानी गायक क्रमशः कथा को आगे बारी-बारी से बढ़ाते हैं। इस तरह का प्रयोग विगत चार-पाँच वर्षों से भिलाई इस्पात संयंत्र द्वारा आयोजित छत्तीसगढ़ी लोक कला महोत्सव में किया जा रहा है।

परिवर्तन के इस दौर में पंडवानी में जहाँ अभिनय परिपुष्ट हुआ है, वहीं भाषा की दृष्टि से पंडवानी का लोक-लालित्य दुष्प्रभावित हुआ है। पंडवानी गायक अपनी बोली में छत्तीसगढ़ी के साथ-साथ बहुतायत रूप से हिन्दी का प्रयोग करता है। शायद इसका कारण नगरीय मंचों का प्रभाव हो। छत्तीसगढ़ व छत्तीसगढ़ के बाहर बड़े-बड़े नगरों में पंडवानी का आयोजन होता है। श्रोता हिन्दी भाषी होते हैं। भावावेश में पंडवानी गायक हिन्दी मिश्रित छत्तीसगढ़ी बोलता है। कभी-कभी पूरी तरह अशुद्ध हिन्दी। यह परिवर्तन पंडवानी की अस्मिता पर प्रश्न चिन्ह लगाता है। पंडवानी का अस्तित्व तो उसे छत्तीसगढ़ी में ही गाने से है।

"अगर अपने माँ का गोरसपान किया है तो एक-एक कर बारी-बारी से आ जाना। तुम्हारा मुकाबला न करूँगा तो माता-पिता का बेटा कहलाना छोड़ दूँगा।

एक-एक करके आ जाना,
सबको यमलोक पठाऊँगा।

अभिमन्यु पागल के समान चिल्लाने लगा। राजा दुर्योधन ने कहा—अभिमन्यु! अब तू कुछ नहीं कर सकता, सामने आ जाओ। अभिमन्यु अकेला है। रथ कैसे चलाये और बाण कैसे चलाये। लेकिन वो अर्जुन का कुमार था चिन्ता राम।"[13]

पंडवानी गायक हिन्दी बोलने का लोभ संवरण नहीं कर पाता खासकर युद्ध प्रसंगों में। उत्तेजना के इस क्षण में पंडवानी गाते-गाते वीरों की तरह उत्तेजित होना स्वाभाविक है, किन्तु अपनी बोली को भूल जाना बड़ा अखरता है। तब पंडवानी के सहज सौंदर्य को ग्रहण-सा लग जाता है। कई पंडवानी गायक अंग्रेजी शब्दों का प्रयोग करते हैं। ये शब्द कुछ तो सामान्य रूप से बोलचाल में प्रयुक्त होने वाले हैं सो तो ठीक है किन्तु आम लोगों की तरह जब पंडवानी गायक में भी अंग्रेजी के प्रति मोह जाग जाता है तब वह कचोटता है, लोक की आभा खो जाती है। कुछ उदाहरण दृष्टव्य हैं—

'कन्हैया कथे दीदी येखर हाथ मन डुप्लीकेट लगे रिहिन का ओ। अतका बात ल सुन के कहे–नहीं बेटा, का बतावं कन्हैया ये डुप्लीकेट नहीं सही बात ये।"[14]

'दुर्योधन कथे फेंक दंव, हाँ फेंक दे। हाँ रेडी दुर्योधन–
धर के डंडा फेंकन लागे भईया।' [15]

पंडवानी कथा गायन के इस बदलते स्वरूप को एकदम सुखद नहीं कहा जा सकता। परिवर्तन के इस दौर में परिवर्तन स्वाभाविक है, परिवर्तन से बचा नहीं जा सकता। फिर भी ऐसा परिवर्तन न हो कि वह कुरूप लगे, अपनी पहचान ही खो दे। अपनी पहचान के लिए अपनी परम्पराओं का निर्वाह भी जरूरी है और जरूरी है समय के साथ चलना भी।

संदर्भ :–

1. लोक गीतों के परिमार्जन का प्रश्न : मुकुंद कौशल सापेक्ष (लोक संस्कृति अंक, पृष्ठ-281)
2. लोक शिल्प की छत्तीसगढ़ी परम्परा : डॉ. उमेश मिश्र : सापेक्ष (लोक संस्कृति अंक, पृष्ठ-277)
3. लोकगाथा और इतिहास : बद्रीनारायण : चौमाता अंक : 33, पृष्ठ : 16
4. लोक संस्कृति : शुद्धता और मिलावट : माधुरी सिंह : सापेक्ष (लोक संस्कृति अंक, पृष्ठ 114)
5. निजी संग्रह से
6. वही
7. लोक संस्कृति की रक्षा का सवाल : खगेन्द्र ठाकुर, सापेक्ष : लोक संस्कृति अंक : पृष्ठ 92
8. लोक संस्कृति और परिवर्तन का आसंग : डॉ. कमला प्रसाद पाण्डेय : चौमाता : अंक 35, पृष्ठ-5
9. पंडवानी : झाड़ू राम देवांगन : लेखक श्री नंद किशोर तिवारी
10. निजी संग्रह से।
11. वही
12. निजी संग्रह से
13. वही
14. वही
15. वही

साहित्य कुटीर
गंडई पंडरिया, राजनाथ गाँव (छत्तीसगढ़)

डोगरा संस्कृति के पग-चिन्ह

ओम गोस्वामी

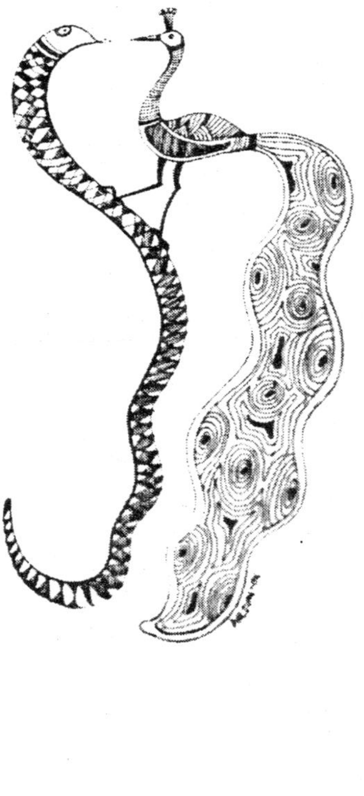

जम्मू-कश्मीर के डोगरी भाषी क्षेत्र को 'डुग्गर' कहा जाता है। विद्वानों के अनुसार 'पीर-पंचाल' पर्वत शृंखला का दक्षिणवर्ती क्षेत्र, हिमाचल प्रदेश के बिलासपुर, चंबा, कांगड़ा, कुल्लू, मंडी, सुकेत, ऊना-हमीरपुर तथा पूर्वी पंजाब (अब पाकिस्तान) की डफरवाल और शकरगढ़ तहसीलें एवं स्यालकोट के उत्तरी क्षेत्रों के अतिरिक्त भारतीय पंजाब के गुरदासपुर और होशियारपुर के क्षेत्र डोगरा संस्कृति के प्रमुख स्थल हैं।

प्राचीन भारतीय स्रोतों में डोगरा भाषी क्षेत्र का उल्लेख विभिन्न नामों से हुआ है। कुछेक नाम यों हैं—उदीच्य मद्र, केकय, त्रिगर्त, कुलूत, वाहीक, आरट्ट आदि। किन्तु जिस क्षेत्र को परवर्ती काल में द्विगर्त, दुर्गर अथवा डुग्गर कहा जाने लगा उसका उल्लेख मददेश तथा दार्वाभिसार के नाम से भी मिलता है।

जम्मू क्षेत्र को भूतल की दृष्टि से तीन भागों में बाँटा गया है[1] :

1. अंतर्गिरि 2. बहिर्गिरि 3. दक्षिणी मैदान पट्टी

पीर-पंचाल के दक्षिण में अंतर्गिरि की घाटियाँ हैं।

अंतर्गिरि पर्वतमालाओं के दक्षिण में बर्हिगीरि (Outer Hills) क्षेत्र परिगणित होता है, जिसे स्थानीय भाषा में 'कंढी' कहा जाता है। यह क्षेत्र अंतर्गिरि और दक्षिण के मैदानी

क्षेत्र 'ऐंधड़' के मध्य स्थित है। यह ऐंधड़ के साथ-साथ रावी से चंद्रभागा नदी तक फैला हुआ है।

जम्मू के भौगौलिक वर्गीकरण में ऐंधड़ क्षेत्र की मैदानी पट्टी को तीसरे खंड में सम्मिलित किया जाता है। यह क्षेत्र कंढी की पहाड़ियों के साथ-साथ रावी-तवी तट (कठूआ) से चन्द्रभागा पार राजौरी तक फैला है और दूर से एक झालर-सा दिखाई देता है। यहाँ की जलवायु और भूमि बहुधा पड़ोसी प्रदेश पंजाब जैसी ही है। यहाँ के जन-जीवन और लोक-संस्कृति पर पंजाब का कुछ प्रभाव भी देखा जा सकता है। ऐंधड़ के लोक नृत्य 'डोगरा भांगड़ा' की अपनी विशेषताएँ हैं। यह पंजाब के पंजाबी भांगड़ा से अधिक सूक्ष्म है। डोगरा भांगड़ा से इसके अनुष्ठानिक सरोकार जुड़े हुए हैं, जिन पर अधिक शोध की आवश्यकता है। ऐंधड़ पट्टी में तहसील कठूआ से तहसील अखनूर तक का दक्षिणी भाग सम्मिलित किया जाता है।

डुग्गर का सांस्कृतिक स्वरूप :

डुग्गर प्रांत में सरल और धार्मिक स्वभाव वाले लोग रहते हैं। वनों की महत्ता समझकर डोगरा क्षेत्र के लोग विभिन्न देवताओं के नाम पर 'बनियां' अर्थात सुरक्षित वन-उद्यान लगवाया करते थे। इन 'बनियों' को विशेष देवी या देवता का बाग या बगीचा समझकर इस में से वृक्ष आदि काटने की मनाही रहती थी। जम्मू प्रांत में देवी-देवताओं के नाम पर सुरक्षित जंगल रखने की परम्परा भी अति प्राचीन है। इन वन क्षेत्रों को 'रक्ख' अर्थात् 'सुरक्षित वन' भी कहा जाता था। जम्मू नगर के समीप ऐसी दो रक्खों का नाम 'बाह्वे दी रक्ख'[2] और 'म माया दी रक्ख'[3] है। देवी-देवताओं के नाम पर रक्षित 'रक्खों' में पशु अथवा पक्षी का शिकार पूर्णतया वर्जित होता था। इन क्षेत्रों में लकड़ी काटने पर भी धार्मिक पाबंदी रहती थी।

डुग्गर का जन-मानस यहाँ की नदियों और सरोवरों में लोक-देवताओं का निवास मानकर इनकी पूजा एवं अर्चना करता है। पवित्र नदी देविका के विषय में डुग्गर निवासियों का विश्वास है कि जगत का कल्याण करने के लिए स्वयं माता पार्वती नदी के रूप में बहकर इस भूमि को धन्य कर रही हैं। जम्मू के स्वामी एवं अधिष्ठाता वासुकि नाग के पुत्र बाबा भैड़ को तवी की डबरों में पूजा की जाती है। सरुहींसर-मानसर आदि सरोवरों में शेषनाग की पूजा की जाती है तो कपलाश (वास) कुंड में वासुकि नाग की।

'प्रकृति पूजा डोगरा जनजीवन का एक अंग रही है। प्राकृतिक शक्तियों को देवता मानकर उन्हें बलियाँ और चढ़ावे अर्पित करने के अतिरिक्त यहाँ प्रेतिक पूजा की आस्था की दृढ़ नींव दिखाई पड़ती है। इसी कारण से शहीदों, सतियों, मृतक राजाओं और अपगति मरे वीर योद्धाओं की पूजा-अर्चना की परम्परा चली आ रही है। ....आधुनिक दौर में मृतक-पूजा या पूर्वज-पूजा की इस रीति को देव-पूजा के रूप में बदल दिया गया है।[4]

एक औसत डोगरा हिन्दू घर में एकाधिक देवी-देवताओं को माना और पूजा जाता है। भिन्न-भिन्न कोटि के देवी-देवताओं की विहंगम दृश्यावली प्रायः प्रत्येक घर में दिखाई पड़ती है। इस दृश्यावली में लोक-मानस की रूढ़ियों और विश्वासों की छटा बिखरी हुई है। गाँव में प्रायः कृषक अथवा मेहनतकश परिवार में देवी-देवताओं का एक अलग ताकचा बना रहता है। यह ताकचा सिर की ऊँचाई से कुछ ऊँचा होता है ताकि घर में इसकी पवित्रता रखी जा सके। ताकचे में रखी चौकी पर कुल के देवी-देवता के चिन्ह तथा लोहे की सांकलें और सांकल-गुच्छ (झुंडे) आदि रखे जाते हैं। कुलदेवों की संख्या विस्तृत है, किन्तु जम्मू प्रांत में मुख्य देवी एवं देवताओं की नामावली यों है—

देवियाँ :

म'ल्ल माता/ सुकराता माता
देवी चौंड
वैष्णो माता
बाला सुन्दरी
महामाया माता
शीतला माता
जौड़ेआं माता
चौंड माता आदि

देवता :

कालीवीर
नाहर सिंह
गुग्गा/ राजा मंडलीक
सिद्ध गौरिया
बाबा बिरपानाथ
वासुकी नाग
भैड़ नाग
सुरगल देवता
भीम देवता
अर्जुन देवता
राजा सलवान आदि

देवी-देवताओं के निमित्त बनाये गये ताकचे के समीप ही लकड़ी की कुछ लंबी खूँटियाँ भी लगी रहती हैं, जिन पर बधाई की अतिरिक्त सांकलें टँगी रहती हैं।

डोगरा जन-मानस जिन परा-प्राकृतिक शक्तियों में अपनी आस्था व्यक्त करता है, उन्हें

विभिन्न वर्गों में रखा जा सकता है :

1. देव वर्ग

पौराणिक

(क) ब्रह्मा, विष्णु, महेश

(ख) महाकाली, चामुंडा, अठारह भुजी देवी

परंपरागत

(क) शक्ति : वैष्णो, ज्वाला, चिंतपुरणी आदि।

(ख) नाग : वासुकी, भैड़, सुरगल, काही आदि।

(ग) नाथ : गोरखनाथ द्वारा प्रणीत पंथ के अनुयायी
यथा—सहजनाथ, बिरपानाथ, सिद्धगौरिया आदि।

2. देव पद पर प्रतिष्ठित मानव वर्ग—

वीर और पीर, यथा—

(क) कालीवीर, केलूवीर, नाहरसिंह आदि

(ख) हिन्दू पीर-जाहरपीर गुग्गा, मुंगा पीर आदि
मुस्लिम पीर-नौगजा पीर, ख्वाजा पीर आदि

शासक—राजा आदि[5]—

राज सलवान, राजा भीम तथा अर्जुन आदि।

3. प्रेतिक वर्ग

(क) बलिदानी देव—बाबा जित्तो, दाता रणपत, बाबा ब्रह्मदेव आदि

(ख) सतियां—बुआ कौड़ी, दाती दुबु'ज्जी, तथा अन्य शिलावंतियाँ

(ग) प्रेतात्माएँ—अपमृत्यु मरे संबंधियों की प्रेतात्माएँ।

इन तीन वर्गों में विभाजित देवताओं को मुख्यतया जिन अभिप्रायों से माना और पूजा जाता है, वे हैं—

(क) वंश की वृद्धि

(ख) धन-धान्य की सुरक्षा

(ग) पशु-धन और फसल की वृद्धि

(घ) परिवार के सदस्यों का आरोग्य

(च) आधि-व्याधियों से रक्षा

डोगरा जाति का जीवन-दर्शन : भाग्यवाद

डोगरा लोग मूलतः भाग्यवादी हैं। विश्वास-आश्रित आस्था पर उनका जीवन-दर्शन बना दिखाई पड़ता है। जन-मानस में प्रचलित लोक-विश्वासों, लोक-कथाओं, लोक-गीतों और लोकगाथाओं के अध्ययन से यह बात स्पष्ट होती है।

भाग्यवाद की पुष्टि हेतु कहावतें, गीत और कथाएँ डोगरा जन-मानस में प्रचलित हैं। इनके अनुसार भाग्य ही मानव जीवन का नियामक है। इस बात की पुष्टि इन विश्वासों से होती है :

1. **बिद्दमाता (बयमाता) की उपस्थिति**–इस देवी की सत्ता को स्वीकार करके जन-मानस ने इसके विषय में बहुत से लोक-विश्वासों का निर्माण किया है। यथा–

बिद्दमाता सर्वशक्तिमान है। वह जन्म से मरण तक मानव के प्रत्येक कार्य में प्रतिक्षण साथ रहती है।

वह न केवल भाग्य के लेख लिखती है, बल्कि मारने और जिलाने की क्षमता भी रखती है।

बिद्दमाता पीठ के पीछे हाथ करके, उल्टे हाथों से भाग्य के लेख लिखती है–

"ठगी-चोरी करिये बंदा करदा निं बस्स ऐ,
माता लिखदी ऐ औंकर, पिट्ठी पिच्छें हत्थ ऐ।"

भावार्थ : व्यक्ति अपने कुकर्मों से तौबा नहीं करता। माता सबके भाग्यों के अक्षर अपनी पीठ के पीछे हाथ करके लिखती है।

वह प्रत्येक मानव के संग उसकी खुशी या गमी के अवसर पर विद्यमान रहती है।

वह सोए हुए बच्चों को हँसाती और रुलाती है।

बच्चे का पुतला गढ़ने के उपरांत बिद्दमाता जब उसमें आत्मा का प्रवेश कराकर जीवनदान देती है, तब नवजात शिशु से वह बची-खुची मिट्टी इकट्ठी करवाती है जिससे कि इस देवी माता ने उसका बुत गढ़ा था। इस कार्य से शिशु के नखों में मैल जम जाती है। यह मैल वही मिट्टी होती है।

बिद्दमाता हठ की पक्की है। जन-मानस इसे दृढ़-प्रतिज्ञ देवी मानता है। वह जिद्दी और असूलों की पाबंद है।

होनी के रूप में वह बड़े-बड़ों पर बीत जाती हैं। जन-मानस के अनुसार होनी तो एक चुड़ैल है, जिसके उलटे पैर होते हैं–

"होनी-होनी आखदे, होनी दे पुट्ठे पैर।"

होनी प्रायः दुर्घटनाओं और अनहोनियों को लेकर आती है। जब यह राजा हरिश्चंद्र पर बीती तो वे अपनी रानी सहित पानी भरने लगे। पांडवों पर बीती तो उन्होंने द्रोपदी को दाँव पर लगाकर हरा दिया। अंधे और अंधली पर आई तो उन्हें श्रवण पुत्र से हाथ धोने पड़े। इतना ही नहीं, होनी ने सात समुन्दरों को भी नहीं बख्शा। वह उन पर भी बीत गई, जिससे उनके जल खारे हो गये।[6]

उसके द्वारा लिखित भाग्य-लिपि को 'भांगे दे डूर' या 'औंकर' कहा जाता है–

"बिद्दमाता दे डूर न पेदे भाग छुड़े दे बन्नी।"

विश्वास है कि भाग्य की लिपि मानव खोपड़ी के माथे पर लिखी रहती है। वस्तुतः खोपड़ी के इस स्थान पर कुछ आड़ी-तिरछी रेखाएँ प्रकृत रूप से विद्यमान रहती हैं। अपने पास खोपड़ी रखने वाले अघोरपंथियों तथा तांत्रिकों से यह बात जन मानस में प्रचलित हुई होगी कि यह रेखाएँ भाग्य की लिपि हैं।

ऐसा मानना है कि बिद्दमाता के पास प्रत्येक व्यक्ति के कर्मों का लेखा-जोखा रहता है। उसके पास मौजूद कर्मों के बहीखाते में प्रत्येक प्राणी के कर्मों के ब्यौरे के अतिरिक्त उसके आगे की भविष्य कथा लिखी रहती है। इस पुस्तक को जन-मानस ने 'हुंदड़ी' नाम दे रखा है। वह जब किसी के भाग्य-लेख लिखती है उस समय वह इस हुंदड़ो के पृष्ठों को खोलकर अपनी कलम को जल में डुबोकर इन पर लेख लिखती है।[7]

उसके द्वारा लिखे लेखों को मिटाने की क्षमता किसी में नहीं है–

"डाहडे लेख लिखे बिद्दमाता मेटन वाला कोई नाईं,
काल-देवता सिरै पर गजदा, होनी फराटी पाई।"

भाग्य-लेख के अनुसार काल-देवता जब समस्त विपत्तियों को लेकर आता है तो वह काल-घटाओं की तरह छा जाता है। जन-मानस के अनुसार कोई धर्मज्ञ ही इस काल घटा को मोड़ सकता है। बिद्दमाता द्वारा लिखे अक्षरों से कोई समर्थ साधु ही भिड़ सकता है।[8]

लाख जतन करने पर भी होनी प्रहार कर देती है। जब होनी पर कोई वश नहीं चलता तो लोक-मानस यह कहकर धीरज धर लेता है कि जो माथे पर लिखी थी, वह बीत गई, अब अफसोस काहे का :

"फिकर निं करना बसोस निं करना,
मत्थै लिखी दी सै होई।"

भावार्थ : चिंता न कीजिए, अफसोस न कीजिए, जो माथे पर लिखी थी घटित हो गई।

यह भगवान रामचंद्र पर भी बीत गयी थी–

"होनी बरत गेई ऐ रामचंदर,
कां गेई सीता प्यारी ओ जोगी?"

इससे पता चलता है कि डोगरा समाज कितना अंधविश्वासी है।

प्रकृति के संग जन-मानस की रागात्मकता

ग्रामीण जन-मानस स्वयं को वृहद प्रकृति का एक अंग मानता है। वह प्रकृति को प्राणवान और बुद्धि-प्रवण मानकर चलता है। अनावृष्टि की दुखद स्थिति से प्रभावित दो स्त्रियाँ एक गाँव में परस्पर यों वार्तालाप कर रही थीं–

एक : धरती-आकाश तप रहे हैं।
दो : यह दोनों तंदूर बन गए हैं।

एक : यही दशा रही तो एक दाना तक न उगेगा।

दूसरी : तू दाने की कहती है, लोग पानी की बूंद के लिए तरसेंगे।

एक : तड़प-तड़पकर मरेंगे।

दूसरी : हे परमात्मा! तुझे क्या हो गया है। लाखों-करोड़ों जीवात्माएँ तड़प रही हैं क्या तुझे तरस नहीं आता?

पहली : ज्यादा नहीं तो मड़ा (अरे), चिड़ियों और कव्वों के भाग्य के पीछे ही बरसो।

दूसरी : बरसिए महाराज! काली गायों और कपला गायों के भाग्य के पीछे बरसिए। हमें ठंडक दीजिए।

इस प्रकार ग्रामीण जन-समुदाय प्रकृति से बातें करके प्रकृति रूपी शक्ति को प्रेरित करता है। वह उसे सुझाव देता है कि अमुक कार्य करके हमें राहत दो।

प्रकृति से बातचीत करना ग्रामीण जीवन की एक शैली है। अतिवृष्टि के दौरान एक कृषक अपनी हल और कुदाल लेकर लोहार के पास आया हुआ है। लोहार अपनी भट्ठी पर नहीं है। वहाँ बैठा किसान अकेले ही ऐसे बातें किए जा रहा है मानो सामने खड़े व्यक्ति को उपालंभ दे रहा हो। वर्षा की अधिकता भी उसे रास नहीं आती। उसके एकालाप का लेखनीबद्ध रूप प्रस्तुत है—

"अब बस भी कर! तेरा बांध (त्रक्क) ही टूट पड़ा है। लोग काम-काज कैसे करेंगे। दुनिया तेरा कुटुंब (टब्बर) है। ऐसे करेगा तो फसलें तबाह हो जाएंगी। अकाल पड़ गया तो तमाम माल-मवेशी मर जाएंगे। तब अपनी करनी पर बैठकर रोना।"

अनावृष्टि की दशा में लोग जगह-जगह यज्ञ और भंडारे करते हैं। कहीं शिवलिंग को जल में डुबो दिया जाता है, कहीं नाग प्रतिमाओं पर 'गुराहड़ी' मिट्टी का लेप चढ़ा दिया जाता है। मंदिरों, बावलियों और सरोवरों पर देवानुष्ठान दिए जाते हैं। 'थिहाल' गाँव में अनावृष्टि के दौरान वर्षा हेतु जगन्नाथ जी के मंदिर में उनके नाम का प्रीतिभोज आरंभ करते ही बादलों के उमड़ जाने की बात लोग बतलाते हैं। कहा जाता है भोजन हेतु लोगों की अंतिम पंक्ति के बैठते ही ऐसी धारावार बारिश हुई कि लोगों ने भीगते हुए भगवान् जगन्नाथ का प्रसाद पाया। जन-मानस जोर-जोर से जगन्नाथ स्वामी की जय के जयकारे बुलाने लगा।

लोक-मानस प्रकृति से मात्र बातचीत ही नहीं करता, बल्कि तमाम सृष्टि और मानव-जगत का कल्याण चाहता है। लोगों की नीयत में स्वार्थ या खोट नहीं रहता। गाँव थिहाल के जगन्नाथ मंदिर के मुख्यद्वार के निकट से गुजर रहे एक ग्रामीण ने यों गुहार लगाई—"हे जगन्नाथ स्वामी! तुम चमेलूराम के घर में पुत्र क्यों नहीं देते। बेचारा दुखी है। निरबंस जाएगा तो उसके परिवार से आपकी घंटी कौन बजाएगा? पहले ही देर हो चुकी है। आप उस पर मेहरबानी करें। उसे खुशी दें प्रभु।"

इस व्यक्ति का कोई रिश्ता चमेलूराम से नहीं था। तो भी सबका भला चाहने की

जन-मानस की प्रवृति के वशीभूत वह देवता से उसका कल्याण करने की गुहार लगाता है।

डोगरा जन-मानस की आस्था के चिन्ह

जम्मू क्षेत्र में प्राकृतिक रूप से पाए जाने वाले प्राचीन चिन्हों को मांगलिक एवं शुभ माना जाता है। प्राकृतिक अथवा भू-वैज्ञानिक प्रक्रियाओं के फल-स्वरूप सुरक्षित पड़े किन्हीं आदिम चिन्हों को पवित्र और पूजनीय मानने की प्रथा भी यहाँ चली आती है। इन चिन्हों का स्वरूप यों है–

1. पत्थर/पथरीली चट्टानें जिन पर पग-चिन्ह अथवा कोई अन्य धर्म-चिन्ह जैसे स्वास्तिक, कमल, डमरू, नाग, त्रिशूल आदि उत्कीर्णित हैं।

2. पिंडियाँ–यह गोलाई में या अंडाकार में पाए जाने वाले ऐसे पत्थर हैं जो प्राकृतिक रूप से उपलब्ध होते हैं। इन्हें हथौड़े-छेनी से गढ़ा नहीं गया। डुग्गर में बहुत-सी पिंड़ियाँ देवी और देवताओं के रूप में पूजा-स्थानों में स्थापित की गई हैं।[9]

3. पत्थर की ऐसी निर्मितियाँ जिन्हें पांडव भाइयों द्वारा निर्मित बतलाया जाता है।

डोगरा पहाड़ी लोगों के जीवन का मूल-मंत्रः कर्मठता :

अकसर यह प्रश्न पूछा जाता है कि डोगरा संस्कृति के विभेदक तत्व क्या हैं? ऐसी विशेषताएँ क्या हैं जो इसे अपनी पड़ोसी संस्कृति से अलग करती है? डोगरा संस्कृति की सीमा एक ओर कश्मीरी संस्कृति को छूती है तो दूसरी ओर पंजाबी संस्कृति को।

सर्वप्रथम इस बात को जान लेना आवश्यक है कि जिसे हम डोगरा संस्कृति कहते हैं वह, 'डोगरी-पहाड़ी' भाषा बोलने वाले लोगों की संस्कृति है। जार्ज ग्रियर्सन ने पहाड़ी भाषा का क्षेत्र हिमाचल से जम्मू-पुंछ तक माना है और डोगरी को पश्चिमी पहाड़ी भाषा कहा है।

डोगरा क्षेत्र के लोग मुख्यतः कृषक हैं और साथ ही पशुपालन भी करते हैं। गाय को धार्मिक निष्ठा से पाला जाता है। कृषि के अतिरिक्त डोगरा लोग सेना में भर्ती होना गौरव का व्यवसाय मानते हैं। बीते दशकों में यह न केवल आजीविका का साधन था, बल्कि सामाजिक प्रतिष्ठा का भी प्रतीक था। इसके अतिरिक्त सदियों की गुरबत से लड़ने के प्रयास में गरीब घरों के बालक पंजाब के शहरों में छिटपुट घरेलू नौकरियों पर लग जाते थे।

डोगरा लोगों के जीवन का मूलमंत्र कड़ी मेहनत है। किसान खेतों में, सैनिक सेना में और अन्य अपने व्यवसाय में जी-जान से जुटे हुए हैं। यही कारण है कि गरीब से गरीब डोगरा व्यक्ति भी काम करके पेट पालने में गौरव का अनुभव करता है। यह तथ्य इस बात की पुष्टि करता है कि डोगरी भाषी लोग कभी भी साधु वेश धारण करके भीख मांगते दिखाई नहीं देते। धर्म की आड़ बनाकर भीख मांगने को वे पाप मानते हैं। अपंग

डोगरी-भाषी भी आपको कहीं भीख का आश्रय लेता दिखाई नहीं देगा।

कुलदेवों में आस्था

डोगरा समाज में कुलदेव पूजा की परंपरा अति दृढ़ है। ग्रामीण लोगों के अतिरिक्त डोगरी-भाषी नगरवासी भी इस प्राचीन परंपरा को त्याग नहीं पाए हैं। नगरवासी लोग कुलदेवता के कोप से आज भी डरते हैं। उन देवों की अनदेखी करने पर धन-संपत्ति की हानि, आय की कमी, संतान का कष्ट तथा अन्य अनेक प्रकार के संकटों का अंदेशा उन्हें परंपरा पथ से हटने नहीं देता। नगरवासी डोगरे चाहे शहरी जीवन में ढल गए हैं, किन्तु वे अपने कृषक संस्कारों को पूर्णतया तिलांजलि नहीं दे पाए हैं। इसीलिए ऐसे नगरवासी जिनके पास वर्तमान में न तो खेत हैं और न ही जिनका गाँव से किसी प्रकार का वास्ता है ऐसे बहुत से परिवार पारंपरिक देवों के अनुष्ठानों का समायोजन करते हैं। यथा :

1. नई फसल निकलने पर (नवान्न) अनुष्ठान 'खारल'
2. जोगिनियों से सुरक्षा के लिए जात्राएँ

प्रेतिकवाद में आस्था

अनपढ़ लोगों के अतिरिक्त सुशिक्षित लोग भी प्रेतिकवाद में आस्था रखते हैं। वे आधि-व्याधियों के निदान के लिए यदि डॉक्टर के पास जाते हैं तो दूसरी ओर 'प्रेतिकवाद' के प्रोत्साहक 'कणियों', 'देआलों' चेल्लों और 'स्यानों' का आश्रय भी लेते हैं। लोक-शास्त्र में यह कणिए, देआले और चेल्ले जादुई चिकित्सक या 'विच डॉक्टर' की भूमिका निभाते हैं। ये प्रेतबाधा से ग्रस्त रोगियों की चिकित्सा करते हैं। इनके प्रश्रय में जादू-टोना और जड़ी-मसान आदि में जन-मानस की आस्था वैसे की वैसी है जैसी देश के स्वतंत्र होने से पूर्व थी। प्रेतिक-शास्त्री अंध-विश्वासों की आड़ में चौखा कमा-खा रहे हैं। जबकि इनके चंगुल में फँसा रोगी नित्य प्रति की फरमाइशें पूरी करते-करते निचुड़ता जाता है।

डुग्गर में नागोपासना की परंपरा

प्रागैतिहासिक काल में आदि मानव ने सर्प-भय के कारण नाग पूजा को जन्म दिया होगा। आगे चलकर शिश्न को नाग का प्रतीक अथवा उर्वरता या संतति-संवर्धन का साधन मानकर पूजा जाने लगा। यही शिश्न प्रतीक लिंग और योनि के रूप में तमाम आदिम समाजों में उस अद्‌भुत शक्ति का प्रतीक बने जिससे मानव-वंश की वृद्धि होती है। पूजा के रूप में स्वीकृत होने पर भोग-आसक्ति गर्हित कर्म न रहकर सृष्टि को चलाने का एक पूज्य कर्म मानी जाने लगी।

किन्तु आगे चलकर जब भगवान् शिव की योगी के रूप में संकल्पना हुई तो 'नाग'

को 'शिव' में ही समाहित कर लिया गया।

जम्मू प्रांत के निवासी नाग-कुलों में सदियों के अंतराल में विभिन्न कुलों, वंशों तथा परिवारों के आगमन से काफी सांस्कृतिक आदान-प्रदान हुआ। परिवर्तन की गति मैदानी क्षेत्रों में तीव्र थी तो पहाड़ी क्षेत्रों में मद्धम। इतिहास के विस्तृत काल खंड में जो जनजातियाँ नागोपासना के कारण नाग कही जाती थीं उन्हें पंजाब प्रदेश के लोगों द्वारा सामूहिक रूप से द्विगर्त वासी होने के कारण डोगरा कहा गया। डुग्गर और डोगरा शब्द का अधिक प्रचलन विगत दो सदियों में हुआ है। आज भी विवाह-मुंडन संस्कारों के अवसर पर अधिकांश उपजातियाँ अपने नाग कुल देवता के स्थानों पर ही इन संस्कारों का एक अंश संपन्न करती हैं।

स्वामी हरिहरदास त्यागी के शोध के अनुसार—''सम्पूर्ण जम्मू महाभारत युग में मद्र देश नाम से नाग जातियों का प्रदेश था। बुद्ध धर्म का प्रसार होने पर इन नाग जातियों ने बुद्ध धर्म का आश्रय ग्रहण किया।'' अंबाराऽ, किश्तवाड़, पाडर आदि क्षेत्रों में बौद्ध धर्म के पुरावशेष तथा बौद्ध धर्म-ग्रंथों में इन क्षेत्रों का विशद विवरण इस अवधारणा की पुष्टि करता है। इससे स्पष्ट है कि तीव्र झंझावातों में इनकी मूल पहचान विस्मृत होती गई। उपजातियों में बँटे इन नागपूजक लोगों को 'डोगरा' संज्ञा मिली—जिससे यह अपनी जड़ों को भूल गए। आधुनिक युग में तो बहुत-सी उपजातियाँ अपने नाग मूलक आधार को छिपाती भी हैं। विगत सौ वर्ष पूर्व जिन नागों को 'नाग' का नाम लेकर और नाग कहकर पूजा जाता था—अब सप्रयास नाग शब्द को हटाकर देवता, कुलदेवता, बावा अन्यथा किसी और शब्द द्वारा उद्‌बोधित किया जाता है। जैसे शेषनाग की पूजा करने वाले लाखों श्रद्धालु अब उन्हें 'नाग' न कहकर 'सर देवता' अथवा मानसर या सरुहींसर देवता नाम से पुकारते हैं। इसके पीछे जो ठोस कारण दिखाई पड़ता है, संभवतया वह यह है कि पहले 'पहाड़ी', और फिर 'डोगरा' संज्ञा धारण करने के बाद इस नाग-पूजक समाज का जन-जातीय स्वरूप पूर्णतया बदल चुका है। इसलिए जम्मू क्षेत्र में आधुनिकता के अनुराग में जातीय संज्ञा निरंतर विलुप्त होती गई है। शोधकर्ता स्वामी हरिहरदास त्यागी के अनुसार मध्यप्रदेश के बस्तर की जनजातियों और उदयपुर भीलवाड़ा राजस्थान की भील जातियों में नागोपासना जम्मू की नाग-पूजा से मिलती-जुलती है। वहाँ उन लोगों ने अपनी जनजातीय पहचान को गँवाया नहीं है, इसलिए वहाँ यह नागपूजा परंपरा भी अबाध गति से चल रही है।

घुमक्कड़ जनजातियाँ

बनी और सरथल के पशु-पालक 'गद्दी' लोग गर्मियों के मौसम में पाडर क्षेत्र की विस्तृत 'अल्पाइन' चारागाहों की ओर प्रस्थान करते हैं क्योंकि उन क्षेत्रों में घास की बहुतायत है और इसे पुष्टिकारक माना जाता है।

ग्रीष्म ऋतु की तीव्रता को भेड़-बकरियाँ सह नहीं पातीं इसलिए गद्दी लोग ज्येष्ठ मास में अपने विस्तृत रवेड़ों के संग पाडर की ओर बढ़ने लगते हैं। आषाढ़ मास में पाडर

पहुँचकर सावन महीना भी वहीं काटते हैं तथा 20 भादों के लगभग वापस लौटने लगते हैं। कार्तिक और मार्गशीर्ष घरों में काटकर मार्गशीर्ष के अंत में वे रियासी, कठूआ आदि क्षेत्रों की ओर अपनी भेड़-बकरियों के संग निकल पड़ते हैं। रियासी और कठूआ के क्षेत्र अपेक्षतया कम ठंडे होने के कारण भेड़-बकरियों के लिए सुरक्षित होते हैं, इसलिए भेड़ पालक शरद ऋतु जम्मू के कंढी अथवा मैदानी क्षेत्र में काटते हैं।

गद्दी लोग न तो काफिलों में चलते हैं और न ही छोटे बच्चों या औरतों को इस प्रवास यात्रा पर ले जाते हैं। उनकी औरतें घर पर रहती हैं, जबकि बकरवाल कबीले काफिलों में चलते हैं और इनकी स्त्रियाँ भी इनके संग रहती हैं।

जन-जीवन का दर्पण : डोगरी लोकगीत

लोकगीतों का जिक्र आते ही हमारे मानस-चक्षुओं के समक्ष कर्मठ लोगों की वह रूपहली भूमि चली आती है जहाँ शिवालिक श्रेणियों पर मानसर और सरुईंसर नामक दो विस्तृत सरोवर किसी तपोनिष्ट ऋषि के स्थिर नेत्रों की भांति आकाश की नील राशि में टकटकी लगाए दिखाई पड़ते हैं, जहाँ वीर-पांचाल पर्वत के अंचल में सात छोटे-बड़े सरोवर प्रकृति रूपी सुंदरी के गले की हंसली में जड़े हीरों की भाँति चमचमाते रहते हैं, जहाँ भद्रकाशी भद्रवकाश के हिमालयी शिखरों पर वास-कुंड, काली-कुंड, दुर्गा-कुंड, सावन-कुंड आदि बर्फानी जल से भरे अमृत-कुंड स्थित है, जहाँ रावी और चंद्रभागा नदियों के मध्य के प्रदेश को तवी नदी संचित करती है। इस भूमि के वासी अपनी प्राचीन संस्कृति में ओत-प्रोत रहकर कृषि और पशु-पालन परम्परा का काम करते हुए जीवन-यापन करते हैं। कड़कती धूप में खेतों में फसलें उगाने वाले ये लोग बहुधा सेना में नौकरी करते हैं, कुछ कारोबार और आधुनिक जीवन-शैली से जुड़कर अपनी भूमि का गौरव बढ़ा रहे हैं। इस भूमि और यहाँ के लोगों के भाव-सौन्दर्य को यहाँ के कलाकारों ने अपनी लघु-चित्र शैली में रूपायित किया है। बसोहली कलम, जम्मू कलम और मानसर कलम आदि विभिन्न नामों से विश्व में नामवरी पैदा करने वाले कलाकारों की यह भूमि लोकगीतों की दृष्टि से इतनी समृद्ध है कि यदि इस उर्वर धरा पर पत्थर भी बीजिए तो वे भी आपको लोकगीतों की हरी-हरी फसल के रूप में लहराते मिलेंगे। लोकगीतों का आज भी जन-मानस द्वारा निर्माण जारी है। यहाँ के सत्यनिष्ट एवं धार्मिक स्वभाव के लोगों के सुख-दुख का प्रतिबिंब बने इन गीतों को कल-कल करते झरने अपनी लय और ताल में बांधे हुए हैं। इसलिए यदि इन्हें डोगरा जन-जीवन की प्रतिछवि कहा जाए तो पूर्णतया उपयुक्त होगा। इसलिए पश्चिमी विद्वान फ्रेजर ने लोकगीतों की चर्चा करते हुए उन्हें प्रकृति के भाव-पुत्र कहा है।

हिमालय के इस छोर में पुष्पित-पल्लवित डोगरा संस्कृति में यह भाव-पुत्र मनोहारी छटा प्रस्तुत करते हैं। प्रकृति के मनोरम दृश्य, लुभावने नजारे और चित्ताकर्षक चित्रावलियाँ इन गीतों में अंकित दिखाई पड़ती हैं। पर्वत शृंखलाओं पर पड़ती बरखा की फुहार का

शब्द-चित्र देखिए—

"घिरी घटा घनघोर ठंडियाँ बूंदा पेइयां,
आए नेईं चितचोर ठंडियाँ बूंदा पेइयां।"

भावार्थ : घनघोर घटाएँ फिर आई हैं। ठंडी बूंदें पड़ रही हैं। इन बूंदों के रहते चित को चुराने वाले सइयां नहीं पहुँचे।

ग्रीष्म ऋतु में जब कंढी के इलाके तपते तंदूर बन जाते हैं, वहाँ के निवासी वर्षा की बूंदों की प्रतीक्षा यों करते हैं मानो आकाश से मोतियों की फुहार पड़ेगी। आकाश में बदली घिरती है किन्तु बरसती नहीं, इसलिए जब आकाश में आवारा बादल मंडराते हैं तो हृदय में कसक-सी जगा जाते हैं—

"अंबर बदली छाई गेई ऐ।
पीड़ कलेजै लाई गेई ऐ।।"

भावार्थ : आकाश में बदली घिर आई है। इससे कलेजे में पीड़ा-सी उठने लगी।

बरसात की शुरुआत में वर्षा की बूंदें अतीव प्रसन्नता का आभास लेकर आती हैं। वर्षा ऋतु की प्रथम बारिश को 'पैहूल नछल्ला' कहा जाता है। किसान लोग इसे देवताओं का 'त्रौंका' अर्थात् जल छिड़काव मानते हैं। इस छिड़काव के उपरांत वरुण देवता अपने रथ पर चढ़कर वर्षा जल की सौगात लाएंगे। डोगरी भाषा में रथ का एक अर्थ जल से भरे काले बादलों से भी है। प्रतीक्षा के बाद आई वर्षा से उद्भासित जन-मानस अपने मनोभाव यों प्रकट करता है—

"कुत्थुआँ दा ढली ऐ जालम बदली,
कुत्थुआँ दा बगदे नीर।
गासा दा ढली ऐ जालम बदली,
नैनें दा बरदे नीर।"

भावार्थ : ये जालिम घटा कहाँ से आकर बरसने लगी है और ये नीर कहाँ से ढरक रहे हैं? आकाश से जालिम घटा उतरी है और बादल नैनों में बरस रहे हैं।

विरहनी की व्यथा

इन बोलों में विरहनी के हृदय की व्यथा सहज ही लक्षित की जा सकती है। वियोग श्रृंगार से संबद्ध लोकगीतों की बहुतायत का जो कारण समझ आता है—वह है डोगरा क्षेत्र के लोगों का सेना में नौकरी के कारण अक्सर घर से बाहर रहना। वियोग श्रृंगार के गीतों में प्रायः साजन का विछोह, मायके की स्मृति और पतिव्रता नारी की वियोगावस्था का चित्रण होता है। डोगरी में श्रृंगार गीतों की भरमार है। इसके अंतर्गत जो भेद रखे गये हैं, वे हैं—जात्तरा गीत, मिलन गीत, रूप-स्वरूप वर्णन के गीत, प्रकृति, पेड़, मौसम, फल-फूलों, पंछियों आदि के गीत। स्त्री के आभूषणों, जल लाने का घड़ा आदि बर्तनों तथा हुक्के से सम्बन्धित लोकगीत भी इसी कोटि में समाहित होते हैं।

भक्ति गीत

डोगरा जनमानस मुख्यतः ईश्वर विश्वासी है। इसी कारण से डुग्गर में भक्ति गीतों का बहुत अधिक प्रचलन है। भक्ति गीतों में शक्तिपूजा के गीत—'भेटें', कृष्ण, राम तथा विष्णु पूजा के गीत—'बिसनपते', राधा-कृष्ण की लीला के 'गुजरी गीत' या 'गुजरियाँ' तथा जात्तराएँ, भजन और शिव महिमा के गीत प्रचलित हैं।

संस्कार गीत

संस्कार गीतों में शादी-विवाह के गीतों की बहुलता है। तमाम संस्कारों में विवाह ही सबसे बड़ा और विविधतापूर्ण संस्कार है। इसके अंतर्गत बधावे, सेहरा, घोड़ी, सिटनियाँ-जुआहूरियाँ छंद, जागरना तथा पड़ूहा आदि के गीत सम्मिलित हैं। जन्म-संस्कार में बिहाइयाँ और बधावे, मुंडन संस्कार के बधाई-गीत भी प्रचलित हैं। मृत्यु संस्कार से सम्बन्धित गीतों को तीन उपवर्गों में बाँटा गया है। (1) पटड़े (2) बैन-बछूरे (3) लुहानियाँ। मृत्यु संस्कार में बोली जाने वाली लुहानियाँ बैसाखी के अवसर पर नाचे जाने वाले डोगरा-भांगड़ा में डाली जाने वाली लुहानियों से भिन्न होती हैं—हालाँकि डोगरा-भांगड़े में बोली जाने वाली लुहानियों में भी विगत एक वर्ष में रब के प्यारे हुए—मित्रों, यार-बेलियों की स्मृति रहती है। विवाह संस्कार के गीतों में जुआहूरी, सिठनी, छंद आदि गीतों का विशेष सांस्कृतिक महत्व है।

पर्व-गीत

पर्व-गीतों में लोहड़ी, द्रुब्बड़ी (दूर्वाष्टमी), कराचौथ (करवाचौथ), पुहाया की पूर्णिमा के गीतों का पर्वानुसार प्रचलन है।

डोगरी लोकगीतों में भाख, झंझोटी तथा चन्न-गीतों का विशेष स्थान है। भाख के तीन मुख्य भेद प्रचलित देखे जाते हैं—लम्मियाँ भाखां, निक्की सुरै दियां भाखां और त्रोड़क। ये भेद गायन शैली के आधार पर किए गये हैं। झंझोटी गीत भी गेयता के आधार पर आम गीतों से भिन्न शैली के गीत माने गये हैं। विद्वानों का कथन है कि राग झंझोटी का मूल स्रोत डोगरा-पहाड़ी झंझोटियाँ ही हैं।

प्रबंध गीत : कथात्मक गीतों में दो भेद प्रमुख हैं

1. गीतड़ू कथाएँ : जैसे, 'हैंसो वीर ते मनसो भैन, भंकू-सुन्नी, नूरां, सोहूनू, गिल्मू आदि।'
2. कारकें-बारें : यह लोकगाथाएँ हैं।

(क) 'कारक' ऐसे प्रबंधात्मक गीतों को कहा जाता है जिनमें दिव्य शक्तियों का जीवन-चरित्र व्यक्त किया जाता है। इनमें ऐसे व्यक्तियों का यशोगान भी रहता है जिनको लोक-मानस ने उनके मरणोपरांत दिव्य पुरुष, दैवी शक्ति या सजावती-सती आदि के रूप में मान्यता प्रदान की? डोगरी के कुछ प्रसिद्ध कारकें यों हैं :

(1) माता वैष्णो (2) माता कालका (3) बावा भैड़ (4) बावा सुरगल (5) बावा सिद्ध गोरिया (6) बावा बिरपानाथ (7) दाता रणपत (8) बावा जितमल (9) बावा ब्रह्मदेव (10)

बावा बंगी (11) बावा मेई मल्ल (12) बावा थोलू आदि।

(ख) : 'बार' नामक प्रबंधगीत मूल रूप से वीरगाथाओं के वर्ग में आते हैं। इनमें नायक के वीरतापूर्ण कारनामों का वर्णन रहता है। कुछ प्रसिद्ध बारें इस तरह हैं :

(1) राजा मंडलीक (2) राजा होडी (3) ढोल पादशाह (4) राजा हौंस (5) मीरदास चौहान (6) राजा किरपालदेव और मियांनाथ दलपतिया (7) दूहूद बादशाह आदि।

भ्यागड़े

जिन घरों में विवाह कार्य किए जाते हैं वे खुशी के गीत गाने वाली मंडलियों (पार्टियों) को गीत गाने के लिए बुलाते हैं। इसके लिए उन्हें अन्न और धन के अतिरिक्त 'बेल' के रूप में मिलने वाला इनाम भी दिया जाता। प्रातः पो फटने से पहले[10] यह गायक मंडलियाँ उस घर में 'भ्यागड़े' गीत गाती हैं। भ्यागड़े[11] का अर्थ है—ऐसा गीत जो प्रातः काल में गाए जाएँ। इन गीतों की विषय-वस्तु वही है जो विष्णुपदों का रहता है। राम एवं कृष्ण भगवान् की लीलाओं का स्मरण इन गीतों में किया जाता है। यह ऐसे परंपरागत भजन गीत हैं जिन्हें सुबह रोशनी निकलने से पहले गाया जाता है—और बाद में यह जारी रहते हैं। पुरानी परंपरा यह थी कि प्रातः कव्वे और चिड़ियों के बोलने पर यह गीत रोक दिये जाते थे। तब अन्य भजनों का गायन किया जाता था। भ्यागड़ा गीत का उदाहरण :

''राम ते लछमन, सार-पासा खेढदे,
सिया रानी कढदी, कसीदा मेरे राम।
लेई घड़ोलू सिया पानियै गी चली ऐ,
गगन सुहे दिया बाईं, मेरे राम।
भरी घड़ोला सिया टारी पर धरेआ,
ते बागे च नजर दुड़ाई मेरे राम।
सुन्ने दे हत्थ ते सुन्ने दे पैरड़ू,
हरनू खिड़्ढै बड़ा शैल मेरे राम।
पह्ला जे बान मेरे राम जी ने छुड़ेआ,
पुज्जेआ अद्धे शमान मेरे राम।''

भावार्थ : राम और लक्ष्मण दोनों भाई चौसर का खेल खेल रहे हैं तथा सिया रानी कसीदा निकाल रही हैं। तब वह छुटका घड़ा उठाकर 'गगनसूह' की बावली पर पानी लाने चल पड़ीं। जल भरकर घड़ा कमर पर रखा और वहाँ उद्यान की ओर नजर दौड़ाई। वहाँ सोने का एक हिरण दिखाई पड़ा जिसके हाथ और पैर सोने के थे। यह सुंदर हिरण रोमांचकारी कुलाँचे भर रहा था। राम जी ने बाण मारा जो आकाश के अधबीच जा पहुँचा आदि।

बिलावर इलाके में भी भ्यागड़े गीतों का प्रचलन है। भ्यागड़े गाने वाले दो-दो की मंडली के रूप में यह गीत गाते हैं। इस मंडली को जोड़ी कहा जाता है। इन गीतों को गाने के लिए किसी साज-बाज का प्रयोग नहीं किया जाता।

बिलावर में यज्ञ करते हुए या 'मोख' अनुष्ठान में भ्यागड़े गीतों का गायन आवश्यक माना जाता है। एकादशी और पूर्णिमा आदि का मोख दो दिन चलता है। रात को प्रातः ब्रह्म मुहूर्त में यह भजन गीत गाए जाते हैं।

डोगरी भाषा में लोकगीतों की भरमार है। अब तक डोगरी तथा इसकी उपभाषाओं में एकत्रित एवं प्रकाशित गीतों की संख्या पाँच हजार से अधिक है। इससे कई गुणा अधिक लोकगीत अभी मौखिक पड़े हैं। गीतों की विविधता, उनके भेद, उपभेद भी बहुत अधिक हैं। ये लोकगीत डोगरा जन-जीवन का प्रमाणिक चित्रण पेश करते हैं।

लोकवार्ता की दृष्टि से डोगरी एक समृद्ध भाषा है। सहस्रों कहावतें, मुहावरे, बुझारतें आदि प्रचलन में हैं। लोक-कथाओं, पुराकथाओं तथा लोक-गाथाओं की भी भरमार है। इन तमाम वार्ता-रूपों के संकलन एवं प्रकाशन का काम डोगरी भाषा में निरंतर चल रहा है। आवश्यकता है इस छिपे हुए खजाने को हिन्दी माध्यम से सामने लाने की ताकि सिद्ध हो सके कि सहस्रों किलोमीटर दूर जम्मू-हिमाचल के पहाड़ों और पंजाब के कुछ भागों में पनप रही डोगरी-संस्कृति, भारतीय संस्कृति का ही एक महत्वपूर्ण अंग है।

सन्दर्भ :

1. केदार नाथ शास्त्री
2. बाहवे वाली माता (महाकाली) का रक्षित वन
3. महामाया माता का रक्षित वन
4. मॉनोग्राफ--विश्वनाथ खजूरिया, पृ. 11, साहित्य अकादेमी, नयी दिल्ली, संस्करण-1995
5. हिन्दू विश्वास के अनुसार राजा को ईश्वर का अवतार माना जाता था।
6. होनी बरती हरीचंद गी, राजा-रानी दोऐ भरदे पानी।
   होनी बीती पंजें पंडमें, जि'नें लेई द्रोपदी हार।
   होनी बीती अंधली-अंधले, पुत्तर सरबन छुड़े प्राण।
   होनी बीती ऐ सत्त समुंदरें, जेहड़े जल कीते खन्खार।
7. ''हरी-हरी कुंबली राम ध्यानी आं,
   रौह्नी आं बावल दे देस बे।
   जिस बेल्लै बिद्दमाता लेख जे लिखदी,
   उस बेल्लै हुंदड़ी लैंदी खोल बे।
   कोरे कागदें पानी जे पांदी ऐ,
   कान्नियां रखदी सम्हाल बे।
   हरी-हरी कुंबली........

भावार्थ : पहले पहर में राम को स्मरण करती हूँ। अरे! मैं तो
बाबुल के देश में रहती हूँ। बयमाता जब भाग्य लिखती है—

उस समय वह नियति के पन्ने खोल देती है, वह कोरे
कागजों पर भाग्यलेख लिखती है, वह अपनी लेखनियाँ
संभालकर रखती है। पहले पहर में मैं राम का......।

8. "ओ अंबरै गी बदली लग्गी, काल घटा चढ़ी आइयां।
ओ ऐसा कोई धर्मी जम्मै, काल घटा ही मोड़ै।
जो बिद्दमाता दे अक्खर लिखे, इ'नें अक्खरें गी कु'न मोड़ै?
ऐसा कोई साध टक्करै, हाथ अक्खरें गी ओह् मोड़ै।"
पृष्ठ : 142, डोगरी लोकगीत भाग-13

भावार्थ : आकाश में बादली है, काली घटाएँ चढ़ आई हैं।
अरे, ऐसा कोई धर्मवीर जन्म ले जो इन अक्षरों की महत्ता समाप्त कर दे।
बयमाता के लिखे अक्षर हैं, इन्हें कौन मिटाए?
कोई ऐसा तपस्वी साधु मिले जो इन्हें मिटा दे।

9. डुग्गर के नृसिंह मंदिरों में नृसिंह प्रतीक के रूप में विभिन्न आकार के गोल, मुलायम एवं रंगदार पत्थर, पीतल या वस्त्र के विशेष आसनों पर स्थापित किये होते हैं।
10. डोगरी में 'बडलै सबैह्क्खा' होने से पूर्व
11. डोगरी में भ्यागा शब्द के दो अर्थ हैं– 1. प्रातः 2. (आने वाला) कल

●

181-पहाड़ियाँ स्ट्रीट, जम्मू तवी-181
(जम्मू-कश्मीर)

ओड़िया लोक-नाट्य परम्परा एवं उसका विकास

डॉ. अंजुमन आरा

लोक-नाट्य लोक संस्कृति का विशिष्ट विभाव है। जन साधारण ने अपने मनोरंजन और सामाजिक विद्रूपदाओं के प्रदर्शन के लिए यात्रादि को जन्म दिया। लोक-धर्म, लोक-नृत्य, लोक-वाद्य और लोक-चलन, सब लोक-संस्कृति के अंग हैं। ऐसा अनुमान लगाया जा सकता है कि आदिमानव दिन भर काम करने के बाद फुर्सत के क्षणों में आपस में हँस-खेलकर, नाच-कूदकर मनोरंजन करता था।

मनोरंजन की यह परिपाटी जलवायु और भौगोलिक स्थिति की दृष्टि से भिन्न-भिन्न रूपों में प्रदर्शित हुई। मानव सभ्यता के विकास के साथ-साथ उसकी रुचि में भी बदलाव आया।

आलोचकों के मतानुसार कृषक संप्रदाय फसल काटते समय आनंद से गदगद होकर नाच-गाने या अभिनय की प्रस्तुति करते थे। लोकनाट्य की उत्पत्ति एक दिन में नहीं हुई है। इसकी उत्पत्ति के पीछे बहुत से कारण हैं।

1. प्रकृति का प्रभाव : प्रकृति के आरण्यक घर में रहने तथा विचरण करने वाले मनुष्य ने पेड़, लता, फूल, पानी तथा पशु-पक्षियों के नृत्य को हर कदम पर देखा व महसूस किया। जब उसकी चेतना भाव विह्वल हुई तो उसने उसे अंग-विलास के माध्यम प्रकट किया। अतः नाटक की प्राथमिक सूचना प्रकृति से

ही मिलती है। उड़िया के लोकनाट्य परंपरा पर भी प्रकृति का प्रभाव पड़ा है।

2. धार्मिक चिंतन : लोक-नाट्य की उत्पत्ति में धार्मिक चिंतन की भी महत्वपूर्ण भूमिका रही है। रहस्यमय और अदृश्य शक्ति को तुष्ट करने के लिए मनुष्य उसका गुणगान करता था। यूनान, इंग्लिस्तान तथा भारत में धर्मानुष्ठान के साथ नाटक रचना का सम्बन्ध था। इंग्लैंड में ईसा मसीह के जन्म और तिरोधान के साथ संपृक्त बाइबल की कहानियाँ अभिनीत की जाती थीं। बहरहाल, भक्ति-भावना को अभिव्यक्त करने के लिए उसने नाच, गाना और मुद्राओं का सहारा लिया। कोणार्क सूर्य मंदिर के रंगशाला को देखकर हम कह सकते हैं कि धार्मिक चिंतन का लोक-नाट्य परम्परा पर प्रभाव पड़ा है।

3. कृषि सभ्यता : कृषि प्रधान राज्य ओड़िशा में किसान खुशी से झूमकर आनन्द की अभिव्यक्ति के लिए विभिन्न अंग-भंगिमाओं में नृत्य प्रदर्शन करते थे। इसलिए ज्यादातर लोकनाटकों में ओड़िशा के कृषक संप्रदाय की भूमिका रही है। कई लोक-नाटकों में कृषि सभ्यता के चित्र दिखाई देते हैं।

4. सामरिक परंपरा : युद्ध में विजयी ओड़िया पाइक के अपनी मिट्टी पर पैर रखते ही उनका भव्य स्वागत होता था। उन्हें उत्साहित करने तथा उनका हौसला बढ़ाने के लिए नाच-गाने की तैयारी की जाती थी। युद्ध प्रिय पराक्रमी ओड़िया मानस में युद्ध और वीर रस जाग्रत करने के लिए उसी नाट्य के माध्यम से विभिन्न दृश्यों का प्रदर्शन किया जाता था। अतीत की वीरतापूर्ण समरस्मृति अब भी ओड़िया जाति के हृदय में जीवित है। खुरदा, ढेकानाल आदि पाइक इलाकों में अब भी 'पाइक अखाड़ा' खेला जाता है।

5. कारुकला : उत्कृष्ट कला के कारण ओड़िशा का एक नाम उत्कल भी है। अनुमान लगाया जाता है ओड़िया कारीगरों के हाथों से बनी नृत्य मुद्राओं वाली मूर्तियों ने ओड़िया लोक-नाट्य को प्रभावित किया होगा।

6. देवदासी और ओड़िशी नृत्य : ओड़िया लोक-नाट्य के विकास में ओड़िशी नृत्य और देवदासी प्रथा की भूमिका रही है। मंदिरों की दीवारों पर खुदी नृत्य मग्न नर्तकियों की मुद्राओं का लोकनाटक अभिनेताओं ने हर संभव अनुकरण करने का प्रयास किया है। जगन्नाथ मंदिर में प्रदर्शित होने वाला देवदासी नृत्य मंदिर के बाहर 'गोटिपुअ' नाच के नाम से जाना जाता है। बाद में ओड़िशी नृत्य को विविध मुद्राएँ एवं नृत्य के ताल में संगीत और गद्य का पुट देकर विभिन्न लोकनाट्य में शामिल किया गया।

उपरोक्त के अतिरिक्त लोकनाट्य को और भी स्रोतों से प्रेरणा मिली है। मसलन, शिकार, पर्व-त्योहार, लौकिक विधि-विधान आदि से।

ओड़िशा के आदिवासी अपने उत्सव और त्योहारों में नाचने के साथ-साथ अभिनय भी करते हैं। आदिवासियों की तरह साधारण ओड़िया समाज में विभिन्न लोकनाटक प्रचलित हैं।

छउ नृत्य : भारतीय लोकनाट्य परम्परा में ओड़िशा का 'छउ नृत्य' एक विशिष्ट अवदान है। ओड़िशा के मयूरभंज जिले का यह लोकप्रिय नाच है। भारत में 'छउनाच' के तीन

विभाग भिन्न-भिन जगहों पर परिलक्षित होते हैं। वे हैं ओड़िशा का मयूरभंज, बिहार का सराइकेला और पश्चिम बंगाल का 'पुरुलिया'। 'छउनृत्य' में जाति, वर्ण, धर्म से परे एकता स्थापित करने का प्रयास किया गया है। सराइकेला वाले 'छउनृत्य' में मुखौटा पहनकर विभिन्न भूमिका निर्वाह करते हैं, जबकि मयूरभंज के 'छउनृत्य' में मुखौटा के बदले स्वाभाविक मुखमुद्रा द्वारा अभिनय किया जाता है। मंच पर नट-नटी उपस्थित होकर नाच के बारे में सूचना देते हैं। समाज में निम्न वर्ग के लोग इसमें ज्यादातर हिस्सा लेते हैं। चैत महीने के अंतिम भाग में यह अनुष्ठित होती है जिसमें तेली, हलवाई, सुनार, लोहार आदि अलग-अलग पेशेवर लोग हिस्सा लेते हैं। 'छउनृत्य' मुख्य रूप से मूकाभिनय है। वाचिक अभिनय न के बराबर होता है। बाजों के साथ-साथ कलाकार मंच पर आते हैं और नृत्य तथा अभिनय करते हैं। नेपथ्य से दूसरे कलाकार गाते हैं और उनका अनुसरण करते हुए अभिनेता अभिनय की कला का प्रदर्शन करते हैं। वे हाथ में ढाल, तलवार पकड़कर अभिनय करते हैं। 'छउनृत्य' युद्ध प्रेमी पाइकों द्वारा अभिनीत होता है जिसमें वीर रस व्यंजक बाजों का इस्तेमाल किया जाता है, मसलन—नगाड़ा, ढोल, जोड़ी शहनाई, घुमुसा तथा काहाली। 'छउनृत्य' को अब शास्त्रीय नृत्य की मर्यादा मिल चुकी है।

पालानाट : आलोचक गिरिजा शंकर राय के मतानुसार मुसलमानों के ओड़िशा आगमन के बाद 'पाला' की उत्पत्ति हुई। अकबर के शासन के समय हिन्दू और मुसलमानों में एकता स्थापित करने के लिए प्रयास किए गये थे। शायद पाला उसमें से एक है। इसमें हिन्दू धर्म के सत्य एवं मुसलमान धर्म के पीर को मिलाकर 'पालानाट' को एक स्वरूप प्रदान किया गया। अभिनेताओं की पोशाक हिन्दू एवं मुसलमानों की पोशाकों के मिश्रण से बनती है। एक अभिनेता पंच देवता एवं पीरों की महिमा का गान करते हैं, उनके साथ एक वादक और तीन-चार सहायक जन विविध अभिनय के माध्यम से 'पाला' गाते हैं। जिसमें नृत्य, संगीत, अभिनय एवं संवाद का मधुर सम्मिश्रण रहता है। लोक में पाला का प्रचार होने के बाद हिन्दू-मुसलमानों के बीच की कड़वाहट ज़रूर कम हुई थी। अब महिलाएँ भी पाला गाने लगी हैं। ओड़िशा में कवि कर्ण, निरंजन कर, भृगुराम, हृदुराम, शंकर आचार्य, मार्कंडेय बाहिनीपति, कृष्ण चरण साहू आदि ने इस परम्परा को जीवित रखा है।

दासकाठिया : उत्तर ओड़िशा में पालानाट लोकप्रिय है और दक्षिण ओड़िशा का प्रसिद्ध लोकनाट्य 'दासकाठिया' है। 'दासकाठिया' में कुल दो पात्र होते हैं—एक गायक होता है और दूसरा पालिआ यानी दुहराने वाला। गायक को बीच-बीच में विश्राम देने के लिए पालिया हास्य-कथा या संगीत के माध्यम से दर्शकों का मनोरंजन करता है। फिर कभी गायक के गाने की अंतिम पंक्ति को दोहराता है। उनके सिर पर पगड़ी होती है और ओड़िशी ढंग में धोती को बाँधकर दोनों टांगों के बीच से ले जाकर कमर के पीछे चुन्नट को खोंसते हैं जिसे भोजपुरी में 'पोंछटा खोंसना' कहा जाता है। पाला गायक की तरह वे कान में कुंडल और पाँव में घुंघरू पहनते हैं। जर लगी पोशाक में उनका सर्वांग आवृत्त

रहता है। गाँव के खुले मैदान में मुक्ताकाश के नीचे 'दासकाठिया' नृत्य होता है। नाच शुरू होने से पहले 'दासकाठिया' यानी दो टुकड़ी छोटी आयताकार लकड़ियों को दाहिने हथेलियों की मदद से बजाया जाता है। प्रेम, युद्ध, परिणय आदि घटनाओं का वर्णन करते समय गायक अलग-अलग भूमिकाओं के अनुरूप अभिनय करता है। श्री वैद्यनाथ गायक रत्न, कृष्णचंद्र गायक रत्न आदि इस क्षेत्र में उल्लेखनीय हैं।

चइति घोड़ा नाच : इस नाच की एक समृद्ध परंपरा है। केवटों के स्मरणीय त्योहार चैत पूर्णिमा के दिन यह नाच होता है। पतले-पतले बाँस चीरकर उससे घोड़े का शरीर बनाया जाता है, जिसे लाल, पीले, नीले रेशमी कपड़ों से आवृत्त कर घोड़े का एक मुखौटा लगाकर घोड़ा नाच होता है। एक आदमी पाँव में घुँघरू, कान में कुंडल और सर पर पगड़ी बाँधकर घोड़े को पकड़कर नाचता है। दोनों पुरुष और महिला गाना गाने के साथ-साथ पारंपरिक नृत्य करते हैं। ढोल-शहनाई के साथ उनके मधुर स्वर और उद्दाम नृत्य से गाँव का मैदान मुखरित होने लगता है। गाँव की बालू-मिट्टी पर नाच-गाना व अभिनय कर वे पैसा वसूलते हैं। राउत-राउताइन (अश्वारोही नायक व नायिका) के बीच चल रहे प्रश्नोत्तर में लोक-शिक्षा के साथ-साथ मनोरंजन की भी व्यवस्था रहती है। अपना परिचय प्रदान करने के साथ-साथ राउत-राउताइन अपने सुख-दुख, आशा-आकांक्षा की अभिव्यक्ति करते हैं।

ओड़िशा की तरह इंग्लैंड में भी घोड़ा-नाच की परम्परा है। फर्क बस इतना है, वहाँ अभिनेता एक अश्व का मुखौटा लगाकर अभिनय करता है और ओड़िया अभिनेता अश्व के शरीर के बीच स्थित शून्य स्थान में प्रवेश कर दोनों हाथों से करताल (झांझ) पकड़कर बाजे के साथ ताल देता हुआ नाचता-गाता है। ब्रिटेन व ओड़िशा के घोड़ा नाच से अंदाजा लगाया जा सकता है कि पूरे विश्व की सांस्कृतिक परम्परा मानो एक जैसी है।

डालखाइ : पश्चिम ओड़िशा का यह लोकप्रिय नृत्य दशहरे के अवसर पर अनुष्ठित होता है। इसमें कुँआरी लड़कियाँ हिस्सा लेती हैं। आदिवासी तरुणियाँ हाथ में हाथ डालकर, घुटने व कमर झुकाकर, दोनों पाँव जोड़कर नाचते हुए पीछे की ओर जाती हैं। नाचते समय अपनी पीठ पर लटकती हुई चादर को दाहिने या बायें हाथ से हिला-हिलाकर नाचती हैं। बाजा बजाने वाले युवक ढोल, शहनाई, मृदंग जातीय काठबाजा, नगाड़ा आदि बाजे बजाकर (नर्तकियों के चारों ओर घूम-घूमकर) गाये जाने वाले गीत के अंत में 'डालखाइ रे' शब्द का उच्चारण करते हैं। 'डालखाइ' नाच आदिवासी जीवन की एक रोजमर्रा की प्रक्रिया है। नर्तकी संबलपुरी या रंगीन साधारण (कस्ता) साड़ी पहनकर जूड़ा बनाती है और उसमें फूल-पत्ते खोंसती है। वादक कच्छा कसकर रंगीन कुर्ता पहनते हैं। यह नाच जंगल की सीमा पार कर अब शहर पहुँच गया है।

दंड नाच : संभवतः तांडव नृत्य का अपभ्रंश है 'दंडनाच'। दंड यानी 'लाठी', जिसे रंगीन कपड़ों से सजाया जाता है। यह ओडिशा का एक पारंपरिक नाट्य है। शबर-शबरी इसमें नायक-नायिका बनते हैं। मन्नत पूरी होने पर लोग 'दंडनाच' करवाते हैं। इस नाटक के

चरित्र साधारण रूप से अवहेलित समाज से आते हैं। अभिनेता प्रायः अब्राह्मण संप्रदाय के यानी अति निम्न अस्पृश्य जाति से लेकर उच्चतर स्पृश्य जाति के होते हैं। आदिवासी-हरिजनों के साथ-साथ सवर्ण सब मिलकर एक साथ भोजन एवं शयन करते हैं।

'दंडनाच' के प्रारंभिक चरण में अनुष्ठान की शोभायात्रा, उपचार विधि, धूलिदंड, पाणिदंड आदि किया जाता है। 'धूलिदंड' अभिनय दिन में चिलकती दोपहर में किया जाता है। यह संलाप विहीन, वेशपोषाक रहित अभिनय है। मगर जो अभिनय रात में किया जाता है वह गद्य-पद्य वचनिका युक्त होता है। इसमें पोशाक पहनकर विधिबद्ध रूप से नाट्याभिनय होता है। नाच-गाना इसकी खासियत है तथा ढोल मुख्य बाजा है। यह कहना कठिन है कि यह 'दंडनाच' कब शुरू हुआ। पहले तो यह समाज के निम्न वर्ग एवं आदिवासियों का नृत्य था। बाद में आर्य-सभ्यता में इसने प्रवेश किया। बलांगीर, ढेंकानाल, फुलवाणी, संबलपुर, गंजाम, कटक, कालाहांडि आदि में यह प्रचलित है।

धनुयात्रा : ओड़िशा के कुछ अंचलों में यद्यपि 'धनुयात्रा लीला' का अभिनय होता है, मगर संबलपुर जिले की 'बरगड़ धनुयात्रा' की प्रसिद्धि है। इसकी खूबी यह है कि इसे रंगमंच पर खेला नहीं जाता। अमापाली गाँव को गोपपुर, बरगड़ शहर को कंस राजा की राजधानी मथुरा और बीच में बहनेवाली 'जीरा नदी' को यमुना नदी के रूप में कल्पना कर एक विशाल अंचल को रंगभूमि का रूप दिया जाता है। यह यात्रा बड़ी चित्ताकर्षक होती है जो पूस के महीने में एक हफ्ते तक चलती है।

घुडुकी नाच : इसका दूसरा नाम है 'घुडुकी नाट'। इसे 'नबरंग धुडुकीनाट' भी कहा जाता है। लौकी का तुंबा या लकड़ी से बने खोल में तार बाँधकर घुडुकी या धुडुकी तैयार किया जाता है। एक घुडुकी वादक गीत गाते हुए सूत्रधार की भूमिका निभाता है। उसके निर्देश से दल के दो-चार नर्तक विभिन्न भूमिका में अवत्तीर्ण होकर सपेरा-सपेरन, जोगी-जोगन, शबर-शबरी आदि की भूमिका में अभिनय करते हैं। गीत, गायन के बीच घुड़की वादन दर्शकों को विमोहित करता है।

भरत लीला : महाभारत की कहानी के विभिन्न उपाख्यान को अभिनय द्वारा दर्शकों के सामने प्रदर्शन करना भरतलीला कहा जाता है। इस लीला का प्रधान विषय है महाभारत के नायक अर्जुन के कृतित्वों का प्रदर्शन। इसमें 'दुआरी' (दरवान, यात्रा दल का विदूषक) की भूमिका मुख्य होती है। वह कौतुक भरे हास्य रस के माध्यम से नायक को सही रास्ता बताता है। दुआरी संस्कृत नाटक के विदूषक की तरह काम करता है। चरित के मुकाबले दुआरी का अभिनय अधिक आकर्षक होने के कारण इसे 'दुआरीनाट' भी कहा जाता है।

देशीया नाट : 'देशीया' शब्द आदिवासियों को सूचित करता है। यह कोरापुट जिले का प्रधान लोकनाट्य है। बाद में इसमें दूसरी शैलियों को मिलाकर इसे सर्वसाधारण में प्रचलित किया गया। इस नाटक में ढोल, शहनाई, वंशी आदिवासियों का केंदरा (भिखमंगे योगियों की वीणा) और लौकी की तुंबी आदि बाजों का इस्तेमाल किया जाता है। सार्वजनीन मुखौटों

का इस्तेमाल 'देशीया नाट' की प्रधान विशेषता है। इंसान के अलावा पशु-पक्षी, देवता-राक्षस सभी मुखौटा पहनकर मंच पर आते हैं। इसमें अभिनय तथा अंग-भंगी विशेष महत्वपूर्ण होता है।

करमा नाच : यह पश्चिम ओड़िशा में बहुत लोकप्रिय है। अलग-अलग उपजाति के लोग इसमें हिस्सा लेते हैं। 'मादल' (मृदंग जातीय काठ बाजा) बजते ही तरुण-तरुणी एक-दूसरे के कंधे पर हाथ रखकर या फिर दो पंक्तियों में परस्पर एक दूसरे का सामना कर नाचते हैं। गाने के बीच थोड़ा अभिनय भी चलता है। बाजे के साथ नाच होता है। गानेवाले कलाकार पगड़ी में मोरपंख लगाकर, शंख की माला पहनते हैं। एक गाँव से दूसरे गाँव घूमते हुए तरुण-तरुणी यह गाना गाते हैं जिसमें शृंगार रस की प्रधानता होती है। इसमें तरुण-तरुणी के मन की अभिलाषा व्यक्त होती है।

यात्रा : यह एक प्रकार का गीति-नाट्य है। यात्रा में संगीत, नृत्य और वाद्य के साथ-साथ कथोपकथन का भी महत्व है। यात्रा में नाटक के अनेक गुण रहने पर भी उसे पूर्णांग नाटक नहीं कहा जा सकता। यात्रा की कथावस्तु ऐतिहासिक या पौराणिक होती है। कभी-कभी काल्पनिक विषय वस्तु को भी जोड़ दिया जाता है। ऑपेरा तथा यात्रा की विषयवस्तु के बीच खास फर्क नहीं होता। यात्रा में संलाप और संगीत रस की उत्पत्ति बराबर की भूमिका निभाते हैं। संगीत इसमें रस संचार करता है। कई आलोचक इस बात को स्वीकार करते हैं कि यात्रा के विकास में इसलामी प्रभाव है। ओड़िया यात्रा की उत्पत्ति सोलह सौ ईसवीं से पहले हुई थी। 'पंचसखा युग' में अच्युतानंद ने यात्रा की शुरुआत की थी। बाद में इसका स्वरूप बदलने लगा। मगर आज भी मुक्ताकाश के नीचे खुचे रंगमंच में यह अभिनीत होता है। गोपालदास ने सर्वप्रथम ओड़िया यात्रा दल बनाकर बंग में प्रतिष्ठा अर्जित की। बंगीय आलोचकों के मतानुसार उनसे ही बंगाल में यात्रारंभ हुआ।

जगन्नाथ पाणि ने भद्रक जिले के नलांक में एक यात्रादल का गठन किया गया। उन्होंने ओड़िआ यात्रा के विकास में 50 वर्षों तक काम किया। ओड़िशा और ओड़िशा के बाहर यात्रा का प्रदर्शन किया। उनके यात्रा या गीतिनाट्य में गद्य का प्रयोग नहीं होता, केवल पद्य में अभिनेता-अभिनेत्रियों के संलाप सहित अभिनय प्रदर्शन होते हैं। कृष्ण प्रसाद बसु द्वारा रचित यात्रा में गद्य और पद्य दोनों का मिश्रण था। उन्हें विद्रोही कहकर ब्रिटिश सरकार ने नजरबंद कर लिया था। कृष्ण प्रसाद बसु, जगन्नाथ पाणि द्वारा प्रभावित व प्रेरित थे। जगन्नाथ पाणि से कवि वैष्णव पाणि, बालकृष्ण महांति, रामचंद्र स्वाईं, गोपाल दास (द्वितीय), हाड़िबंधु, उदयनाथ, रघुनाथ पंडा, कृष्ण प्रसाद बेहेरा, श्यामसुन्दर महापात्र वगैरह यात्राकारों ने कई यात्रा दल बनाकर ओड़िया यात्रा को समृद्ध किया है। इक्कीसवीं सदी के अत्याधुनिक युग में भी मुक्ताकाश रंगमंच में ओड़िया यात्रा का प्रदर्शन हजार-हजार जनसाधारण द्वारा आदृत हो रहा है। आकाशवाणी की प्रतिष्ठा के बाद यात्रा तथा गीतिनाट्यों के पुनरुद्धार के लिये कोशिश की जा रही है। स्व. गोपाल छोटराय ने इसे नवीन

रूप प्रदान किया है। अतीत में लोक-मनोरंजन का यह एक प्रमुख जरिया था।

सुआंग : भारतीय लोकनाट्य परंपरा में 'सुआंग' की रचना बड़ी पुरानी है। आधुनिक अर्थ है हास्यरस पूर्ण लालित्यपूर्ण रचना। शिक्षादान की अपेक्षा मनोरंजन इसका मुख्य उद्देश्य है। धर्म के साथ इसका कोई सम्बन्ध नहीं है। ऐसा प्रियरंजन सेन का मत है। इसकी कथावस्तु मुख्य रूप से शृंगार रस प्रधान है, कहीं-कहीं वीर-रस का प्रयोग हुआ है। गद्य का प्रयोग इसमें नहीं होता, 'सुआंग' सम्पूर्ण रूप से ओड़िशा की निजस्व कला है। सुआंग का प्रचलन ओड़िशा के अलावा कहीं और नहीं है। इसके माध्यम से सामाजिक संस्कार होता था। विडंबना की बात यह है कि बाद में यह स्वार्थ, ईर्ष्या तथा दूसरों की समालोचना करने की प्रवृत्ति के कारण अपने चिरंतन मूल्यबोध खोकर हमेशा के लिए निर्वासित हो गया।

बंधु नायक ने 'सुलोचना हरण' सुआंग की रचना की थी। भिकारी नायक ने 'चंद्रावतीहरण' नाम से सुआंग रचना की थी। इसमें हिन्दी मिश्रित ओड़िया का प्रयोग किया गया है। दुर्योधन के आगमन के समय सूचना देते हुए कहा गया है–

'दुर्योधन राजन कैसे आया हो
मंत्री हस्ते छत्र शोभा पाया हो।'

प्रहसन या फार्स : यह लघु कल्पनाश्रित हास्य कौतुकपूर्ण लघु नाटक है। लोक-चरित्र संशोधन या समाज संस्कार का उद्देश्य इसमें प्रकट होता है। गोविन्द शूरदेव, वैष्णव पाणि, लक्ष्मीकांत महापात्र, रामशंकर आदि ने प्रहसन की रचना की है। रामशंकर की 'कलिकाल' भी एक उच्चकोटि का फार्स है।

उपरोक्त लोकनाटकों के अतिरिक्त श्रीकृष्ण लीला, रामलीला, मोगल तमाशा/ तमाशा आदि का भी ओड़िशा में प्रचलन है। ओड़िया लोकनाटक की भाषा पर ध्यान दें तो उसमें विभिन्न भाषाओं का अनोखा सम्मिश्रण दिखाई पड़ता हैं। बंगला, हिन्दी, संस्कृत (के तत्सम शब्द), संबलपुरी, ग्रामीण (भाषा), उर्दू भाषा आदि के मेल से ओड़िया भाषा ने एक नया स्वरूप प्राप्त किया है। भाषा के क्षेत्र में मानो एक क्रांति आ गई है। ओड़िया लोक-नाट्य के रचयिता, भाषा प्रयोग के क्षेत्र में निश्चित रूप से उदार एवं समभावपूर्ण हैं। मसलन–

1. हिन्दी मिश्रित ओड़िया भाषा

दुर्योधन राजन केसे आया हो
मंत्री हस्ते छत्र शोभा पाया हो
सिर में मुकुट साजे (चंद्रावती हरण–भिकारी नायक)

2. मोगल तामसा में हिन्दी, फारसी और ओड़िया भाषा का मेल देखा जा सकता है–

बड़ मजा से चले जमादार,
कान ते कलम काठि, हात में जबात बाटी
कहाँ गिया वो बेटा चौकीदार (त्रिनाथ मेला सुआंग-मागुणि साहु)

ओड़िया लोक-नाट्य में सामाजिकता : ओड़िशा का सामाजिक जीवन अनेक रंगों एवं

रस के साथ ओड़िया लोक-नाट्य में प्रतिबिंबित हुआ है। लोकजीवन के सुख-दुख, हँसी-रुलाई, चाल-चलन, आचार-व्यवहार सभी इसमें दिखाई देते हैं, जिसकी ओट में साधारण जन के आनन्दमय क्षण साकार हो उठे हैं। नैतिक शिक्षा देने के बहाने इसमें शराब, गाँजा, अफीम आदि नशीली चीजों की बुराई को स्पष्ट किया गया है जो सामाजिक जीवन को पंगु कर देता है। वैष्णव पाणि ने अपने गीति-नाट्य 'पाणि-धोबणी' (पानी-धोबन) फार्स में शराब की बुराई बताई है—

छि छि मद खाइबि नाहिं मुं
कला पाणि परि दिशे
सेई कला पाणि पेटरे पडिले
चउद भुबन दिशे

हिन्दी अनुवाद :

छिः छिः शराब नहीं पिऊँगा मैं
काला पानी जैसा दिखे
वही काला पानी पेट में पड़ने से
चौदह भुवन दिखे

ओड़िया लोकनाटक की एक और विशेषता है, यह जात-पाँत का विरोधी है। इसमें समाज के समस्त श्रेणी के चरित्रों ने स्वयं को व्यक्त किया है। वैष्णव पाणि ने अपने गीति-नाटकों में जाति-भेद का सम्पूर्ण विरोध किया है। धोबी, आदिवासी, हरिजन, ब्राह्मण, केवर्त्त, क्षत्रिय, राउत, चौकीदार आदि सभी श्रेणी के चरित्र इसमें दिखाई देते हैं। लोकनाट्य केवल मानव-जाति पर ही विश्वास करता है। ग्रामीण जनता की गरीबी, राजतंत्र का परिचय सभी इसमें प्रदर्शित हुए हैं। पंचवर्षीय योजना की विफलता ने ग्रामीण जनता की आर्थिक रीढ़ को कमजोर बना दिया है। वह और गरीब होता जा रहा है। बढ़ती कीमत की वजह से वह अपनी छोटी-से-छोटी जरूरत को पूरा करने में असमर्थ है। उसकी असहायता का चित्र भी लोकनाटक में दिखाई देता है।

ओड़िया लोक नाट्य में श्रृंगार, वीर, भक्ति, वात्सल्य, हास्य, करुण आदि रसों का प्रयोग हुआ है।

आजकल ओड़िया नाट्यकारों ने विविध शोधों के माध्यम से लोकनाट्य की लोकप्रियता को अक्षुण्ण रखते हुए नया प्रयोग किया है। ओड़िया यात्रा का आधुनिकीकरण करने पर भी इसमें ओड़िशी परंपरा अटूट रही है। 'यात' या 'यात्रा' ('जात या जात्रा') के रूप में दर्शकों में यह लोकप्रिय हुआ है।

●

रीडर एवं विभागाध्यक्ष (हिन्दी विभाग)
रमादेवी महिला विद्यालय, भुवनेश्वर-22

लोकनाट्य की एक सबल शैली : नौटंकी

डॉ. तैयब हुसैन

नौटंकी सर्वसाधारण के लिए एक परिचित नाम है, जिसका प्रदर्शन आज गाँव के धनियों की बारात में दहेज के नाम पर मोटी रकम लेने वालों की ओर से अपनी तथाकथित बड़प्पन का सिक्का जमाने के लिए, पूजनोत्सव के अवसर पर देवी-देवताओं को रिझाने के बहाने बहुजन का मनोरंजन करते और मेले ठेले की भीड़-भाड़ में साइन बोर्ड पर थियट्रिकल कम्पनी या ऐसे ही किसी आकर्षक नाम का सहारा लेकर रुपये कमाने की साजिश में होता है।

एक ओर इसकी जड़ नाट्य शैलियों में बहुत गहरी गयी है तो दूसरी ओर इसका असीम भविष्य अभी शेष है।

जाहिर है कि यह भागीरथी-सी न सूखने वाली दृश्य श्रव्य काव्य की एक धारा विशेष है जो अपनी ही तरह की कई अन्य धाराओं से मिलती-जुलती आज भी प्रवाहित है।

आइये, इसे नाटक और लोकनाट्य के संदर्भ में तलाशें।

नाटक का जन्म कब हुआ, यह तो ठीक-ठाक नहीं बताया जा सकता लेकिन इसकी उत्पत्ति आदमी के साथ ही मानना ज्यादा सही होगा। नाटक की भाषा में कहें तो जब धरती पर नाना उद्भिजों की सिनयरी तैयार हो गयी तब आदमी की भूमिका के लिए

किसी जीव का पदार्पण हुआ और तभी से एक लम्बा नाटक शुरू है।

कुछ लोग नाटक के पूर्व नृत्य का पैदा होना मानते हैं और फिर नृत्य को प्रकृति की हरकत की शारीरिक नकल मानते हुए इसे आदिकाल की उपज मानते हैं।

बात चाहे जो भी हो, प्राचीन नाटकों को नृत्य से अलग करके नहीं देखा जा सकता। देवताओं को प्रसन्न करने या तांत्रिक परम्परा की साधना के निमित्त नृत्य समाज का अनुष्ठानिक अंग रहा है। नाटकों का इस तरह नृत्य से घुला-मिला होना लोक-नाट्य परम्परा की ओर इशारा करता है।

पश्चिम के विद्वानों का तो मत है कि यूरोप के करीब-करीब सभी उन्नत देशों में नाटक का प्रारंभिक रूप मिस्टिक प्लेज (Mystic plays) ठहरता है। नाटक के इस रूप से नृत्य में समानता पायी जाती है।

नाटक का यह आदिम रूप (जिसके संवाद का क्रम ऋगवेद की कुछ ऋचाओं में निहित है) आज भी कतिपय जंगली जाति के महोत्सव, फसल पकने के समय का आयोजन अथवा अनुष्ठानिक आचार के रूप में देखा जा सकता है।

वर्षा के लिए किये गये टोटके और विवाह आदि मांगलिक अवसरों पर कई जातियों में प्रचलित कुछ ऐसे आचार बहुत आसानी से अभिनय की कोटि में आ जायेंगे।

यद्यपि भरत के नाट्यशास्त्र में लोकधर्मी नाटकों के संबंध में स्पष्ट वर्णन नहीं है, तथापि उत्पत्ति सम्बन्धी जो रूपक-कथाएँ प्रारंभ में दी गयी हैं, वे मनुष्य के कृषि-युग की सूचनाएँ देती हैं। इस समय भारत और निकटवर्ती देशों में अनेक घुमन्तू जातियाँ बस गयी थीं और जहाँ एक बार बसेरा हो जाता है वहाँ मनोरंजन साधन अपने आप पैदा हो जाते हैं।

नाटक ऐसा ही सहज रूप में उपजा सुनने और देखने की योजना है जो बाद में नियमबद्ध हो गयी। प्रारंभ में पूर्ण लोकोन्मुखी होने के कारण सभी वर्गों का सहयोग इसे मिला, बाद में मत भिन्नता स्वाभाविक थी। फलतः लोकधर्मी और साहित्यिक नाट्य परम्पराओं का विकास अलग-अलग स्वतंत्र रूप में हुआ। (देखें : हिन्दी नाटक उद्भव और विकास—लेखक डॉ. दशरथ ओझा)।

यहीं लोकनाट्य शब्द की व्याख्या भी समीचीन लगती है। लोकनाट्य के लिए अंग्रेजी eaQksd Mªek ¼Folk Dramas) शब्द अब लगभग स्थिर हो चुका है। यद्यपि केवल 'लोक' शब्द के विभिन्न पर्याय शब्दकोशों में मिलते हैं लेकिन इस लोकनाट्य से तात्पर्य नाटक के उस रूप से है जो किसी विशेष तैयारी के मंच का आग्रही नहीं होता। जिसमें संगीत-तत्व की प्रधानता रहती है और जिसके माध्यम से जन-जीवन के सुख-दुख का खुला इजहार होता है। यह सामूहिक आवश्यकता और प्रेरणा से निर्मित होने के कारण लोकवार्ता की कहानी, लोक विश्वासों और दूसरे-दूसरे लोक-तत्वों को समेटे चलता है।

संक्षेप में यह नाटक की वह शैली है जो लोक-जीवन की स्वाभाविकता से सीधे जुड़कर

आम लोगों की भावना का प्रतिनिधित्व करती है।

सुप्रसिद्ध लोकनाट्य विशेषज्ञ श्री देवीलाल साभरत तो इसके अन्तर्गठन पर विचार करते हुए इसके विषय वस्तु की अपेक्षा इसकी कलात्मक अभिव्यक्ति को अधिक प्रमुख मानते हैं। उनके अनुसार—

"भारतीय लोक रंगमंच की एकरूपता उनकी शैलीगत विशेषताओं को लेकर है। कश्मीर से लेकर दक्षिण तक और गुजरात से लेकर आसाम तक कोई भी लोकनाट्य ऐसा नहीं मिलता जिसमें कोई कथा-प्रसंग और चरित्र-विशेष का सांगोपांग उपयोग हुआ हो। बल्कि कुछ चरित्र तो मात्र झाँकी भर दिखाकर लुप्त हो जाते हैं और कुछ केवल दर्शक के मनोरंजनार्थ प्रकट होते हैं।

इसी तरह असली लोकनाट्य लिखा नहीं जाता, रचा जाता है। वह तो दर्शक के मन में पहले ही बैठा रहता है। मंच पर मात्र उसे उटकेरने का काम होता है। दर्शक उसके प्रसंगों से भी परिचित होते हैं। इसीलिए वे नाटक देखने नहीं कलाकार की प्रतिभा अदायगी देखने आते हैं....लोकनाट्य का आकर्षक केन्द्र उसकी मंच प्रक्रिया होती है, कथानक नहीं। लोक नाटकों में तो दृश्य विधान होता ही नहीं और न रंगमंच की सजावट होती है। अभिनेता जो कहता है, वह महत्व नहीं रखता, महत्व सिर्फ इस बात का होता है कि दर्शक के मन पर उस नाटक की कौन-सी तस्वीर बनती है, उसका चित्रण किस प्रकार होता है। (रंगायन, मासिक। संपादक-महेंद्र थानावत, उदयपुर, अप्रैल-1997, पृ. 172)

जहाँ तक नौटंकी का सवाल है, वह भी लोकनाट्य परंपरा की ही एक धारा है जो मूल प्रवृतियों (यथा-श्रृंगारी होना और संगीत को अधिक महत्व प्राप्त होना) में एक होते हुए प्रस्तुतीकरण में किंचित भिन्नता के कारण 'भगत और स्वांग' दो नामों से जानी जाती है।

डॉ. श्याम परमार के अनुसार—"नौटंकी कहीं स्वांग के नाम से विख्यात है, कहीं भगत के नाम से। ऐतिहासिकता की दृष्टि से स्वांग की प्राचीनता में संदेह नहीं, भगत मध्यकाल की वस्तु है और नौटंकी प्राचीन स्रोत में रीति-कालीन अथवा उससे थोड़े पहले की मिली-जुली धारा है। अमीर खुसरो की भाषा का प्रभाव नौटंकी में लक्षणीय है, जो निस्संदेह मुसलमानी प्रश्रय का प्रतिफलन प्रतीत होता है।" (लोकधर्मी नाट्य परम्परा-पृ. 50)

भगत और नौटंकी में मोटे तौर पर अंतर यह है कि जहाँ गुरु परम्परा या अखाड़े का महत्व भगत में अधिक है वहाँ अभिनेताओं द्वारा गणेश-पूजन के दीप जलाने के बाद प्रदर्शन प्रारंभ करने की प्रथा का धार्मिक भाव नौटंकी में कम है।

डॉ. सत्येन्द्र ने दो प्रकार के भगतों की चर्चा की है—

आगरा की भगत और हाथरस की भगत। खुले ऊँचे मंच पर भगतों के सप्ताह तक चलने की परम्परा रही है। यद्यपि इधर भगत, मंच विकास की कई स्थितियों से गुजरा है। यह भी ज्ञातव्य है कि आज कल आगरा और हाथरस का मंच लगभग एक-सा है। अंतर

केवल यह है कि आगरा में एक परदे का प्रयोग होता है और मथुरा तथा हाथरस में मंच परदा रहित खुला रहता है।

भगतों में विविध प्रकार की लीलाएँ होती हैं। जैसे—मोरध्वज, हरिश्चन्द्र, जानबालम, भक्त पूरनमल, सियाहपोश आदि।

स्वांग हरियाणा, रोहतक, हाथरस तथा एटा जिलों में खूब प्रसिद्ध है। यह शैली पुरानी इतनी है कि सिद्ध कवि कण्हया (9वीं सदी में) ने इसका उल्लेख किय है।

''आलो डोंबि, तो ए सम करीब मसांगु निधिण काण्हपाली जाई जग।''

कबीर ने भी एक साखी में स्वांग का उल्लेख किया है। इस शैली के नाटकों में स्त्रियों को विशेष महत्व प्राप्त रहा है।

महाराष्ट्र में संत तुकाराम के समय स्त्रियों के स्वांग रचने का वैसा ही चलन था, जैसा आजकल पुरुषों में है। श्रृंगारिक तथा फूहड़ अभिनय के कारण तुकाराम ने इसका विरोध भी किया था।

यह शैली व्यापक इतनी है कि जिस नाट्य रूप में मुखौटे वाली वेश-भूषा का प्रयोग होता है वहाँ स्वांग की स्थिति मानी जाती है। नौटंकी में मूंछवालों का स्त्री-रूप धारण करना स्वांग कहा जाता है।

स्वांग शैली के नाटकों में पौराणिक, ऐतिहासिक, सामाजिक सभी तरह के कथानकों का सन्निवेश होता है। यथा—राजा भतृहरि, गोपीचंद, भक्त पूरनमल, हीर-रांझा आदि। इसके सबसे लोकप्रिय नाटककार हैं—लक्ष्मीचंद।

19वीं शताब्दी के अंत में राम गरीब चौबे तथा दीपचंद ने एक तरह से इसका पुनरूद्धार किया। स्वांग का मंचीय स्वरूप आज भी खुला मंच ही है। (आलेख—'हिन्दी क्षेत्र की लोकनाट्य परम्परा', लेखक—डॉ. अविनाश चन्द्र मिश्र)।

पं. रामचन्द्र शुक्ल सामान्य प्रवृत्तियों के आधार पर रीतिकाल की शुरूआत संवत् 1700 के आस-पास मानते हैं। इस काल में ऐहिक श्रृंगार की प्रवृति कुछ नई नहीं थी। नौटंकी, स्वांग, भगत आदि का श्रृंगारी रूप शुक्ल जी के कथानुसार इसी काल में नियोजित हुआ।

'तारीख-ए-अदब-ए-उर्दू' ग्रंथ में डॉ. रामबाबू सक्सेना लिखते हैं कि नौटंकी की शुरूआत उर्दू लोकगीतों से हुई। इन्हीं की बात का समर्थन करते श्री कालिका प्रसाद दीक्षित 'कुसुमाकर' का कहना है कि—''संभवतः सर्वप्रथम नौटंकी 'हीर-रांझा' की कथा थी जो आज भी पंजाबी लोकगीतों में अपना विशेष महत्व रखती है। 11वीं-12वीं शताब्दी में इसका जन्म-काल मानना चाहिए।''

नौटंकी शब्द को कुछ लोग नाटकी (सं.) का अपभ्रंश मानते हैं और कुछ लोग नाट्यांक का अपभ्रंश रूप और कुछ लोग इसका संबंध नौटंकी नाम की एक मुल्तानी राजकुमारी की प्रेम गाथा से जोड़ते हैं। ('रूल थियेटर इन इंडिया'—लेखक जगदीशचन्द्र माथुर, पृ. 69)।

कहते हैं यूनानियों ने इसे यौन भावनाओं से ओत-प्रोत किया। खैबर के लोग जिन बुरी परम्पराओं को लेकर भारत आये थे, नौटंकी उनमें से एक थी।

यहाँ भी इसे भोंडेपन से बचाने का काम खुसरू का कहा जाता है।

इस तरह नौटंकी का नामकरण और काल-निर्धारण तो विवादास्पद है ही, समय और परिस्थितिनुसार इसके स्वरूप और विषय-वस्तु भी बदलते रहे हैं।

हाँ, अधिक लोग इसके जन्मदाता होने का सेहरा मल्ल (जाट), रावत (राजपूत) और रंगा (जुलाहा) के सिर बाँधते हैं जो साम्प्रदायिकता से ऊपर किसी भी भेद-भाव से दूर इसके होने का परिचायक है। शुरू में इसकी प्रस्तुति मात्र ढोलक पर होती थी, 13वीं शताब्दी में यह अमीर खुसरो की कोशिश से विकसित हुई और 18वीं शताब्दी तक आते-आते सम्पूर्ण उत्तर भारत में फैल गयी।

कथानकों में रामायण, महाभारत और पुराण की भक्ति गाथाएँ, लैला-मजनू, शीरी-फरहाद आदि लोक-प्रचलित प्रेम-कहानियाँ, कुछ ऐतिहासिक एवं दस्यू जीवनियाँ (यथा-अमर सिंह राठौर, शिवाजी, जहाँगीर का इन्साफ, अनार कली, सुल्ताना डाकू, डाकू बहराम सिंह) और अब बेटी का सौदा, गरीब किसान, भारत दुर्दशा जैसी सामाजिक कथाएँ भी स्थान पाने लगी हैं।

कुछ कथाएँ उर्दू की दया से नौटंकी में स्थान पा गयी थीं जो अपने समय में लोकप्रियता की दृष्टि से धूम मचा गयीं। अमानत की 'इन्दर सभा' और आगा हश्र की कुछ कृतियाँ ऐसी ही श्रेणी में आ जाती हैं।

शेष प्रसिद्ध लेखकों में कानपुर के श्रीकृष्ण पहलवान, फर्रूखाबाद के तिरमोहन और अन्यत्र के राधेश्याम, लम्बरदार, नाथुराम गौड़ आदि का नाम आता है।

हाथरस और कानपुर नौटंकी के मुख्य गढ़ माने जाते हैं। सहारनपुर, मुजफ्फरपुर, कन्नौज आदि में भी प्रसिद्ध नौटंकी दल हैं और उत्तर भारत के बाकी हिस्से में इसकी छोटी-छोटी टोलियाँ लगभग सर्वत्र हैं।

हाँ, स्थान विशेष के कारण नौटंकी के प्रस्तुतीकरण एवं तथ्य में भी थोड़ा अंतर देखने में आता है। जैसे—जहाँ हाथरस वाली नौटंकी में गीत-संगीत और गायन प्रमुख होता है, वहीं कानपुर की नौटंकी संवाद और अभिनय की प्रमुखता लिए होती है। उसी तरह हाथरस की तुलना में कानपुर की नौटंकी में उर्दू का प्रयोग अधिक होता है।

वाद्य-यंत्रों में हर जगह लगभग नगाड़ा, सारंगी और हारमोनियम का प्रयोग होता है।

जिस तरह नौटंकी अपने एक अनोखे वाद्य-यंत्र नगाड़ा और उसके एक विशेष प्रकार की ध्वनि से पहचानी जाती है, वैसे ही उर्दू के एक छन्दविशेष बहरे तबील (बहर=छंद, तबील=लम्बा) में इसका कथोपकथन (डायलॉग) इसकी दूसरी पहचान है। यथा—

'ऐ रावण तू धमकी दिखाता किसे,
मुझे मारने का खौफो--खतर ही नहीं।।, (नौटंकी रामायण)

इसका मंच खुली जगह में ऊँचे स्थान पर बनाया जाता है जिसके पीछे एक परदा ही प्रायः टंगा होता है। बैक ग्राउंग या सिनियरी तो होता ही नहीं। ग्रीन रूम के लिए एक अलग तम्बू का इन्तजाम होता है, नहीं तो मंच ही पर सबकुछ, रूप सज्जा (मेकअप) में भी अधिक ताम-झाम नहीं, मामूली लेप, रोज, पाउडर, काजल आदि बस। दृश्य की कल्पना 'मौरेलिटी प्लेज' की तरह कर ली जाती है।

(वैसे थियेट्रिकल कम्पनी के नाम पर इस शैली को मेला आदि में इन दिनों ग्रामीण नाटकों की तरह कई परदे और दृश्य-सिनियरी के साथ दिखाया जाता है।)

मंच के एक कोने पर नगाड़ावाला दर्शकों के दिखता हुआ बैठता है फिर दूसरे साजिन्दे। मंच पर एक कुर्सी सिंहासन आदि की तरह प्रयुक्त होती है। जिस पर राजा या देवता बैठते हैं। बाकी पात्र खड़े-खड़े अपना काम चला लेते हैं।

संवाद बोलते समय पात्र एक तरफ से दूसरी तरफ आते-जाते रहते हैं या हाथ उठाकर एक प्रकार के संकेत का व्यवहार करते हैं।

इसके नट मुद्रा, वाणी, मुखाकृति और वेशभूषा से पात्र विशेष के शील का प्रत्यक्षीकरण करते हैं। इस तरह दर्शकों के साथ एक प्रकार का सम्प्रेषण स्थापित हो जाता है।

पात्र रूढ़ होते हुए भी एक से अधिक रस के वाहक होते हैं। ये अंग्रेजी के 'स्टाककैरेक्टर' की तरह वर्ग विशेष (खूसर बुड्ढा, झगड़ालू सौत, दुर्गनी पति, ढ़ोंगी साधु, कर्कश सास आदि) के गुणों को अभिव्यक्त करते हैं।

देशकाल और स्थान का भेद नहीं रखा जाता। नौटंकी के राम मंच पर ही एक-दो फेरे लगाकर अयोध्या से लंका पहुँच जाते हैं। वहाँ सीता भी नर्तकी की तरह नचायी जाती हैं और दुष्यंत भी ट्विस्ट कर सकते हैं।

कहते हैं भारतेन्दु काल में किसी नौटंकी की शकुन्तला ने 'पतली कमर बलखाय रे' जैसे अश्लील गीत के साथ नृत्य किया था और भारतेन्दु पैर पटकते महफिल से चले आये थे। वैसे कालान्तर में बेताब साहेब ने नाट्य आन्दोलन में नौटंकी के स्वस्थ रूप का भी जिक्र किया है।

साज-सज्जा में दैत्यों के लिए काला कपड़ा, कमर मोटी पर राजा या देवता के लिए कत्थई या लाल कपड़ा और कमर पतली पर ध्यान दिया जाता है।

हँसोर पात्र (जोकर) को किसी भी दृश्य में आकर हँसा जाने की आजादी रहती है। इसका गद्य-संवाद भी लच्छेदार होता है और उसका रोना भी लोगों को हँसने की दावत देता है।

रूपान्तर होते-होते इन दिनों की नौटंकी में पारसी थियेटर का अत्यधिक प्रभाव तो पड़ा ही है, फिल्मों का सस्तापन और लोगों की भ्रष्ट रूचि ने इसे भौंडे संवाद, अश्लील गीत-नृत्य और अभिनय में सिनेमाई नकल से भर दिया है।

तब भी नौटंकी का महत्व, उसका प्रभाव, उसकी प्रासंगिकता, उपयोगिता और सबलता

का पता इसी बात से चल जाता है कि 1857 के विद्रोह के बाद उपनिवेशियों ने जन समुदाय पर फिर से अपना प्रभुत्व कायम करने के लिए, जनता का ध्यान क्रान्तिकारी भावनाओं की ओर से मोड़ने के उद्देश्य से सर्वाधिक लोकप्रिय और ग्राह्य जानकर इसी शैली का सहारा लिया था। तब के नौटंकी-लेखकों और भगत के गुरूओं को अश्लील और भौड़ी रचना लिखने को प्रोत्साहित किया जाता था। इसी समय के श्री भगवती प्रसाद की 'सब्जपरी' नाटक प्रेम-कथानक भगत लिखने के लिए सत्ताधारियों की ओर से दस हजार रुपये देने के प्रस्ताव की बात भी बतायी जाती है। ('लेसर नौन पारफेसिंग आर्टस इन इंडिया' पृ. 121)।

जनता के पक्षधर, उसकी नब्ज पहचानने वाले भारतेन्दु और उनके सहयोगियों ने तो इसका सहारा लिया ही, आज भी आधुनिक नाटककारों और रंगकर्मियों ने इन्हीं लोकधाराओं में नाटक का बहाव स्थिर करने का प्रयास किया है। हबीब तनवीर का 'चरण दास चोर', 'बहादुर कलारिन', 'आगरा बाजार', एम.के. रैना का—'मृच्छकटिक' जहाँ अन्य लोक शैलियों में इसी प्रकार की कृतियाँ हैं, वहाँ सर्वेश्वर दयाल सक्सेना की बहुचर्चित पुस्तक 'बकरी' में समस्त नौटंकी शिल्प ही समाया हुआ है।

सुतरां नौटंकी संवत् 1700 के आसपास की निकली लोकनाट्य की एक सबल शैली है जो इस लम्बे अर्से में किंचित फेर-बदल के साथ स्वयं तो जीवित रही ही, नाट्य कला के कलाकारों को पंचम वेद की उपयोगितानुकूल पुनः आम लोगों में जाने को उकसाती भी रही।

सचमुच सुदूर देहात के एक बड़े भाग को इसका 'प्यारी तेरे इश्क में हुआ हाल-बेहाल' के साथ 'कड़-कड़-कड़-कड़-धम्.....' बहुत दिनों तक मथता रहता है तो पूरे देश में फैली आम लोगों की व्यापक संख्या में समसामायिक समस्याओं और उसके समाधान को नौटंकी की व्यापकता से जोड़कर इसकी संभावनाएँ और भी बढ़ायी जा सकती है।

न्यू अमीनाबाद कॉलोनी, महेन्द्रू पटना-6

तराई की दो जनजातियाँ

(1) थारू

थारू जनजाति के बारे में कई मत हैं। डॉ. मजूमदार उन्हें मंगोल, राहुल सांकृत्यायन पडिया वंश और रामधारी सिंह दिनकर किरात वंशीय मानते हैं। ये लोग भारत और नेपाल के सीमावर्ती क्षेत्र के निवासी हैं। कुमाऊँ से लेकर दार्जिलिंग तक लाखों की संख्या में फैले हुए हैं। पूर्वी उत्तर प्रदेश के सिद्धार्थनगर, महराजगंज और बहराइच की तराई में ये काफी तादाद में हैं। इनकी आबादी जंगलों के निकट होने से और छोटी-छोटी पहाड़ी नदियों से घिरे रहने से गाँवों का दृश्य मोहक और मनोरम लगता है। प्राचीन सभ्यता और संस्कृति का अवशेष अब भी इन गाँवों में जीवित है। अपनी सरलता, सहजता, निष्कपटता और आडंबर शून्यता की छाप से थारू समाज जहाँ दूसरों का मन मोहते हैं वहीं अपने विषय में बहुत कुछ जानने के लिए जिज्ञासा भी पैदा करते हैं। बहुत से विद्वानों का ध्यान समय-समय पर इनकी ओर गया भी है। अंग्रेजी विद्वान हिटले, जार्ज ग्रियर्सन, विलियम कुक, ग्राउस और इरविन ने थारुओं के सांस्कृतिक जीवन की खोज की थी मगर एच.एस. रिसले ने विस्तृत खोज की और 1891 में अपनी पुस्तक 'ट्राइब्स एंड कास्ट ऑफ बंगाल' में इसकी विशद चर्चा की।

लखनऊ विश्वविद्यालय के इतिहासवेत्ता राधा कुमुद मुखर्जी ने 1926 में थरुहट के ऐतिहासिक क्षेत्रों की छानबीन की। इसी विश्वविद्यालय के दूसरे विद्वान डी.एन. मजूमदार ने 1932 में थारुओं की प्रचलित परम्पराओं के सम्बन्ध में कुछ विशेष अनुसंधान किया। इन विद्वानों के अलावा डॉ. के.पी. जायसवाल, राहुल सांकृत्यायन और डॉ. उदय नारायण तिवारी ने भी थारुओं के विषय में शोध किया। मगर यह भेद अभी बना हुआ है कि थारू और थरुहट भारत और नेपाल की तराई में क्यों और कैसे आये? कुमाऊँ से दार्जिलिंग तक लाखों की संख्या में फैले हुए थारू एक ही वंश के हैं। इनकी भाषा और रहन-सहन पर आर्य सभ्यता की छाप है। थारुओं ने भाषा के संबंध में उदारता की नीति अपनाई और अपनी बोलचाल की भाषा में अपने पड़ोसी अंचलों की बोलियों को पचाने का काम किया। इस प्रकार इनकी भाषा में अवधी, भोजपुरी, मैथिली, बंगला और पर्वतीय शब्दों का बाहुल्य मिलता है। पूर्व में इन्हें आदिवासी की संज्ञा दी गयी है जिसका थारुओं ने विरोध किया था। फलस्वरूप भारत और नेपाल सरकार ने इन्हें सवर्ण हिन्दू जाति में स्थान दे दिया। अब ये लोग अपने को जलचल हिन्दू कहते हैं।

थारू शब्द के अस्तित्व के बारे में कहा जाता है कि थारू राजस्थान के थार मरुभूमि से आये। ऐसा मानने वाले लेखकों ने अपनी तर्क बुद्धि का सहारा लेकर लिखा है कि जब मुसलमान आक्रमणकारियों ने राजस्थान पर हमला किया तो वहाँ से पराजित होने के बाद हजारों राजपूत अपनी बहू-बेटियों के साथ तराई में आकर बस गये। इसलिए थार से आने के कारण इन्हें थारू कहा गया। ऐतिहासिक तथ्य बताते हैं कि 1500 ईस्वी के आसपास मुस्लिम आक्रमणकारियों ने राजस्थान के राज्यों पर आक्रमण किया था जबकि तराई के अंचलों में थारुओं का अस्तित्व ढाई हजार साल से भी पुराना है। कुछ लोग थारुओं को बाजी (बज्जि) कहते हैं, जिससे यह अनुमान लगाया जा सकता है कि बज्जि संघ के समय थारू यहाँ अवश्य रहे होंगे। कुछ लोगों का मानना है कि थेरवाद से थारू शब्द की उत्पत्ति हुई है। थेरवाद बौद्ध धर्म की शाखा ब्रजयान की एक उपशाखा है। इस उपशाखा के मानने वाले जादू-टोना में विश्वास करते हैं। थारू समाज में ऐसे बहुत से अंधविश्वास उनके जीवन के प्रत्येक संस्कार में पाये जाते हैं। कुछ थारू विद्वानों का मत है कि नेपाल और भारतीय सीमा की तराई भूमि हमेशा तर (थर) अर्थात् सीलन वाली होती है और इस क्षेत्र में रहने वालों को पहले तराई, बाद में तारू और अंत में थारू कहा जाने लगा।

डॉ. मजूमदार के अनुसार रक्त परीक्षण में थारुओं का रक्त वर्ग मंगोलों से मिलता है। मंगोल एक सांस्कृतिक जाति नहीं है। यह एक प्राकृतिक प्रजाति है जिसमें प्राकृतिक बनावट के आधार पर थारू जैसी अनेक जातियाँ शामिल की जा सकती हैं।

नैनीताल के थारुओं के साथ संबोधन में राणा शब्द जुड़ जाता है, जिससे भ्रम की

स्थिति उत्पन्न होती है और ऐसा लगता है कि थारू राजस्थान से आये। लेकिन राणा शब्द राजा का पर्यायवाची है। थारू जाति के लोग भी कई राज्यों के राजा रह चुके हैं। राम प्रसाद राय ने अपनी पुस्तक 'हमारा गजब नेपाल तबका' में लिखा है कि 10वीं शताब्दी के पूर्व गोरखपुर के राजा मानसेन थारू और उनकी पत्नी कौलावती थरुइन ने फरेंदा के पास कौलदह इत्यादि गाँवों में पोखरों का निर्माण कराया था। कौलदह गाँव थारुओं की आबादी वाला बड़ा गाँव है। उन्होंने लिखा है कि नेपाल राज्य से लेकर गंगा नदी तक अनेकानेक थारू राजा राज्य किया करते थे। बलरामपुर के निकट तुलसीपुर की लड़ाई में नौतनवां क्षेत्र के थारू राजा की सेना काफी संख्या में मारी गयी थी। इस राजा की परम्परा के अनुसार आज से 50 साल पहले जनार्दन प्रसाद चौधरी के परिवार के पास कुछ कागजातों के साथ-साथ राजकीय तलवार और मुकुट रखा हुआ था। हरदी के देव नारायण चौधरी की जमींदारी नौतनवां कस्बे में अब भी कायम है।

सरकार की पंचायत व्यवस्था के बावजूद थारू लोग अपनी परंपरागत पंचायती व्यवस्था में आस्था और विश्वास रखते हैं। थारू बिरादरी का मुखिया ही थारुओं का प्रधान होता है और थारुओं पर उसके निर्देशों का प्रभाव पड़ता है। ग्राम पंचायतों द्वारा निर्वाचित प्रधानों को शासन द्वारा चाहे जितना महत्व और अधिकार दिया जाए मगर थारुओं में थारू जाति की मुखिया का ही शासन चलता है। थारू बड़े ही निडर और साहसी होते हैं। उन्हें शिकार से बड़ा लगाव है। चावल, दाल, साग, सब्जी, दही, घी, मांस, मछलियाँ वगैरह उनके प्रिय भोजन हैं। वे मदिरापान भी करते हैं लेकिन धांगड़ों की तरह नहीं। थारू समाज में पसरी ढेर सारी रूढ़ियाँ टूट रही हैं। मगर भूत-प्रेत के प्रति अब भी विश्वास बना हुआ है।

गुंजेश्वरी प्रसाद
(जनसत्ता से साभार)

(2) बोक्सा जनजाति की लोकसंस्कृति

बोक्सा जनजाति मुख्यतः उत्तर प्रदेश के बिजनौर और उत्तराखंड के कुमाऊं संभाग(मुख्यतः जिला-उधमसिंह नगर) में पाई जाती है। वर्ष 2001 की जनगणना के अनुसार उ0प्र0 में इनकी जनसंख्या 4,367 एवं उत्तराखंड में 46,771 पाई गई। आदिम बोक्सा जनजाति का सामान्य निवास शिवालिक पर्वतमाला के समान्तर ढाल अर्थात 'भावर' या तराई क्षेत्र रहा है जो हिमाचल प्रदेश से प्रारम्भ होकर देहरादून, हरिद्वार, पौड़ी, गढ़वाल, नैनीताल, उधमसिंह नगर तथा नेपाल तक है। नेपाल में इन लोगों की संख्या करीब 20,000 है।

तराई क्षेत्र की इस आदिम जनजाति को बोक्सा क्यों कहा गया, इसके बारे में कई

किंवदंतियां प्रचलित हैं। भरत सिंह के अनुसार—जंगल में रहने वाले बोक्सा लोगों के पास संसाधनों का नितान्त अभाव था। इनके बाल बढ़े रहते थे और मुल्लाओं की तरह दाढ़ी में ठोड़ी समायी रहती थी। ऐसी भेष-भूषा में जब इस जनजाति की अन्य पर्वत वासियों से मुलाकात हुई तो वे इन्हें देखकर डर गये। उनकी लम्बी दाढ़ी होने के कारण ही उन्हें बोक(बकरे) सा अर्थात बोक्सा कहा जाने लगा। बकरे के लिये गढ़वाल और पूर्वांचल में 'बोक' शब्द का प्रयोग होता है। यद्यपि इस तर्क को ठोस आधार नहीं माना जा सकता। 'सा' जैसे संबंध सूचक अव्यय के प्रयोग का प्रचलन और बोक्साओं के अस्तित्व की प्राचीनता में तालमेल बैठाने का कोई मजबूत आधार हमारे पास नहीं है। क्योंकि उ.प्र. सरकार द्वारा 1967 में बोक्साओं को जनजाति घोषित किए जाने के बाद 1981 में अति पुरातन जनजाति का दर्जा दिया गया। बोक्साओं की अति पुरातन जनजाति में कुछ छोटे, मोटे, चौड़े चेहरे और मोटी नाक वाली प्रजाति भी है।

भाषा एवं संस्कृतिः- समय के साथ बोक्सा जनजाति की भाषा पर खड़ी हिन्दी बोली का प्रभाव तो है, भोजपुरी, गढ़वाली, कुमाऊंनी, राजस्थानी आदि का भी प्रभाव दिखता है। जैसे-कहाँ जा रहा है?-कां जाराव? अथवा -का जारो? आदि।

इन आदिम लोगों की संस्कृति में कई प्रगतिशील त्तव विद्यमान हैं। इनके कबीलों की खास बात ये है कि ये जात-पात नहीं मानते हैं। इनके कबीलों में जातियाँ तो हैं लेकिन विवाह तथा रोटी-बेटी के लिए कबीले में कोई भेद नहीं है। इनकी ज्ञात लगभग 100 से अधिक जातियों और उपजातियों में भेदभाव नहीं है। उदाहरण के लिये उत्तराखण्ड में कोटद्वार के पास पदमपुर मोटाढाक निवासी वीरेन्द्र के बहनोई चौहान हैं जबकि उनके ननिहाल वाले शुक्ल ब्राह्मण हैं। जातियों को इस कबीले में गोत्र कहा जाता है। जैसे चौहान, सरवान, ढुढ़ नेगी, चमोली, शुक्ल ब्राह्मण, गौंड़, मुसलमानिया, दोई, चलचक्र, भँवर भट्ट, रणथम्बोरिया, हल्दीया, पँवार आदि। बोक्सा समाज में जातीय भेदभाव न होने के संबंध में कहा जाता है कि जब महाराणा प्रताप मुगलों से हार कर जंगलों में भाग आये थे तो उनकी लड़ाकू जनजाति भी उनके साथ जंगलों में आ छिपी थी। राणा ने मुगलों से बदला लेने के लिए अपनी सेना को मजबूत करने के लिए बोक्साओं को 'नून लौटा' नामक कसम खिलाई थी, कि कोई भी आपस में जाति भेद नहीं रखेगा। नून लौटा आज भी बोक्सा समाज की ऐसी कसम या प्रतिज्ञा है जिसे कोई तोड़ नहीं पाता है तथा विशेष परिस्थितियों में ही इस कसम का प्रयोग किया जाता है।

बोक्सा समाज मछली-भात ज्यादा पसन्द करता है। इसलिये इस कबीले के पास मछली पकड़ने की दर्जनों विधियां हैं, जो काफी रोचक हैं। ये विधियां मौसम के अनुसार बदलती रहती हैं। जैसे दो लाठियों से मछली पकड़ना, थाली विधि, होली विधि, बागरी विधि, बाबर विधि आदि। सब्जियों का मुख्य स्त्रोत जंगल है तथा अनाज घूम खेती द्वारा पैदा किया जाता

है। जंगली मशरूम, जंगली मुर्गा, जानवर, साही, सोलू सांप आदि के मांस का भी खाने में प्रयोग किया जाता है। जंगली कन्द में तुरड़, बुकरे, गीठी आदि जड़ें खाई जाती हैं। सब्जियों, मछली और मांस को भी सुखाकर खाया जाता है। इस श्रमशील जनजाति में कोई भिखारी नहीं मिलते। जंगल इनके रहने और जीवन का आधार है इसलिए यह जनजाति जंगलों को पूजनीय मानती है। जलावन तथा अन्य उपयोगों के लिये कभी कच्चे पेड़-पौधों को नहीं काटा जाता है। हमेशा सूखी अनुपयोगी लकड़ी को ही जंगलों से लाया जाता है। चाहे लकड़ी कितनी ही दूर जंगल में क्यों न मिले। यही कारण है कि वन विभाग का इनके ऊपर भरोसा है।

बोक्सा जनजाति के गाँव उत्तर-दक्षिण दिशा में बसे हैं। घर आपस में मिले हैं। जिसका वैज्ञानिक कारण है। क्योंकि सूर्य का प्रकाश उगते समय पूर्व से अन्दर आयेगा तथा सायंकाल में पश्चिम से अन्दर आयेगा। इसलिये घर में आगे-पीछे दो दरवाजों को आमने-सामने लगाया जाता है। प्रत्येक गाँव इसी प्रकार है। ऐसा माना जाता है कि पहाड़ी हवा गाँव में आती है तो बीमारी गाँव में नहीं आती हैं।

परम्पराओं के मामले में बोक्सा जनजाति धनी है। बोक्सा जनजाति कृषि आधारित समाज है। 42.3 प्रतिशत आबादी कृषि पर निर्भर है और शेष घरेलू उत्पादों पर। जमीन, जंगल, जल इनकी परम्पराओं के श्रोत हैं। प्राचीन बोक्सा लोग इन्हीं तत्वों के आधार पर गांव बसाते थे। जल, जिससे उन्हें मछली, पीने का पानी और सिंचाई उपलब्ध होती थी। जंगल, आखेट और जंगली लघु उत्पादों के लिए जरूरी था। जमीन, खेती, कृषि और पशुपालन आदि के लिए आवश्यक थी।

बोक्सा जनजाति में मुखिया को- अलम्बरदार, सरदार, प्रधान आदि कहा जाता है। त्योहारों में होली, दीपावली, पितृ विसर्जन, संक्रान्ति आदि का प्रचलन है। अन्य जनजातियों की तरह बोक्सा समाज भी जादू विद्या को काफी महत्व देता है। किसी के बीमार होने पर गाँव के सयानों, जादूगरों से उपचार कराया जाता है। पर्वतीय समाज के लोगों का यह अंधविश्वास था कि 'बोक्सा' लोग जादू से बाघ बन जाते हैं।

प्राचीन काल में वैवाहिक योग्यता शारीरिक श्रम को माना जाता था। कन्या का विवाह स्वयंवर प्रथा से किया जाता था। जो लड़का लड़की का हाथ मांगता था, उस लड़के के सामने खैर अथवा शीशम की डाट रखी जाती थी। यदि लड़का उसे फाड़ देता था तो शादी पक्की, अन्यथा विवाह नहीं होता था। इसके पश्चात् वर को छप्पर बनाना, चारपाई बुनना, हल चलाना आदि जीवनोपयोगी व्यावहारिक कार्य भी आने चाहिए।

प्राचीन काल में स्त्रियां टुकड़ी, धोती, चोली और अंगीया पहनती थीं। टुकड़ी 12 गज की होती थी, जेवर जैसे हंसली, तगड़ी, दस्तबन्द, नथ आदि पहनने की प्रथा आज भी है। पुरुष लंगोटी, कुर्ता-पैजामा तथा पगड़ी या गाँधी टोपी पहनते थे। वर्तमान में बोक्सा समाज आम लोगों की तरह ही कपड़े पहनने लगे हैं। बोक्सा जनजाति जंगलों को पूजती है तथा

उसी को अपना आराध्य मानती है।

महाराणा प्रताप के साथ जंगलों में पलायन और सेना तैयार करने में उनका साथ निभाने के कारण बोक्सा समाज स्वयं को **राजपूत** मानता है और राणा प्रताप का वंशज बताता है। कुछ इसी तरह की बात थारू जनजाति के लिए भी कही जाती है। ऐतिहासिक दृष्टि से बस इतना ही साम्य दिखता है कि राणा ने जंगल में सेना संगठित की थी और कुछ आदिम तीरन्दाजों को उसमें शामिल किया था। परन्तु यह बात प्रमाणित करने का कोई ऐतिहासिक साक्ष्य नहीं है कि बोक्सा, राणाप्रताप के वंशज हैं। दरअसल बोक्साओं और थारूओं का अस्तित्व तो राणाप्रताप के पूर्व भी रहा है।

भावर तराई में आने का कारण मुख्यतया उदयपुर से प्रेरित है क्योंकि जिस भौगोलिक स्थिति में उदयपुर बसा है, जिसे महाराणा उदय सिंह ने बसाया था। उसी तरह ये लोग भी भावर में बसे हैं। कोटद्वार के निकट महाराज **जगड़देव पंवार** का मन्दिर है जो बोक्साओं के आराध्य एवं राजा हैं। कहा जाता है कि महाराज **जगड़देव पंवार** के साथ ये लोग भावर में आये थे। अब इस प्राचीन मन्दिर को पहाड़ी लोगों द्वारा छीन लिया गया है और बोक्साओं को अपने राजा की पूजा करने से रोका जाता है। पहले मन्दिर के समीप एक गाँव था। वर्तमान में गाँव वहाँ से पलायन कर गया है लेकिन पूजा अभी भी की जाती है।

बोक्सा जनजाति और थारू जनजाति का इतिहास लगभग एक जैसा ही है। एक ही भाषा, बोली, पहनावा, रूचियां आदि। प्राचीन काल में भावर इलाकों में जंगली जानवरों और मच्छरों के प्रकोप के कारण लोग निवास नहीं करते थे। बोक्साओं ने भावर को काटकर आबाद किया। बोक्साओं के साथ थारू जनजाति भी रहने लगी जो संख्या में अधिक थे। हालांकि थारू अलग जनजाति है फिर भी उनकी संस्कृति, भाषा एवं काम-धन्धे उसी प्रकार के हैं जैसे बोक्साओं के। जंगलों के कटान के कारण इन जनजातियों का भविष्य खतरे में है। आज बोक्सा समाज के पास 5 प्रतिशत जंगली भूमि भी नहीं बची है। जमींदारी उन्मूलन और भूमि विक्रय प्रतिबन्ध होने के बावजूद आज भी बोक्साओं की जमीनों की खरीद-फरोख्त जारी है।

बोक्सा जनजाति के कुछ लोकगीत

इस जनजाति में गहने की अहमियत प्रदर्शित करता यह गीत घर-घर में प्रचलित है—

जोड़े में ले रे ले रई रे बालम बेलि सिंगारे की
चाहे बिंदिया मोलि लुवा दो चाये सुरमा मोलि लुवा दो
चाहे कितना लाड़ लड़ा रे बालम अब ना बचने की
जोड़े......
चाहे नथनी मोलि लुवा दो चाहे कांटा मोलि लुवा दो

चाहे कितना लाड़ लड़ा रे बालम अब ना बचने की
जोड़े......
चाहे हरवा मोलि लुवा दो चाहे पेंडल मोलि लुवा दो
चाहे कितना लाड़ लड़ा रे बालम अब ना बचने की
जोड़े........
चाहे चुड़ियां मोलि लुवा दो चाहे कंगन मोलि लुवा दो
चाहे कितना लाड़ लड़ा ले रे बालम अब ना बचने की
जोड़े........
चाहे पायल मोलि लुवा दो चाहे बिछुए मोलि लुवा दो
चाहे कितना लाड़ लड़ा रे बालम अब ना बचने की

(**अर्थ :** मोलि=मोल, लुवा दा=ला दो, लाड़=प्यार, लड़ा=जता, बेलि=बाली ।)

बोक्सा लोकभाषा पर हिन्दी भाषा का प्रभाव पड़ा है। जाहिर है भाषा प्रभाव के कारण उनके लोकगीतों की भाषा भी बदलने लगी है।

बोक्साओं की धार्मिक भावना को प्रदर्शित करता यह गीत इस तथ्य का आभास देता है—

भगवान तुम्हारी पार्वती पर्वत में चरते देख लई
हमने पानी मंगाया हरि के लिये, लक्खमन को नुहलाती देख लई
भगवान...........
हमने मीठा मंगाया हरि के लिये, हमने दुधुए मंगाये हरि के लिये
लक्खमन को पिलाती देख लई
भगवान...........
हमने भोजन मंगाया हरि के लिये, हमने पानी मंगाया हरि के लिये
लक्खमन को खिलाती देख लई, लक्खमन को चुगाती देख लई
भगवान..........
हमने कोड़ी मंगाई हरि के लिये, हमने चौपर मंगाई हरि के लिये
लक्खमन को खेलाती देख लई, लक्खमन को हराती देख लई
भगवान.........
हमने गद्दे मंगाये हरि के लिये, हमने तकिया मंगाया हरि के लिये
लक्खमन को लिटाती देख लई, लक्खमन को सुलाती देख लई
भगवान.......

●

अमन त्यागी
3 आदर्श नगर, नजीबाबाद, बिजनौर (उ.प्र)

परिशिष्ट

बाउल-गान की परंपरा और विकास

शिव कुमार यादव

'गोलेमाल-गोलेमाल प्रीति करो ना
प्रीति है कटहल का लासा (गोंद)
लासा लग जाये तो
कभी छूटे ना...'

बाउल गान की परंपरा को हिन्दी साहित्य के भक्ति-काल की परंपरा से जोड़कर देखा जा सकता है। तब बंगाल दो भागों में विभक्त था। पूर्वी-बंगाल और पश्चिमी बंगाल। पूर्वी बंगाल आज का बांग्लादेश है। इन्हें कई नदियाँ एवं बंगाल की खाड़ी विभाजित करती है। अर्थात पूर्व से पश्चिम या पश्चिम से पूर्व आने-जाने का मार्ग नौका या जहाज ही रहा है। इन्हीं नौकाओं एवं जहाजों पर सवार यात्रियों के बीच बाउल गान गाते हुए, बाउल मिल जाते हैं।

दरअसल बाउल-गान गाने वाले लोग, बाउल जाति के हैं। बाउल, बाउरी या दास कहे जाने वाले ये बाउल, बंगाल की संस्कृति का एक अहम हिस्सा हैं जो अपने-आप को वैष्णव मानते हैं। यानी कि कृष्ण-भक्ति के उपासक। परन्तु सच्चाई क्या है...? इस पर अगर हम गहराई से विचार करते हैं, तो अति घिनौना लगने लगता है। जातिवाद की वह त्रासद, जिसे बाउल-गान के माध्यम से ही तलाशा जा सकता है। बंगाल के वैष्णवी, नीच जातियों में नीच, मोची अथवा चमार जाति के लोग हैं जिनकी गरीबी, भीख माँगने की प्रवृत्ति पैदा करती है और यही प्रवृत्ति, इन्हें वैष्णव बना देती है। परिवर्तन का अभेद इतिहास है—बाउल गान।

'घर-बाड़ी, कोठा-दालान बनाकर,
क्या करुँगा, यहाँ
भला, कितने दिनों तक
बचा रहूँगा, यहाँ...'

यह बाउल-गान की ही बानी है कि घर-बाड़ी बनाने जैसी इच्छा भी इनके अंदर होती नहीं है। जिसके अंदर इच्छाएँ जीवित रहती हैं, उन्हीं के भीतर माया-मोह जैसा संसार रचने का लालच भी रहता है। ये तो लालची-संसार को त्यागकर, वैराग का जीवन बिताते हैं। इनके वैराग-जीवन में संत रविदास जैसा दर्शन है और कबीर जैसी वाणी है जो लोगों के

बीच 'निर्गुण' होने का प्रमाण प्रस्तुत करते हैं। बाउल-गान की परंपरा समय-समय पर बदलती भी रही है। बदलती परंपरा में बाउलों में तब्दीली आती गयी–

'देश-विदेश घूमने वालों में
बाउल-मन है कहाँ
आकाश के नीचे खड़ा वैरागी, वैराग सिखायें कहाँ'

पूर्णदास, गेष्ठो गोपाल और विजय सरकार जैसे बाउल-गायकों ने इसे भी झुठला दिया है। क्योंकि अब बाउल गाने वाले सिर्फ संन्यासी या वैरागी नहीं रहे। बल्कि वैश्विक समाज से धन-उपार्जन का माध्यम बना दिया, बाउल गायकों ने। इनकी गायकी, इनके सुर बदले, बदल गया इनका समाज। बाउल-गान के मुख्य एक सौ एक गानों में सूफीनामे की प्रबलता, नदियों की धाराओं के संग बहती गयी। अब का बाउल हरिजन समुदाय से नहीं आता। सवर्णों ने भी रच लिया है, बाउल गीति के ऊपर, बाउल। अब के बाउल नदियों के धारा के विरुद्ध, अपने गुरु को याद नहीं करते। गुरु भी उन्हें कुछ-कुछ समझने-बूझने लगे हैं। समय के बदलते रुख ने बाउल को फिर से 'मोची' का काम करने पर मजबूर कर दिया है।

'एक-एक करके सब मिलते गये
हमारे हाथ पर कुछ भी रखा नहीं.
तुम्हारे गुरु ने अपनी पाठशाला में
गणित को हल करना सिखाया नहीं,
योग-गुरु से वियोग ही मिला
वहाँ जाकर भी कुछ भी पाया नहीं।'

बांग्ला-देश की मिट्टी से उपजे बाउल की परंपरा ने करवट बदल ली है। तभी तो बंगाल की संस्कृति ने रवीन्द्र-संगीत अपना लिया। भटियाली-गान (नौका पर माझी द्वारा गाये जाने वाला गान), संथाली-गान एवं बाउल गान का विस्तार गाँवों से उठकर शहरों में काफी विकसित हुआ। परन्तु इस गान में वह ताजगी, वह सुगंध नहीं रही, जो गाँवों की धूल-मिट्टी में सनी होती थी। रंगों में मिली होती थी। विस्तार भी खूब हुआ, पर उसके मिजाज को अपने मिजाज के संग मिला नहीं पाये। अर्थात बाउल-गान सिर्फ परंपरा बनकर रह गया। असल बाउल, असल वैष्णवी, असल गरीबी, असल जर्जरता संप्रदायिकता में बदल गयी। उसके दो खंड हो गये–एक मुस्लिम, दूसरे हिन्दू। तभी तो उन्हें यह गाना पड़ा–

'बाउल-बाउल कहने वाले सब हैं
पर बाउल गायेगा कौन....?
बड़ा दुख हुआ यह जानकर
कि बंगाल के बाउल को बचायेगा कौन...?
उदास बाउल, सृजन तो हुआ नहीं

अब बाउल गायेगा कौन...?

बाउल के इस दर्द को, एक बाउल ही समझ सकता है, दूसरा समझने वाला भी नहीं। आजादी के पूर्व जो स्थिति मूल बाउलों की रही, वही स्थिति आजादी के बाद भी रह गयी। पूर्वी बंगाल के बाउल सनातन से मुस्लिम ज़रूर बन गये, पर उनका पेशा नहीं बदला। उनकी भीख माँगने की प्रवृति नहीं बदली। बदलती भी कैसे...? वे तो जान गये हैं कि राम बोले या रहीम दोनों का है, एक ही नाम...महात्मा गांधी का भजन याद करे तो 'अल्ला ईश्वर तेरो नाम, सबको सनमत दे भगवान...' पर पश्चिम बंगाल के राजनीतिज्ञों ने बाउल को मौज-मस्ती का संगीत बना दिया है। उन्हें अपने मंचों पर बुलाकर लोकगीत, लोक-संगीत और लोक से अलग करके, उनके वस्त्रों में राजनैतिक रंग मिला दिया। उनके गले में तुलसी-माला की जगह, ऐसी माला पहना दिया है, जिसका इस्तेमाल वे अपने हक, अपने स्वार्थ की पूर्ति के लिए करने लगे हैं।

●

W.W/ 2,रामबांध साइड,
बर्नपुर-713325, पश्चिम बंगाल

एक गाँव है भनेड़ा

के.एस.तूफान

उन्नीसवीं सदी का मध्यकाल एवं बीसवीं सदी का प्रथमार्द्ध संस्कृति का चरमोत्कर्ष रहा है। यह वही काल है जब बनारस में मुकुन्दी भांड़ अपने स्वांग, विदूषकी एवं व्यंग्यात्मक संवादों के कारण सुने और सराहे जाते थे। उसी काल में बिजनौर जनपद में भांड़ संस्कृति के केन्द्र के रूप में विकसित हुआ एक गाँव—भनेड़ा।

राष्ट्रीय राजमार्ग 119 मेरठ-पौड़ी पर जिला बिजनौर मुख्यालय से लगभग 23 किमी. दूर एवं किरतपुर से लगभग 5 किमी. की दूरी पर उत्तर दिशा में लगभग 12 हजार जनसंख्या वाला ग्राम भनेड़ा स्थित है। और तो सभी बातें इस ग्राम में अन्य ग्रामों की ही भाँति हैं, किन्तु यहाँ पर निवास करने वाले 'विदूषकों' के कारण यह ग्राम दूर-दूर तक प्रख्यात है। कहना चाहिए कि जिला बिजनौर जिस प्रकार 'राबिनहुड' कहे जाने वाले सुलताना डाकू के कारण देश के अन्य भागों में विख्यात है, ठीक उसी प्रकार ग्राम भनेड़ा भी इन कला साधकों के कारण विख्यात है। आज से लगभग 60-70 वर्ष पूर्व राजा-महाराजाओं, नवाबों, जमींदारों, सामंतों तथा धन्ना सेठों की बारातों अथवा महफिलों में तवायफों/नर्तकियों के नाच/स्वांग/नाटक/ड्रामा हुआ करते थे। उनके साथ भंडेलों का होना अनिवार्य था। इन महफिलों में भनेड़ा के भंडेलों की शिरकत आमतौर से रहती थी।

गांधर्व गायन एवं वादन विद्या में पारंगत इन कलाकारों को भांड़, भंडेले, नक्काल, कव्वाल भी पुकारा जाता था। कहावत है कि भंडेलों का बच्चा भी रोता है तो स्वर से ही रोता है। गायन-वादन इन लोगों का खानदानी पेशा है। इस गाँव के नन्हें खाँ नामक व्यक्ति सुप्रसिद्ध तबला-वादक हुए हैं। ये लोग गजलें, कव्वालियाँ, नात, हम्द, चौबोला, बहरे तवील तथा हाथरस नौटंकी के गानों के माहिर होते हैं। यह बात दूसरी है कि हरियाणवी रागनियाँ बहुत ही कम गाते हैं। यों समयानुसार इन्होंने शबद, नमोकार, भजन, भेंट, देशगान तथा वंदना आदि भी गाने प्रारंभ कर दिये हैं। इनके द्वारा अभिनीत नाटकों, ड्रामों तथा स्वांग में आलम-आरा, लैला-मजनू, शीरीं-फरहाद, खुदा दोस्त, सुल्ताना डाकू, मस्तानी गूजरी, श्रीमती मंजरी, गुलशनम शहजादा, खजिस्ता शहजादी, बरजलीस, माहेगीर, बहराम, शाहजिन्नात आदि प्रमुख हैं। तवायफों/ नर्तकियों से महिला-पात्रों का कार्य कराया जाता है। आजकल इनके लड़के अन्य नगरों में स्याथी रूप से तवायफों/नर्तकियों के साथ सारंगी, तबला व हारमोनियम बजाने का कार्य करने लगे हैं। ये लोग ख्वाजा मोइनउद्दीन चिश्ती (अजमेर),

हजरत निजामुद्दीन औलिया (दिल्ली) तथा पीरान कलियर (रुड़की) की दरगाहों पर उर्स के समय अपना कलाम पेश करके वाह-वाही लूटते हैं। पंचकुइयाँ रोड (दिल्ली) में इनके सैय्यद हसन खानदानी पीर हैं, जिनकी दरगाह पर ये प्रतिवर्ष शीरनी चढ़ाने के अतिरिक्त अपना कलाम भी पेश करते हैं। ये लोग तहज़ीब-ओ-सक़ाफ़त (सभ्यता एवं संस्कृति), इल्म-ओ-तमद्दुन, अदबी तमद्दुन (साहित्य एवं संस्कृति) तथा अपने फन में बहुत ही माहिर होते हैं। गायकी की अदायगी एवं सेहत अलफाजी इनकी रग-रग में बसी है। गाते हुए इनका लबो-लहजा (उच्चारण) देखते ही बनता है।

सैंकड़ों वर्ष पूर्व ग्राम भनेड़ा में सैय्यदों की जमींदारी थी। नक्काल बिरादरी के लोग बताते हैं कि उनके पूर्वज इस गाँव में अपनी कला का प्रदर्शन करने आये थे। किसी जमींदार ने स्वर, साज और नृत्य की अनूठी कला से प्रसन्न होकर बतौर ईनाम उन्हें रहने के लिए जमीन दे दी थी। बाद में ग्राम भनेड़ा नक्कालों के गाँव के रूप में मशहूर हो गया। इस बिरादरी का मोहल्ला 'नक्काल' अलग बसा हुआ है। इस समय गाँव में बिरादरी के लगभग 20 परिवार हैं। जिनकी कुल संख्या सौ के लगभग है। कुछ वर्ष पूर्व नक्कालों के दो-तीन परिवार नजीबाबाद जाकर बस गये थे, जो वहीं रहकर अपना पुश्तैनी काम करते हैं। खास बात यह है कि इस बिरादरी के लोग लड़का पैदा होने या लड़के के विवाह कार्यक्रमों में ही जाते हैं तथा रतवाई, जच्चा और बन्ने, घोड़ी एवं सेहरे गा-सुनाकर अपना नेग लेते हैं। आजकल यही इनकी आजीविका का साधन है। गले में ढोलक, कंधे पर हारमोनियम तथा हाथ में घुंघरू लिये लड़के के जन्म के बारे में पूछताछ करना तथा वहाँ गा-बजाकर एवं नाचकर 'पंजी' लेना इनकी पहचान बन गयी है। हिजड़ों की तरह इनकी न तो निर्धारित मांग होती है और न ही कोई जिद करते हैं। लड़की के जन्म में नक्काल नाचने-गाने नहीं जाते।

जहाँ तक नक्कालों की नकल का प्रश्न है, तो उन्होंने ऐसी तीन नकलें सुनाईं जो यहाँ पर बतौर बानगी पेश हैं–

1. एक नवाब साहब को नौकर की आवश्यकता थी। अब आप नवाब के कर्मचारी एवं भांड़ की आपस में हुई गुफ्तगू सुनिये....अरे भाई नौकरी करोगे? जी हाँ, क्यों नहीं करूँगा। हाँ तो बताओ नौकरी का क्या मेहनताना लोगे? अजी मेहनताना क्या, बस खाने-खर्चे पर काम कर लूँगा। अच्छा बताओ तुम्हारा खाना क्या होगा? अजी खाना क्या, बस दाल से काम चल जायेगा। लेकिन हाँ, दाल देसी घी में छुँकी होनी चाहिए। और हाँ जिस चारपाई पर मैं सोऊँगा, उसके पाए रंगीन होने चाहिए। वैसे तो चारपाई बानों से बुनी जाती है, लेकिन बान मुझे चुभेंगे इसलिए चारपाई निवाड़ की बुनी होनी चाहिए। हाँ और कुछ बताओ? अजी और क्या, खाने के बाद हुक्का भी पीता हूँ, मगर उसका तम्बाकू खमीरे वाला खुशबूदार होना चाहिए और हाँ पैर दबाने एवं सिर की मालिश करने के लिए मुझे एक आदमी भी चाहिए।

अब आप स्वयं समझ सकते हैं कि इस संवाद को सुनकर कौन अपनी हँसी रोक सकता है? उपरोक्त फरमाइशें सुनकर क्या किसी की हिम्मत नौकर रखने की हो सकती है? यह नकल शमशाद साबरी ने बतलायी।

2. यासीन मियाँ ने एक नकल इस प्रकार सुनाई जो नवाबों एवं जमींदारों की अनभिज्ञता प्रदर्शित करती है। एक जमींदार अपने नौकर से बोला, अबे फलाने, जरा गेहूँ का पेड़ तो लाकर दिखलाना कल। जी मीर साहब! कल गेहूँ का पेड़ लेता आऊँगा। वह नौकर तो चला गया, मीर साहब ने फौरन दो-चार मजदूर बुलाकर अपनी हवेली का छोटा दरवाजा तुड़वा डाला। तभी वहाँ उनका गुमाश्ता आ पहुँचा। उसने पूछा, यह क्या करवा रहे हैं हुजूर? मीर साहब ने जवाब दिया, मियाँ फलाने से गेहूँ का पेड़ मंगवाया है, अब पता नहीं गेहूँ का पेड़ कितना ऊँचा होता है, इस दरवाजे में से निकल पाता कि नहीं, लिहाजा मैंने दरवाजा तुड़वा दिया है।

3. अकरम मियाँ ने नक्कालों की नजाकत एवं खाने-पीने की शाही आदतों के बारे में बतलाते हुए कहा कि जहाँ कहीं नक्कालों को घटिया खाना-पीना दिया जाता था, तो वे तत्काल नकल बनाकर महफिल में सुना देते थे। जिससे हास्य एवं मनोरंजन तो होता ही था, उनके खाने-पीने का भी अच्छा इंतेजाम हो जाता था। यह नकल इस प्रकार है कि एक राजा साहब के यहाँ नक्काल अपना तमाशा कर रहे थे, किन्तु उनकी खातिरदारी अच्छी नहीं हो रही थी। उन्होंने फौरन नाई और ब्राह्मण का वेश बनाया और उस राजा के यहाँ टीका लेकर पहुँच गये। दरबार से पहले उन्हें एक नौकर मिला और उसने पूछा, कहाँ जा रहे हो भाई? इन राजा साहब के यहाँ फलां राजा साहब की लड़की का टीका लाये हैं। अरे तुम कहाँ टीका ले आये? इस राजा के यहाँ तो चने के अलावा कुछ पैदा ही नहीं होता। ये किस बात का राजा, जिसके यहाँ खाने-पीने का भी ठीक इंतजाम नहीं। नकल सुनकर राजा साहब की भँवें तन गयीं। वे उठकर बोले, यह क्या बदतमीजी है? तब नक्कालों ने कहा, हुजूर हमें तो आपके यहाँ स्वांग दिखलाते कई दिन हो गये, चने की दाल और चने की ही रोटी खाने को मिल रही है। अतः हम तो इस नतीजे पर पहुँचे कि आपके यहाँ चने के अलावा कुछ पैदा ही नहीं होता। स्पष्ट है कि राजा साहब ने फौरन नक्कालों के खाने-पीने का उचित प्रबंध करने का फरमान जारी कर दिया।

उपरोक्त से सिद्ध है कि ये नक्काल हास्य-व्यंग्य सुनाकर सभी का स्वस्थ मनोरंजन करते थे और साथ ही किसी भी व्यक्ति का ध्यान अपनी ओर आकृष्ट कर लेते थे। लेकिन आज इनके पेट खाली हैं और किसी का भी ध्यान इनकी कला की उपेक्षा के चलते इनके पेट पर नहीं। यही इनका रोजगार भी है और जिन्दगी भी। अब देखना यह है कि ये लोग कितने दिन जीने की नकल करते हैं।

●

भनेड़ा-246731
जिला-बिजनौर (उ.प्र.)

बिहार के दलित कथानायकों का संघर्ष

भीमराव गणवीर

बिहार के भोजपुरी, मगही और मैथिली भाषा क्षेत्रों में सदियों से दलितों के बीच कुछ लोककथाएं लोकप्रिय रही हैं। इन क्षेत्रों में सर्वाधिक लोकप्रिय और मंचित होने वाली लोककथाओं में रेशमा-चुहड़मल, सूरमा-सलहेस एवं दीना-भद्री का नाम आता है। रेशमा-चुहड़मल बेगूसराय और बोगूसराय के निकटवर्ती जिलों में लोकप्रिय रही है तो सूरमा-सलहेस और दीना-भद्री सुपौल व मधुबनी जिलों में। दलित विमर्श के राजनैतिक केन्द्र में आने से दलितों के बीच लोकप्रिय अनेक लोककथाओं के संकलन का कार्य हुआ है। भोजपुरी में बाबू महादेव प्रसाद सिंह ने दस खंडों में रेशमा-चुहड़मल गीतों का संग्रह किया है। अंगिका में नरेश पांडे चकोर ने परंपरागत गायकों की मदद से सलहेस भगत, नऊआ दयाल एवं घुघली घटमा को लिपिबद्ध किया है। बिहार की लोककथाओं के इतिहास में 1997 में प्रकाशित विश्वनाथ झा लिखित पुस्तक 'चौपाल जाति का सच' एक मील का पत्थर साबित हुआ है।

जहां तक दलितों के बीच प्रचलित लोककथाओं का प्रश्न है, इसके लिए दलित लोककथा शब्द के प्रयोग के पीछे कहीं से भी इस धारणा की स्थापना नहीं है कि लोक में रचे-बसे तत्वों को जातीय आधार पर नामांकित किया जाए। इन्हें दलित लोककथाएं कहने का आशय मात्र इतना है कि ये दलित समाज के बीच लोकप्रिय हैं और उनमें दलितों के संघर्ष, जय, पराजय, आशा एवं आकांक्षा का चित्रण हुआ है। इनके नायक दलित जातियों से आते हैं। लोककथाएं भले ही प्रारंभ में किसी खास जाति, समुदाय या वर्ग व्यवस्थाओं, आकांक्षाओं या जय-पराजय को रेखांकित करती हों, कालांतर में वे विस्तृत रूप ग्रहण करती जाती हैं और अपनी कथावस्तु के अनुरूप उपेक्षित जनसमूह के बीच सामान्य एवं सर्वमान्य रूप से स्वीकार्य हो जाती हैं। बिहार की दलित लोकगाथाओं के संदर्भ में भी यह बात लागू होती है।

यहां हम बिहार की दलित लोककथाओं में प्रतिरोध की छानबीन के लिए बिहार की दो दलित जातियों मुसहर और दुसाध के बीच प्रचलित लोककथाओं दीना-भद्री (मुसहर जाति), सूरमा सलहेस और रेशमा-चुहड़मल (दुसाध जाति) पर विशेष रूप से चर्चा करेंगे। इन दोनों जातियों की लोककथाएं वर्तमान में बिहार के ग्रामीण इलाकों में सबसे अधिक लोकप्रिय एवं प्रचलित हैं। बिहार में मुसहर और दुसाध जातियों की जनसंख्या बिहार की पूरी दलित आबादी का करीब आधा है। बिहार की ये दोनों दलित जातियां लड़ाकू रहीं हैं। सामाजिक स्तर पर जहां दुसाध जाति अन्य दलित जातियों की तुलना में ज्यादा प्रतिक्रिया

देती है वहीं मुसहर सामाजिक रूप से हाशिये पर पड़े रहते हैं। रेशमा-चुहड़मल, सूरमा-सलहेस तथा दीना-भद्री, इन तीनों लोककथाओं में ब्राह्मणवादी अत्याचारों की चर्चा हुई है। इन लोककथाओं में सामाजिक, आर्थिक संघर्ष है तो लोक देवताओं की रचना भी। मंदिर प्रवेश के लिए संघर्ष, वैकल्पिक पूजा-पद्धतियों, धार्मिक वर्जनाओं के विरोध में स्त्री मुक्ति संघर्ष के बीज इन लोककथाओं में सन्निहित हैं।

तीनों लोककथाओं में सामाजिक मान-सम्मान, आर्थिक बराबरी के लिए संघर्ष की बात है। गंगा के दक्षिणी इलाके में प्रचलित रेशमा-चुहड़मल की कथा के अनुसार अजबसिंह, चुहड़मल के पिता और चाचा को कैद कर जेल में बंद करता है। चुहड़मल इसे प्रतिष्ठा का प्रश्न बनाकर उसके विरूद्ध मोर्चा खड़ा करता है। लड़ाई की शुरुआत होती है। इसके पूर्व रेशमा चुहड़मल से आक्रामक प्रणय निवेदन करती है, किंतु चुहड़मल उसके प्रेम निवेदन को धर्म-बहन कहकर ठुकरा देता है और अजबसिंह के सैन्य को पराजित कर मोकाम किले में कैद अपने चाचा और पिता को मुक्त करा कर अपने घर अंजनीग्राम ले आता है। गंगा के उत्तर भाग में जो कहानी लोकजीवन में अब भी प्रचलित है उसमें भी चुहड़मल द्वारा स्वाभिमान एवं सामाजिक सम्मान की रक्षा के लिए संघर्ष के उदाहरण मिलते हैं। राना सलहेस की लोककथा में भी सामाजिक प्रतिष्ठा, मान-सम्मान एवं गरिमा के उदाहरण मिलते हैं। राना सलहेस ने माहिसौधा के राजा नारायण द्वारा लालपरी व सबुजपरी नामक दलित लड़कियों के साथ बलात्कार की चेष्टा का विरोध किया। दोनों लड़कियों को उसकी पकड़ से आजाद कराया। राजा नारायण के सामाजिक अत्याचार एवं सामंती मूल्यों का प्रतिकार करते हुए उसके विरूद्ध युद्ध कर पराजित किया। यह सामाजिक शोषण के विरूद्ध संघर्ष का उदाहरण है।

इसी प्रकार राजा कनकधमी द्वारा दीना और भद्री के घर जाकर धमकाने और पत्नियों रोदना व बुधना पर कुदृष्टि डालने पर दीना व भद्री द्वारा राजा को अपमानित करना भी उच्च जातीय या वर्गीय कुदृष्टि का धैर्यपूर्वक जवाब देने का संकेत है। दीना और भद्री सामाजिक अत्याचार के विरूद्ध एक शक्तिशाली प्रतिरोध को उजागर करते हैं।

इन लोककथाओं में अंतरजातीय विवाहों के प्रमाण मिलते हैं। पुरानी जातिवादी विवाह परंपरा का विरोध दिखाई देता है। लोककथाओं में अनेक विवाह क्षत्रिय राजकुमारियों से होते हैं। सलहेस और उसके छोटे भाइयों मोतीराम व बुधेसर की शादी क्षत्रिय राजकुमारियों से होती है। सलहेस लोककथा में आता है कि सलहेस विराट नगर की राजकुमारी सांवरमती से शादी करने के लिए विराटनगर के राजा विराट से युद्ध कर उसे हरा देता है, उसके बाद राजा को अपनी कन्या का विवाह सलहेस से करने को विवश होना पड़ता है। उसी प्रकार सलहेस के छोटे भाई मोतीराम की शादी तीसीपुर बंगाल के क्षत्रियवंशी राजा मुनी जमींदार की बेटी कुसुमावती से होती है। यह शादी भी राजा को हराने के बाद ही संभव होती है। सलहेस के दूसरे छोटे भाई बुधेसर की शादी भी श्यामलगढ़ के क्षत्रिय राजा श्यामल की बेटी श्यामलवती

से होती है। इस शादी में भी श्यामलसिंह विरोध करता है, अनेक विघ्न डालता है, किंतु अंत में राजा श्यामलसिंह को विवश होकर अपनी बेटी की शादी बुधेसर के साथ करनी पड़ती है।

दीना-भद्री लोककथा में बेगारी के विरूद्ध शक्तिशाली ढ़ंग से संघर्ष होता है। दीना और भद्री दोनों भाइयों द्वारा जोगियानगर के राजा कनकधमी का बेगारी से इंकार करना, सामाजिक, आर्थिक अत्याचार के विरूद्ध संघर्ष का उदाहरण पेश करना है। डा0 सचिंद्र नारायण ने अपने ग्रंथ 'द सस्टनेबर डेवलपमेंट' में दीना और भद्री को सुपरमैन की संज्ञा देते हुए लिखा है कि दीना और भद्री ने जमींदारों के खिलाफ सतत संघर्ष किए। इसका उल्लेख हमें लोककथा के 'जोरावरसिंह मार' खंड में भी दिखाई देता है। जोरावरसिंह से लड़ाई कर दीना-भद्री उसकी हत्या करते हैं और मुसहर समाज को उसके जुल्म से आजाद करते हैं।

दीना-भद्री लोककथा की तरह सलहेस एवं रेशमा-चुहड़मल की लोककथाओं में भी आर्थिक प्रश्नों पर विशेषतः 'पशुधन' सुरक्षा के सवाल पर संघर्ष के उदाहरण मिलते हैं। दीना-भद्री लोककथा में बनिया बाजारवादी शोषण के विरूद्ध प्रतिरोध के चिन्ह दिखाई पड़ते हैं। महाजनी अत्याचार के विरूद्ध संघर्ष करती लोककथाएं दलितों के सम्मान की रक्षा करती हैं। इन लोककथाओं के नायकों चुहड़मल, सलहेस और दीना-भद्री में देवत्व का आरोपण दिखाई देता है। चुहड़मल और सलहेस दुसाध जाति के कुल देवता के रूप में तो दीना-भद्री मुसहर जाति के कुल देवता के रूप में बिहार के गांवों में सम्मानित हैं। अपने लिए देवताओं का निर्माण करना उस परंपरागत ब्राह्मणवादी धर्म को चुनौती देना है, जो कहता है ''शूद्र ब्रह्मा के पैर से उत्पन्न हुए''। इन लोककथाओं में स्त्री मुक्ति का भी विचार हमें नजर आता है। कथानक में वर्णित उच्च जाति की स्त्रियों द्वारा प्रेम की पहल, उच्च जाति को हीन साबित करने के उद्देश्य से नहीं की गई है। यहां दलितों और स्त्रियों पर लागू तमाम धार्मिक पाबंदियों के निषेध का संघर्ष भी दिखाई देता है।

यह तो सभी को मालूम है कि ब्राह्मण धर्म में शूद्रों को पूजा, वेदपाठ एवं यज्ञ करने की मनाही थी। फलस्वरूप उन्होंने उपरोक्त लोककथाओं के नायकों को देवस्वरूप मानकर मंदिर बनवाये, उनकी पूजापाठ शुरू कर एक वैकल्पिक मार्ग की तलाश की। आज भी चुहड़मल और सलहेस दुसाधों के एवं दीना-भद्री मुसहरों के कुल देवता, गृह देवता तथा ग्राम देवता के रूप में पूजे जाते हैं। इन लोक देवताओं की पूजा, जटिल ब्राह्मणवादी पूजा पद्धतियों, विधानों के विपरीत सरल एवं सामूहिक रूप से की जाती है। पूजा स्थल भी फूस या मिट्टी के बने हैं, जिन्हें गहवन कहा जाता है। ये पीपल, बरगद या अशोक के पेड़ के पास बने होते हैं। पूजा, लोक बोली में रचित स्तुतियों द्वारा भगौतों के माध्यम से की जाती है। संस्कृत का परित्याग कर लोकभाषा में पूजा-अर्चना करने में वही क्रांतिकारी चेतना दिखाई देती है जो तथागत बुद्ध द्वारा धर्म संवाद के लिए पाली या मगधी के प्रयोग किए जाते समय थी।

मंदिर प्रवेश के हक प्राप्ति के लिए भी दीना-भद्री की लोककथा में अनूठा और आक्रामक विवरण मिलता है। लोकमत के अनुसार दीना-भद्री जगन्नाथ पुरी के मंदिर द्वार

पर भगवान के दर्शन हेतु सात दिन, सात रात बिना खाए-पिए पड़े रहे, पर प्रवेश नहीं मिला। तब दोनों भाइयों ने मंदिर को छाती से धक्का देना शुरू किया। मंदिर दरकने लगा। भगवान जगन्नाथ प्रकट हुए एवं दोनों भाइयों को सशरीर दर्शन दिए। राणा सलहेस ने भी महिसौधा के राजा नारायण के ननमहरी मंदिर में पूजा प्रतिबंध हटाने के लिए युद्ध किया और राजा को पराजित कर आम जनता के लिए खोल दिया।

उपरोक्त चर्चित तीनों कथाओं में हमें जो राजनैतिक संघर्ष दिखाई पड़ता है, वह दो सामंतों के राजनैतिक वर्चस्व का संघर्ष नहीं है। वह स्थानीय सामंतों एवं जमींदारों के शोषण के विरूद्ध दलितों का संघर्ष है। जैसा कि शुरू में बताया गया है कि रेशमा-चुहड़मल की लोककथा में चुहड़मल अजबसिंह से युद्ध करता है। उसे हराकर अपने पिता बिहारी तथा चाचा रामा को उसकी कैद से आजाद करता है। रात में गायों को चराने पर लगी रोक के विरोध में अजबसिंह के आदेश पर कलिका सिंह ने चुहड़मल के पिता एवं चाचा को कैद किया था। अंतिम लड़ाई में राजकुमारी रेशमा द्वारा भेजी बाघिनें अंजनी गांव के दलितों व गाय-भैंसों पर आक्रमण करती हैं। चुहड़मल एक बूढ़ी बाघिन को छोड़कर सभी बाघिनों को तलवार से काटकर गाय-भैसों एवं लोगों की सुरक्षा करते हैं।

दीना-भद्री लोककथा में भी हमें दोनों भद्री भाईयों का गियानगर राजा कनकधमी के शोषण के विरूद्ध विद्रोह दिखाई देता है। राजा की बहन बचिया दोनों भाईयों की वीरता एवं स्वाभिमान के विरोध में ईर्ष्या वश कुचक्र चलती है। इस संघर्ष में दीना-भद्री, बचिया, राजा कनकधमी और उसकी पत्नी सहित राज-दरबार के अनेक लोगों की हत्या कर देते हैं। उसके पश्चात बेटी हिरिया और मिरिया की शादी दो मुसहर भाइयों रूजना और बूझना, जो बेगारी के विरूद्ध थे, से संपन्न कराते हैं। सहलेस की लोककथा में सलहेस द्वारा महिसौधा के राजा नारायण और पकड़िया के राजा कुलेसर के विरूद्ध संघर्ष की बात आती है। राजा नारायण के विरूद्ध सलहेस का विद्रोह आर्थिक और धार्मिक स्वतंत्रता का संघर्ष है, तो कुलेसर के विरूद्ध स्वाभिमान की रक्षा का। सलहेस लोककथा में वर्णित राजनैतिक संघर्ष, रेशमा-चुहड़मल एवं दीना-भद्री में वर्णित संघर्ष का विस्तार है, उसकी संपूर्ण व्याख्या है।

इस प्रकार से ये लोककथाएं उन सारे धार्मिक, राजनीतिक तत्वज्ञान को नकार देती है जो सत्ता को ईश्वरीय देन तथा सत्ता पर खास जाति के आधिपत्य को स्वीकार करती हैं। इन लोककथाओं में जो संघर्ष दिखाई देता है उसमें सबसे महत्वपूर्ण पहलू यह है कि नायकों के बीच जातीय एवं वर्गीय एकता है। राजाओं और सामंतों द्वारा दलित नायकों के बीच शत्रुता बढ़ाने के लिए रचे सारे कुचक्र बेकार होते हैं। उनमें वर्गीय और जातीय चेतना मजबूत होती दिखाई देती है।

●

196, 'भीमाशा', महावीर नगर,
रनाला, कामठी, नागपुर 441002

बुन्देली आल्हा गायन

डॉ. रामभजन सिंह

भारतवर्ष के विभिन्न अंचलों में लोक गाथाओं का उनकी भाषा व संस्कृति के अनुसार गायन व वादन किया जाता है। 'आल्हा' लोकगाथा बुन्देलखंड की धरती की उपज है। इसका साक्षी है महोबा, जिसका पुराना नाम 'महोत्सव' था। यहाँ के चंदेलवंशीय परमार्दि देव (परमाल), क्षत्रिय जाति के थे, उनके द्वारा निर्मित आल्हा का अखाड़ा, गिल्ली, देवी चन्द्रिका व मनियां देव के मंदिर आज भी विद्यमान हैं। उनके द्वारा निर्मित तमाम किले तथा स्थान जो 'जगनिक भांट' द्वारा रचित 'आल्ह खंड' की बावन लड़ाइयों में वर्णित हैं, अपनी टूटी-फूटी अवस्था में आल्हा के शौर्य और संस्कृति सुरक्षित रखे हुए है।

आल्हा खंड से हमें ज्ञात होता है कि चौहान और चन्देलों की लड़ाई से उनकी मजबूत एकता छिन्न-भिन्न हो गयी और विजातियों को आक्रमण करने का मौका मिला। ऐसे समय में लोकभाषा शैली में आल्ह खंड की रचना कर आल्हा-उदल को नायकत्व प्रदान कर, जन-जन में वीरता, राष्ट्रप्रेम, संस्कृति की रक्षा का संदेश फैलाया गया। आल्हाखंड की जिन लोक छंदों के माध्यम से रचना की गयी वे पूरे उत्तरी भारत की प्रत्येक लोक भाषा में प्रयोग किये जाने लगे। बारहवीं शताब्दी में रचित यह लोक गाथा, बुन्देलखंड के सातों जनपदों—झांसी, ललितपुर, जालौन, हमीरपुर, महोबा, बांदा, चित्रकूट और साथ-साथ मध्य प्रदेश के नजदीकी जनपदों में ढोलक व मंजीरे के साथ-साथ ओजस्वी शब्दों में गाई जाने लगी। इस महाकाव्य की चार गायन शैलियाँ प्रचलित हैं।

1. महोबा गायन शैली
2. आल्हा की करगवाँ शैली (शिवदयाल कमरिया रचित)
3. दतिया गायन शैली
4. सागर गायन शैली

इन चारों गायन शैलियों में वीरता व ओजस्विता का पूरा समावेश रहता है परन्तु देश के अनेक भागों में इस महाकाव्य की गायकी में इसका अभाव है। उत्तर प्रदेश के अन्य जनपदों खासकर पूर्वी उत्तर प्रदेश व बिहार के भोजपुर इलाके में जहाँ भोजपुरी बोली जाती है इसकी लोकप्रियता जन-जन को रोमांचित करती है। इस लोक महाकाव्य का प्रभाव बुन्देली लोक गीतों की हर विधा में मौजूद है।

आल्हा का जन्म महोबा जनपद के बनाफर नामक स्थान पर क्षत्रीय जाति में हुआ।

राजा परमार्दि देव का शासन काल 1203 ई. माना जाता है इसलिए इस महाकाव्य का रचना काल 800 वर्ष होता है। संवत 1976 में दिशाराम भट्ट रचित 'पृथ्वीराज रायसो' में आल्हा के वंश का वर्णन है। जिसमें बक्सराज के पुत्र मलखेन तथा दसराज के पुत्र आल्हा-ऊदल का वर्णन मिलता है। उस समय के साम्प्रदायिक सौहार्द की अद्‌भुत मिसाल इस महाकाव्य में मिलती है। आल्हा-उदल के गुरु 'ताला सैयद' की वीरता और माटी की मर्यादा की रक्षा की मिसाल अनुकरणीय है। ताला सैयद की कब्र आज भी हिन्दू-मुस्लिम एक होकर पूजते हैं तथा उनकी मजार पर प्रतिवर्ष एक भव्य मेले का आयोजन होता है।

महाकवि जगनिक ने अपनी रचना में बावन लड़ाइयों का वर्णन किया है जिसमें इन दोनों वीर पुरुषों की धीरता, गम्भीरता, शौर्य, साहस, पराक्रम इत्यादि अनेक कीर्ति के स्तम्भों से इनकी बड़ाई लिखी है।

अन्त में–

मरद बनाये मर जैबे को
खटिया पर कै मरै बलाय
जे मर जैहें रन खेतन मा
शाखा चले अगाड़ी जाय।।

●

बुन्देली लोक कला,
ग्राम-पोस्ट : बिवार, हमीरपुर, (उ.प्र.

अनहद

(कछयई राग व अन्य विधा में दाता सांई के अवधूती शब्दों का गायन)

डॉ. रामभजन सिंह

लोक गायन सिर्फ लोक रंजन नहीं है। लोक गायक अपने इष्ट देवी-देवता, समाज तथा देश की ऋिद्धि-सिद्ध की कामना, आत्मा व परमात्मा के मिलन की कामना भी करता है।

कछयई गायकी में प्रमुख वाद्य, इनकी बनाई हुई वस्तुएँ हैं। जैसे—'ढपली' व 'किकिहरी'। 'ढपली' एक लकड़ी के खोखले गोलाकार टुकड़े को चमड़े में मढ़कर बनाई जाती है तथा किकिहरी में एक बाँस के टुकड़े में एक सिरे पर नारियल के खोखे को लगाते हैं तथा दूसरे सिरे पर एक बाँस की छोटी-सी खूँटी लगाते हैं। फिर उसमें घोड़े की पूँछ के लम्बे-लम्बे बालों को बांधा जाता है। इसको बजाने के लिए एक अर्द्धवृत्ताकार कमानी जिसमें बाल बंधे होते हैं इस तरह बनाई जाती है, कि कमानी और किकिहरी के मोम लगे बालों से सुरीली तान निकलती है।

कछयई, गायन में बहुत ही गम्भीर शब्दों का प्रयोग किया जाता है। इस क्षेत्र में 'दाता सांई' सम्प्रदाय के बहुत से आश्रम हैं जो बियावन जंगल में स्थित हैं। इस सम्प्रदाय के सन्त गाँव व समाज में नहीं आते हैं। इनके कुछ शिष्य होते हैं जिनको 'हंसा' कहते हैं। वे ही वहाँ जाते हैं। समाज में व गाँव में भिक्षा वृत्ति मना है। सब जगह उनकी वाणी जिसको 'शब्द' कहते हैं, गाते हैं। इस गायकी को वे वाणी-विलास की वस्तु नहीं मानते। इनके पूज्य ग्रंथ को 'अरस' कहते हैं। अरस में लिखी भाषा यही पढ़ पाते हैं। इनके मठों में जाकर मैंने देखा है कि तकरीब 3 सौ वर्ष से लेकर अब तक करीब कुन्तलों 'शब्द' लिखी पुस्तकें (अनुभव अरस) मौजूद हैं। इनको छपवाया नहीं गया है। इन ग्रंथों का लेखन करना, बाइंडिंग करना, अवधूत सन्तों क। काम है।

वैसे कछयई राग में भजन, गारी, राई इत्यादि गायन करने वाली बहुत-सी टीमें पूरे बुन्देलखंड में हैं, लेकिन 'दाता सांई' के 'शब्द' जो बहुत ही गूढ़ व प्राच्य साहित्य से पूर्ण हैं तथा शब्दिक अर्थों में अच्छे-अच्छे विद्वान भी इनके अर्थ खोजने व पढ़ने में अपने को दुरूह महसूस करते हैं, इसका गायने पूरे बुन्देलखंड में केवल यही कर पाते हैं।

'हंसा' एक अलग विधा है जिसको 'बुन्देली भजन' कहते हैं। कछयई गायक ढोलक व हारमोनिया, मजीरा, चिमटा तथा करताल के साथ इसे गाते हैं। साम्प्रदायिक सौहार्द की मिसाल ऐसी है कि मुस्लिम समुदाय भी इनके अनुयायी हैं तथा 'तकमा' लेकर 'हंसा' बनते

हैं। तमाम मुस्लिम अनुयायी अवधूत भी हुए हैं और 'शब्दों' को प्राचीन गायकी विधा के रूप में गाते हैं। इस 'दाता सांई' के भक्ति संगीत व साहित्य पर न किसी विद्वान पुरुष की निगाह पड़ी है, न कोई शोध हुआ है। अगर विद्वान लोग इन ग्रन्थों पर शोध करना चाहें तो लोक संस्कृति के तमाम नये तथ्य ज्ञात हो सकेंगे। इसका एक तथ्य यह भी है कि मृत्यु संस्कार में तम्बूरे के साथ यह 'अनहद' अवधूती शब्दों के रूप में पूरी रात गाई जाती है।

'दाता सांई के अरिल्ल शब्द'

1. जगत कहर दरियाव माया को जाल है
आशा-फाँसी लाइ मारता काल है।।
बचे संत विज्ञान माया को छोड़िकै।
अरे हाँ—हो मोहन मार लिया मैदान छिमा को ओढ़कै।

2. नाम निअक्षर नूर शब्द उजियार है।
ज्योति बरै निशिवासर अकह के पार है।।
आठ पहर झरि लाग है कि अमिय पियउ दुर्वेश।।
अरे हाँ-हो मोहन जियत मुक्ति जो चाहै सो चले हमारे देश।।

'शब्द'

3. सत् महले पै सरंगी बाजै हो।
मन मंजीरा तत्तु कै तबला ज्ञान का गुटका लागै हो।
आशा-तृष्णा देखै तमाशा सुरत सुहागिलि नाचै हो।
राय निरंजन बने मसालची अलख पुरुष इक जागै हो।
मोहन शाह छवि देखि मगन भये पाँच-पचीसौ ताकै हो।।

4. घर के सुध विसराय विदिशिया।
माया जाल काल बहु जोरउ जुग-जुग जीव गँवायो विदेशिया।।
सुत परिवार देख बहु भूल्यो काया नरक कमायो विदेशिया।
संशय षोग-रोग नित घेरे सपने सुखन पायो विदेशिया।
मोहन कहैं कबौ न छूटै सतगुरु शरण न आयो विदेशिया।।

●

ग्रा/पोस्ट : बिवार, हमीरपुर (उ.प्र.)

पूर्वांचल के जारी (झारी) गीत

मुहर्रम के अवसर पर बांस की सींकों से बने झाड़ूनुमा डंडों को आपस में लड़ा कर बजाने और गोलाकार घेरे में घूमते हुए गाने के रिवाज को झारी गीत गाना कहते हैं। लोकरंग सांस्कृतिक समिति के कलीम खां और अमजद अली(कप्तानगंज) द्वारा उपलब्ध कराये गये कुछ झारी गीतों को यहाँ दिया जा रहा है।

(1)

प्रसंग--मोहम्मद साहब को उनके साथी सहाबा के साथ अदहम बादशाह द्वारा निमंत्रण देकर बुलाया जाता है और कैद कर लिया जाता है। असबर नामक एक व्यक्ति ने मोहम्मद साहब के खिलाफ अदहम बादशाह को भड़काया था। अरबी इतिहास में इस घटना को 'जंगे बदर' के नाम से जाना जाता है। इस घटना को जारी गीत में सवाल-जवाब के रूप में प्रस्तुत किया गया है--

सवाल :

कवन दुश्मनवा लगवले झगड़वा, कवने शाहिद में जाई हो ना
कवन दुश्मनवा सजी कर अइले, कवन जंगलवा छिप गइल हो ना
कवन हमरे नबी के देई के दवतिया, इ खेलन कइलस शिकार हो ना
कवन जंगलवा सिपाही मारी गइले, केही आके खबर जनवलस हो राम
केही सिपाही के पढ़वले जनाजा, केही अर्थी कइले दफनवा हो ना
केही दफनावे के ही कहवा के गइले, लड़ने लड़ाई बड़ा जोर हो ना
केतना ही जख्म उनके बदन में भइले, जख्मों से भइले चूर-चूर हो ना
केही हजरत हमरे फौज के लेके गइले तेज हो ना
केतना फौजिया हमरे हजरत के लेके, गइल पैदल शियाम जेल हो ना
केही हजरत हमरे दुआ के मंगले, पार भइले सगरो फरियाद हो ना
केही नतिजवा उहंवा पार भइले, सही-सही करीह बयान हो ना
सांच-सांच बतिया बतइह हो गवइया, झूठ मत करीह बयान हो ना

जवाब :

असवर दुश्मनवा लगवले झगड़वा, कंदऊर शहरिया में कही हो ना
अरे कैद दुश्मनवा हो सफर करे गइले, रमना जंगलवा छिप गइल हो ना

अदहम हमरे नबी जी के देहले दवतिया, अदहम खेले गइले शिकार हो ना
रमना जंगलवा अदहम मारी गइले, छोड़ रवाना होय गइले हो ना
अदहम के अली पढ़े गइले जनाजा, उहे कइले उनके दफनवा हो ना
कइ के दफनवा उहंवा से गइले, जाई पहुँचे कंदऊर सहरिया हो ना
तीन सौ जख्म उनके बदन में लगली, जख्म से भइले चूर-चूर हो ना
नबी हजरत हमरे फौज लेके गइले, मक्के से तैयार हो ना
हथवा उठाई नबी दुआ जो कइले, पार गइले सगरो फरियाद हो ना।

(2)

प्रसंग—इस्लाम धर्म के उद्‌भव के साथ विरोध में कई लड़ाइयाँ लड़ी गई हैं। ऐसी ही एक घटना यह है कि कर्बला मैदान में यजीद बादशाह की फौज ने जंग का ऐलान किया और हुसैन से कहा कि अगर तुम मेरी बात मान कर इस्लाम छोड़ देते हो तो मैं तुम्हारे सभी बहत्तर साथियों को आजाद कर दूंगा। यह जारी उसी घटना पर आधारित है।

गाई के सुनावत बानी असगर के शहीदिया, सुन भइया ध्यान लगाई हो ना
अकबर ललनवा गइले करबला मैदनवा, नरवा लगावे बड़ा जोर हो ना
अल्लाह हो अकबर के नरवा लगावे, लशिया पे लशिया गिरावे हो ना
जौने ओरिया अकबर मुंहवा के फेरले, लशिया से भरली मैदान हो ना
देखि के लड़ईया काफिर सोचे मनवा में, हमरे फौजिया बेकार हो ना
उहो काफिरवा रहले पहलवनवा, गइले अकबर के समनवा हो ना

अकबर

छीनकर अकबर बरही उनके सीनवा में मरले, घोड़वा गिरे अलराई हो ना
सीनवा में बरछी पार हो गइले, तड़पले काफीर औफ हो ना
दूसरा ही खंजर अकबर मरले उनके सीनवा, ते लेहन अलगाई हो ना
बरछी सीनवा अकबर उकवले, काफीर देहले दिखाई हो ना
एक घड़ी लड़ने दूसरी घड़ी लड़ने, तीसरे में भइले शहीद हो ना
नबी जी कलमा पढ़वले दम तोड़ने, जन्नत के भइले हकदार हो ना।

(3)

प्रसंग —(शोगरा का खत)

इमाम हुसैन के खानदान के लोग जब शहाबा (संगी साथी) सहित कर्बला की ओर रवाना हुए तो उस समय हुसैन की बेटी शोगरा भी जिद कर रही थी जाने की। मगर वह बीमारी की वजह से न जा सकी। वह एक कासिद (नौकर) के माध्यम से अपना खत इमाम हुसैन तक पहुँचाने और वहाँ के हालात जानने की कोशिश करती है—

गाई के सुनावत बानी सोगरा के खतवा, हो सुन भइया ध्यनवा लगाई हो ना
इमाम हुसैन के बेटी सोगरा ही रहली, उहो रहली बहुत बीमार हो ना

सोगरा के छोड़ देहले मक्का नगरिया, अपने चलले कुफा के नगरिया हो ना
ओही समइया कासिद आई गइले, सोगरा कहेली रोई-रोई बयान हो ना
एक महीना सोगरा कुफा में रही गइली, सोगरा अब रोए जार-जार हो ना
हमरो इ खतवा लेकर जइब, बाबा के हथवा देई देत हो ना
रोई-रोई सोगरा खतवा लिखली, मदीना के लिखली दास्तान हो ना
सोगरा के रोवत कासिद बहलावे, देखल खालि कसमवा ओही हो ना
खाई के कसमवा कासिद कहल, सुन सोगरा अरज हमार हो ना
हमरो भी घरवा बाड़े एक ही ललनवा, उहो बाड़े बहुत बीमार हो ना
दुधवा के आने हम चली अइलीं, तोहरे पर पड़ गइल नजरिया हो ना
जबले खतवा के हम नाहि पहुँचइबे, तब ले बचवा देखल हराम हो ना
इतना अरजिया सोगरा सुनली, कासिद से करेली बयान हो ना
पहले तू दे आव बचवा के दुधवा, बाद में पहुँची हमरो खबरिया हो ना
सोगरा के बतिया कासिद मान गइले, दुधवा घरवा ले के गइले हो ना
बचवा के दे के दुधवा घर से निकलले, पकड़ि लेहले कुफा के नगरिया हो ना
रतिया दिनवा कासिद चलते, पहुँच गइले कुफा नगरिया हो ना
झुक के सलाम कइले इमाम हुसैन के, अब सुनो आगे के बयान हो ना
निकाल के खतवा कासिद हुसैन के देहले, हुसैन रोवे ले जोर-जोर हो ना
तीन ही दिनवा से पानी बंद भइल, पड़ गइल दरिया पर गहरे दरार हो ना
गौस और मुहम्मद के काफीर मार दिहले, नाहि बचल खेमवा के लाल हो ना
खतवा के लेके हुसैन खेमा में गइले, पढ़े लगले सोगरा के खतवा हो ना
पढ़ते ही खतवा आँसू बही गइले, रोवत बाड़े खेमवा के लोग हो ना
रोई-रोई हुसैन कहे कासिद से, सुन कासिद अर्ज हमार हो ना
जल्दी से जल्दी जइह मक्का शहरिया, नाहि मार दीहे काफिर तोहर जान हो ना
कुफा के शहरिया से कासिद चलि गइल, पहुँच गइले मक्का शहरिया हो ना
सगरो हलतिया कासिद खेमवा के सुनवले, चलि गइले अपना वतनवा हो ना

(4)

प्रसंग- (हुसैन की तख्ती)

इमाम हसन और इमाम हुसैन—नबी के नवासे, हजरत अली और फातिमा बीबी के लाड़ले बेटे, तख्ती लिखते हैं। वे जानना चाहते हैं कि किसकी तख्ती (पटरी जिस पर लिखा जाता था) सुन्दर है। यह फैसला नबी, अली, फातिमा, सेब तक नहीं कर पाते। सोचते हैं—एक को अच्छा कह कर दूसरे का दिल दुखाना ठीक नहीं।

हसन-हुसैन दोनों फातिमा के ललनवा, पढ़े गइले मक्का नगरिया हो ना
देख तू त अम्मा हमनी के पटरिया, निमन बाउर बा अछरिया हो ना

लेई के पटरिया अपने अब्बा लगे जाइब, उहे करीहे तोहर फैसलवा हो ना
लेई के पटरिया अपने अब्बा लगवा गइले, अब्बा से कइले सवलवा हो ना
देखब त अब्बा हमनी के पटरिया, केकर निमन बाउर बा अछरिया हो ना
केकरा के निमन कहीं केकरा के बाउर, दूनो बनेला हमरे चांद के दुश्मनवा हो ना
लेइ के पटरिया अपने नाना लगवा गइले, उहे अब करिहें फैसलवा हो ना
लेइ के पटरिया अपने नाना लगवा गइले, नाना से करेले सवलवा हो ना
देखब त नाना हमनी के पटरिया, केकर निमन बाउर बा अछरिया हो ना
केकरा के निमन कहीं केकरा के बाउर, दूनो जानी आंख के पुतरिया हो ना
हथवा उठाई नाना दोआ जे रब से कइले, जन्नत से आइल ए गो सेबवा हो ना
उहे सेबवा जिब्राइल ले के अइले, सुनो नबी जी अर्जी हमार हो ना
सेबवा उठाई नाना फेंके असमनवा, जाई सेबवा रूके असमनवा हो ना
जाई के सेबवा ऊहो रोवे लगली, केकरा के करी हम नरजवा हो ना
सेबवा के रोवले अर्स हिली गइले, मौला कइले उनके फैसलवा हो ना
जाईके सेबवा गिरल दोनों के पटरिया, शख्ती देव बचपन के अरमनवा हो ना

(5)

प्रसंग- इमाम हसन के लड़के जैनुल आबदीन को, बीमार होने की वजह से कर्बला नहीं ले जाया गया था। जब वह अपने सभी चाचा, भाई के शहीद होने की खबर पाते हैं तब अपने अब्बा से इस घटना पर अफसोस जताते हुए, दिल की भड़ास निकालते कहते हैं—

रोई-रोई जैनब कहेले अब्बा से, सगरो भइसर मोर शहीद भइले
भाई लोग बिलइले चाचा लोग बिलइले, अम्मा लोगवा पनिया बिनु बेहाल
हमहुँ अभागा बोखरा के सीजल, तोहरा से अर्ज लगाइ कहीलें
हमरे जीयत अब्बा लड़े मत जइह, पहिले हम गर्दनवा कटाइब
गर्दन कटावे के बेटा नाम मत लीह, जरते चिरगवा मोर बुझि जइहें
आँखि के समनवा बेटा सगरो ललनवा, अपने ही खुनवा नहा गइले
बांधि के पथरवा बेटा अपने करेजवा, तोहरे के देख के सबूर करेले
जइसे सगरो भइया लोग कइल सबूरवा, वैसे तू हमरा के सबूर कर ल
साहबजादा ललनवा खूब समझावे, लड़न के तैयार भइले
एक ओर बेटा और अब्बा अकेले, मुसीबत उहंवा आई गइले
सगरो बीबी लोग के ले के संगवा , जल्दी मदीना तू चलि जइब
कही समझाए हुसैन चले लड़इया, काफीरन के संगवा शहीद भइले
जुमा के दिन रहल जोहर के पहरवा, सजदा में गिरता सिरवा कटाई गइले

(6)

प्रसंग– (हनीफ की लड़ाई)

कर्बला में सभी बहत्तर लोगों को शहीद करने के बाद यजीद, जो दमिश्क का बादशाह था, ने एक खत हजरत हनीफ को लिखा जो एक बहादुर लड़ाका भी थे। उसने उस खत में गुनाह कबूल किया था पर हनीफ ने कसम खाई कि 'जब तक मेरा घोड़ा उन यजीदी फौज के खून में तैर नहीं लेगा तब तक मेरी तलवार म्यान में नहीं जाएगी। मैं उनके सरों को काटता रहूँगा।

गाई के सुनावत बानी हनीफ के बयनवा, सुन हो ध्यानवा लगाई हो ना
दमिश्क के बादशाहवा कइलेबा, हुसैन पर जुलुमवा हो ना
करिके जुलुम खतवा भेजे हनीफ, बाबा सुनी ब ध्यानवा लगाई हो ना
तोहरे ही भइया के कूफा में सतवनी, पानी बिनु सबके तरसवनी हो ना
लेके खतवा कासिद गइले हनीफ लगवा, सुनी लेब ध्यानवा लगाई हो ना
ओही समइया कासिद खतवा लेके गइले, हनीफ के हथवा थमाई हो ना
खोली के खतवा हनीफ पढ़े लगले, बहे लगले असुवन के धार हो ना
तोहरे ही जिंदा तोहरा भाई मर गइले, बाटे तोहके खबरिया हो ना
अब्बास अकबर सब शहीद भइले, शहीद भइले सैयदा के लाल हो ना
गौस और मोहम्मद के काफिर मारि देहले, कासिम के लुटा गइले हो ना
खेमवा में उनके हम अरजिया लगइली, छीन लेहली जैनब के चदरिया हो ना
पढ़ते ही खतवा के हनीफ कांपि गइले, कांपि गइले धरती आसमान हो ना
खइले कसमवा हनीफ हमरो मौला, जबले नाहि लेब बदलवा हो ना
जबले नाहि घोड़वा हमरो खून में पवरीहे, नाहि खोलब अंखिया के पट्टी हो ना
खाई के कसमवा घोड़ा पर चढ़ले, हथवा में लिहले जुटफेकार हो ना
पलभर में घोड़वा पहुँचले कुफा शहरिया, आगे के सुन दास्तान हो ना
हनीफ के तेगवा जब उड़ा चले लगले, दुनिया में मचल हहकार हो ना
फौज पलटन उहा कटी गइले, भागे लगले छोड़ के मुकमवा हो ना
खून के धार बहे लगले चारों ओरिया, नाहि सुझे तनको अरावार हो ना
जैसे अकशवा पे बिजली चमके वइसे, चमके हनीफ के तलवार हो ना
खट-खट तेगवा चलत उहो बाने, बहत बाड़े खुनवा के धार हो ना
देखि के लड़इया मौला मनवा में सोचले, कइसे होई बेड़ा पार हो ना
दिहले मौला तबले मिकाइल से फरियाद, पनिया के जल्दी बरसाव हो ना
एतना अरजिया जब मिकाइल सुनले, पनिया के देहले बरसाई हो ना
कुछ खुनवा कुछ पनिया ही भइले, हनीफ के घोड़वा पवरे लागल हो ना
तब हनीफ घोड़वा के दद्द कहले, इरशाद समझाई हो ना।

बंगाल के मुहर्रम पर्व के सन्दर्भ में झाड़नी और मर्शिया गीत

गणेश गुप्त

मुहर्रम मुसलमानों का एक महत्वपूर्ण सांस्कृतिक पर्व है। यह अरबी मुहर्रम महीने में मनाया जाता है। सातवीं सदी में अरब देश के कर्बला मैदान में मुहर्रम महीने में एक दुखद घटना घटित हुई थी। लोक कवि की भाषा में–

ओ जी मुहर्रम का चान हुआ
शोक से गमहीन हुआ
कुल आलम दुनिया जहान...

बांग्लादेश तथा पश्चिम बंगाल के लोक-कवियों ने उस घटना के आधार पर अनेक शोकगाथाओं की रचना की है। बांग्लादेश में प्रचलित शोकगीतों को 'जारीगान' कहते हैं। पश्चिम बंगाल में भी यही नाम प्रचलित है। इसके मुख्य गीत हैं 'झाड़नीगान' जो मालदा जिले में गाये जाते हैं।

किसी चीज को झाड़कर साफ करने की सामग्री को झाड़नी कहते हैं। झाड़नी बाँस के टुकड़ों से बनायी जाती है। एक हाथ की लंबाई वाले पतले बांस को चीरकर झाड़ू की तरह बनाए जाते हैं। इस झाड़नी को एक-दूसरे के साथ रगड़ने पर छड़-छड़ या झर-झर की आवाज होती है। मुहर्रम शोकगीतों के साथ झाड़नी को ताल से ताल मिलाकर बजाया जाता है।

इस्लाम धर्म के अंतिम पैगम्बर हजरत मुहम्मद के प्राणप्रिय दौहित्र हसन और हुसैन थे। उनके शौर्य-वीर्य तथा करुण परिणति की बातें झाड़नी गीतों में प्रतिफलित है। इन गीतों के साथ लाठी, तलवार तथा नाना प्रकार के अस्त्रों के प्रदर्शन किए जाते हैं। साथ में ढोल-नगाड़े बजते हैं। इसका आंचलिक नाम 'बोम' है।

इस्लाम धर्म के प्रवर्तक हजरत मुहम्मद के बाद अरब देशों में खलीफाओं का शासन काल शुरू होता है। इन खलीफाओं में हजरत अली मुख्य थे। इसके बाद हजरत अली का पुत्र इमाम हुसैन खलीफा हुए। इमाम हुसैन के आधीन मुआबीया नाम का राज कर्मचारी था। जिसे दमिस्क प्रदेश का शासक नियुक्त किया गया था। उसका इकलौता पुत्र था यजीद। यजीद जयनाब नाम की एक अपूर्व सुन्दरी पर मोहित होकर चालाकी से विवाह करना चाहता था, किन्तु जयनाब ने इमाम हुसैन का प्रस्ताव स्वीकार कर हुसैन से विवाह किया। इससे यजीद क्रोधित हो उठा और हुसैन को मारने की तरकीब खोजने लगा। अंत

में उसे सफलता भी मिली। यजीद ने पानी में जहर मिलाकर धोखे से हुसैन को मार डाला। इससे भी वह जयनाब को नहीं पा सका तो इमाम वंश ध्वंस करने की साजिश करने लगा। उसके फंदे में पड़कर इमाम हुसैन सपरिवार कुफा की ओर चल पड़े। यजीद की फौजों ने फोरात नदी के पास कर्बला के मैदान में इमाम हुसैन पर हमला किया। इमाम हुसैन यजीद का उद्देश्य जान गये परन्तु लौटने का कोई उपाय नहीं रहा। कर्बला के मैदान में तम्बुएँ लगाई गयीं। रेगिस्तान के मैदान में पानी के लिए हाहाकार मच गया। उधर यजीद की फौजों ने फोरात नदी को घेर रखा था। पानी के लिए लड़ाई लड़ते हुए हुसैन का परिवार अपनी जान गवां बैठा। उधर हजरत हुसैन के पुत्र कासिम लड़ाई के मैदान में जाने के लिए तैयार बैठे थे किन्तु इस समय इमाम हुसैन ने कासिम को एक फर्ज अदा करने के लिए कहा। जहर खाकर मरते समय हसन ने अपने छोटे भाई हुसैन से कसम ली कि उनके पुत्र कासिम के साथ सकीना की शादी कर दी जाय। सकीना इमाम हुसैन की बेटी थी। लड़ाई की वर्दी पहनी हुई सकीना के साथ कासिम की शादी हुई। लड़ाई के मैदान में कासिम मारा गया। अंत में लड़ाई के मैदान में इमाम हुसैन का सिर काटकर यजीद के दरबार में हाजिर किया गया। यही कर्बला की दुख भरी कहानी की विषय-वस्तु है।

झाड़नी गीतों की एक टोली में छह से दस कलाकार रहते हैं। मूल गायक एक या दो होते हैं। वे ही टोली का संचालन करते हैं। इस टोली में युवा और बुजुर्ग लोग रहते हैं। महिलाएँ भाग नहीं ले सकतीं। इन सबकी पोशाक साधारण-सी होती है। ये लुंगी या पाजामा तथा देह पर पंजाबी कुर्ता और सिर पर टोपी पहनते हैं। कोई-कोई मक्का-मदीना के पवित्र घर पर अंकित हरे रंग के कपड़े गले में डाले रहते हैं।

मुहर्रम पर्व के अवसर पर झाड़नी गीत के अलावा मातम गीत भी गाये जाते हैं। इसमें पुरुषों के साथ महिलाएँ भी भाग लेती हैं। मातम गानेवाली महिलाएँ अखाड़े में मिलतीं हैं। उनके तेलविहीन सिर के बाल पीठ-पीछे बिखरे रहते हैं। दोनों हाथ अपने सीने में मारती हुई गीत के साथ 'हाय हसन-हाय हसन' कहकर पुकारती हैं। इस मातम के साथ ही सिर के बाल जमीन पर सामने ला पटकती हैं, फिर दूसरी बार पीठ-पीछे बिखेर देती हैं। इसी तरह महिलाएँ मातम गीत गाकर शोक प्रदर्शन करती हैं।

यहाँ सप्रसंगवश कुछ गीतों को उद्धृत किया जा रहा है–

कर्बला के मैदान में इमाम हसन के परिवारों को यजीद की फौजों ने घेर रखा है, शिविर में पानी के लिए तबाही मची हुई है। फौजियों के व्यूह को भेद जो भी पानी लेने जाता है, उसे जान गँवानी पड़ती है। इस बार लड़ाई में जाने की बारी इमाम हसन के पुत्र कासिम की थी। कुछ क्षण पहले बीवी सकीना के साथ उनकी शादी हुई थी। सकीना को दाम्पत्य सुख रास नहीं आया। लड़ाई में जाकर कासिम शहीद हो गये। इसी घटना पर केन्द्रित एक मर्सिया गीत देखिये–

"हाय रे स्वामीरो मरणे कांदे बीवी सकीना, आर तो प्राणे सहे ना।

हाय रे के दिलो मोर सरल प्राणे स्वामीर वेदना, आर तो प्राणे सहे ना
हाय रे उठ स्वामी कथा बल शुनबे सकीना, आर तो प्राणे सहे ना
हाय रे बुके कड़ाघात मारे बीवी सकीना, आर तो प्राणे सहे ना
हाय रे संध्यार समय बिये हलो भोरे यंत्रणा, आर तो प्राणे सहे ना
हाय रे जानिया विवाह दिलेन पिता होसेना, आर तो प्राणे सहे ना
हाय रे मनेर कथा मने रहलो बलते पेलाम ना, आर तो प्राणे सहे ना
हाय रे सितेर सिंदूर सिते रइलो मलिन हइलो ना, आर तो प्राणे सहे ना
हार रे धूलाते बसिया मातम करे बीवी सकीना, आर तो प्राणे सहे ना
हार रे हाथेर चूड़ि फेंके मातम करे बीवी सकीना, आर तो प्राणे सहे ना."

कासिम की करुण मृत्यु से दुखी माँ हसने बानू रो रही हैं–

"एक बार आय रे आय
ओरे आमार प्राणेर चांद
आय रे आय।
आंधा येन लाजना हाराय
आय रे आय।
देहा येन प्राण हाराय
आय रे आय।
गाइ येमन बाछि हाराय
आय रे आय
फणी येन मणि हाराय
आय रे आय"

कर्बला के मैदान में पानी के लिए तबाही का वर्णन है इस गीत में–

"कर्बला कि हैलो रे हाय
कर्बला कि हैलो रे हाय
पानी बिने सकले सीना के फाटाय
कर्बला कि हैलो रे हाय..... ।"

वर्तमान में इन गीतधाराओं में कुछ-कुछ बदलाव देखे जा सकते हैं। कुछ झाड़नी या मर्सिया गीतों में बेहूला लखिन्दर के गीतों का प्रभाव पड़ा है। बंगाल के विषहरी गीत तथा नजरुल इसलाम के गीतों के अनुसार गीत गाये जा रहे हैं।

●

20, राजकुमार चटर्जी स्ट्रीट
कोलकाता-700057

जंतसार

प्रीतिमा वत्स

जंतसार या जंतसर जांत चलाते समय गाया जाने वाला गीत है। आटा पीसने का काम जब तक घरों के जांत पर होता था तब तक जंतसार भोर या दोपहर में घर-घर से सुनाई पड़ता था। जंतसार दरअसल समाज और घर से उपेक्षित, प्रताड़ित नारी की पीड़ा व्यक्त करने के माध्यम थे। 'रेना, हेना, हे राम, हुरे जी, या रे जान, आदि स्तोभ जंतसार के अंग थे। चरणांत के इन स्तोभों पर आकर दम फूल जाता था। इन्हीं स्तोभों पर स्त्रियाँ साँस भरतीं और जांत में झींक डालतीं। जंतसार लय प्रधान गीत है। यह छोटे आख्यानों के लंबे विवरणों का लोकगीत है। जंतसार में लोक गाथाओं को भी स्थान दिया गया है। यहाँ दिए गए जंतसर अंगिका भाषा में हैं।

—संपादक

1

एक पैला मडुवा रगड़ी पिसैलिए रे जान।
वही मडुवा नवो पीठवा पकैलिए रे जान।
एक पीठ खैइलकै तोर सासू तो ननदिया रे जान,
जान आध पिठया पियवा ल झपैलियै रे जान।
जान आध पिठया पियवा ल झपैलियै रे जान।
हर जोती अइलै पियवा, कोदारी पारी अइलै रे जान,
जान दे हो रे धानी हमरो कलौवा रे जान।
आधा पिठवा खैलके सासू तो ननदिया रे जान,
आधा पिठवा तोहरा ल झपैलियों रे जान।
जान जाँऊ तोह होएव कुमर कोरिन केर बेटवा रे जान।
जान आध पिठवा में जुठवा रे नड़ैयो रे जान।
एतना बचन जब सुनल रे पियवा रे जान,
चल भेल सगरी बजरिया रे जान।
जान कीनै लागलै लऊंगा-सुपड़िया रे जान।
कहाँ गेलि किये भेली धानी सुकुमारिनी रे जान।
लेहो रे धानी नहिरा के नेउतवा रे जान,

किये मोर आहो कुमर बाबा घर बियहवा रे जान,
किये मोर भतिजा के मुड़नवा रे जान,
कइसे अइलौ छै नहिरा के नाउतवा रे जान।
सउन-भदवा केर उमड़ल नदिया रे जान।
जान कौन र काये जइबै नहियरवा रे जान।
सिंकया हम चिरी-चिरी बेड़वा बनैबै रे जान।
जान वही रे चढ़ी धानी जयती नहियरवा रे जान।
आगूँ ताक-पाछूँ ताकू पियवा केर बेड़वा रे जान,
जान पियवा भेल चण्डलवे रे जान।
जान झूठवा रे कारण जान जाइछै रे जान।।

अर्थ : एक पैला मडुआ था जिसे पीसकर हमने पीठा पकाया, लेकिन सास और ननद आधा पीठा खा गईं, मैंने आधा पीठा अपने पति के लिए बचाकर रखा हुआ है। हल चलाकर पति घर आया और पत्नी से कलैवा (खाना) देने के लिए कहा। पत्नी बोली–एक पीठा था जिसका आधा तुम्हारी माँ और बहनें खा गयीं, आधा मैंने तुम्हारे लिए बचाकर रखा है। यदि तुम असल में कोरिन के बेटे हो तो उस आधे पीठे में जूठा भी मेरे लिए छोड़ना। इतना सुनकर पति गुस्से में घर से निकलकर बाजार घूमने चला जाता है। वह पत्नी को मायके भेजने की जुगाड़ में लग जाता है। जाकर कहता है कि तुम्हारे मायके से न्योता आया है तुम तैयार हो जाओ। पत्नी पूछती है कि मायके में क्या है जो न्योता आया है, ऊपर से सावन का महीना है, नदियाँ अपने उफान पर हैं, मैं कैसे जा सकती हूँ। पति कहता है कि मैं बांस के सीकों से नाव बना देता हूँ। जब पत्नी मायके पहुँचती है तब उसे पति की चाल समझ में आती है। वह दुखी होकर कहती है कि मेरा पति चाण्डाल है।

2

नित उठी रूदवा नहावै छै झांझरिया
नित उठी झाड़े लामी केशिया।
रे बाबू नित उठी झाड़े लामी केशिया।
वही रे बाट उधो सिंह न घोड़वा दौड़ावै रे दइबा।
रूदवा के सुरतिया उधो सिंह लुभैइलै रे दइबा।
रे रूदवा के सुरतिया उधो सिंह लुभैइलै रे दइबा।
देबौ रे बचवा हाथ दोनों मिठैइया रे
रे हाथ दोनों मिठैइयो रे दइबा।
केकरीय रे बहिनिया नहावे झांझरिया झाड़ी रे,

रे केकरी रे बहिनिया झाड़ै लम्बी केशिया रे दइबा।
तहूँ नाही जानिले हो उधो सिंह, तहूँ नाही जानिलो दइबा।
होरिल मल के बहिनी नहावै छै झांझरिया,
रे होरिल मल के बहिनी झाड़ै लामी केशिया।
कहाँ गेल किये रे भेल गाँम के चौकिदरवा,
रे गांम के चौकिदरवा।
रे होरिल मल के दहूँ न चिठिया रे पठैइये रे दइबा।
रे होरिल मल के दहूँ न चिठिया रे पठैइये रे दइबा।
कहाँ गेल किये भेल होरिल मल किसनवा हो बाबू,
होरिल मल किसनवा हो दइबा।
उधो सिंह न चिठिया देन छौं पठइये रे दइबा।
रे उधो सिंह चाहै रूदवा के बिहावे रे दइबा।
जनमो मोर जइतै हे लोगों परनवो मोर जइतै रे दइबा।
रूदवा करमणा रे हम भोगवै जेल खनवां हो बाबू,
हम भोगवै कैद खनमा रे दइबा।
उधो सिंह के बहिनिया नाहीं दियबै रे दइबा।
हाथ हथकड़िया रे हुनकर पैर बंधनवा रे दइबा।
कटरंगनी के कंटवा पर देलकै घोलटाए रे दइबा।
रे कटरंगनी के कंटवा पर घोलटाए रे बाबू।
झड़ोखा ही मुंहवा दई ताकै होरिल मल के बहुआ रे दइबा।
रूदवा रे करणमा बंधाए गेलै स्वामी मोर रे दइबा।
अगिया रे लगैवो रे रूदवा तोर सामली सुरतिया रे बाबू,
अगिया रे लगैवो रे रूदवा तोर लामी केशिया रे दइबा।
तोहरा रे करणमा स्वामी मोर बंधाइये गेलै रे दइबा।
कानी-कानी रूदवा न चिठिया लिखल रे बाबू,
चिठिया लिखल रे दइबा।
भइया रे कारण भौजो के जिनगी विरनवा रे दइबा,
भइया रे कारणवा भौजो दै छै गरिया रे दइबा।
कहाँ गेल किए भेल गाम केरो चौकीदरवा रे बाबू,
गाम के चौकीदरवा रे दइबा।
उधोसिंह क दहीं चिठिया पहुँचाइये रे दइबा।
के होरिल मल के बहिनिया देभों तोर बिहाइए रे दइबा।
हाँसी-हाँसी उधोसिंह जब चिठिया पढ़ै छै रे दइबा,

रे हाँसी-हाँसी उधोसिंह जेवरा गढ़ावै छै रे बाबू,
रे विहंसी उधोसिंह पटोरा बनवावै छै रे दइबा।
कानी-कानी रूदवा न जेवरा पहिरै छै रे बाबू,
रे कानी-कानी रूदवा पटोरा पहिरै छै रे दइबा।
लाली-लाली डोलिया हे उधोसिंह सबूजा रंग ओहरिया रे दइबा।
लागी गेलै बतीसो जद कहरिया रे बाबू,
लागी गेलै बतीसो कहरिया रे दइबा।
कानी-कानी होरिल मल बहिनी क समझावै रे बाबू,
रे बहिनी क बुझावै रे दइबा।
ताहूँ छेकैं रूदवा होरिल मल के बहिनी रे बाबू,
बाबा केर झांझरिया पनिया तोह पिबिहैं गे रूदवा।
बाप-भाई के पगड़िया केर लाज बचैइहे गे रूदवा।
एक कोस गेलै रे रूदवा दुई कोस जब गेलै रे रूदवा,
तेसरी कोस बाबा केरो झांझरिया रे दइबा।
आगूँ-आगूँ उधोसिंह घोड़वा रे दौड़ावै
पाछूँ-पाछूँ रूदवा के जाइछे डोलिया रे दइबा
गोड़-लागूँ, पइर पड़ूं हो पैदल कहरवा।
बाबा के झांझरिया पनिया देहूँ न पिलैयो रे दइबा।
एक छांछ पियलै रे रूदवा, दोसरी छांछ पियलकै रे रूदवा।
तेसरी छांछ गिरलै रूदवा झांझरी के पतलवा रे दइबा।
मन-मन सोचै होरिल मल मन-मन पछतावै रे दइबा।
हम जौं जानतियों गे रूदवा, तोरों मन केर गतियो रे रूदवा।
नाहीं करतियों तोहरो बियहवा रे रूदवा।
बाप-भाई के पगड़िया केर लाज राखी लेले गे रूदवा।
रे लाज राखी लेले रे दइबा।

अर्थ : रूदवा अपने बाबा की बावड़ी में नहाती है, अपने लंबे बालों को झाड़ती है। उसी राह में उधोसिंह अपना घोड़ा दौड़ाता है और उसकी खूबसूरती से आसक्त हो जाता है। वह गाँव के चौकीदार से पता करता है कि यह होरिल मल की बहन है। उसे शादी के लिए न्योता भेजता है। होरिल मल काफी परेशान हो जाता है। वह ठान लेता है कि चाहे कुछ भी हो जाए मैं अपनी बहन की शादी उधोसिंह से नहीं करूंगा। इसके लिए उधोसिंह उसे दंडित भी करता है। रूदवा से भाई और भाभी का दुख सहा नहीं जाता है और वह शादी के लिए तैयार हो जाती है। शादी करके जब वह डोली में सवार होकर

अपने ससुराल जा रही होती है तो रास्ते में अपने बाबा के बावड़ी पर रुककर पानी पीने की इच्छा जताती है। वह बावड़ी में पानी पीती है और वहीं कूदकर जान दे देती है। उसका भाई अपनी बहन के इस फैसले से काफी पछताता है और गर्व भी करता है कि उधोसिंह जैसे मनचले के साथ न जाकर तुमने मेरी लाज रख ली।

●

एस एफ-4, प्लॉट नं.-3,
सैक्टर-1, वैशाली, गाजियाबाद-201010

संझा, पराती गीत

हमारे यहाँ उजाले से अंधेरे (सूर्यास्त) और अंधेरे से उजाले की ओर (सूर्योदय के पूर्व) अग्रसर होते जीवन को जीने की ऊर्जा लोकगीतों से मिल जाती है। इन गीतों को क्रमशः संझा और पराती गीत कहा जाता है। हमने कुछ गीतों को देवरिया की महिलाओं से इकट्ठा किया है जिसे यहाँ दिया जा रहा है।

संझा गीत :

1-

आहो-आहो संझा गोसाई त केही-केही तोहे मनावे
ब्रह्मा ही विष्णु, महेश त उहे तीनों हमें मनावे
इहो तीनों दिहले आसीस त दुलहा दुलहिन जुगै बाढ़े
जुगै बाढ़े राजी रे बाढ़े।

2-

बोलेली संझा गोसाई हम केकरे घरे जाई, त के मोरे संझा मनाई
बोलेले कवन बाबा हमरे घरे आईं, त हम रउरे संझा मनाई
हमरी जे धनिया छुलाछनी, सांझे बारे दियना पराते भरे पानी
त होत भिनसरवा बढ़निया लिहले झारे घर आंगन

3-

हे कथुवे के दियना कथुवे लागलि बाती
हे कथुवे के तेलवा जरेला सारी राती
हे सोनवे के दियना रूपहि लागलि बाती
हे करूवे के तेलवा जरेला सारी राती
हे तहवा कवन दुल्हे खेले जुवा सारी
हे खेलत-खेलत दुल्हे गइले अलसाई
हे बुति गइली दियना संपूर्ण भइली बार्ती

4-

संझा जे आवेली झड़ाझड़, बोलेली तड़ातड़
हे कवन हवे कवन बाबा के बाखरी, जेही घरे जाइबि

विनती जे बोलेले कवन बाबा, सुनी ए संझा माई
इहे हवे कवन बाबा बाखरी हमरे घरे आईं।

परातीी गीत :

1-

हे भोर भइल भिनुसार चिरइया एक बोलेले
हे जाई रे जगावहु, कवन बाबा जासु दुहावन
हे दुधवे के आवेला बहींगवा त मठवन नारी बहे
हे सेहो दुधवा अवटेली कवनी सुभवा अमृत जोरन
हे सेहो दहिया खाये कवन दुल्हे भइले अजर-अमर

2-

हे बाढ़सु दहिये के दहेड़िया, घी बही केरी बाती
हे बाढ़सु कवनी देई के नइहर, कवन देई के सासुर

3-

मोही तोहसे पुछिले सरसती नदिया, काहे तोहरे पनिया डभोर
कीया तोहरे पनिया हो मछली डभोरली, किया तोहरे टुटली अड़ारी
नाहीं मोरे पनिया हो मछली डभोरली, नाहीं मोरे टुटली अड़ारी
हथिया से घोड़वा लिहले आवेले कवन समधी, ओही गुने पनिया डभोर
आलकी पालकी लिहले आवेले कवन दुल्हा ओही गुने पनिया डभोर

4-

हे भोर भइल भिनुसार चिरइया एक बोलेले
हे मोही तोहसे पुछली कवन बाबा कइसे-कइसे जागेलऽ
हे धियवा पतोहिया नतोहिया त पनिया के जाली त घुंघरू बजावेली
हे परि गइले कान में सबदिया त उठि के बइठिले
हे अहिरा सनोहे धेनु गइया त उठि के बइठिले

5-

हथवा खुरूपिया गेडुवा जुड़वा पानी, चलेली कवन सुभवा देवना देवे पानी
केकर घोड़वा माई हो ओइड़े गोइड़े जाला,
कवने छिनारी के पूत क घोड़वा देवना रउने
बारी ससुर भसुर क घोड़वा बेटी हो, ओइड़े गोइड़े जाला
कवन दुल्हे क घोड़वा बेटी हो रउने देवना वारी
रोवेली कवन सुभवा मुखवा दे अचरवा हम नाहीं जनली ए दुलहा

पचरा गीत

पचरा गीत देवी, देवताओं को मनाने, बुलाने की परिकल्पना में जनमानस में प्रचलित रहे हैं। जनमानस इस मिथकीय संस्कृति के सहारे अपनी आस्था की संतुष्टि के साथ-साथ इसे मनोरंजन का साधन भी बनाता रहा है। यह और बात है कि यह पूरी कवायद मात्र अंधविश्वास का ही हिस्सा रही है। लोकरंग सांस्कृतिक समिति के वरिष्ठ सदस्य सुरेन्द्र शर्मा ने कुछ पचरा गीत उपलब्ध कराये हैं जिन्हें यहाँ प्रकाशित किया जा रहा है।

1-

पूरब गड़वले भीखम कीलवा से खुंटवा हो,
आरे उत्तर दिशवा ना।
भीखम फेंके महा जलिया हो, उत्तर दिशवा ना।
गाड़त अइले खुंटवा पसारत अइले जलिया हो,
अरे बान्हत अइले ना, भीखम भूत बैतलवा हो,
बान्हत अइले ना।
उत्तर गड़वले भीखम कीलवा से खुंटवा हो,
अरे पश्चिम दिशवा ना।
भीखम फेंके महा जलिया हो, पश्चिम दिशवा ना।
गाड़त अइले खुंटवा पसारत अइले जलिया हो,
अरे बान्हत अइले ना, भीखम भूत बैतलवा हो,
बान्हत अइले ना।
पश्चिम गड़वले भीखम कीलवा से खुंटवा हो,
अरे दखिन दिशवा ना।
भीखम फेंके महा जलिया हो, दखिन दिशवा ना।
गाड़त अइले खुंटवा पसारत अइले जलिया हो,
अरे बान्हत अइले ना, भीखम भूत बैतलवा हो,
बान्हत अइले ना।
दखिन गड़वले भीखम कीलवा से खुंटवा हो,
अरे पूरब दिशवा ना।

भीखम फेंके महा जलिया हो, पूरब दिशवा ना।
गाड़त अइले खुंटवा पसारत अइले जलिया हो,
अरे बान्हत अइले ना, भीखम भूत बैतलवा हो,
बान्हत अइले ना।

2-

सम्मै-सम्मै पुकारिले, सम्मै नाहीं आवेली हो,
देवी हो कंहवा लगावेलू एतना देर, सेवक रउरे पंथ जोहे हो।
बेलवा के पतिया झूरइली, अछतिया घुनवा लागल हो,
माई हो कंहवा लगावेलू एतना देर, सेवक रउरे पंथ जोहे हो।
झोरी आवे बेतवा पयेतवा अइले देवी के संदेशवा नू हो,
माई हो कंहवा लगावेलू एतना देर, सेवक रउरे पंथ जोहे हो।
अड़हुल फूलवा फूले फूलवरिया भंवरवा एक गुजरे ला हो,
माई हो उंहवे लगवलू एतना देर, सेवक रउरे पंथ जोहे हो।

3-

सगरो नगर घूमि अइली सम्मे हो मईया
कतहूं ना देखिले देवास हो।
गाँव के पश्चिमवा से हीरा मोती धावेली
उहे देवी देखे ली देवास हो
अछत चउरवा से चउका पुरवनी हो
तबहूं ना देखीं ले देवास हो
आरे हाथ जोरि बैइठे मईया तहरो सेवकवा हो
आजा मईया हमरी देवास हो
आरे चंदन खटोलवा मईया तोहके चढ़वनी हो
तबो नाही देखिले देवास हो
आरे अड़हुल फूलवा मईया तोहके चढ़वनी हो
आजा मईया हमरी देवास हो
आरे नीमिया के गछिया मईया झूलुवा लगवनी हो
आजा मईया हमरी देवास हो।

तेली गीत 'पितमा'

अमर नाथ 'अजेय'

हमारे लोक जीवन में सरसों, तीसी आदि तेलहन की पेराई का कार्य तेली करते थे। कोल्हू से तेल निकालने का उनका बड़ा दुरूह व उबाऊ व्यवसाय था। राग-वैराग के इन्हीं अवसरों पर जब तेली के बैलों की जोड़ी कोल्हू के चतुर्दिक परिक्रमा करती तो उस पर बैठा तेली 'पितमा' गाने लगता—

पतरी त रहलू
पतर होई गईलू
हो गइलू रेशमवा के डोर ऽ ऽ ऽ
अपने त स्वामी जी के
पनिया पियऊलू ऽ ऽ ऽ
बिन लोटवा क बिन डोर,
बिन लोटवा के बिन डोर प्रीतम प्यारे
ऊ त दऊ के दुलारे जहाँ
नेकी और बदी के बा आजोर ऽ ऽ ऽ

योग-वियोग संदर्भित प्रश्नोत्तर की कुछ पंक्तियाँ यहाँ करुणा की धारा प्रवाहित कर देती हैं।

प्रश्न : *कहाँ त महंग भईन कजरा सिंदुरवा के*
कहँवा महंग कड़ू तेल
कहँवा महंग भईन
ननदी के भईया कि
सेजिया पर सुतली अकेल

उत्तर : *हाट त महंग भईन*
कजरा सिंदुरवा के
तेली घर महंग कड़ू तेल
नईहरे महंग भईन
ननदी के भईया के
सेजिया पे सुतली अकेल

●

नयी बस्ती रावर्ट्सगंज, सोनभद्र (उ.प्र.)

मॉरिशस से प्राप्त कुछ भोजपुरी गीत

इन गीतों को राजेन्द्र प्रसाद सिंह, प्राध्यापक, स्नातकोत्तर हिन्दी विभाग, एस.पी. जैन कॉलिज, सासाराम (बिहार) ने उपलब्ध कराया है।

एक

कोइरिन कोइरिन तूँ मोरे रानी हो
कहवाँ के हरदी ऊपर कइल आजु हो।। कहवाँ।।
हमरो अनजान बाबु एक सुकवार हो
सहलो ना जाला हरदिया के झाक हो ।। कहवाँ।।
तेलिन तेलिन तूँ मोरे रानी हो
कहवाँ के तेलवा ऊपर कइल आजु हो।। कहवाँ।।
हमरो अनजान बाबु एक सुकवार हो
सहलो ना जाला कड़ुअवा के तेल हो।। सहलो।।
मालिन मालिन तूँ मोरे रानी हो
कहवाँ के दुबवा ऊपर कइल आजु हो।। कहवाँ।।
हमरो अनजान बाबु एक सुकवार हो
सहलो ना जाला हरी दुबवा के मार हो।। कहवाँ।।
कोइरिन कोइरिन तूँ मोरे रानी हो।
कहवाँ के हरदी ऊपर कइल आजु हो।। कहवाँ।।
हमरो अनजान बाबु एक सुकवार हो
सहलो ना जाला हरदिया के झाक हो।। कहवाँ।।

दो

केही जे हरदी उपराजेला केही बेसाहेला हो
केकर सिरे हरदी चढ़ेला चढ़के सुहावन हो।।
कोइरी जे हरदी उपराजेला दादा बेसाहेला हो
दादा त हरदी चढ़ावेला
अहो दादा हरदी चढ़ावेला नातिन के सोहावेला हो
दुलहिन के सिरे हरदी चढ़ेला सुहावन हो।।

केही जे हरदी उपराजेला केही बेसाहेला हो
केकर सिरे हरदी चढ़ेला चढ़के सुहावन हो।।
कोइरी हरदी उपराजेला बाबा बेसाहेला हो
बाबा त हरदी चढ़ावेला
अहो बाबा हरदी चढ़ावेला बेटी के सुहावेला हो
दुलहिन के सिरे हरदी चढ़ेला चढ़के सुहावन हो।।
केही जे हरदी उपराजेला केही बेसाहेला हो
केकर सिरे हरदी चढ़ेला चढ़के सुहावन हो।।
कोइरी हरदी उपराजेला चाचा बेसाहेला हो
चाचा त हरदी चढ़ावेला
अहो चाचा हरदी चढ़ावे भतीजी के सुहावेला हो
दुलहिन के सिरे हरदी चढ़ेला चढ़के सुहावन हो।।

तीन

केथी केरा कंघई भवानी मइया केथी लागल हो साल
केथी के मचिअवा भवानी मइया झारे लामी हो केस।।
सोना केकरा कंघई भवानी मइया रूपवे लागल हो साल
सोने के मचिअवा भवानी मइया झारे लामी हो केस।
टूटी गइले कंघई भवानी मइया झरी गइले रूपे हो साल
कोपली उठेली भवानी मइया सोनरा घरे हो जाय।।
जाँघ तोरा थाके रे सोनरा बहियाँ लागे रे घुन
जोने हाथे गढ़ले रे सोनरा कंघई हो हमार।।
रोवेली जे सोनरा के धनिया लट धुनी हो धुन
बाँझिन के सरपवा भवानी मइया अबकी लिहले जा।।
हाथ जोरि रोवेला सोनरा बकसु मइया मोरी जान
कंघई गढ़ाइबो भवानी मइया होते भिनुरेसार।।
सोना केरा कंघई भवानी मइया रूपवे लागल हो साल
सोने के मचिअवा भवानी मइया झारे लागी हो केस।।

शब्दार्थ : कोइरिन = साग-सब्जी उपजाने वाली कोइरी जाति की स्त्री, हरदी = हल्दी, अनजान = नादान, सुकवार = सुकुमार, झाक = तीखी गंध, तेलिन = तेली की पत्नी, कडुअवा = सरसों का तेल, दुबवा = दूब, उपराजेला = उपजाता है, बेसाहेला = खरीदता है, नातिन = पोती, कथी केरा = किस चीज की, कंघई = कंघी, साल = कंघी का दाँतेदार भाग, झारे = झाड़ना, लामी = लंबी, रूपवे = चाँदी का, कोपली= क्रोधित होकर, घुन = वह कीड़ा जो काठ को भीतर ही भीतर कमजोर कर देता है।